D1639955

Eigentum		Abt. Realschule
Bildungszentrum Weissacher Tal		
Schulj.	Name	Kl.
19/20	David Schmidt	9e
20/21	David Schmidt	10E
21/22	Jaron Weyer	07

Politik direkt 9/10

URTEILEN UND HANDELN

Differenzierende Ausgabe Baden-Württemberg

Herausgegeben von: Joachim Bicheler
Markus Gloe

Erarbeitet von: Joachim Bicheler
Bastian Gläßer
Markus Gloe
Julius Müller
Armin Scherz
Christophe Straub

westermann GRUPPE

© 2019 Bildungshaus Schulbuchverlage
Westermann Schroedel Diesterweg Schöningh Winklers GmbH, Braunschweig
www.westermann.de

Das Werk und seine Teile sind urheberrechtlich geschützt. Jede Nutzung in anderen als den gesetzlich bzw. vertraglich zugestandenen zugelassenen Fällen bedürfen der vorherigen schriftlichen Einwilligung des Verlages. Nähere Informationen zur vertraglich gestatteten Anzahl von Kopien finden Sie auf www.schulbuchkopie.de.
Für Verweise (Links) auf Internet-Adressen gilt folgender Haftungshinweis: Trotz sorgfältiger inhaltlicher Kontrolle wird die Haftung für die Inhalte der externen Seiten ausgeschlossen. Für den Inhalt dieser externen Seiten sind ausschließlich deren Betreiber verantwortlich. Sollten Sie daher auf kostenpflichtige, illegale oder anstößige Inhalte treffen, so bedauern wir dies ausdrücklich und bitten Sie, uns umgehend per E-Mail davon in Kenntnis zu setzen, damit beim Nachdruck der Verweis gelöscht wird.

Druck A[1]/ Jahr 2020
Alle Drucke der Serie A sind im Unterricht parallel verwendbar.

Redaktion: Annette Wiegmann
Umschlaggestaltung: Nora Krull, Bielefeld
Fotos: U1: Alamy Stock Foto (OJO Images Ltd), U4: Alamy Stock Foto (Illia Uriadnikov)
Illustrationen: Gerhard Straeter, Essen
Druck und Bindung: westermann druck GmbH, Braunschweig

ISBN 978-3-14-**024272**-1

Inhaltsverzeichnis

Arbeitstechniken
Unterrichtsmethoden
Infotexte

BETEILIGUNGSMÖGLICHKEITEN UND POLITISCHE WILLENSBILDUNG IN UNSERER DEMOKRATIE

1. Sich einbringen! – Möglichkeiten des Engagements   10
   Info 1: Möglichkeiten des ehrenamtlichen Engagements   15
   Info 2: Interessenvertretung durch Parteien und Verbände   29
2. Wahlen und was noch? – Politische Beteiligungsmöglichkeiten auf Bundesebene   30
   AT: Wahlplakate analysieren   36
   Info 3: Die Wahl zum Deutschen Bundestag   38
   UM: Pro-Kontra-Debatte   43
   Info 4: Direkte Beteiligung auf Bundesebene   44
3. Wachsende Gefahr für die Demokratie!? – Politischer Extremismus als Herausforderung für Staat und Gesellschaft   45
   AT: Eine Concept-Map erstellen   51
   Info 5: Politischer Extremismus und wehrhafte Demokratie   67
   Kompetenztraining   68
   Weiterdenken   70

POLITISCHE ENTSCHEIDUNGEN IN DER BUNDESREPULIK DEUTSCHLAND

1. Demokratie! Aber wie? – Die demokratische Grundordnung der Bundesrepublik Deutschland   74
   Info 1: Die demokratische Grundordnung der Bundesrepublik Deutschland   85
2. Das Herz unserer parlamentarischen Demokratie – Der Deutsche Bundestag   86
   Info 2: Funktionen des Deutschen Bundestages   90
   Info 3: Arbeitsweise des Deutschen Bundestages   100
3. Der Steuermann und seine Mannschaft – Bundeskanzler und Bundesregierung   101
   Info 4: Bundeskanzler und Bundesregierung   108
4. Der „erste Mann" im Staat? – Der Bundespräsident   109
   UM: Talkshow   115
   Info 5: Der Bundespräsident   116
5. Wie entsteht ein Gesetz? – Der Gang der Gesetzgebung   117
   AT: Der vollständige Politikzyklus als Analyseinstrument   124
   Info 6: Gesetzgebung in der Bundesrepublik Deutschland   127
6. Wer kontrolliert wen? – Das Zusammenwirken politischer Institutionen   128
   Info 7: Das Bundesverfassungsgericht   137
   Kompetenztraining   138
   Weiterdenken   142

DIE BEDEUTUNG DER MASSENMEDIEN IN UNSERER DEMOKRATIE

1. Wie werden wir informiert? – Darstellungen in den Massenmedien   146
   Info 1: Verbreitung von Nachrichten und Darstellungen in Massenmedien   158
2. Freie Information für freie Bürgerinnen und Bürger! – Die Bedeutung von Presse-, Meinungs- und Informationsfreiheit   159
   Info 2: Die Bedeutung von Presse-, Meinungs- und Informationsfreiheit   164
   Info 3: Das Wechselverhältnis zwischen Massenmedien und Politik   169
   Kompetenztraining   170
   Weiterdenken   173

AUFGABEN UND PROBLEME DES SOZIALSTAATS

1. Hilfe zur Selbsthilfe oder soziale Hängematte? – Das System der sozialen Sicherung in Deutschland   176
   Info 1: Das System der sozialen Sicherung in Deutschland   179
   AT: Diagramme gestalten   184
   Info 2: Finanzierung der sozialen Sicherung   186
2. Arm in einem reichen Land? – Ursachen und Folgen von Armut in Deutschland   187
   Info 3: Armut in Deutschland   192
3. Kann es überhaupt soziale Gerechtigkeit geben? – Herausforderungen für den Sozialstaat   193
   Info 4: Wie sorgt der Staat für soziale Gerechtigkeit?   197
   Kompetenztraining   198
   Weiterdenken   202

ZUWANDERUNG NACH DEUTSCHLAND

1. Wir leben in Deutschland – Gründe für die Zuwanderung   206
   Info 1: Migration und Zuwanderung nach Deutschland   210
2. Auf der Flucht – Das Schicksal von Flüchtlingen   214
   UM: Streitgespräch   221
   Info 2: Das Grundrecht auf Asyl   223
3. Unser Land verändert sich! – Die Folgen der Zuwanderung für Deutschland   224
   Info 3: Zusammensetzung der Bevölkerung   227
4. Alles ganz leicht, oder? – Die Herausforderung der Integration   236
   UM: Positionslinie   244
   Info 4: Integration und Staatsangehörigkeit   247
   Kompetenztraining   248
   Weiterdenken   251

DAS „PROJEKT EUROPA" – DIE EUROPÄISCHE UNION

1. Was geht mich Europa an? – Geschichte und Alltag von Europa und der EU   254
   Info 1: Grundlagen der Europäischen Union   260
2. Wer bestimmt was in der EU? – Die Organe der EU und ihr Zusammenwirken bei der Gesetzgebung   262
   AT: Ein Strukturmodell erstellen   267
   Info 2: Die EU-Organe und ihr Zusammenwirken bei der Gesetzgebung   271
3. Haben wir in Europa auch was zu sagen? – Mitwirkungsmöglichkeiten von EU-Bürgerinnen und -Bürgern   272
   Info 3: Partizipationsmöglichkeiten von EU-Bürgerinnen und -Bürgern   279
4. Jugendarbeitslosigkeit – eine Herausforderung der EU   280
   Kompetenztraining   286
   Weiterdenken   291

FRIEDENSSICHERUNG UND MENSCHENRECHTE

1. Frieden: mehr als die Abwesenheit von Krieg? – Verschiedene Friedens- und Kriegsbegriffe   294
   Info 1: Frieden – mehr als die Abwesenheit von Krieg?   301
2. Die Todesreiter von Darfur – Ursachen, Verlauf und Folgen des kriegerischen Konflikts   302
3. Weltpolizist oder zahnloser Tiger? – Die Vereinten Nationen   308
   Info 2: Der Vereinten Nationen – Organe, Ziele, Aufgaben   315
   Info 3: Die Möglichkeiten der Vereinten Nationen im Konfliktfall   319
4. Nicht nur in andere Länder blicken ... – Menschenrechte hier und anderswo   320
   Info 4: Die Allgemeine Erklärung der Menschenrechte und Einrichtungen zum Schutz der Menschenrechte   327
   Info 5: NGOs setzen sich für Menschenrechte ein   332
   Kompetenztraining   333
   Weiterdenken   335

Arbeitstechniken   336
Unterrichtsmethoden   346
Glossar   353
Register   361
Bildquellen   363

Liebe Schülerin, lieber Schüler,

du hältst ein Buch in der Hand, das dir helfen wird, zu lernen, wie du Situationen, Probleme und Konflikte aus deiner Lebenswelt oder aus der „großen Politik" verstehen und dir dazu ein eigenes Urteil bilden kannst. Darüber hinaus werden dir viele Möglichkeiten aufgezeigt, um selbst politisch aktiv zu werden.

Damit du dich schnell zurechtfindest, möchten wir dir vorstellen, wie du mit diesem Buch arbeiten kannst:

Wenn du durch die Seiten blätterst, fallen dir vielleicht zuerst die umfangreichen **Aufgabenvorschläge** auf. Hier werden dir viele Angebote gemacht, du musst jedoch nicht immer alle Aufgaben erledigen. Bei „Einsteigen" findest du Vorschläge, die dich mit den Materialien vertraut machen. Unter „Weiterarbeiten" geht es zumeist darum, dass du Fälle oder Probleme analysierst und dich selbst zu Fragestellungen positionierst. Bei „Vertiefen" reichen die Aufgabenvorschläge oft über das Material an sich hinaus und erfordern eigenes Nachdenken. Unterhalb der Aufgaben findest du, mit ▲▲▲ gekennzeichnet, drei unterschiedliche Lernwege durch das Material – von leicht bis anspruchsvoll. So kannst du zusammen mit deiner Lehrerin/deinem Lehrer gezielt den für dich passenden Weg auswählen.

Jedes Kapitel beginnt mit einer **Auftakt-Doppelseite**: ein kurzer Text und Bilder regen an, über das Thema des Kapitels nachzudenken.

Dann kommen **Materialseiten**: Das können Geschichten, Bilder, Zeitungsartikel, Karikaturen, Schaubilder, Gesetzestexte, aber auch mal ein Lied o. Ä. sein. Sie helfen dir, das Thema von verschiedenen Seiten zu durchleuchten.

In der Randspalte findest du immer wieder sogenannte **Perlen im Netz**. Das sind Hinweise auf Internetseiten, die weitere Informationen zum Thema beinhalten. Sie können mithilfe eines QR-Code-Readers (z. B. auf dem Smartphone), der über den abgedruckten QR-Code gehalten wird, ganz einfach abgerufen werden.

PERLEN IM NETZ

An einigen Stellen findest du im Anschluss an die Aufgabenvorschläge **Arbeitstechniken** oder **Unterrichtsmethoden**: Dort erhältst du immer erst eine genaue Beschreibung, wie du die einzelnen Schritte bzw. Phasen umsetzen kannst. Zu jeder Arbeitstechnik ist außerdem kursiv ein konkretes Beispiel angeführt, dass dir ganz genau zeigt, wie du sie praktisch umsetzen kannst. Ferner findest du die Arbeitstechniken und Unterrichtsmethoden aus Band 7/8 noch einmal im Anhang ab Seite 328 zur Unterstützung bei den Aufgabenlösungen.

Die ockerfarben hinterlegten Abschnitte sind **Informationstexte**: Sie fassen das Wichtigste zusammen, so dass du dir schnell noch einmal einen Überblick zu einem Thema verschaffen kannst. Sie können z. B. auch vor einer Klassenarbeit sehr nützlich sein. In diesen Texten sind wichtige Begriffe fett hervorgehoben. Wenn sie zusätzlich mit einem → markiert sind, werden sie im **Glossar** (S. 345 ff.) erklärt.

Im Anschluss an die Materialseiten eines Kapitels findest du sogenannte **Kompetenzseiten**: Sie helfen dir beim Vertiefen deines Wissens, beim Training von Analysieren, Urteilen und Handeln sowie beim Festigen der Arbeitstechniken.

Den Abschluss eines Kapitels bildet die Rubrik **Weiterdenken**: Sie enthält Vorschläge für interessante Projekte, die du zusammen mit deiner Klasse durchführen kannst, um noch tiefer in das Thema einzutauchen.

Viel Freude beim Stöbern und beim Lernen wünschen dir
die Autoren von *Politik direkt*

Beteiligungsmöglichkeiten und politische Willensbildung

Demokratie lebt vom Mitmachen! Über das Wählengehen hinaus gibt es noch weitere Beteiligungsmöglichkeiten, die von den Bürgerinnen und Bürgern zum Teil rege genutzt werden. Insbesondere fällt auf, dass mehr als zwei Drittel der Bevölkerung sich ehrenamtlich engagiert. Die Ehrenamtlichen bringen sich in Vereinen, Verbänden, Kirchen, Bürgerinitiativen, Nichtregierungsorganisationen und weiteren Zusammenschlüssen ein. Sie gestalten unser gesellschaftliches Zusammenleben so aktiv mit und verfolgen oft auch politische Anliegen.

Neben den Bürgerinnen und Bürgern nehmen in unserem demokratischen System die Parteien eine herausgehobene Stellung ein. Sie wirken laut Grundgesetz an der politischen Willensbildung mit, indem sie ihre politischen Ziele in Programmen festschreiben und diese öffentlich vertreten sowie indem sie Kandidatinnen und Kandidaten für politische Ämter aufstellen.

Aufgrund der Vielzahl der Interessengruppen, die in unserer Demokratie mitmischen, werden sehr unterschiedliche Vorstellungen eingebracht, was zur Meinungsvielfalt beiträgt. Darunter gibt es jedoch auch einzelne Gruppierungen, die extremistische politische Positionen vertreten und diese zum Teil sogar mit Gewalt durchsetzen wollen. Gesellschaft und Staat sind in solchen Fällen herausgefordert abzuwägen, wie viel Freiheit für das Eintreten für politische Ziele einerseits gewährleistet sein muss und in welchen Fällen die Demokratie andererseits verteidigt werden muss.

Wie bringst du dich in unsere Demokratie ein? Gibt es Interessengruppen und Parteien, denen du nahestehst? Und wie sollte deiner Meinung nach mit politischem Extremismus umgegangen werden?

in unserer Demokratie

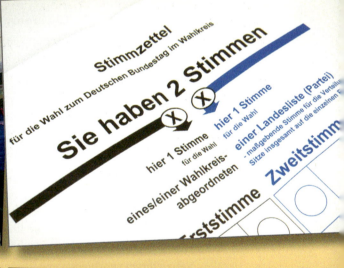

1. Sich einbringen! – Möglichkeiten des Engagements

Ehrenamtliches Engagement

Mehr als die Hälfte aller Bürgerinnen und Bürger engagieren sich gesellschaftlich und vertreten häufig auch politische Anliegen. Der Großteil dieser Engagierten übt ein Ehrenamt aus, d. h. er bringt sich freiwillig und unentgeltlich in die Gesellschaft ein. Doch was bewegt Menschen zu einem Ehrenamt? Und welche Möglichkeiten des gesellschaftlichen und politischen Engagements gibt es für junge Leute?

M 1 Junge Leute sprechen über ihr ehrenamtliches Engagement

Jessica Bäumler, 17, Stuttgart: „Letztes Jahr habe ich ein Praktikum in einem Inklusions-Kindergarten gemacht, in dem Kinder mit und ohne Behinderungen betreut werden. Die Erfahrung war so positiv, dass ich mich seitdem ehrenamtlich engagiere. Bei der Caritas kümmere ich mich um ein kleines behindertes Mädchen. Erst kürzlich – mit fast vier Jahren – konnte es die ersten Schritte gehen, das war für mich ein tolles Erlebnis."
Jessica leitet außerdem in ihrem Sportverein das wöchentliche Mutter-Kind-Turnen.

Clemens Martin, 16, Chemnitz: „Viele Leute wollen einfach nicht sehen, was in der Welt um sie herum passiert. Das kann ich nicht und wollte etwas gegen das Wegschauen tun. Im vergangenen Sommer habe ich mit einigen Mitschülern eine Veranstaltung mit dem Titel „Flucht vor Krieg und Terror" an unserer Schule organisiert und dazu zwei jugendliche Flüchtlinge aus dem Sudan eingeladen. Ihre Schilderungen von Krieg und Flucht haben dann doch mehr Leute interessiert, als ich vorher angenommen hatte. Das hat mich überrascht und sehr gefreut.""
Clemens ist Mitglied in der Chemnitzer Gruppe von Amnesty International.

Sophie Petersen, 17, Rosenheim: „Volleyball ist meine große Leidenschaft. Seit letztem Jahr spiele ich in der Damenmannschaft meines Vereins, zuvor in verschiedenen Altersklassen der Jugend. Neben den Turnieren und dem eigenen Training trainiere ich seit einem halben Jahr zweimal in der Woche die Jüngsten unserer Abteilung. Das macht unglaublich Spaß, zu sehen, wie sich die Kleinen reinhängen und sich freuen können."
Neben ihrem sportlichen Engagement gibt Sophie Nachhilfe in Mathe und Biologie.

Samuel Barak, 14, Delmenhorst: „In unserer Kirchengemeinde gibt es einen offenen Kinder- und Jugendtreff, an dem auch nicht-christliche Kinder und Jugendliche teilnehmen können. Das Miteinander ist absolut friedlich und trägt viel zum Verständnis der verschiedenen Kulturen bei. Ich bin selbst schon seit fast fünf Jahren dabei und leite den Treff jetzt sei einem halben Jahr."
Samuel engagiert sich für den Kinder- und Jugendtreff der evangelischen Kirchengemeinde Delmenhorst.

M 2 Wo und wofür man sich engagieren kann – Einige Beispiele

KIRCHEN, RELIGIONSGEMEINSCHAFTEN
leisten eigene Jugendarbeit und bieten vor allem Gelegenheiten zu religiösem und sozialem Engagement

z. B. eine Jugendfreizeit mitorganisieren; Kinder- und Jugendgottesdienste vorbereiten.

SCHULEN
bieten Gelegenheiten, sich innerhalb des Schullebens oder aus der Schule heraus für andere zu engagieren

z. B. geflüchteten Mitschülerinnen/Mitschülern beim Deutsch lernen helfen; Online-Videos produzieren, die zur Reduzierung von Plastikmüll aufrufen.

VEREINE
ermöglichen Engagement in ganz unterschiedlichen gesellschaftlichen Bereichen

z. B. bei Schwimmkursen des Schwimmvereins mitwirken; Spenden für den Tierschutzverein sammeln.

GEMEINDEPOLITIK
sieht Beteiligungsmöglichkeiten für Jugendliche vor

z. B. im Jugendgemeinderat mitwirken; sich in Sprechstunden von Gemeinderätinnen/Gemeinderäten für einen neuen Spielplatz einsetzen.

PARTEIEN
bieten Beteiligungsmöglichkeiten bei der Formulierung und Veröffentlichung politischer Ziele sowie Gelegenheiten zur Übernahme von Ämtern

z. B. Parteiprogramme mitgestalten; für eine Partei kandidieren und ein politisches Amt übernehmen.

BÜRGERINITIATIVEN
sind Zusammenschlüsse von Bürgerinnen und Bürgern, die sich für oder gegen eine ganz bestimmte Sache einsetzen und Mitmachmöglichkeiten bieten

z. B. an einer Fahrraddemonstration gegen Feinstaubbelastung teilnehmen; sich in eine öffentliche Diskussion über den Erhalt eines renovierungsbedürftigen Jugendhauses einbringen.

NICHTREGIERUNGSORGANISATIONEN (NGOs), wie z. B. der Naturschutzbund (NABU) oder Foodwatch, verfolgen bestimmte politische Ziele, für die man sich engagieren kann

z. B. sich an einer Protestkundgebung gegen die Abholzung eines Waldes beteiligen; Informationsbroschüren zur Problematik gentechnisch veränderter Pflanzen verteilen.

WEITERE MÖGLICHKEITEN

?

PERLEN IM NETZ

http://www.echt-gut-bw.de/

Auf dieser Internetseite des Ministeriums für Soziales und Integration findest du Informationen rund um Möglichkeiten des ehrenamtlichen Engagements in Baden-Württemberg.

http://www.buergergesellschaft.de/

Der „Wegweiser Bürgergesellschaft" der Stiftung Mitarbeit ist eine der größten deutschen Internetplattformen zu politischer und sozialer Beteiligung. Auf der Seite erhältst du, unterteilt nach Handlungsfeldern wie z. B. Umweltschutz oder Digitale Demokratie, hilfreiche Informationen und findest Links zu passenden Initiativen.

M 3 Bürgerinitiativen liegen im Trend

Es muss keine Partei sein: Bürgerinitiativen im Trend
Gerade bei Jüngeren sind Bürgerinitiativen beliebt: Lukas Grose (21) ist jüngstes Vorstandsmitglied der Haffkruger Bürgerinitiative „Kein Güterbahnverkehr durch die Badeorte der Lübecker Bucht". [...] „Ich liebe Haffkrug. Ich habe noch nie woanders gelebt und möchte für mein Dorf und für meine Gemeinde etwas tun", begründet Grose seinen Einsatz.
2012 wurde die BI [Bürgerinitiative] aus Sorge vor dem drohenden Güterzugverkehr auf dem alten Eisenbahngleis durch die Badeorte nach dem Bau des Belttunnels gegründet. [...] 1000 Mitglieder zählte die Bürgerinitiative schon nach kurzer Zeit. Eine zentrale Forderung, der Bau einer Trasse für den Güterverkehr westlich der A 1, wurde inzwischen erfüllt. „Wir rechnen uns diesen Erfolg mit an und sind stolz darauf", sagt der BI-Vertreter. Aber erledigt habe sich das Anliegen der Bürgerinitiative noch lange nicht. Jetzt gehe es um möglichst viel Lärmschutz und eine ordentliche Ausstattung der Bahnhöfe und Haltepunkte.
Wie lange er genau bei der Bürgerinitiative mitmacht, kann Lukas Grose nicht sagen. Er sei durch seine Eltern und Bekannten dazugestoßen, habe zunächst bei Versammlungen für die Technik gesorgt oder Flyer verteilt. In den Vorstand rückte er 2015 auf.. [...]
„Die Parteien unterstützen uns, danken für das Engagement", sagt Grose. Er sieht die BI als „helfende Hand" der Politik, die aber „auch mal zum Hammer" greife, um Druck zu machen. „Die ehrenamtlichen Kommunalpolitiker haben gar nicht die Zeit, sich so intensiv in die Thematik zu vertiefen", unterstreicht er den konstruktiven Ansatz. [...] Kann das eine Bürgerinitiative besser als die Politik? Entscheidungen fielen schneller, die Meinungsbildung sei freier, sagt Grose. „Die Gemeindevertreter richten sich stärker nach der politischen Linie ihrer Partei aus." Das ist keine Kritik [...]. Im Gegenteil[...,] der 20-Jährige will nicht ausschließen, sich später einmal in einer Partei zu engagieren. Ihn reizen das breitere Themenspektrum, das Diskutieren und das Mitwirken an Lösungen. Aktuell sei das aber kein Thema, jetzt stünden Ausbildung und Beruf im Vordergrund. Außerdem würde aus seiner Sicht eine Parteimitgliedschaft mit dem Amt in der Bürgerinitiative kollidieren. [...]
Politik ja, Parteien nein: Studien zeigen, dass sich die junge Generation wieder mehr für Politik interessiert, das Interesse an Parteien aber gering bleibt. Nach der Shell-Jugendstudie von 2015, die sich auf knapp 2600 Interviews mit repräsentativ ausgewählten Jugendlichen im Alter von zwölf bis 25 Jahren stützt, hat jeder vierte in dieser Altersgruppe schon an einer Demonstration teilgenommen, und jeder zehnte ist in einer Bürgerinitiative engagiert. Aber nur acht Prozent der knapp 1,25 Millionen Parteimitglieder in Deutschland sind unter 30 Jahre alt. [...]

Aus: Petersen, Petersen: Es muss keine Partei sein – Bürgerinitiativen im Trend, in: Lübecker Nachrichten vom 01.04.2017, online: http://www.ln-online.de/Lokales/Ostholstein/Es-muss-keine-Partei-sein-Buergerinitiativen-im-Trend [zuletzt: 17.07.2018]

M 4 Nichtregierungsorganisationen üben mit Protestaktionen Druck aus

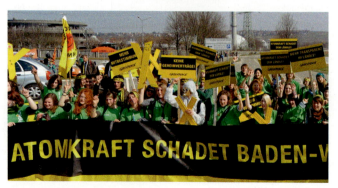

Mehr als 40 000 Teilnehmer zählte eine von Greenpeace initiierte Demonstration für den sofortigen Ausstieg aus der Atomenergie. Die Atomkraftgegner bildeten eine Menschenkette zwischen dem Atomkraftwerk Neckarwestheim im Kreis Heilbronn und dem 45 Kilometer entfernten Stuttgart, um auf die von Atomkraftwerken ausgehenden Gefahren hinzuweisen.

Mitglieder sowie Unterstützerinnen und Unterstützer von Amnesty International Deutschland protestierten in Berlin gegen ein Gesetz, das dem Bundesnachrichtendienst Massenüberwachung von Internetkommunikation erlaubt, ohne einen konkreten Verdacht zu haben. Die Protestierenden machten auch darauf aufmerksam, dass eine geschützte Privatsphäre eine wichtige Voraussetzung dafür sei, dass Menschen sich politisch engagieren und öffentlich Kritik üben würden.

Die Tierschutzorganisation PETA (People for the Ethical Treatment of Animals) Deutschland protestierte auf einer Hamburger Einkaufsmeile gegen den Verkauf von luxuriösen Modeartikeln aus Krokodilleder. Ziel war es, auf qualvolle Zustände in Krokodilfarmen aufmerksam zu machen. Die Tiere würden nicht artgerecht gehalten und ihnen werde zur Tötung die Genickwirbelsäule durchtrennt, was oft erst nach mehreren Versuchen funktioniere.

M 5 Ein Interview zu ehrenamtlichem Engagement

Ehrenamtliches Engagement

Hallo Frau Altpeter, wie viele Menschen engagieren sich in Baden-Württemberg ehrenamtlich?
Katrin Altpeter: In Baden-Württemberg engagiert sich fast jeder Zweite regelmäßig freiwillig und unentgeltlich für andere Menschen. [...]
Was sind Gründe und Motivationen für ein Ehrenamt? Was hören Sie von den Engagierten?
Altpeter: Das wichtigste Motiv ist sicherlich der Wunsch, mit anderen Menschen gemeinsam die Gesellschaft zumindest im Kleinen mitzugestalten und besser zu machen. Auch die Möglichkeit, zusätzliche Qualifikationen zu erwerben, motiviert. Und natürlich wollen die Engagierten auch, dass ihnen die Tätigkeit Spaß macht und sie Menschen helfen und etwas für das Gemeinwohl tun können. [...]
Wie vielfältig sind die Aufgaben? Welche Arten des Ehrenamtes gibt es?
Altpeter: Das ehrenamtliche und bürgerschaftliche Engagement hat ganz viele Gesichter. Es reicht vom klassischen Ehrenamt wie dem Schöffendienst bei Gericht, geht über in die Mitarbeit im Vereinsvorstand oder im Kirchengemeinderat, in der Freiwilligen Feuerwehr oder im Technischen Hilfsdienst. Über 50 Prozent der Ehrenamtlichen in Baden-Württemberg engagieren sich in Vereinen und Verbänden. Aber Ehrenamt kann auch die Mithilfe bei der Renovierung eines Kinderspielplatzes bedeuten oder der Einsatz in der Flüchtlingshilfe. [...]
Welche Voraussetzungen muss jemand mitbringen, der sich ehrenamtlich engagieren will?
Altpeter: Ein Anforderungsprofil im klassischen Sinne gibt es nicht. [...] Aber natürlich sollte man die grundsätzliche Bereitschaft mitbringen, sich zu engagieren. Und man sollte Freude daran haben, mit anderen Menschen umzugehen. Wer bereit ist, Zeit zu schenken, Verant-

Katrin Altpeter (SPD), baden-württembergische Sozialministerin 2011–2016

wortung für andere zu übernehmen und das eigene Lebensumfeld mitzugestalten, ist im Engagement richtig.

Welche wirtschaftlichen Auswirkungen hat das Ehrenamt für unser Land und was wäre, wenn es das Ehrenamt nicht gäbe?

Altpeter: Den Gegenwert von ehrenamtlichem Engagement kann man nicht beziffern. Ganz sicher ist aber, dass unsere Gesellschaft um ein vielfaches ärmer und kälter wäre ohne das Ehrenamt. Denn mögen die einzelnen Beiträge auf den ersten Blick auch oft klein erscheinen, so bedeuten sie für diejenigen, denen der Einsatz gilt, immer viel. […]

Aus: Altpeter, Katrin / Franken, Torsten: Interview der Woche: Ehrenamtliches Engagement, in: Reutlinger Wochenblatt, 30.12.2015, online: http://www.reutlinger-wochenblatt.de/inhalt.interview-der-woche-ehrenamtliches-engagement.a8beb142-1e5f-42f7-8078-69b2611c6072.html [zuletzt: 17.07.2018]

M 6 Engagagierte Mitstreiterinnen und Mitstreiter?

EINSTEIGEN

1. a) Beschreibe zu M1 (S. 10) wo und wofür sich die jungen Leute jeweils ehrenamtlich engagieren.
   b) Tauscht euch zu zweit darüber aus, welche Formen des Engagements aus den Beispielen M1 (S. 10) ihr besonders sinnvoll findet. Begründet eure Auffassungen.

2. Ordne die Engagementbeispiele aus M1 (S. 10) den Kästen in M2 (S. 11) jeweils passend zu. Beachte dabei, dass einzelne Beispiele auch zu mehreren Kästen passen können.

WEITERARBEITEN

3. Sammelt auf der Grundlage von M2 (S. 11) in der Klasse, wo und wofür ihr euch engagiert. Erstellt dazu eine Übersicht an der Tafel.

Wo und wofür engagieren wir uns?							
Vereine	Schule	Kirche/ Religionsgemeinschaft	Gemeindepolitik	Parteien	NGOs	Bürgerinitiativen	Andere

4. a) Erläutere, wofür sich Lukas Grose in der Bürgerinitiative in Haffkrug (M 3, S. 12) engagiert.
   b) Erkläre auf der Grundlage von M 3 (S. 12) und Info 1 (S. 15 f.) wie sich das Engagement in einer Bürgerinitiative vom Engagement in einer Partei unterscheidet.

5. a) Erläutere zu den Beispielen aus M 4 (S. 12 f.), welche die Ziele die einzelnen Nichtregierungsorganisationen (NGOs) verfolgen und auf wen sie jeweils politischen Druck ausüben wollen.
   b) Informiert euch in Kleingruppen über die Ziele von NGOs und Mittel, mit denen sie diese erreichen wollen (siehe Arbeitstechnik: „Informationen im Internet recherchieren", S. 336). Stellt eure Ergebnisse in der Klasse vor.
   c) Formuliere deine Meinung zu den Zielen und Mitteln einer ausgewählten NGO. Diskutiere anschließend mit zwei Partnerinnen bzw. Partnern.

VERTIEFEN

6. Arbeite aus dem Interview M 5 (S. 13 f.) heraus:
   – Aus welchen Motiven engagiert sich in Baden-Württemberg fast jeder Zweite ehrenamtlich?
   – Welche Arten des Ehrenamts werden am häufigsten ausgeübt?
   – Welche Bedeutung hat ehrenamtliches Engagement für unsere Gesellschaft?

7. Arbeitet in Vierergruppen. Ergänzt zu den Kästen in M 2 (S. 11) jeweils drei passende Beispiele. Engagementbeispiele, die keinem der Kästen zugeordnet werden können, könnt ihr unter „Weitere Möglichkeiten" anführen. Bei Bedarf könnt ihr auch Beispiele auf den unter „Perlen im Netz" (S. 11) angegebenen Internetseiten recherchieren.

8. a) Interpretiere M 6 (S. 14) mithilfe der Arbeitstechnik „Karikaturen analysieren" (S. 345).
   b) Versetze dich in die Lage des Mannes in M 6 (S. 14), der um die Übernahme von Ehrenämtern bittet. Formuliere einen kurzen Wortbeitrag, in dem er die anderen vom Sinn der Übernahme eines Ehrenamts überzeugen möchte.

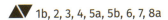
▲ 1, 2, 3, 4, 5a, 7   ▲▽ 1b, 2, 3, 4, 5a, 5b, 6, 7, 8a   ▲▽▲ 2, 3, 4b, 5, 6, 7, 8

Möglichkeiten des ehrenamtlichen Engagements

Info 1

In unserer Demokratie engagieren sich ca. 70 % aller Bürgerinnen und Bürger gesellschaftlich und/oder politisch. Sie üben ein **Ehrenamt** aus, d. h. eine Tätigkeit für die Gesellschaft, der man freiwillig und unentgeltlich nachgeht. Am häufigsten bringen sich die Ehrenamtlichen in Vereinen ein, daneben spielt aber auch das Engagement in Religionsgemeinschaften, Bürgerinitiativen und Nichtregierungsorganisationen eine wichtige Rolle.
Vereine erfüllen viele gesellschaftliche Aufgaben, z. B. in den Bereichen Kultur, Kommunikation, Sport, Soziales und Integration. Zumeist spielen Geselligkeit und persönliche Kontakte in ihnen eine wichtige Rolle. Zugleich sind sie oft kommunalpolitisch von hoher Bedeutung und üben Einfluss auf das Geschehen in einer Gemeinde aus. Einige Vereine sind auch in ganz Deutschland, Europa oder sogar weltweit aktiv und verstehen sich als Zusammenschlüsse, die vor allem bestimmte politische, soziale oder ökologische Ziele verfolgen.
Kirchen und Religionsgemeinschaften bieten Möglichkeiten für ein Engagement in der Glaubenspraxis, z. B. in christlichen Kirchen in Bibelkreisen und durch die Mitwirkung an Gottes-

diensten. Damit zusammenhängend weisen sie aber auch zahlreiche Gelegenheiten für soziales Engagement auf. Denn die Kirchen und Religionsgemeinschaften sind neben dem Staat der Hauptträger sozialer Einrichtungen wie z. B. Behindertenwerkstätten, Seniorenwohnheimen und Kindertagesstätten. Darüber hinaus leisten sie vielfältige Kinder- und Jugendarbeit im Freizeitbereich, in die man sich einbringen kann.

→ **Parteien** sind politische Organisationen, die in unserer Demokratie eine besondere Stellung haben. Das Grundgesetz sieht in Artikel 21 vor, dass sie „bei der politischen Willensbildung des Volkes" mitwirken. Dementsprechend bieten Parteien die Möglichkeit, sich in all ihre politischen Aktivitäten einzubringen. Auch Nichtmitglieder können eine Partei, z. B. bei ihrer Wahlwerbung oder bei Parteiveranstaltungen, unterstützen. Parteimitglieder können sich in politische Debatten einbringen, an Parteiprogrammen und Parteibeschlüssen mitwirken sowie für Parteiämter und politische Ämter kandidieren.

→ **Bürgerinitiativen** sind zumeist spontane, zeitlich begrenzte, häufig lockere Zusammenschlüsse von Bürgerinnen und Bürgern, die von politischen Maßnahmen, Planungen und befürchteten Fehlentwicklungen betroffen sind. Bürgerinnen und Bürger bringen mit einer Bürgerinitiative ihre Kritik an Vorhaben oder bereits getroffenen Entscheidungen von politischen Verantwortungsträgerinnen und -trägern zum Ausdruck und arbeiten durch Selbsthilfe, Öffentlichkeitsarbeit und Erzeugung von politischem Druck darauf hin, dass stattdessen ihre Interessen und Ziele politisch stärker berücksichtigt bzw. gänzlich umgesetzt werden. Dabei wenden sich nicht nur an Parteien und Parlamente, sondern auch direkt an zuständige politische Akteurinnen und Akteure sowie an Behörden. Ihre Aktionsformen sind vielfältig, dazu zählen z. B. Demonstrationen, Mahnwachen, Flashmobs, Blockaden und das Verteilen von Flugblättern.

→ **Nichtregierungsorganisationen** (NGOs, von engl. non-gouvernmental organizations), wie z. B. Human Rights Watch, Amnesty International, WWF, Greenpeace, Terre des hommes und Ärzte ohne Grenzen, sind nichtstaatliche Organisationen, die von Menschen mit ähnlichen politischen Interessen gegründet werden. Sie verfolgen bestimmte politische Ziele auf nationaler und internationaler Ebene, wie z. B. Klimaschutz, Tierschutz oder den Schutz von Menschenrechten. NGOs sind wichtige Akteure in der Weltpolitik und üben durch Öffentlichkeitsarbeit sowie verschiedenste Aktionsformen Druck auf Staaten und Verbünde von Staaten, wie z. B. die EU und die UNO, aus. Vereinzelt engagieren sie sich außerdem als sachverständige Partner für politisch Verantwortliche. Sie verstehen sich in der Regel jedoch als von Regierungen und Wirtschaftsunternehmen unabhängige Organisationen, die nicht gewinnorientiert arbeiten. Bis auf wenige Ausnahmen sind sie international vernetzt und an vielen Orten der Erde tätig.

Die Motive für gesellschaftliche und/oder politische Beteiligung können sehr unterschiedlich sein. Während es Mitgliedern z. B. in Sport- und Musikvereinen zumeist vor allem um das gemeinsame Hobby, Geselligkeit und die Freude am Vereinsleben geht, verfolgen Mitglieder von Parteien sowie Aktivistinnen und Aktivisten in Bürgerinitiativen und Nichtregierungsorganisationen in erster Linie politische Ziele. Die **Formen der sozialen Mitwirkung**, d. h. Beteiligung, die auf die Förderung des Kontakts und der gegenseitigen Unterstützung in unserer Gesellschaft abzielt, und die **Formen der politischen Mitwirkung**, d. h. Beteiligung, die auf Durchsetzung bestimmter politischer Interessen gerichtet ist, überschneiden sich allerdings häufig. Die Übernahme von Ehrenämtern stellt eine sehr wichtige Beteiligungsform dar. Unsere Demokratie wird durch ehrenamtliches Engagement lebendiger und von Menschen mitgetragen, die sich einbringen. In all diesen Bereichen gilt daher gerade auch für Kinder und Jugendliche das Prinzip: „Einmischen erwünscht!". Denn die junge Generation trägt die Verantwortung, für den Fortbestand und die Weiterentwicklung unserer Demokratie in der Zukunft sowie für das Eintreten demokratischer Ideale, insbesondere den Schutz von Menschenrechten und die Bewahrung der Umwelt, in der ganzen Welt.

Parteien als Möglichkeit der politischen Mitwirkung

Parteien sind Vereinigungen, in denen sich Menschen mit ähnlichen politischen Meinungen zusammenschließen und diese auch umsetzen wollen. Dazu versuchen sie bei Wahlen möglichst viele Stimmen zu bekommen. Das schaffen sie nur mit geeigneten Kandidatinnen bzw. Kandidaten und wenn sie die Bürgerinnen und Bürger von ihren Positionen überzeugen. Jede und jeder kann Mitglied einer Partei werden und partizipieren, d. h. sich beteiligen und aktiv mitarbeiten. Welche Parteien gibt es und welche Aufgaben übernehmen sie in unserer Demokratie?

PERLEN IM NETZ
http://www.bpb.de/politik/grundfragen/parteien-in-deutschland/

Das Dossier bei der Bundeszentrale für politische Bildung bietet Informationen zu Parteien im Allgemeinen, aber auch zu den einzelnen Parteien in der Bundesrepublik Deutschland.

M 7 Parteien in der Bundesrepublik Deutschland

Als Parteien werden Gruppierungen anerkannt, die dauernd oder für längere Zeit auf Bundes- oder Landesebene Einfluss nehmen wollen und deshalb bei Bundestags-, Europa- oder Landtagswahlen kandidieren. Insgesamt haben in den letzten Jahren mehr als 60 verschiedene Parteien an solchen Wahlen teilgenommen. Nachfolgend eine kleine Auswahl:

M 8 Aus dem Leben eines Parteimitglieds

Johannes ist Mitglied in einer Partei und engagiert sich im Ortsverein der Partei. „Ich möchte möglichst viele Bürgerinnen und Bürger von den Positionen meiner Partei überzeugen, damit sie bei der nächsten Wahl das Kreuz bei uns machen", begründet er sein Engagement. Als Johannes in die Partei eingetreten ist, war er noch in der Schule. Damals hat er vor allem in der Jugendorganisation der Partei mitgearbeitet. Johannes erzählt: „Dort haben wir neben politischen Diskussionen auch zusammen viele Freizeitaktivitäten gemacht. Ich erinnere mich gern an die große Radtour in den Freizeitpark, die Fahrt zum Bundestag nach Berlin und die vielen Discos." Johannes hat viele seiner Freundinnen und Freunde überzeugen können und für eine Mitarbeit in der Partei geworben.
Da Johannes eine Leidenschaft für das Schreiben entwickelt hat, bittet ihn der Vorsitzende des Ortsvereins oft, Pressemitteilungen zu aktuellen Problemen und Konflikten zu schreiben.

Dann schreibt Johannes in Absprache mit den anderen Mitgliedern, was sie aus Sicht der Partei dazu sagen. Die Pressemitteilung wird an die Zeitungsverlage in der Region verschickt und oft finden sich Auszüge daraus in der Zeitung am nächsten Tag. Darauf ist Johannes stolz. „Zuletzt habe ich einen Bericht über unser Seminar zur Schulreform und die Podiumsdiskussion zum Bau der Umgehungsstraße geschrieben", berichtet Johannes. Die Beiträge stehen jetzt mit Bildern auf der Homepage der Partei.

Weil Johannes so gut formulieren kann, hat er auch am letzten Parteiprogramm mitgeschrieben. Darin kann jeder nachlesen, wofür die Partei steht. Diese Parteiprogramme verteilt Johannes mit anderen Parteimitgliedern zusammen oft am Wochenende an Werbeständen in der Fußgängerzone. „Manche stellen interessiert Fragen, manche sind auch ganz anderer Meinung und einige erreicht man gar nicht. Aber ich gebe nicht auf!" erzählt Johannes von der letzten Werbeveranstaltung. Ein Passant, den Johannes angesprochen hatte, hat in den Tagen danach sogar im Büro der Partei angerufen und nochmal nachgefragt. Er will jetzt zur nächsten Bürgersprechstunde mit dem Wahlkreiskandidaten kommen.

Ganz stolz ist Johannes auch darauf, dass er vom Vorstand für einen Platz auf der Liste bei der nächsten Wahl aufgestellt wurde. Auch wenn es nur ein Platz ganz weit hinten ist und er wenig Chancen hat, damit in den Bundestag einzuziehen, freut sich Johannes darüber.

M 9 Funktionen der Parteien gemäß Grundgesetz und Parteiengesetz

GG Artikel 21
(1) Die Parteien wirken bei der politischen Willensbildung des Volkes mit. Ihre Gründung ist frei. Ihre innere Ordnung muss demokratischen Grundsätzen entsprechen. [...]

Aus: Grundgesetz für die Bundesrepublik Deutschland vom 23.05.1949. Zuletzt geändert am 13.07.2017.

Gesetz über die politischen Parteien (Parteiengesetz)
§ 1 Verfassungsrechtliche Stellung und Aufgaben der Parteien
[...]
(2) Die Parteien wirken an der Bildung des politischen Willens des Volkes auf allen Gebieten des öffentlichen Lebens mit, indem sie insbesondere auf die Gestaltung der öffentlichen Meinung Einfluss nehmen, die politische Bildung anregen und vertiefen, die aktive Teilnahme der Bürger am politischen Leben fördern, zur Übernahme öffentlicher Verantwortung befähigte Bürger heranbilden, sich durch Aufstellung von Bewerbern an den Wahlen in Bund, Ländern und Gemeinden beteiligen, auf die politische Entwicklung in Parlament und Regierung Einfluss nehmen, die von ihnen erarbeiteten politischen Ziele in den Prozess der staatlichen Willensbildung einführen und für eine ständige lebendige Verbindung zwischen dem Volk und den Staatsorganen sorgen.
(3) Die Parteien legen ihre Ziele in politischen Programmen nieder.

Aus: Parteiengesetz in der Fassung der Bekanntmachung vom 31. Januar 1994. Zuletzt geändert am 10.07.2018.

M10 Aufgaben von Parteien

M11 Beispiel für den Aufbau einer Partei: Das Organisationsschema der SPD

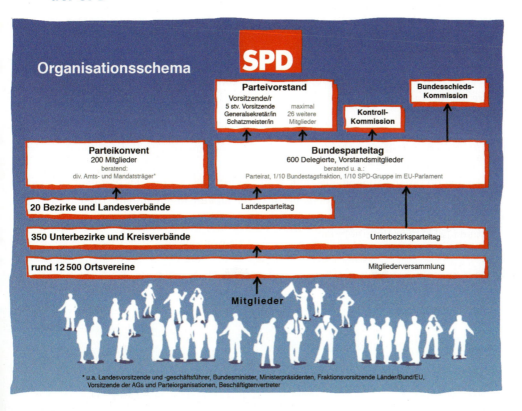

EINSTEIGEN

1. a) Betrachte die Logos der Parteien in M7 (S. 17). Benenne, wofür die Abkürzungen der Parteien stehen bzw. recherchiere zu den Abkürzungen, die dir bislang nicht bekannt sind. Halte deine Ergebnisse schriftlich fest.
   b) Recherchiert in Kleingruppen mithilfe der Arbeitstechnik „Informationen im Internet recherchieren" (S. 344f.) zu den einzelnen Parteien (M7, S. 17):
   – aktuelle Mitgliederzahl,
   – wann die Partei gegründet wurde,
   – seit wann sie ggf. im Landtag von Baden-Württemberg und seit wann sie im Bundestag vertreten ist,
   – wer bei den letzten Landtags- und Bundestagswahlen die jeweiligen Spitzenkandidatinnen und Spitzenkandidaten waren.

2. Sammle über einen Zeitraum von einer Woche hinweg, wo dir Parteien (M7, S. 17) im Alltag auffallen. Tragt eure Ergebnisse in der Klasse zusammen.

3. Arbeite aus M8 (S. 17f.) heraus, welchen Tätigkeiten Johannes als Parteimitglied nachgeht.

WEITERARBEITEN

4. Übertrage die Tabelle in dein Heft und fülle sie mithilfe von M9 (S. 18), M10 (S. 19) und Info 2 (S. 29) aus.

Aufgaben: Die Parteien sollen nach dem Parteiengesetz ...	Tätigkeiten der Parteien sind ...
auf die Gestaltung der öffentlichen Meinung Einfluss nehmen	Herausgabe von Pressemitteilungen
...	...

VERTIEFEN

5. Ladet Vertreterinnen und Vertreter der Jugendorganisationen verschiedener Parteien in eure Klasse ein und führt eine Expertenbefragung durch (siehe Arbeitstechnik „Expertenbefragung", S. 342).

6. a) Formuliere mithilfe von M9 (S. 18) und M11 (S. 19) einen Lexikoneintrag über den inneren Aufbau einer Partei.
   b) Kennst du Organisationen, die ähnlich aufgebaut sind, oder ist der Parteiaufbau etwas ganz besonderes? Erläutere Gemeinsamkeiten im Aufbau mit anderen Organisationen und mögliche Besonderheiten. Denke dabei z. B. an Vereine, den Deutschen Fußballbund (DFB) oder Unternehmen.

▲ 1, 2, 3, 4   ▲▼ 1, 3, 4, 5, 6   ▲▼▲ 1b, 3, 4, 5, 6

Parteien beziehen Stellung

Da es das Ziel von Parteien ist, bei Wahlen möglichst viele Stimmen zu erreichen, erarbeiten diese sich in vielen verschiedenen Bereichen der Politik ihre eigenen Positionen. Diese Positionen sind in den Grundsatzprogrammen und Wahlprogrammen der Parteien niedergeschrieben. Vergleicht man die unterschiedlichen Aussagen der Parteien zu den Politikfeldern, die einem persönlich wichtig sind, kann das einem eine Wahlentscheidung erleichtern. Im Folgenden werden beispielhaft die Positionen einiger Parteien zu den Bereichen Familie und Bildung verglichen.

M 12 Die CDU/CSU

Die Abkürzung CDU steht für Christlich Demokratische Union Deutschlands. Diese Partei gibt es in allen Bundesländern ausgenommen Bayern. Sie wurde 1945 gegründet. Die CDU bezeichnet sich selbst als Volkspartei der Mitte. Ihre Positionen seien vom christlichen Menschenbild geprägt und beruhten auf den Grundwerten Freiheit, Solidarität und Gerechtigkeit. Die Abkürzung CSU steht für Christlich-Soziale Union in Bayern. Diese Partei tritt bei Wahlen nur in Bayern an. Im Bundestag bildet sie zusammen mit der CDU eine gemeinsame Fraktion. Wie auch die CDU, beruft sich die CSU auf das christliche Menschenbild. Sie setzt sich laut ihrem Parteiprogramm für eine politische Ordnung in Freiheit und Verantwortung auf der Grundlage des christlichen Menschenbildes ein. Die CSU ist außerdem für eine größere Eigenständigkeit Bayerns.

Positionen:
Familie: „Familien und Kinder sind unser großes Glück", heißt es, „wir schreiben Familien kein bestimmtes Familienmodell vor." Dennoch wollen die Parteien neben der Familie auch die Ehe fördern. Kinderrechte sollen ins Grundgesetz. Die Union will „das Kindergeld um 25 Euro je Kind erhöhen" (im Monat) und den Kinderfreibetrag anheben. Zudem soll es „ein Baukindergeld in Höhe von 1200 Euro je Kind und pro Jahr" für zehn Jahre geben. Zudem einen „Rechtsanspruch auf Betreuung im Grundschulalter", „in Betrieben ab einer bestimmten Größe auch einen Anspruch auf befristete Teilzeit".

Bildung/Forschung: Das Schulsystem soll Ländersache bleiben mit dem Gymnasium an der Spitze. Allerdings soll die „Durchlässigkeit zwischen Schultypen und Ausbildungswegen" verbessert werden. „Aufstiegsorientierten Menschen ohne Abitur und Studium" möchte die Union „neue attraktive Karriereperspektiven" bieten mit dem Modell „Höhere Berufsbildung". Die Forschungs- und Entwicklungsausgaben sollen bis 2025 auf 3,5 Prozent des Bruttoinlandsprodukts steigen. [...]

Quelle für die Positionen: mitmischen.de – Das Jugendportal des Deutschen Bundestags (gekürzt), online: http://www.mitmischen.de/verstehen/wissen/wahl-uebersicht/parteien/ [zuletzt: 28.12.2018]

M 13 Die SPD

Die Abkürzung SPD steht für Sozialdemokratische Partei Deutschlands. Ihre Vorläufer reichen bis in die Arbeiterbewegung der Sechzigerjahre des neunzehnten Jahrhunderts zurück. Ihren heutigen Namen gab sich die Partei im Jahr 1890. Sie wird häufig als älteste noch bestehende Partei Deutschlands angeführt. Die SPD selbst bezeichnet sich als linke Volkspartei. Vor allem die Fragen der sozialen Gerechtigkeit und gleicher Rechte für alle seien für die Partei wichtig.

Positionen:

Familie: Familie ist „dort, wo Menschen füreinander Verantwortung übernehmen – von der Ehe zwischen Mann und Frau über alleinerziehende Mütter und Väter, Patchworkfamilien bis zum gleichgeschlechtlichen Paar." Wenn beide Eltern „ihre Arbeitszeit partnerschaftlich aufteilen, erhalten sie das Familiengeld": jeweils 150 Euro monatlich, wenn sie jeweils 75 bis 90 Prozent der Vollzeit arbeiten, maximal 24 Monate. Kinderrechte gehören für die SPD ins Grundgesetz.

Bildung/Forschung: Bildung soll gebührenfrei sein, „und zwar von der Kita über die Ausbildung und das Erststudium bis zum Master und zur Meister-/Technikerprüfung", Eltern erhalten einen Rechtsanspruch auf ganztägige Bildung und Betreuung der Kinder. Das Kooperationsverbot zwischen Bund und Ländern soll fallen, die Schulsozialarbeit ausgebaut werden. Die SPD will ein Recht auf eine Berufsausbildung mit „Mindestausbildungsvergütung" schaffen und ein höheres BAföG. [...]

Quelle für die Positionen: mitmischen.de – Das Jugendportal des Deutschen Bundestags (gekürzt), online: http://www.mitmischen.de/verstehen/wissen/wahl-uebersicht/parteien/ [zuletzt: 28.12.2018]

M14 Bündnis 90/Die Grünen

Die Grünen entstanden in der Bundesrepublik im Jahr 1980. Nach der deutschen Wiedervereinigung 1990 erweiterte die Partei ihren Namen zu Bündnis 90/Die Grünen. Die Partei gibt an, sich vor allem für ökonomische, ökologische und soziale Nachhaltigkeit einzusetzen.

Positionen:
Familie: „Familie ist da, wo Menschen füreinander Verantwortung übernehmen", schreibt die Partei. Dabei sei es ganz egal, ob die Eltern verheiratet sind, oder ob es um Alleinerziehende, Patchwork- oder Regenbogenfamilien [...] geht.
„Das Aufwachsen von Kindern muss bestmöglich unterstützt werden", dafür will die Partei Arbeitszeiten der Eltern flexibler gestalten. Gegen Kinderarmut soll das „Familien-Budget" für Familien mit geringem und mittlerem Einkommen helfen.

Bildung/Forschung: „Unser Ziel ist eine Gesellschaft, in der nicht soziale Herkunft, Geschlecht, ethnische Wurzeln oder körperliche Voraussetzungen über die Zukunft von Menschen entscheiden, sondern deren Wünsche und Talente", schreiben die Grünen. Sie sind für längeres gemeinsames Lernen, fordern „den Auf- und Ausbau von Gesamt- bzw. Gemeinschaftsschulen" und wollen das Kooperationsverbot (zwischen den Bundesländern und dem Bund) abschaffen. [...]

Quelle für die Positionen: mitmischen.de – Das Jugendportal des Deutschen Bundestags (gekürzt), online: http://www.mitmischen.de/verstehen/wissen/wahl-uebersicht/parteien/ [zuletzt: 28.12.2018]

M15 Die Linke.

Die Partei Die Linke., die umgangssprachlich auch Linkspartei genannt wird, existiert erst seit 2007. Sie ist aus einer Abspaltung der SPD und der PDS (Partei des Demokratischen Sozialismus), einer Nachfolgepartei der SED (Sozialistische Einheitspartei Deutschlands; das war die Staatspartei innerhalb der ehemaligen DDR) hervorgegangen. Gemäß eigenen Angaben strebt Die Linke. die Überwindung des Kapitalismus an und will einen demokratischen Sozialismus verwirklichen.

Positionen:
Familie: Die Partei will die Ehe auch für gleichgeschlechtliche Paare ebenso wie ein Adoptionsrecht für diese. „Die Ehe soll perspektivisch durch ein System der Wahlverwandtschaften ergänzt werden." Schutz und Förderung sollen alle erfahren, die „mit Kindern oder Pflegebedürftigen leben". [...]

Die Linke will mehr Personal für Kitas und kostenlose Kita-Plätze für alle. Alleinerziehende sollen mehr Unterstützung erhalten. Das Kindergeld soll auf 328 Euro pro Kind erhöht werden. Kinder- und Jugendrechte sollen im Grundgesetz stehen, ein Kinder- und Jugendbeauftragter berufen werden. [...]

Bildung: Die Linke plant gebührenfreie Bildung „von der Kita bis zur Universität". Es soll „eine Schule für alle" geben, die ganztägige Gemeinschaftsschule. Schulen und Hochschulen müssten modernisiert werden. Damit das funktioniert, soll das Kooperationsverbot komplett fallen. Das besagt, dass nur die Länder für die Bildung zuständig sind und der Bund kein Geld für den Ausbau dazugeben darf. [...] Für Studierende plant die Partei ein elternunabhängiges BAföG in Höhe von 1.050 Euro ohne Rückzahlung. Die Linke will den NC abschaffen. Es soll ein „Recht" auf eine Ausbildung geben.

Quelle für die Positionen: mitmischen.de – Das Jugendportal des Deutschen Bundestags (gekürzt), online: http://www.mitmischen.de/verstehen/wissen/wahl-uebersicht/parteien/ [zuletzt: 28.12.2018]

M 16 Die FDP

Die Abkürzung FDP steht für Freie Demokratische Partei. Sie existiert seit 1948. Zentrale Grundwerte für deren Verwirklichung sich die Partei einsetzt, sind nach eigener Auskunft der FDP Freiheit, Fairness, Verantwortung, Toleranz und Solidarität.

Positionen:
Familie: „Der Staat und Gesellschaft können Glück nicht verordnen", schreibt die FDP und spricht sich für die „Ehe für alle" aus. Mit einer Reform des Kindergeldes (einkommensunabhängiger Grundbetrag plus einkommensabhängiges Kinder-Bürgergeld plus Bildungsgutscheine) und einem „eigenständigen Anspruch des Kindes" will sie Kinderarmut bekämpfen. Die Partei stellt sich ausdrücklich gegen die Diskriminierung von Homo- und Transsexuellen und will gleiche Chancen für alle, unabhängig vom Geschlecht.

Bildung/Forschung: Die FDP will „Deutschland an die Spitze der Bildungsnationen dieser Welt zurückführen", denn die Partei betrachtet Bildung als die wichtigste Ressource überhaupt. Die Ausgaben dafür sollen steigen, Abschlussprüfungen bundesweit vereinheitlicht werden. Dabei setzt die FDP auf mehr Autonomie für die einzelnen Schulen und eine gleichwertige Unterstützung von freien Schulen. [...] Durch Bildungsgutscheine und einen Fonds soll das Geld dahin fließen, wo Schüler und Studenten lernen wollen. [...] Die FDP will die duale Ausbildung stärken. Es soll nachgelagerte Studienbeiträge geben, die erst im Beruf einkommensabhängig gezahlt werden.

Quelle für die Positionen: mitmischen.de – Das Jugendportal des Deutschen Bundestags (gekürzt), online: http://www.mitmischen.de/verstehen/wissen/wahl-uebersicht/parteien/ [zuletzt: 28.12.2018]

M 17 Die AfD

Die Abkürzung AfD steht für Alternative für Deutschland. Die Partei existiert erst seit 2013. Sie wurde aufgrund von Protesten gegen die damalige Euro-Rettungspolitik gegründet. Nach eigener Auskunft setzt sich die Partei für direkte Demokratie, soziale Marktwirtschaft, Föderalismus, und Familienförderung ein. Zahlreiche Parteimitglieder der AfD fordern außerdem Einschränkungen des Asylrechts und verstehen sich als Opposition gegen die „Systemparteien".

Positionen:
Familie: Die AfD will den „demografischen Fehlentwicklungen" in Deutschland entgegenwirken. Die „Masseneinwanderung" sei dafür kein geeignetes Mittel, sondern es solle mittels einer „aktivierenden Familienpolitik" eine höhere Geburtenrate der einheimischen Bevölke-

rung erreicht werden. Die „Ehe und traditionelle Familie mit Kindern" will sie schützen. [...] Familien mit unterdurchschnittlichem Einkommen will die AfD finanziell entlasten, so soll eine „Willkommenskultur für Kinder" entstehen. [...] Die Partei setzt sich für den „Erhalt des eigenen Staatsvolks" ein. Gender-Studies und Quotenregelungen für Frauen lehnt die AfD ab.

Bildung/Forschung: Im Bildungsbereich plädiert die AfD für ein „nach Begabungen differenziertes Schulsystem" und lehnt Gesamt- und Einheitsschulen ab. Förder- und Sonderschulen sollen erhalten, die duale Ausbildung gefördert werden. Junge Asylbewerber will die Partei in der Schule auf die „Rückkehr in ihr Herkunftsland vorbereiten". Bei den Studienabschlüssen sollen statt Bachelor und Master wieder die Titel Diplom, Magister und Staatsexamen erworben werden können, „Hochschulen sollen das Recht besitzen, Bewerber durch Aufnahmeprüfungen auszuwählen." Die Gender-Forschung soll abgeschafft werden. Bildung und Forschung will die AfD „verstärkt auf MINT-Fächer ausrichten". Muslimischen Religionsunterricht soll es nicht geben.

Quelle für die Positionen: mitmischen.de – Das Jugendportal des Deutschen Bundestags (gekürzt), online: http://www.mitmischen.de/verstehen/wissen/wahl-uebersicht/parteien/ [zuletzt: 28.12.2018]

EINSTEIGEN

1. Überlege dir zunächst allein, was aus deiner Perspektive in den Politikbereichen „Familie" und „Bildung/Forschung" wichtige politische Ziele sein sollten.

2. a) Führt in 7er-Gruppen ein Gruppenpuzzle durch (siehe Unterrichtsmethode „Gruppenpuzzle", S. 348). Teilt dazu je ein Material aus M 12 bis M 17 (S. 21–24) einer Person zu. Jede/r liest sein Material durch und formuliert die Positionen der Parteien zu den Politikbereichen „Familie" und „Bildung/Forschung" in eigenen Worten. Frage deine Lehrerin bzw. deinen Lehrer, wenn du einzelne Begriffe oder Textpassagen nicht verstehst.
   b) Stellt euch die einzelnen Positionen der Parteien (M 12 bis M 18, S. 21–24) in der 7er-Gruppe gegenseitig vor und haltet eure Ergebnisse in einer Tabelle stichwortartig fest.

	CDU/CSU	SPD	B90/Die Grünen	Die Linke.	FDP	AfD
Position Familie						
Familienbild						
Betreuung						
Finanzierung						
Gleichstellung						
Durchsetzungsmöglichkeit/Realisierbarkeit						
Position Bildung/Forschung						
Schulsystem						
Finanzierung						
Durchsetzungsmöglichkeit/Realisierbarkeit						

1. Sich einbringen! – Möglichkeiten des Engagements 25

3. Vergleicht in der 7er-Gruppe die Positionen der Parteien (M 12 bi M 17, S. 21–24) miteinander. Wo stellt ihr Gemeinsamkeiten fest, wo könnt ihr Unterschiede entdecken? Notiert diese.

WEITER-ARBEITEN

4. a) Erstellt eine Matrix für eines der beiden Politikfelder („Familie" oder „Bildung/Forschung") und tragt ein + ein, wenn die Positionen der einzelnen Parteien miteinander vereinbar sind, tragt ein – ein, wenn die Positionen nicht miteinander vereinbar sind.

VERTIEFEN

	CDU	CSU	SPD	B90/Die Grünen	Die Linke.	FDP	AfD
CDU							
CSU							
SPD							
B90/Die Grünen							
Die Linke.							
FDP							
AfD							

b) Führt an, welche Parteien entsprechend eurer Matrix bei der nächsten Wahl – je nach Wahlergebnis – zumindest für dieses Politikfeld eine Koalitionsregierung eingehen könnten.

▲ 1, 2, 3   1, 2, 4a   1, 3, 4

Interessengruppen nehmen Einfluss

Alle Menschen haben unterschiedliche Interessen. Ihre jeweiligen Interessen können aufgrund der persönlichen, kulturellen, gesellschaftlichen, wirtschaftlichen und/oder politischen Lage entstehen. Daraus ergeben sich dann bestimmte individuelle Ziele. Die Interessen von Einzelnen sind jedoch weniger durchsetzungsfähig, als wenn ähnliche Interessen gebündelt und durch eine ganze Gruppe von Menschen vertreten werden. Aus diesem Grund schließen sich Menschen zu Verbänden, d. h. großen Interessengruppen zusammen und versuchen, in ihrem Sinne Einfluss auf die Politik zu nehmen. Aber welche Verbände gibt es und wie gehen sie vor?

M18 Vielfalt der Verbände

M19 Positive Seiten des Lobbyismus

PERLEN IM NETZ

https://www.youtube.com/watch?v=7xV0E38SMm0

In diesem Film von explainity wird die Arbeit von Lobbyistinnen und Lobbyisten erklärt.

Der Begriff „Lobbyismus" stammt aus dem Englischen. Das Wort „Lobby" bezeichnete die Vorhalle des Parlaments. In dieser Vorhalle warteten schon in früheren Jahrhunderten Vertreterinnen und Vertreter von Interessengruppen auf die Parlamentarierinnen und Parlamentarier, also auf die vom Volk gewählten Abgeordneten. Um für ihre Position zu werben, passten die Vertreterinnen und Vertreter von Interessengruppen die Abgeordneten ab und führten mit ihnen Gespräche.

In unserer heutigen Zeit bezeichnet der Begriff „Lobbyismus" eine häufige Form der Interessenvertretung in Politik und Gesellschaft. Allein in Berlin versuchen etwa 5000 Lobbyistinnen und Lobbyisten die Politik zu beeinflussen. Dabei versuchen die Interessengruppen auf Bundesebene auf Politikerinnen und Politiker in der Bundesregierung, in den Bundesministerien und im Bundestag so Einfluss zu nehmen, dass sich diese für ihre Interessen einsetzen. Aber es gibt auch Interessenvertreterinnen und Interessenvertreter, die nicht aus Eigennutz handeln, sondern sich für Menschen einsetzen, die nicht in der Lage sind, für sich selbst zu sprechen. Dazu zählen zum Beispiel der Deutsche Kinderschutzbund, Greenpeace, Foodwatch oder der Deutsche Caritasverband.

In solchen Gesprächen bieten die Interessenvertreterinnen und Interessenvertreter als Experten für ihren Bereich den Politikerinnen und Politikern vor allem Informationen an. Die politischen Akteure suchen auch ihrerseits gezielt solche Gespräche mit Lobbyistinnen und Lobbyisten, denn für sie kann deren Expertenwissen sehr wertvoll sein.

M20 Kritik am Lobbyismus

Der Begriff „Lobbyismus" wird in der deutschen Sprache allerdings sehr oft mit etwas Negativem verbunden. Dabei wird vor allem der Vorwurf erhoben, dass sich Lobbyistinnen und Lobbyisten die Ansichten und Entscheidungen von Politikerinnen und Politikern beispielsweise durch Parteispenden oder gar illegale Zahlungen erkaufen würden. Diejenigen, die am meisten Geld besitzen, könnten den größten politischen Einfluss nehmen. Vor allem kleinere Vereine oder Verbände, die nicht so viel Geld besitzen, seien im Nachteil. Außerdem wird über eine mangelnde Transparenz geklagt. Die Bürgerinnen und Bürger wüssten nicht, welche politischen Entscheidungen von welcher Interessengruppe wie beeinflusst würden. Deshalb müsste für alle offengelegt werden, mit wem sich eine Politikerin oder ein Politiker wann trifft, worüber gesprochen wird und welche Zahlungen in welcher Höhe an wen fließen. Kritisiert wird außerdem, dass Interessengruppen sich Entscheidungen von Politikerinnen und Politikern erkaufen würden, indem die betreffenden politischen Akteure nach ihrem Ausscheiden aus einem politischen Amt zum Interessenverband wechseln und fortan in der Regel gut bezahlt für diesen arbeiten würden.

PERLEN IM NETZ

http://www.bpb.de/dialog/netzdebatte/211462/lobbyismus

Die Netzdebatte der Bundeszentrale für politische Bildung beleuchtet sowohl die positiven, als auch die negativen Seiten von Lobbyismus.

M21 KarikaTour

28 Beteiligungsmöglichkeiten und politische Willensbildung in unserer Demokratie

EINSTEIGEN

1. a) Betrachtet die Logos in M 18 (S. 26) zu zweit. Löst die Abkürzungen auf und notiert, wofür die einzelnen Interessenverbände stehen. Recherchiert im Internet zu den Interessenverbänden, die ihr bislang nicht kennt.
   b) Welche weiteren Interessenverbände könnt ihr ergänzen? Sammelt die Namen bzw. Abkürzungen auf Wortkarten oder an der Tafel.
   c) Versucht die Interessenverbände zu ordnen. Gibt es Verbände, die sich für die gleichen oder ähnliche Interessen einsetzen?

2. Arbeite mithilfe von M 19 (S. 26) und Info 2 (S. 29) heraus, was genau Interessenverbände sind und wie sie sich für ihre Interessen einsetzen. Schreibe dazu einen Lexikoneintrag in deinen eigenen Worten.

WEITER-ARBEITEN

3. a) Stelle die beiden Positionen aus M 19 (S. 26) und M 20 (S. 27) zum Lobbyismus in einer Tabelle gegenüber.
   b) Wie beurteilst du Lobbyismus? Begründe deine Position.

4. Führt in 3er-Gruppen eine KarikaTour (M 21, S. 27) durch.
   a) Sucht euch eine der Karikaturen aus. Sprecht euch dabei jedoch mit den anderen Gruppen ab, so dass möglichst alle Karikaturen in eurer Klasse mindestens einmal verteilt sind.
   b) Analysiert die ausgewählte Karikatur mithilfe der Arbeitstechnik „Karikaturen analysieren" (S. 345).
   c) Findet Argumente, die für und gegen die Position des Karikaturisten sprechen.
   d) Geht auf „Tour" zu den anderen Gruppen und stellt euch eure Karikaturen gegenseitig vor.

VERTIEFEN

5. Vergleicht zu dritt Parteien, Bürgerinitiativen und Interessenverbände mithilfe von Info 1 (S. 15) und Info 2 (S. 29) hinsichtlich der folgenden Punkte. Recherchiert auch mithilfe der Arbeitstechnik „Informationen im Internet recherchieren" (S. 344 f.) weitere Informationen.
   1. Verfassungsrechtliche Stellung
   2. Beispiele für Zielsetzungen
   3. Dauer des politischen Engagements
   4. Breite des vertretenen Interessenspektrums

▲ 1, 2, 3, 4   ▲▼ 1, 2, 3, 4, 5   ▲▼▲ 2, 3, 4, 5

Interessenvertretung durch Parteien und Verbände

Info 2

Die → **Parteien** sind Vereinigungen von Bürgerinnen und Bürger, die die Interessen ihrer Anhänger bündeln und vertreten. Sie beteiligen sich an Wahlen, um politische Ämter besetzen zu können. Dazu stellen sie bei Wahlen Kandidatinnen und Kandidaten auf. Haben sie in Wahlen Sitze im Parlament erreicht, können sie die politische Entwicklung im Parlament, aber auch in der Regierung beeinflussen. Zudem nehmen sie Einfluss auf die politische Willensbildung und auf die → **öffentliche Meinung**. Dazu führen sie Interessen aus der Bevölkerung, aus Interessengruppen und Verbänden zusammen und geben diese im politischen Prozess weiter. Dies nennt man **Interessensaggregation**.

Wenn sich Personen freiwillig eine feste Organisation geben, um dauerhaft gemeinsam für gleiche politische, wirtschaftliche oder soziale Interessen nach außen hin einzutreten, sich aber bei politischen Wahlen nicht zur Wahl stellen, so bezeichnet man diese als Interessengruppe oder → **Interessenverband**. Ein weiterer Begriff, der oft dafür verwendet wird, ist der Begriff der **Lobbygruppe**. Diese Bezeichnung leitet sich von der Vorhalle des englischen Parlaments, die Lobby heißt, ab, in der die so genannten Lobbyistinnen und Lobbyisten Einfluss auf die Abgeordneten zu nehmen versuchten. Politikerinnen und Politiker suchen zum Teil gezielt das Gespräch mit Lobbyistinnen und Lobbyisten, da sie auf das Wissen dieser Experten über wirtschaftliche und rechtliche Aspekte angewiesen sind.

Auch viele gemeinnützige Organisationen nutzen Lobbyarbeit zum Einsatz für das Gemeinwohl. Sie versuchen die Interessen derer zu wahren, die nicht in der Lage sind für sich selbst zu sprechen (z. B. Greenpeace, Deutscher Kinderschutzbund). Andererseits wird der Begriff „Lobbyismus" oft negativ verwendet. Der Einfluss, den Verbände auf den Gesetzgebungsprozess ausüben, sei undurchsichtig und für die Bürgerinnen und Bürger nicht nachvollziehbar. Durch das Engagement der Interessenverbände würden aber auch wichtige Reformen erschwert, verzögert und blockiert werden.

Die Funktionen von Interessenverbänden lassen sich in zwei Bereiche einteilen: Zum einen besitzen Verbände nach innen eine hohe Bedeutung für die Mitglieder selbst, indem sie gemeinsame Unternehmungen, Bildungsveranstaltungen, Informationsaustausch, Rechtsberatung o. Ä. anbieten. Zum anderen ermöglichen sie ihren Mitgliedern nach außen politische Partizipation, indem sie auch außerhalb von Wahlen die Kommunikation zwischen den Bürgerinnen und Bürgern und den politischen Entscheidungsträgern sichern.

Anders als Bürgerinitiativen sind Interessenverbände auf Dauer angelegt und besitzen eine feste Struktur. Im Gegensatz zu Parteien stellen Interessensverbände bei Wahlen keine eigenen Kandidatinnen sowie Kandidaten auf und streben auch keine Übernahme alleiniger Regierungsmacht oder Beteiligung an der Regierung an. Vielmehr versuchen sie auf ihre eigene Art und Weise, insbesondere durch die Pflege von engen Kontakten zu politischen Akteuren, auf die Gesetzgebung oder die Verwaltung einzuwirken. Zudem setzen sie sich nur für ihre ganz speziellen Interessen – man spricht hier auch von partikularen Interessen – ein, während Parteien die ganze Gesellschaft im Blick haben, um Interessen aus der gesamten Bevölkerung aufzunehmen und somit Erfolg bei Wahlen zu haben.

2. Wahlen und was noch? – Politische Beteiligungsmöglichkeiten auf Bundesebene

Die Wahl zum Deutschen Bundestag

Die Teilnahme an Gemeinde-, Landtags- und Bundestagswahlen ist die verbreitetste Form der Beteiligung der Bürgerinnen und Bürger an der Politik. Auch der Deutsche Bundestag wird von den Bürgerinnen und Bürgern gewählt. Aber wie funktioniert das?

M22 Wahlplakate

PERLEN IM NETZ

http://www.bpb.de/lernen/grafstat/grafstat-bundestagswahl-2013/150415/wahlplakate-1949-1998

Auf den Seiten der Bundeszentrale für politische Bildung findest du Wahlplakate aus unterschiedlichen Jahren.

M23 Auszug aus Artikel 38 GG

(1) Die Abgeordneten des Deutschen Bundestages werden in allgemeiner, unmittelbarer, freier, gleicher und geheimer Wahl gewählt. [...]

Aus: Grundgesetz für die Bundesrepublik Deutschland vom 23.05.1949. Zuletzt geändert am 13.07.2017.

M24 Mehrheitswahl

Es gibt unterschiedliche Wahlverfahren. Grundlegend unterscheidet man zwischen einer Mehrheitswahl und einer Verhältniswahl. Bei der Mehrheitswahl, die auch Persönlichkeitswahl genannt wird, wird das jeweilige Wahlgebiet in Wahlkreise eingeteilt. Für jeden Wahlkreis wird eine Abgeordnete bzw. ein Abgeordneter ins Parlament gewählt. Die Wählerinnen und Wähler entscheiden sich also für eine Person und nicht für eine Partei. Es gewinnt diejenige Kandidatin bzw. derjenige Kandidat, die bzw. der die meisten Stimmen erreicht. Nach dem Prinzip „the winner takes ist all" werden die Stimmen der Kandidatinnen und Kandidaten, die verloren haben, nicht gezählt, d. h. sie haben keinen Einfluss auf die Zusammensetzung des Parlaments. Dies verhindert eine Parteienzersplitterung und führt zu einer Parteienkonzentration in Richtung Zwei-Parteien-System. Kleinere Parteien haben somit nur eine geringe Chance, Abgeordnete ins Parlament zu entsenden, denn die Wahrscheinlichkeit, dass sie einen ganzen Wahlkreis für sich gewinnen können, ist gering. Verglichen mit anderen Wahlverfahren haben die gewählten Abgeordneten bei einer Mehrheitswahl jedoch eine engere Bindung an ihre Wählerinnen und Wähler, da sie ja direkt gewählt sind.

M25 Verhältniswahl

Bei einer Verhältniswahl entscheiden sich die Wählerinnen und Wähler für Kandidatenlisten. Diese werden in der Regel durch Parteien aufgestellt. Die Verteilung der Abgeordneten, die dann ins Parlament gewählt sind, bildet letztlich das Verhältnis der für die Kandidatenlisten bzw. die Parteien abgegebenen Stimmen ab. Beispiel: Wenn 70 % der Wählerinnen und Wähler Partei A und 30 % der Wählerinnen und Wähler Partei B gewählt haben, erhalten die Kandidaten der Liste von Partei A 70 % aller Sitze im Parlament und die Kandidaten von Partei B 30 % aller Sitze im Parlament. Bei der Verteilung der Sitze für eine Partei kommen immer zuerst die auf der Liste oben stehenden Kandidatinnen und Kandidaten zum Zug, d. h. sie erhalten als Erste Sitze als Abgeordnete im Parlament. Zum Beispiel werden für Partei A solange Sitze vergeben, bis der Anteil aller Sitze dem erreichten Wahlergebnis der Partei entspricht (bei insgesamt 100 zu vergebenden Sitzen im Parlament würde Partei A 70 Sitze bekommen).
Durch diese mehr oder minder genau dem Gesamtstimmenanteil entsprechende Zuweisung von Sitzen im Parlament gewährleistet die Verhältniswahl im Unterschied zur Mehrheitswahl, dass möglichst alle Meinungen und Interessen im Parlament entsprechend ihres Vorhandenseins in der Bevölkerung repräsentiert werden. Zudem wird die Kompromissfindung zwischen den verschiedenen gesellschaftlichen Gruppen gefördert, denn zumeist führt eine Verhältniswahl dazu, dass eine für die Regierungsbildung notwendige Mehrheit im Parlament nur erreicht werden kann, indem größere und kleinere Parteien Koalitionen bilden, d. h. sich zum Zwecke der Regierungsbildung zusammenschließen. In einer Verhältniswahl werden außerdem neu entstehende politische Strömungen besser berücksichtigt, da kleine Parteien weitaus höhere Chancen haben Sitze im Parlament zu erhalten als bei einer Mehrheitswahl.

M26 Das personalisierte Verhältniswahlsystem

Es gibt auch Mischwahlsysteme, die Elemente aus den beiden klassischen Wahlverfahren – Mehrheitswahl und Verhältniswahl – miteinander verbinden. So wird der Deutsche Bundestag zum Beispiel nach der Personalisierten Verhältniswahl gewählt:

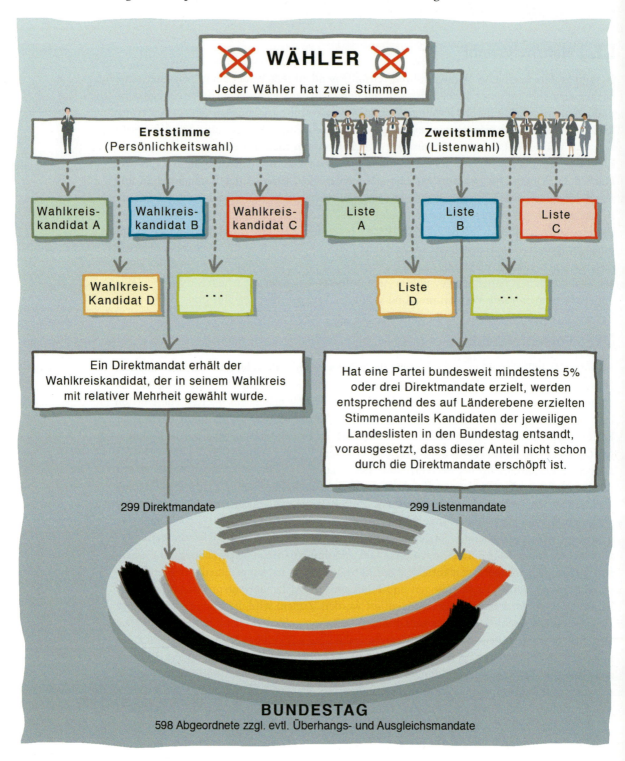

M27 Vorsicht Fehler!

Ich kann euch sagen. Heute morgen war ich bei der Bundestagswahl! Ich hatte überhaupt keine Lust, es war ja so schönes Wetter. Aber weil die Teilnahme ja Pflicht ist, bin ich hin. Das Wahllokal war an meiner ehemaligen Schule. Als ich ankam, wollten die Wahlhelfer zuerst meine Wahlbenachrichtigung sehen. Die habe ich ihnen natürlich nicht gezeigt, sonst wissen die ja meine Adresse und schicken mir möglicherweise noch Werbung nach Hause. Ich könne auch meinen Personalausweis vorlegen. Als ob ich denen mein Foto von damals zeigen würde. Das erzählen die doch überall rum, wie ich damals lange Haare hatte. Das könnte denen so passen. Erst nach langem Hin und Her haben sie mich dann im Wählerverzeichnis gefunden und mir die Wahlunterlagen ausgehändigt.

Ich wollte gleich am Tisch der Wahlhelfer meine Kreuze machen, aber der Wahlhelfer schickte mich in eine Wahlkabine. Da alle Kabinen belegt waren, habe ich mich zu unserer Nachbarin Claudia dazugestellt. Die wollte gerade ihr Kreuz bei einer kleinen Partei machen. Ich habe ihr dann geholfen, das Kreuz an der richtigen Stelle zu setzen. Als ich ihr geraten habe, mehr als ein Kreuz zu machen, für ihren Mann und ihre Kinder, hat sie mich ganz entgeistert angeschaut. Nachdem Claudia weg war, habe ich meine drei Stimmen und die sechs Stimmen für meine Frau und meine Tochter auf dem Stimmzettel verteilt. Weil kein Adressfeld vorgegeben war, habe ich wie in der Schule, oben rechts in die Ecke meinen Namen und meine Adresse reingeschrieben – nur falls jemand Nachfragen zu meiner Wahl hat. Dann habe ich meinen Wahlzettel den Wahlhelferinnen und Wahlhelfern vorgelegt, damit sie kontrollieren können, ob ich richtig gewählt habe. Die wollten den aber gar nicht sehen und kontrollieren. So was Unverschämtes! Dann haben sie mich aufgefordert, den Wahlzettel in einen Mülleimer zu werfen, sie sagten aber Urne dazu. Na, da hätte ich mir den Aufwand aber auch sparen können. Ich bin jetzt ganz gespannt auf das Ergebnis. Ich hoffe, dass aus unserem Wahlkreis möglichst alle Direktkandidatinnen und Direktkandidaten in den Bundestag einziehen. Das ist gut für die Stadt. Außerdem berechnet sich ja auf der Grundlage der Sitze auch die Anzahl der Abgeordneten. Was, das wusstest du nicht? Na solltest du aber, denn wenn du 16 Jahre alt bist, darfst du ja auch wählen.

M28 Wahlkreiseinteilung

Wie viele Bundestagsmandate insgesamt verteilt werden, hängt von der Zahl der Wahlkreise im Bundesgebiet ab. [...] [Zurzeit gibt es in der Bundesrepublik Deutschland 299 Wahlkreise. Der Zuschnitt kann sich aber ändern.]
In Paragraf 3 des Bundeswahlgesetzes ist festgelegt, was bei der Einteilung der Wahlkreise von der dafür zuständigen Wahlkreiskommission zu beachten ist. Diese Regelungen sind wichtig, weil der Zuschnitt der Wahlkreise einen großen Einfluss auf die Vergabe der Direktmandate haben kann.

- *Bevölkerungszahl eines Wahlkreises:* Wenn es zu große Unterschiede in der Bevölkerungszahl gibt, kann ein/e unterlegene/r Kandidat/in in einem sehr großen Wahlkreis mehr Stimmen errungen haben als der Gewinner eines kleinen Wahlkreises, oder anders ausgedrückt, kann in einem kleinen Wahlkreis eine Stimme ein größeres Gewicht haben als in einem großen – das aber widerspricht dem Gleichheitsgrundsatz. Deshalb legt das Bundeswahlgesetz in Paragraf 3, Absatz 1 fest, dass die Abweichung von der durchschnittlichen Größe nur 15 Prozent betragen soll und nicht mehr als 25 Prozent ausmachen darf. [...]
- *Zuschnitt der Wahlkreise:* Das Bundeswahlgesetz schreibt in Paragraf 3, Absatz 1 vor: „Der Wahlkreis soll ein zusammenhängendes Gebiet bilden." Hinter dieser trivial klingenden Vorschrift steckt folgender Gedanke: Unterschiedliche Wählerschichten sind geografisch oft sehr unterschiedlich verteilt. Das könnte man auf zweierlei Art ausnutzen, um ein

PERLEN IM NETZ

http://www.bpb.de/politik/wahlen/bundestagswahlen/62534/wie-funktioniert-die-wahl

Auf den Seiten der Bundeszentrale für politische Bildung findest du drei Filme, die die Bedeutungen von Erst- und Zweitstimme, die Fünf-Prozent-Hürde und das Zustandekommen von Überhangmandaten sowie Ausgleichsmandaten erklären.

gewünschtes Ergebnis zu begünstigen. Man kann durch die Wahlkreise eine Wählerhochburg einer Partei „zerschneiden" in der Hoffnung, dass so in keinem der Wahlkreise ihre Stimmenanzahl zu einem Mandatsgewinn ausreichen wird. Falls die Gefahr besteht, dass eine Partei auf diese Weise doch mehrere Wahlkreise gewinnen könnte, kann man eine Hochburg bilden. Dort wird die Partei mit einem großen Stimmenüberschuss gewinnen; diese Stimmen fehlen ihr aber dann in den umliegenden Wahlkreisen, sodass sie in diesen verlieren wird. [...]

Aus: Korte, Karl Rudolf: Das personalisierte Verhältniswahlrecht. In: Homepage der Bundeszentrale für politische Bildung, 20.05.2009, online: http://www.bpb.de/politik/wahlen/bundestagswahlen/62524/personalisierte-verhaeltniswahl?p=all [zuletzt: 27.03.2017]

M29 Hände weg von der Fünf-Prozent-Klausel!

Die Fünf-Prozent-Hürde habe sich in Deutschland bewährt, sagt der Politikwissenschaftler Dieter Nohlen. Sie habe nicht dazu geführt, dass die politischen Verhältnisse erstarrten. Zudem seien Sperrklauseln gerade für parteipolitisch instabile Zeiten wie im Augenblick gedacht.

Sperrklauseln in Verhältniswahlsystemen lassen sich aus den Anforderungen rechtfertigen, die in parlamentarischen Demokratien an das Wahlsystem gestellt werden. Das Parlament hat hier nicht nur die Funktion, das Volk in seinen politischen Anschauungen und Gruppierungen zu repräsentieren. Aus ihm geht auch die Regierung hervor. Das Wahlsystem muss deshalb so gestaltet sein, dass stabile Regierungen zustande kommen.

Dazu dienen in Verhältniswahlsystemen unter anderem gesetzliche Sperrklauseln. Sie schränken den Proporz [d.h. die Zuweisung von Ämtern entsprechend den Mehrheitsverhältnissen der Parteien] und damit die Parteienvielfalt auf der Parlamentsebene ein. Es ist diese Funktion zugunsten stabiler Mehrheitsregierungen, die auch nach bisheriger Rechtsauffassung des Bundesverfassungsgerichts die Fünf-Prozent-Sperrklausel in der personalisierten Verhältniswahl legitimiert. [...] Die Sperrklausel ist gleichzeitig nicht so hoch, dass sie die parteipolitischen Verhältnisse erstarren lässt. Der Aufstieg der Grünen ist dafür der Beweis. [...]

Aus: Nohlen, Dieter: Hände weg von der Fünf-Prozent-Klausel! In: Homepage der Bundeszentrale für politische Bildung, 10.10.2013, online: https://www.bpb.de/dialog/wahlblog/170397/haende-weg-von-der-fuenf-prozent-klausel [zuletzt: 23.08.2018]

M30 Drei Prozent wären besser als fünf Prozent

Der Rechtswissenschaftler Ulrich Battis ist der Meinung, dass Deutschland die Fünf-Prozent-Hürde im Wahlsystem nicht brauche. Das Land habe sich als stabiles Gemeinwesen erwiesen. Besser wäre seiner Ansicht nach eine Drei-Prozent-Hürde – damit würde die Wahlgerechtigkeit vergrößert.

Fast sieben Millionen Wählerinnen und Wähler haben bei der Wahl zum 18. Deutschen Bundestag ihr Wahlrecht zu Gunsten von Parteien ausgeübt, die an der Fünf-Prozent-Klausel gescheitert sind. Das sind fast 14 Prozent der abgegebenen gültigen Stimmen. Die Wählervoten waren nicht wie es gelegentlich heißt verloren. Nein, schlimmer noch, die Stimmabgaben sind Parteien zu Gute gekommen, die die Wählerinnen und Wähler gerade nicht wählen wollten. Nur deshalb konnte zum Beispiel die CDU/CSU mit 41,5 Prozent der Stimmen 311 Mandate erringen, weshalb sie um nur fünf Mandate sogar die absolute Mehrheit im Bundestag verfehlte. Der das Wahlrecht in der repräsentativen Demokratie prägende Grundsatz der Chancengleichheit der Parteien ist verfassungsrechtlich verankert im Grundsatz der Gleichheit der Wahl (Art. 38 Abs. 1 I Grundgesetz). Dieser Grundsatz wird schwerwiegend beeinträchtigt, wenn die Fünf-Prozent-Hürde den Wählerwillen derart verfälscht. [...] Gerechtfertigt wird

die Fünf-Prozent-Klausel als eine der „Lehren aus der Weimarer Republik". Eine mit dem geltenden (personalisierten) Verhältniswahlrecht einhergehende Zersplitterung des Parlaments durch eine Vielzahl kleinerer untereinander zerstrittener Parteien soll verhindert werden, die Arbeitsfähigkeit des Parlamentes und insbesondere der Regierung soll gefördert werden.
Zunächst sei daran erinnert, dass die Weimarer Republik nicht an den Splitterparteien, zum Beispiel den drei Abgeordneten der Deutschen Staatspartei, zu denen auch Theodor Heuss zählte, gescheitert ist, sondern eher an den beiden größten Parteien, der NSDAP und der KPD. […] Vor allem aber ist die Weimarer Republik daran zugrunde gegangen, dass es in Staat und Gesellschaft zu wenige Demokraten gab.
Die Bundesrepublik Deutschland hat sich in über 60 Jahren, einschließlich den Jahren nach der Wiedervereinigung, als ein stabiles Gemeinwesen erwiesen, das der Fünf-Prozent-Klausel nicht mehr bedarf. Fünf-Prozent- oder gar Zehn-Prozent-Klauseln wie in der Türkei mögen in fragilen politischen Gemeinwesen vertretbar sein, nicht aber im Deutschland der Gegenwart. […]

Aus: Battis, Ulrich: Drei Prozent wären besser als fünf Prozent. In: Homepage der Bundeszentrale für politische Bildung, 10.10.2013, online: https://www.bpb.de/dialog/wahlblog/170398/drei-prozent-waeren-besser-als-fuenf-prozent [zuletzt: 23.08.2018]

M 31

EINSTEIGEN

1. Beschreibe mithilfe der Arbeitstechnik „Wahlplakate analysieren" (S. 36 ff.) die Wahlplakate in M22 (S. 30).

2. Nenne und erkläre die fünf Wahlgrundsätze aus Artikel 38 GG (M 23, S. 31).

3. Erstelle eine Tabelle mit folgenden Spalten: „Wahlrechtsgrundsatz – Beschreibung – erkennbar an – Was würde passieren, wenn dieser Grundsatz nicht gelten würde?". Fülle diese Tabelle auf der Grundlage von Artikel 38 GG (M 23, S. 31) aus.

4. Arbeitet zu zweit aus M 24 (S. 31) und M 25 (S. 31) die Unterschiede zwischen Mehrheitswahl und Verhältniswahl heraus. Haltet diese in folgender Tabelle schriftlich fest:

Erwartete Auswirkungen	Mehrheitswahl	Verhältniswahl
Zweiparteiensystem	ja	nein
Chancen für neue politische Parteien	?	?
Parteiliche Mehrheitsbildung	?	?
Stabile Regierungen	?	?
Koalitionsregierungen	?	?
Eindeutige Zuordnung der politischen Verantwortung	?	?
Gerechte Repräsentation	?	?

5. Erläutere das Schaubild M 26 (S. 32) mithilfe von Info 3 (S. 38 f.).

WEITER-ARBEITEN

6. In M 27 (S. 33) haben sich zahlreiche Fehler eingeschlichen. Arbeite die Fehler heraus und erkläre, was korrekt wäre.

7. Erläutere mithilfe von M 28 (S. 33 f.), wie die Wahlkreise in der Bundesrepublik Deutschland eingeteilt werden.

8. Bei den Wahlen zum Deutschen Bundestag gilt eine Fünf-Prozent-Hürde (siehe „Perlen im Netz" und Info 3, S. 38 f.). Interpretiere die Karikatur zu M 31 (S. 35) mithilfe der Arbeitstechnik „Karikaturen analysieren" (S. 345).

VERTIEFEN

9. a) In M 29 (S. 34) und M 30 (S. 34 f.) wird für die Beibehaltung der Fünf-Prozent-Hürde bzw. für eine Absenkung auf drei Prozent argumentiert. Arbeitet in Partnerarbeit jeweils die Argumente einer Position heraus und stellt sie euch gegenseitig vor.
   b) Führt in der Klasse eine Redekette (siehe Unterrichtsmethode „Redekette", S. 349) zur Frage durch, ob die Fünf-Prozent-Hürde bei der nächsten Bundestagswahl auf drei Prozent abgesenkt werden sollte.

▲ 1, 2, 3, 6, 7   ▲▼ 1, 2, 3, 4, 5, 6, 8, 9   ▲▼▲ 2, 3, 4, 5, 6, 8, 9

Arbeitstechnik

Wahlplakate analysieren

Parteien setzen Wahlplakate ein, um die Stimmen von Wählerinnen und Wählern im Wahlkampf für sich zu gewinnen. Wahlplakate machen also Werbung für Parteien. Sie sollen die Wählerinnen und Wähler beeinflussen. Deshalb werden sie an öffentlichen Orten wie z. B. an Laternenmasten an viel befahrenen Straßen aufgehängt. Wahlplakate erregen durch bunte Bilder und wenig Text Aufmerksamkeit. Bild und Text hängen dabei immer zusammen. Im Folgenden wird dir an einem Beispiel gezeigt, wie du Wahlplakate analysieren kannst, um sie besser zu verstehen.

Wahlplakat zur Bundestagswahl 2017

1. Schritt: Gestaltung beschreiben

Zunächst geht es darum, genau zu beschreiben, was auf dem Wahlplakat zu sehen ist. Die Fragen können dir dabei helfen:
- Aus welchen Bestandteilen setzt sich das Wahlplakat zusammen (z. B. Bild, Zeichen, Text etc.)?
- Wie hängen die einzelnen Bestandteile zusammen (z. B. Bild und Text)?
- Welche Farben werden verwendet?
- Was ist im Vordergrund zu sehen? Was ist im Hintergrund zu sehen? Was steht im Mittelpunkt?
- Was fällt dir besonders auf?

Das Plakat ist fast ganz ausgefüllt mit der Großaufnahme einer Frau. Man sieht ihren Kopf und teilweise ihre Schultern. Es ist Angela Merkel. Sie lächelt und schaut die Betrachterin und den Betrachter direkt an. Sie trägt eine blaue Jacke und eine bunte Kette. Unterhalb ihres Gesichtes ist ein Satz in schwarzer Schrift auf weißem Grund abgedruckt. Der Satz lautet: „Für ein Deutschland, in dem wir gut und gerne leben." Im Hintergrund werden die Farben Schwarz, Rot und Gold verwendet. Rechts unten ist auf weißem Grund in roter Schrift das Logo der CDU abgebildet und erscheint, als ob es auf dem Revers ihres Blazers befestigt sei. Das Foto von Angela Merkel fällt besonders auf, da es die Hälfte des Plakats bedeckt.

2. Schritt: Thema benennen

Anschließend ist es wichtig, das zentrale Thema des Wahlplakats zu benennen. Die Fragen unterstützen dich dabei:
- Was ist das zentrale Thema des Wahlplakats?
- Welche Botschaft soll übermittelt werden?
- Ist die Botschaft schon von weitem und im Vorbeifahren zu erkennen?

Der Satz „Ein Deutschland, in dem wir gut und gerne leben." und die Farben der deutschen Nationalflagge im Hintergrund (Schwarz, Rot, Gold) weisen darauf hin, dass die Lebensbedingungen in Deutschland im Vordergrund stehen. Die Menschen sollen in Deutschland gut und gerne leben. Das bedeutet, sie sollen ein sorgenfreies und zufriedenes Leben führen können. Die Kombination von Nationalflagge, Angela Merkel, das zentral angeordnete Wort „Deutschland" und das CDU-Logo will vermitteln, dass sich Angela Merkel mit ihrer Partei für gute Lebensbedingungen in Deutschland einsetzt.

3. Schritt: In den Kontext einordnen

Nun geht es darum, das Wahlplakat in den Kontext von Wahlkämpfen einzuordnen. Die Fragen dienen dir dabei als Hilfestellung:
- Für welche Partei wirbt das Plakat? Woran erkennst du das (z. B. Personen, Farben, Symbole etc.)?
- Richtet sich das Wahlplakat an eine bestimmte Zielgruppe (z. B. junge Menschen, ältere Menschen etc.)? Woran erkennst du das?
- Was soll das Wahlplakat bei den Wählerinnen und Wählern bewirken (z. B. Aufmerksamkeit erregen, Informationen geben, Gefühle wecken, aufrütteln, den Gegner schlechtmachen, zu etwas auffordern etc.)?

Das Wahlplakat wirbt für die CDU. Angela Merkel ist die Spitzenkandidatin der CDU bei der Bundestagswahl 2017 und war zu dieser Zeit zugleich Bundeskanzlerin. Das Plakat wendet sich nicht direkt an eine bestimmte Zielgruppe. Es spricht aber die Wählerinnen und Wähler durch das „Wir" im Satz direkt an. Das Plakat versucht ein Wir-Gefühl zu erzeugen. Angela Merkel und die Wählerinnen und Wähler werden miteinander in Beziehung gesetzt. Ziel ist es, die Wählerinnen und Wähler davon zu überzeugen, dass Angela Merkel auf ihrer Seite steht und sich für deren Leben einsetzt. Das Lächeln und der direkte Blickkontakt erzeugen zudem positive Gefühle. Angela Merkel soll sympathisch und vertrauenswürdig wirken. Unklar bleibt allerdings, wen das „Wir" genau einschließt und wen nicht.

4. Schritt: Eine Bewertung abgeben

Zum Schluss stellt sich die Frage, wie du das Plakat insgesamt bewertest:
- Findest du das Wahlplakat überzeugend (Inhalt/Gestaltung)?
- Ist das Ziel des Wahlplakats für dich verständlich?

Hilfreiche Satzanfänge für die Begründung deiner Meinung:

| Ich bin der Meinung, dass … | Ich denke, dass … |
| Ich finde (nicht), dass … | Mich überzeugt (nicht), dass … |

Info 3 — Die Wahl zum Deutschen Bundestag

Alle vier Jahre sind alle Bürgerinnen und Bürger, die über 18 Jahre alt sind und die deutsche Staatsbürgerschaft besitzen, aufgerufen, die Abgeordneten des Deutschen Bundestags zu wählen. Das Ergebnis der → **Bundestagswahl** entscheidet aber nicht nur darüber, welche Abgeordneten im Parlament sitzen, sondern auch welche Parteien die Regierung stellen können und wer in die Opposition muss, welche bundespolitischen Vorhaben eine Chance auf Verwirklichung haben und wie ein Teil der Bundesversammlung zusammengesetzt ist, die den Bundespräsidenten wählt.

Für die Bundestagswahl gelten, wie für alle Parlamentswahlen in Deutschland, die **fünf Wahlgrundsätze** allgemein, unmittelbar, frei, gleich und geheim. Die Bundestagswahl findet nach dem Wahlsystem der → **personalisierten Verhältniswahl**, einer Mischung aus einer Verhältniswahl und einer Mehrheitswahl, statt. Jede stimmberechtigte Bürgerin und jeder stimmberechtigte Bürger der Bundesrepublik Deutschland verfügt über zwei Stimmen. Mit der Erststimme wird über das Direktmandat des eigenen Wahlkreises abgestimmt. Die Parteien stellen in den 299 Wahlkreisen (Stand 2018) der Bundesrepublik Kandidatinnen und Kandidaten auf. Wer von den Kandidaten in den einzelnen Wahlkreisen am meisten Stimmen bekommen hat, erhält das Direktmandat seines jeweiligen Wahlkreises und zieht sicher in den Bundestag ein. Die anderen Erststimmen für die unterlegenen Kandidaten verfallen und spielen für die Zusammensetzung des Bundestages keine Rolle mehr.

Die **Zweitstimme** kann man einer Partei geben. Sie entscheidet über die Verteilung aller im Bundestag zu vergebenden 598 Mandate (Stand 2018) auf die verschiedenen Parteien. Je mehr Zweitstimmen eine Partei erreicht hat, desto mehr Abgeordnete wird sie im Bundestag stellen. Darüber, welche Kandidaten einer Partei in den Bundestag einziehen, entscheiden die Landeslisten der Parteien. Der Wähler muss die Erststimme für den Wahlkreiskandidaten und die Zweitstimme für die Landesliste nicht derselben Partei geben (so genanntes **Stimmensplitting**).

Bei der Verteilung der Mandate auf die Parteien sind zwei Besonderheiten zu beachten:

1. Die sogenannte → **Fünf-Prozent-Hürde** führt dazu, dass Parteien, die bei der Bundestagswahl nicht mindestens 5 % aller abgegebenen Zweitstimmen auf sich vereinen, nicht in den Bundestag einziehen dürfen. Die Zweitstimmen für diese Partei verfallen dann. Ausnahme: Sollte es einer Partei gelingen, über die Erststimmen mindestens drei Direktmandate zu erringen, so gilt die Fünf-Prozent-Hürde nicht (Grundmandatsklausel). Die Fünf-Prozent-Hürde verhindert, dass im Bundestag sehr viele Kleinstparteien Sitze erhalten, was die Findung von Mehrheiten für politische Entscheidungen erschweren würde. Zugleich benachteiligt die Fünf-Prozent-Hürde damit aber auch Kleinstparteien und erschwert das Aufkommen neuer Parteien. In Politik und Wissenschaft wird daher immer wieder über eine Absenkung dieser Hürde diskutiert.
2. Gelingt es einer Partei in einem Bundesland mehr Direktmandate zu erringen, als ihr prozentual über die Zweitstimmenauszählung Mandate zustehen würden, so kommt es zu **Überhangmandaten**. Das bedeutet, dass in diesem Bundesland dann mehr Mandate vergeben werden als ursprünglich für den Bundestag vorgesehen waren. Die Praxis der Überhangmandate hat in der Vergangenheit teilweise dazu geführt, dass die Verteilung der Mandate im Bundestag letztendlich nicht mehr der Verteilung der Zweitstimmen entsprach. Deshalb gibt es seit der Bundestagswahl 2013 **Ausgleichsmandate**, die verhindern, dass es zu einer ungerechten Verteilung der Mandate kommt. Nach der Berechnung aller Überhangmandate werden an die Parteien, die durch die Überhangmandate der anderen Parteien benachteiligt sind, so viele Ausgleichsmandate vergeben, dass die prozentuale Verteilung der Abgeordneten der einzelnen Parteien der Verteilung der Zweitstimmen entspricht. Die Vergabe von Überhangmandaten und Ausgleichsmandaten führt letztendlich zu einer Vergrößerung des Bundestages.

Mehr direkte Demokratie auf Bundesebene?

In allen Bundesländern sind Möglichkeiten zu Volksabstimmungen auf Landesebene gesetzlich verankert. Ihr kennt bereits Möglichkeiten in Baden-Württemberg wie z. B. Bürgerbegehren und Volksbegehren. Wie aber sieht es auf der Bundesebene aus? Gibt es auch da die Möglichkeit zur Volksabstimmung?

M 32 Partizipationsmöglichkeiten

Die Bürger und Bürgerinnen der Bundesrepublik haben in der Regel alle vier Jahre die Möglichkeit, die Abgeordneten des Bundestages neu zu wählen. Auch auf der Ebene der Länder und der Kommunen stellen Wahlen die am meisten genutzte Möglichkeit zur Beteiligung dar. Die Mehrheit der Länderparlamente werden alle fünf Jahre neu gewählt, in einigen wenigen Bundesländern dauert die Legislaturperiode nur vier Jahre.
Eng mit der Möglichkeit des Wählens ist die Mitarbeit und Mitgliedschaft in einer Partei verbunden. [...] Jedem Bürger steht es frei, mit weiteren Mitstreitern eine eigene Partei zu gründen, solange diese ihren Zielen nach die freiheitlich demokratische Grundordnung respektiert. Mittels der Mitarbeit in einer Partei und der Kandidatur für Parteiämter können Bürger gestaltenden politischen Einfluss gewinnen.
Ein Mittel der Beteiligung aus dem Instrumentarium der direkten Demokratie ist der **Bürgerentscheid**. Dieser ist eine Abstimmung über einen spezifischen Politikgegenstand – zum Beispiel den Ausbau eines Flughafens oder die Sanierung eines Hallenbades. Der Bürgerentscheid wird entweder durch ein Bürgerbegehren oder durch eine Vorlage der kommunalen Volksvertretung zur Abstimmung gebracht. Ein sogenanntes Bürgerbegehren wird nach der Sammlung einer Mindestanzahl von Unterstützungsunterschriften wahlberechtigter Bürger durch die Gemeinde als Bürgerentscheid zur Abstimmung gestellt. Volksentscheide bilden in gewisser Weise das Gegenstück von Bürgerentscheiden auf Bundesebene. Sie sind in der Bundesrepublik allerdings nur bei einer Neugliederung des Bundesgebietes vorgesehen und werden auch nur in den betroffenen Ländern abgehalten. Dagegen ist in einigen Länderverfassungen bzw. gesonderten Landesgesetzen die Möglichkeit der Volksentscheide fest verankert.
Bürgerinitiativen behandeln, ähnlich wie Bürgerentscheide, konkrete politische Problemstellungen, meistens auf kommunaler Ebene. Es handelt sich in der Regel bei diesen Initiativen um parteiunabhängige Interessenvertretungen. Deren Hauptziel ist es sehr häufig, Aufmerksamkeit für ihre Position oder Forderung zu erzeugen. Oft sind Bürgerinitiativen auch die Initiatoren von weiteren basisdemokratischen Referenden wie Volksinitiativen, Volksbegehren oder Volksentscheide.
Laut Artikel 8 GG haben alle Deutschen das „Recht sich ohne Anmeldung oder Erlaubnis friedlich und ohne Waffen zu versammeln." Dieses Grundrecht soll garantieren, dass sich die Bürger treffen und über politische Fragen austauschen können. Zwar legt das **Versammlungsrecht** Bedingungen dafür fest, grundsätzlich können Bürger aber nach einer polizeilichen Anmeldung ihre Forderungen mittels öffentlicher Demonstrationen ausdrücken.
Ferner haben die Bürger das Recht, eine Petition, also eine Eingabe oder eine Bittschrift, an die zuständigen Stellen oder sogar den Bundestag zu richten. Im deutschen Parlament ist dazu extra ein Petitionsausschuss eingerichtet, der die Eingaben prüft und gegebenenfalls Informationen von Behörden einfordert. Er kann abschließend den Bundestag auffordern, sich der Petition anzuschließen. [...]

Aus: Homepage der Bundeszentrale für politische Bildung: Politische Partizipation, 02.11.09, online: http://www.bpb.de/politik/grundfragen/24-deutschland/40484/politische-partizipation [zuletzt: 27.03.2017]

M33 Die Macht des Wählers

FREITAG   SONNABEND   SONNTAG   MONTAG

M34

Astrid Hölscher, freie Journalistin

Plebiszite auf Bundesebene? Mündig genug
Wahlen sind gefährlich. Sie behindern gutes Regieren, engen die Volksvertreter ein, nötigen Kabinette zu unziemlicher Eile, um sinnvolle, aber schmerzhafte Beschlüsse durchzusetzen.
5 Sie zwingen Parteien, komplexe Inhalte auf ein primitives Schwarz-Weiß-Raster zu reduzieren. Und weil das Volk zu emotionalen Handlungen neigt, sind Wahlsiege dann frei nach Altpräsident Theodor Heuss die Prämie für Demagogen.
Alles Humbug, na klar. Niemand hat vor, die Wahlen abzuschaffen. Aber sobald wir den Begriff „Wahlen" durch „Volksentscheide" ersetzen, mutiert das Absurde zur herrschenden
10 Lehre. Genau diesem Argumentationsmuster folgt das erfolgreiche Unterfangen, ein bundesweites Plebiszit zu vereiteln und das Volk von Sachfragen fernzuhalten.
Dafür gibt es keinen Grund mehr. 1949 mochten unsere Verfassungsgeber allen Anlass haben, an der Intelligenz des Schwarms zu zweifeln, der eben noch im braunen Wasser dümpelte. Heute wirkt solches Misstrauen gegen das Volk nicht nur anachronistisch, sondern zeigt
15 von wenig Systemvertrauen. Die Bürger sind mündig genug, um Politik nicht nur im All-Inclusive-Angebot der Parteien anzunehmen, sondern auch einzeln auszuwählen.
Plebiszite sind keine Wundermittel gegen Parteienverdruss. Aber die inhaltlichen Debatten fördern die (Meinungs-)Bildung, schaffen neuen Kontakt zwischen Volk und Vertretern und wecken bürgerliche Lust am politischen Gestalten. Im Übrigen gebietet schon die Achtung
20 vor dem Souverän die Einführung von Plebisziten: Das Volk nämlich verlang danach, zu rund 80 Prozent.
Gewiss, Mehrheiten können irren. Plebiszite können falsche Entscheidungen treffen. Das soll, mit Verlaub, auch Parlamenten schon passiert sein.

Aus: Hölscher, Astrid: Plebiszite auf Bundesebene? Mündig genug. In: Das Parlament vom 5. August 2013, S. 2.

M35

Björn Erichsen, freier Journalist

Plebiszite auf Bundesebene? Falsches Heilmittel
Bürgerferne, verwässerte Gesetze, das Abnicken angeblich alternativloser Entscheidungen – die Kritik am parlamentarischen System ist groß. Und mit ihr wächst der Ruf nach mehr

Mitbestimmung, eine große Mehrheit fordert inzwischen Volksentscheide auch auf Bundesebene. Allerdings: Zum Heilmittel taugen sie dort nicht. Direkte Demokratie verlangt viel vom Bürger: vor allem ausführliche Information und Durchdringung so komplexer Themen wie Steuergesetze oder Euro-Rettungsschirme. Obendrein müsste er gefeit sein vor Populisten, die mit voller Kriegskasse die öffentliche Debatte anheizen und kreischende Boulevardmedien mit Schlagworten versorgen. Die emotionsgeladene Debatte um das Minarett-Verbot in der Schweiz hat gezeigt, wie groß die Gefahr ist, dass der Souverän im Volksentscheid mit dem Bauch regiert.

Mit den Plebisziten nähme man weiterhin eine Verlangsamung des Gesetzgebungsprozesses in Kauf. Ebenso wie eine Schwächung des Bundestages, der allem Parteienzwist zum Trotz immer auch ein Garant für ein Mindestmaß an Ausgewogenheit und Interessenvielfalt, die sich nur schwerlich im Entweder/Oder des Volksentscheids wiederfinden. Wer dabei das Abgeordnetenprinzip für „Entmündigung" hält, unterschlägt eine jahrzehntelange Demokratietradition, die auf vielen Ebenen offen ist für Beteiligung. Und in der sich gerade mit dem Internet ein weiterer, sehr unmittelbarer Weg der Interessensartikulation etabliert. Der Wunsch der Bürger nach Mitsprache darf von keinem Volksvertreter ignoriert werden. Er zwingt zu mehr Transparenz und Dialog und mündet im besten Fall in einem „direkteren" Parlamentarismus. Ein Argument für direkte Demokratie im großen Stil ist er deswegen aber noch lange nicht.

Aus: Erichsen, Björn: Plebiszite auf Bundesebene? Falsches Heilmittel. In: Das Parlament vom 5. August 2013, S. 2.

EINSTEIGEN

1. Arbeite aus M 32 (S. 40) die Möglichkeiten heraus, sich politisch zu beteiligen. Ordne sie in einer Tabelle den drei politischen Ebenen Kommune, Bundesland, Bund zu.

WEITERARBEITEN

2. Diskutiert in der Klasse, welche Beteiligungsmöglichkeiten (M 32, S. 40) auf den unterschiedlichen politischen Ebenen für euch in Frage kommen. Begründet eure Positionen.

3. a) Interpretiere die Karikatur M 33 (S. 41) mithilfe der Arbeitstechnik „Karikaturen analysieren" (S. 345).
   b) Sammelt gemeinsam auf Wortkarten Möglichkeiten, wie die Bedeutung der Bürgerinnen und Bürger im politischen Prozess gesteigert werden könnte. Begründet eure Vorschläge.

4. Arbeitet aus M 34 und M 35 (S. 41 f.) Pro- und Kontra-Argumente zu Volksentscheiden auf Bundesebene heraus.

VERTIEFEN

5. Führt eine Pro-Kontra-Debatte (siehe Unterrichtsmethode „Pro-Kontra-Debatte", S. 43 f.) zur Frage „Sollte das Recht auf Durchführung von Volksentscheiden auf Bundesebene ins Grundgesetz aufgenommen werden?" In den Rollen von Sachverständigen sollten eine Bundesverfassungsrichterin/ein Bundesverfassungsrichter, eine Bundestagsabgeordnete/ein Bundestagsabgeordneter und eine Bürgerin/ein Bürger auftreten.

▲ 1, 2, 3b, 4   1, 2, 3, 4, 5   1, 3, 4, 5

Pro-Kontra-Debatte

Unterrichtsmethode

Die Pro-Kontra-Debatte ist eine argumentative Auseinandersetzung, die auf einer alternativ formulierten politischen Problem- oder Entscheidungsfrage basiert. Sie wird von zwei Anwälten (Pro und Kontra), (zwei bis vier) Sachverständigen sowie einer Moderatorin/einem Moderator ausgetragen. Ihr lernt unterschiedliche Positionen zu einer Fragestellung klar herauszuarbeiten und diese Positionen überzeugend zu begründen. Daneben werden außerdem Fähigkeiten wie Zuhören, Aussagen der Gesprächspartner genau wiederzugeben, zu kommentieren, gezielt Fragen zu stellen, Gegenthesen zu bilden bzw. stützende Argumente zu finden, eingeübt.

Phase 1: Vorbereitung der Pro-Kontra-Debatte
Zunächst solltet ihr in der Klasse eine erste Abstimmung zu der zur Debatte stehenden Frage durchführen und das Ergebnis dokumentieren. Es kann hilfreich sein, wenn ihr von zwei bis drei Schülerinnen bzw. Schülern die Argumente notiert. Anschließend werden die entsprechenden Positionen durch einzelne Gruppen vorbereitet. Dazu sollten die beiden Gruppen, die später die Anwälte stellen, sich eine Reihe von Argumenten für ihre jeweilige Position überlegen und diese in eine sinnvolle Reihenfolge bringen. Außerdem sollten diese beiden Gruppen auch Fragen überlegen, die sie den Sachverständigen stellen können.
Die Gruppe, die später den Moderator stellt, überlegt sich, wie sie in die Debatte einführen kann und wie sie die Sachverständigen vorstellt.
Die Gruppen, die später je einen Sachverständigen stellen, sollten sich möglichst viele Argumente sowohl für die Pro- als auch die Kontra-Seite überlegen, da sie selber nur auf die Fragen der beiden Anwälte antworten dürfen.

Phase 2: Durchführung der Pro-Kontra-Debatte

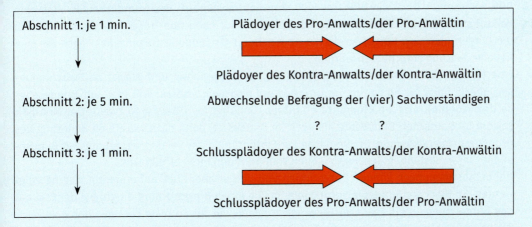

Die Zuschauerinnen und Zuschauer sind nicht unbeteiligt. Sie beobachten jeweils einen der beiden Anwälte aufmerksam und machen sich entsprechende Notizen für die Auswertung, z. B. zu den Argumenten, zum Auftreten, zur Fragetechnik, etc.

Phase 3: Auswertung/Reflexion der Pro-Kontra-Debatte
Um die Rolle zu verlassen, können die Teilnehmenden zunächst die Schilder mit ihren fiktiven Namen – wenn vorhanden – in den Papierkorb werfen oder entsprechende Requisiten ablegen. Dann berichten sie, wie sie sich in der Situation gefühlt haben. Anschließend beschreiben die

Mitschülerinnen und -schüler, die die Pro-Kontra-Debatte beobachtet haben, was sie gesehen haben.
Anschließend solltet ihr eine erneute Abstimmung durchführen. Vergleicht das Abstimmungsergebnis mit eurer ersten Abstimmung vor der Debatte. Befragt die gleichen Schülerinnen und Schüler wie zu Beginn der Pro-Kontra-Debatte nach ihren Argumenten. Sie sollten jetzt ihre Position besser begründen können.
Bei der inhaltlichen Auswertung könnt ihr auf folgende Fragen eingehen:
- Welche Argumente haben besonders beeindruckt, haben zu einem Überdenken der eigenen Position, einer Änderung des eigenen Urteils geführt?
- Wie haben sich die Debattenteilnehmerinnen und -teilnehmer in ihren vorgegebenen Rollen verhalten? Konnten sie ihre Rollen überzeugend darstellen?
- Was war überzeugender: Argument oder Art und Geschick des Vortrags?
- Welche wichtigen Argumente wurden in der Pro-Kontra-Debatte nicht genannt?
- Welches Fazit könnt ihr aus der Pro-Kontra-Debatte ziehen?

Info 4 — Direkte Beteiligung auf Bundesebene

In **Artikel 20 GG** heißt es, dass die Staatsgewalt vom Volke in Wahlen und **Abstimmungen** ausgeübt wird. Auf der Bundesebene können Abstimmungen jedoch nur in zwei konkreten Fällen vorkommen. Zum einen, wenn nach Artikel 29 GG das Bundesgebiet neu geordnet wird. Die Besonderheit einer solchen direktdemokratischen Beteiligung bei Abstimmungen über eine Neuordnung des Bundesgebiets besteht darin, dass nur die jeweils betroffenen Bevölkerungsteile abstimmen dürfen. Zum zweiten, wenn nach Artikel 146 eine neue Verfassung verabschiedet werden soll. Dieser Fall war eigentlich für die Wiedervereinigung von Bundesrepublik und DDR vorgesehen. Doch die DDR trat 1990 dem Geltungsbereich des Grundgesetzes ohne eine Volksabstimmung bei. Artikel 146 GG könnte somit nur noch zum Tragen kommen, wenn sich die Bürgerinnen und Bürger sowie die politischen Entscheidungsträger eines Tages für eine neue Verfassung entscheiden würden.
Eine weitere direktdemokratische Beteiligung der Bürgerinnen und Bürger an Entscheidungen über inhaltliche Fragen ist im Grundgesetz nicht vorgesehen. Will man auf Bundesebene **direktdemokratische Elemente** einführen, benötigt man dazu eine Zweidrittel-Mehrheit sowohl im Deutschen Bundestag als auch im Bundesrat, denn dazu wäre eine Änderung des Grundgesetzes notwendig. Die Versuche zur Einführung einer Volksgesetzgebung auf Bundesebene waren deshalb in den vergangenen Wahlperioden nicht erfolgreich.
Neben Abstimmungen können Bürgerinnen und Bürger aber auch auf anderem Weg beteiligt werden. So führt die Bundesregierung regelmäßig einen **Bürgerdialog** durch, bei dem sie mit den Bürgerinnen und Bürgern ins Gespräch kommen will. Als Formate kommen dabei Vor-Ort-Dialoge, ein Online-Dialog sowie die Teilnahme per Postkarte zum Einsatz.
Häufig wird in einer direkten Beteiligung ein Mittel gegen die Politikverdrossenheit der Bürgerinnen und Bürger gesehen. Wissenschaftliche Studien über Wirkungen direktdemokratischer Beteiligungsverfahren kommen jedoch zu unterschiedlichen Ergebnissen und es kann nicht zwangsläufig davon ausgegangen werden, dass die Einführung von direktdemokratischen Elementen auf Bundesebene tatsächlich zu einer stärkeren Beteiligung aller Bürgerinnen und Bürger führen würde.

3. Wachsende Gefahr für die Demokratie!? – Politischer Extremismus als Herausforderung für Staat und Gesellschaft

Politischer Extremismus

In unserer Demokratie muss einerseits gewährleistet sein, dass politische Meinungen und Positionen frei geäußert werden können – auch wenn diese als „krass", „völlig überzogen" oder „radikal" empfunden werden. Andererseits muss die Demokratie auch Grenzen für politische Meinungsäußerungen, Positionen und Verhaltensweisen vorsehen, die politisch so extrem sind, dass sie gefährlich werden. Doch diese Grenzziehung ist nicht einfach. Wann sind politische Auffassungen zwar radikal, aber trotzdem noch im demokratischen Rahmen? Und wann hingegen kann man von „politischem Extremismus" sprechen?

M 36 Was ist aus deiner Sicht politisch extrem und was nicht?

M37 Politischer Radikalismus und politischer Extremismus nach der Definition des Bundesamtes für Verfassungsschutz

Die Verfassungsschutzbehörden unterscheiden zwischen „Extremismus" und „Radikalismus", obwohl beide Begriffe oft synonym [d.h. gleichbedeutend] gebraucht werden. Bei „Radikalismus" handelt es sich zwar auch um eine überspitzte, zum Extremen neigende Denk- und Handlungsweise, die gesellschaftliche Probleme und Konflikte bereits „von der Wurzel (lat. radix) her" anpacken will. Im Unterschied zum „Extremismus" sollen jedoch weder der demokratische Verfassungsstaat noch die damit verbundenen Grundprinzipien unserer Verfassungsordnung beseitigt werden. So sind z. B. Kapitalismuskritiker, die grundsätzliche Zweifel an der Struktur unserer Wirtschafts- und Gesellschaftsordnung äußern und sie von Grund auf verändern wollen, noch keine Extremisten. Radikale politische Auffassungen haben in unserer pluralistischen Gesellschaftsordnung ihren legitimen Platz. Auch wer seine radikalen Zielvorstellungen realisieren will, muss nicht befürchten, dass er vom Verfassungsschutz beobachtet wird, jedenfalls nicht, solange er die Grundprinzipien unserer Verfassungsordnung anerkennt. Als extremistisch werden dagegen die Aktivitäten bezeichnet, die darauf abzielen, die Grundwerte der freiheitlichen Demokratie zu beseitigen.

Aus: Homepage des Bundesamtes für Verfassungsschutz, Köln 09/2019, online: https://www.verfassungsschutz.de/de/service/glossar/extremismus-radikalismus [zuletzt: 12.07.2018]

M38 Versuch einer Abgrenzung von politischem Radikalismus und politischem Extremismus

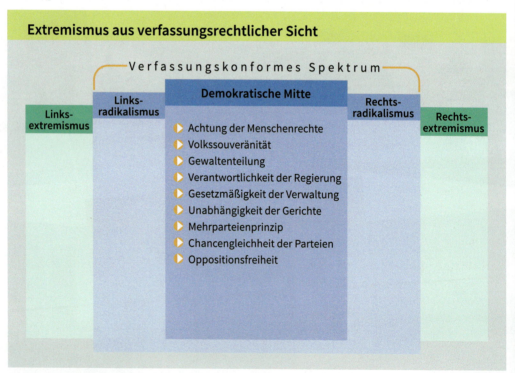

Nach: Politik & Unterricht 2/2008, Die rechtsextremistische Szene, Einstiege – Gegenstrategien – Ausstiege, Einleitung, Schaubild nach Richard Stöss 2005, online: http://www.politikundunterricht.de/2_08/einleitung.htm [zuletzt: 12.07.2018]

M39 Eine Kritik am Begriff „Extremismus"

Der Politikwissenschaftler Richard Stöss vertritt die Auffassung, dass „Extremismus" ein Begriff ist, mit dem häufig versucht wird, ganz unterschiedliche Erscheinungsformen von politischen, wie auch religiösen Einstellungen und Handlungen, die sehr radikal sind, zusammenzufassen. Er bezeichnet Extremismus daher als einen „Sammelbegriff", den er im Folgenden kritisiert.

Extremismus gilt als Sammelbegriff für diverse Phänomene: Genannt werden vor allem Linksextremismus und Rechtsextremismus, im weiteren dann auch religiöser Fundamentalismus, Terrorismus [...]. Dabei handelt es sich um völlig unterschiedliche Sachverhalte, die nur über eine einzige Gemeinsamkeit verfügen, nämlich dass sie sich gegen den demokratischen Rechtsstaat richten. Der Sammelbegriff umfasst mithin Objekte, die mehr voneinander trennt, als sie miteinander verbindet [d. h. es gäbe weit mehr Unterschiede zwischen Linksextremismus, Rechtsextremismus, religiösem Fundamentalismus und Terrorismus als Gemeinsamkeiten; dennoch würde versucht alles als „Extremismus" zu bezeichnen].
[...] Die Bezeichnung „extrem" (bzw. „extremistisch") ist zugleich inhaltsleer und vieldeutig, sie ist offen für Interpretationen und kann folglich auch missbraucht werden. [...]
Die Alternative „Extremismus – Demokratie" ist [...] unterkomplex [d. h. zu stark vereinfacht] und wird der Realität nicht gerecht. Nicht Schwarz-Weiß-Malerei sondern Zwischentöne führen zu soliden Erkenntnissen! [...] So gibt es nicht nur Befürworter und Gegner der Demokratie, sondern Personen, die mehr oder weniger demokratisch bzw. mehr oder weniger (rechts- bzw. links-) extremistisch orientiert sind. Das Gegenteil von demokratisch ist auch nicht antidemokratisch. Personen, die nicht demokratisch eingestellt sind, sind nicht notwendigerweise Gegner der Demokratie. Für die [...] [genaue Analyse] wird eine abgestufte Begrifflichkeit benötigt, wie etwa wie folgende Skala: stark demokratisch – schwach demokratisch – undemokratisch – schwach antidemokratisch – stark antidemokratisch.

Aus: Stöss, Richard: Kritische Anmerkungen zur Verwendung des Extremismusbegriffs in den Sozialwissenschaften, in: Bundeszentrale für politische Bildung (Hrsg.): Dossier Rechtsextremismus, 29.01.2015, online: http://www.bpb.de/politik/extremismus/rechtsextremismus/200099/kritische-anmerkungen-zur-verwendung-des-extremismuskonzepts-in-den-sozialwissenschaften [zuletzt: 12.07.2018]

M40 Elemente der Ideologie von Rechtsextremistinnen und Rechtsextremisten

Eine Ideologie ist eine in sich geschlossene Weltanschauung, die so einseitig und starr ist, dass andere Sichtweisen auf die Welt nicht akzeptiert werden. Es gibt keine einheitliche Ideologie des Rechtsextremismus. Die Weltanschauung von Rechtsextremistinnen und Rechtsextremisten beinhaltet in der Regel jedoch viele der im folgenden Text genannten Elemente.

Antiliberalismus und Antipluralismus
Rechtsextreme wenden sich gegen das Recht auf Freiheit und Individualität des einzelnen Menschen. Anstelle eines auf Beteiligung orientierten Pluralismus (Vielstimmigkeit) soll die Gesellschaft von oben gesteuert werden. Nach dem Prinzip: Du bist nichts, die Gemeinschaft ist alles.

Demokratiefeindlichkeit und Führerprinzip
Rechtsextreme machen Front gegen die (Parteien-)Demokratie. Anstelle des Wahl- und Mehrparteiensystems und der Gewaltenteilung sollen ein autoritäres Führer- und Gefolgschaftsprinzip (Unterordnung) und ein starker Staat treten.

Nationalismus – Volksgemeinschaft statt Gesellschaft
Rechtsextreme behaupten, die deutsche Nation habe es immer schon gegeben, sie sei natürlich und vereine die Menschen zu einer homogenen [d. h. völlig einheitlichen] „Volks- oder

Schicksalsgemeinschaft", die im Gegensatz zu einer pluralistischen Gesellschaft stehe. Eine solche innere Gleichmacherei kommt ohne innere und äußere Feinde nicht aus, von denen man sich aggressiv abgrenzen muss, um die Idee der „ethnisch reinen Nation" zu wahren. [...]

Mit Nationalismus gegen internationale Solidarität
Rechtsextreme meinen, dass allein Deutschland interessant ist für Deutsche. Insbesondere deshalb hassen sie Menschen, die über die Grenzen eines Nationalstaats hinweg interessiert oder solidarisch sein wollen: z. B. Weltbürger (Kosmopoliten), Gewerkschaften oder Kommunisten. [...]

Gegen die Gleichheit [...]
Rechtsextreme sind gegen Gleichheitsprinzip, Menschenrechte und Minderheitenschutz. Sie sehen Unterschiede als natürlich an und propagieren offen das Recht des Stärkeren (Sozialdarwinismus).

Rassismus und Antisemitismus [d. h. Ablehnung oder Feindschaft gegenüber Juden]
Rechtsextreme kämpfen gegen Ausländer und Juden, denen sie vorwerfen, das deutsche Volk in den Untergang zu treiben. Ausländer oder andere als „undeutsch" erklärte Gruppen sehen sie als [„Minderwertige"], während sie Juden bekämpfen, weil sie ihnen als mächtige Gegner gelten. Da man sich von ihrer vermeintlichen Übermacht bedroht fühlt, ist die Gewaltbereitschaft ihnen gegenüber besonders hoch. [...]

Revisionismus [d. h. Bestreben einen früheren politischen Zustand wiederherzustellen]
Viele Rechtsextreme wünschen sich die Wiederherstellung des Nationalsozialismus oder einzelner Elemente nationalsozialistischer Politik. Dafür verherrlichen sie den Nationalsozialismus oder relativieren dessen Verbrechen. [...]

Freund-Feind-Denken statt Komplexität des sozialen Lebens
Rechtsextreme trennen in Freund und Feind und denunzieren Einzelne, denen sie vorwerfen, für komplexe gesellschaftliche Probleme die Verantwortung zu tragen [...]. Sie reduzieren die Welt auf ein Schema von Gut und Böse. In einem solchen Denken ist die Abschaffung des Bösen und damit in letzter Konsequenz die Bereitschaft zur Ermordung der zum Feind Erklärten bereits angelegt. Sie suchen Sündenböcke, stricken Verschwörungstheorien und schaffen so ein Klima der Bedrohung und Verunsicherung. [...]

Krieg und Gewalt statt Frieden und Konfliktkultur
Zur rechtsextremen Lebensweise gehört eine grundsätzliche Gewaltbereitschaft und -akzeptanz, wie auch immer sie verborgen wird. Dahinter steckt ein (oft auch militärischer) Kult der Stärke und der Männlichkeit. Rechtsextreme sprechen sich für den gewaltsamen militärischen Überfall aus, wenn dies ihrer Ansicht nach zum Guten Deutschlands ist. [...] Rechtsextremisten sehen sich umzingelt von inneren und äußeren Feinden. Die inneren Feinde wie „Liberale", „Schwule" oder „Asoziale" zerstören ihrer Ansicht nach nationale Stärke und Identität – und damit das innere Band der völkischen Gemeinschaft. Äußere Feinde zielen nach Ansicht von Rechtsextremen mit Einwanderung, Europäisierung, Amerikanisierung und Globalisierung auf die Auflösung der deutschen Nation. [...]

Aus: DGB-Bildungswerk Thüringen e.V.: Baustein zur nicht-rassistischen Bildungsarbeit, C.6 Rechtsextreme Ideologien, online: http://baustein.dgb-bwt.de/PDF/C6-RechtsextremeIdeologien.pdf [zuletzt: 12.07.2018]

M41 Linksextremismus – vielfältige Strömungen

[...] Das, was unter Linksextremismus verstanden wird, ist nicht immer eindeutig. Das liegt auch daran, dass die zahlreichen Gruppen und Strömungen der Szene mit teils widersprüchlichen Positionen und Einstellungen auftreten.

Kommunisten, Anarchisten und Autonome stellen die Hauptströmungen des Linksextremismus dar. Sie unterscheiden sich in einigen Punkten stark voneinander, sind sich aber in ihrer grundsätzlichen Kritik am Kapitalismus einig. Ob diese auch immer als extremistischer Angriff auf die freiheitlich-demokratische Grundordnung der Bundesrepublik zu werten ist, darüber herrscht keinesfalls Einigkeit unter den Experten.

Im Unterschied zum Rechtsextremismus teilen sozialistische und kommunistische Bewegungen die liberalen Ideen von Freiheit, Gleichheit, Brüderlichkeit. Sie verstehen darunter aber etwas anderes als zum Beispiel das Grundgesetz. In ihrer Gesellschaftsauffassung entwickeln sich diese Werte vielmehr nur in einer sozialistischen Gesellschaftsordnung, die auch durch eine Revolution errichtet werden kann oder muss.

So unterschiedlich sie auch ausgerichtet sein mögen, verstehen sich doch alle linksextremistischen Organisationen als „antifaschistisch". Damit ist allerdings nur teilweise der Kampf gegen Rechtsextremismus gemeint. Gemeinsam ist linksextremistischen Gruppen die Ausdehnung des Faschismus-Begriffes auch auf demokratische Einrichtungen wie unter anderem [...] Angriffe gegen Polizisten zeigen. [...]

Aus: Landeszentrale für politische Bildung Brandenburg: Gefahr von links?, Februar 2014 (aktualisiert 2016), online: https://www.politische-bildung-brandenburg.de/themen/gefahren-von-links [zuletzt: 12.07.18]

M42 Ziele linksradikaler und linksextremistischer Gruppierungen – drei Beispiele

Sozialistische und kommunistische Gruppierungen

Geschichtlich betrachtet bildete der Sozialismus zu Ende des 19. Jahrhunderts und Anfang des 20. Jahrhunderts eine Gegenbewegung zum frühen Kapitalismus, die sich vor allem gegen die Ausbeutung von Menschen wandte. Aus dem Sozialismus ist eine politische Strömung entstanden, die insbesondere mehr Gleichheit und soziale Gerechtigkeit anstrebt. Kommunistische Gruppierungen betrachten den Sozialismus als Übergang zum Kommunismus. Je nach Ausrichtung (z. B. in Anlehnung an Marx, Engels, Lenin, Trotzki, Stalin) streben sie eine mehr oder minder klassenlose Gesellschaft und eine Ablösung des Kapitalismus durch einen kommunistisch geprägten Staat an. Einige kommunistische Gruppierungen betrachten Gewalt als ein legitimes Mittel in dem von ihnen so bezeichneten „Kampf für eine klassenlose Gesellschaft" und verüben dabei auch Straftaten.

Anarchistischen Gruppierungen

Die Ideen des Anarchismus entstanden historisch betrachtet aus radikalen Strömungen des Liberalismus (d. h. aus einer weltanschaulichen Denkrichtung, die die freie Entfaltung des einzelnen Menschen in den Mittelpunkt rückt) und wurden vor allem im 19. Jahrhundert theoretisch begründet. Das Ziel des Anarchismus ist eine völlig herrschaftsfreie Gesellschaft ohne eine Regierung und ohne einen Staatsapparat, die auf einem friedlichen Zusammenleben aller Menschen beruht. Je nach anarchistischer Strömung solle die anarchische Gesellschaft entweder ganz ohne die Gemeinschaft organisierende Institutionen bestehen oder diese Institutionen sollten kollektiv (d. h. von allen gemeinsam) und basisdemokratisch (d. h. alle werden an wichtigen Entscheidungen beteiligt) ausgestaltet sein. Einige anarchistische Gruppierungen verfolgen ihre Ziele mit friedlichen Mitteln, andere anarchistische Gruppierungen üben zum Teil massive Gewalt gegen Sachen und Menschen aus.

PERLEN IM NETZ

http://www.bpb.de/nachschlagen/lexika/das-junge-politik-lexikon/

Das „junge Politik-Lexikon" von „hanisauland.de" erklärt wichtige Fachbegriffe aus den Bereichen, Politik, Ge-sellschaft und Geschichte kurz und in verständlicher Sprache.

https://www.planet-wissen.de

Auf dieser Internetseite findest du zusammenfassende Informationen zu Personen und politischen Denkrichtungen der Zeitgeschichte.

Autonome Gruppierungen

Autonome Gruppierungen bildeten sich erstmalig im Rahmen von Arbeiterkämpfen in Italien und Studentenrevolten in der Bundesrepublik Deutschland Ende der 1960er-Jahre. Sie sind Zusammenschlüsse von linksradikal bzw. linksextremistisch eingestellten Menschen, die ohne parteiliche oder gewerkschaftliche Bindungen und ohne Führung „selbstbestimmte und herrschaftsfreie Räume" schaffen wollen. Über die Ausgestaltung dieser Räume besteht allerdings keine Einigkeit. In verschiedenen autonomen Gruppierungen werden sowohl anarchistische, als auch sozialistische und kommunistische Positionen vertreten. Allen links-autonomen Gruppierungen gemeinsam ist der „Kampf gegen den Faschismus". Je nach Gruppierung wird dieser „Kampf" jedoch sehr unterschiedlich weit gefasst. Die Auffassungen reichen von einem gezielten Vorgehen gegen rechtsextremistische Personen und Organisationen bis hin zum „Kampf" gegen alles, was jeweils pauschal als „faschistisch" bezeichnet wird (z. B. Polizistinnen/Polizisten, Unternehmerinnen/Unternehmer, „der Staat" insgesamt). Um ihre Anliegen zu verfolgen, führen die zumeist in schwarzer Kleidung und teilweise vermummt auftretenden Autonomen „Aktionen" durch. Die Anwendung von Gewalt variiert dabei. Von Autonomen gehen sowohl Aktionen aus, die gewaltfrei ablaufen (z. B. Informationsveranstaltungen, Mahnwachen, Demonstrationen), als auch Aktionen unter Ausübung massiver Gewalt und Missachtung der Menschenrechte (z. B. Flaschenwürfe im Rahmen von öffentlichen Versammlungen, Anschläge auf Bahntrassen).

 M 43

BEDROHLICHE ENTWICKLUNG

EINSTEIGEN

1. Was ist aus deiner Sicht politisch extrem? Begründe zu den Fotos in M 36 (S. 45), ob das jeweils dargestellte politische Handeln deiner Einschätzung nach politisch extrem ist oder nicht. Tausche dich anschließend mit zwei Partnerinnen bzw. Partnern aus.
   a) Fasse auf den Grundlagen von M 37 (S. 46) und M 38 (S. 46) in eigenen Worten zusammen, was der Verfassungsschutz als politischen Extremismus definiert.
   b) Erklärt zu zweit mithilfe des Schaubilds M 38 (S. 46), wie sich aus verfassungsrechtlicher Sicht politischer Radikalismus von politischem Extremismus unterscheidet.

3. Wachsende Gefahr für die Demokratie!? – Politischer Extremismus als Herausforderung für Staat und Gesellschaft 51

2. a) Erläutere mithilfe von M39 (S. 47) in eigenen Worten, welche Kritik am Begriff „Extremismus" hier zum Ausdruck kommt.

WEITER-ARBEITEN

b) Bewertet zu zweit die in den Fotos M36 (S. 45) dargestellten politischen Handlungsweisen anhand der Skala „stark demokratisch – schwach demokratisch – undemokratisch – schwach antidemokratisch – stark antidemokratisch". Welche Unterschiede zu eurer ersten Bewertung anhand der Fragestellung „Was ist aus deiner Sicht politisch extrem?" (Aufgabe 1) könnt ihr feststellen?

3. a) Gestalte auf Basis von M40 (S. 47 f.) mithilfe der Arbeitstechnik „Eine Concept-Map erstellen" (S. 51 ff.) eine Concept-Map zu den Ideologieelementen von Rechtsextremistinnen und Rechtsextremisten.

b) Vergleiche deine Concept-Map mit der einer Partnerin bzw. eines Partners. Zieht, falls notwendig, Verbesserungen in eure Concept-Maps ein.

4. a) Erläutere mithilfe von M40 (S. 47 f.) und M41 (S. 49) Unterschiede zwischen Elementen der Weltanschauungen von Rechtsextremistinnen bzw. Rechtsextremisten und Linksextremistinnen bzw. Linksextremisten.

VERTIEFEN

b) Recherchiert in Kleingruppen Beispiele für politische Gruppierungen, die derzeit im Bundesverfassungsschutzbericht als linksextremistisch bzw. rechtsextremistisch eingestuft werden (siehe Arbeitstechnik „Informationen im Internet recherchieren", S. 336). Fasst zu den einzelnen linksextremistischen bzw. rechtsextremistischen Gruppierungen in eigenen Worten zusammen, welche Ziele sie verfolgen und welche Mittel sie dabei anwenden. Tragt eure Ergebnisse anschließend in der Klasse zusammen.

c) Begründe mithilfe von M40 (S. 47 f.), M41 (S. 49) und M42 (S. 49 f.), weshalb sowohl von Rechtsextremistinnen bzw. Rechtsextremisten, als auch von Linksextremistinnen bzw. Linksextremisten Gefahren für die Demokratie ausgehen können.

5. a) Interpretiere die Karikatur M43 (S. 50) mithilfe der Arbeitstechnik „Karikaturen analysieren" (S. 345).

b) Diskutiert auf der Grundlage von M40 (S. 47 f.), M42 (S. 49 f.) und M43 (S. 50) in der Klasse die Frage: Durch welche Äußerungen und Handlungen verlassen links- bzw. rechtsextremistische Gruppierungen eindeutig den erlaubten Rahmen politischer Betätigung in unserer Demokratie?

▲ 1, 2, 3a, 4a, 4c   1, 2, 3, 4, 5   2, 3, 4, 5

Eine Concept-Map erstellen

Arbeitstechnik

In höheren Klassenstufen arbeitet man auch mit längeren und schwierigeren Texten. Diese Texte enthalten oft zahlreiche Informationen, die logisch miteinander verknüpft sind. Um solche Zusammenhänge abzubilden eignen sich Concept-Maps. Mit ihnen kannst du Inhalte reduzieren und dir einen schnellen Überblick über die Kernbegriffe und Zusammenhänge eines Themas verschaffen.

Ganz oben in einer Concept Map steht das Thema. Von dort aus werden zunächst Pfeile zu den wichtigsten Begriffen des Themas gezogen. Die Pfeile bilden logische Zusammenhänge ab und können auch von einem Begriff zu einem anderen gezogen werden. Insgesamt ergibt sich so ein ganzes Netz von Kernbegriffen und Zusammenhängen zum Thema.

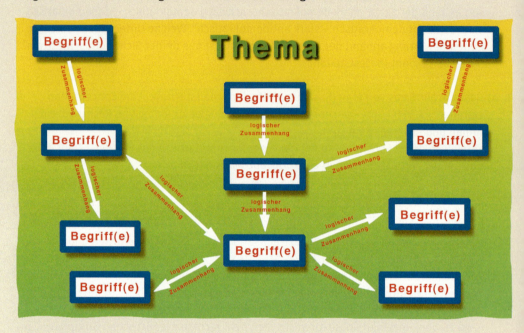

1. Schritt: Wichtige Begriffe im Text markieren und Zusammenhänge hervorheben

Zunächst liest du den Text einmal durch und überlegst dir, welches das Thema des Textes ist. Dieses schreibst du in den obersten Kasten deiner Concept-Map. Dann liest du den Text nochmals sehr gründlich und markierst dabei, wie im unten stehenden Beispiel, die wichtigsten Begriffe und schreibst sie dir heraus.

Sozialismus ist eine Weltanschauung. Man kann es auch eine politische Ideologie nennen. Grundwerte des Sozialismus sind Gleichheit, Gerechtigkeit und Solidarität, also das Einstehen für andere und ihre Unterstützung.

Sozialismus, Liberalismus und Konservatismus

Der Sozialismus entstand in der ersten Hälfte des 19. Jahrhunderts. Andere politische Ideologien, die in dieser Zeit entstanden, waren der Liberalismus und der Konservatismus. Liberale treten vor allem für die Freiheit und Selbstbestimmung des Bürgers ein, Konservative wollen alte Werte und Traditionen bewahren und allenfalls langsame Veränderungen.

Theorie des Sozialismus

Vor allem die Industrialisierung und die damit verbundene Ausbeutung der Arbeiterschaft führten zur Verbreitung der sozialistischen Idee. Die bekannteste Theorie des Sozialismus entwickelten Karl Marx und Friedrich Engels. Man nennt sie darum auch Marxismus. Die Ausprägung durch die Sowjetunion und Lenin nennt man Marxismus-Leninismus. Hier wird der Sozialismus als eine Phase betrachtet im Übergang vom Kapitalismus zum Kommunismus. Was heißt das nun wieder?

Kapitalismus und Kommunismus

Mit Kapitalismus und Kommunismus bezeichnet man zwei entgegen gesetzte Wirtschafts- und Gesellschaftsordnungen. Im Kapitalismus gibt es vor allem privates Eigentum und die Wirtschaft wird durch den „Markt", durch Angebot und Nachfrage, reguliert. Es herrscht „Marktwirtschaft", so wie in der Bundesrepublik. Im Kommunismus soll es kein Privateigentum mehr geben, alles gehört dem Staat bzw. damit dem Volk, es ist Volkseigentum. Es herrscht Planwirtschaft [...]: ein Plan bestimmt im Voraus, was und wie viel hergestellt wird. Im Kommunismus soll es keine „Klassen" mehr geben, Ziel ist die klassenlose Gesellschaft, ohne „oben" und „unten".
[...]

Aus: ZEITKLICKS: Was ist Sozialismus?, online: http://www.zeitklicks.de/ddr/zeitklicks/zeit/das-system/frag-doch-mal/was-ist-sozialismus/ [zuletzt: 12.07.2018]

2. Schritt: Zusammenhänge herstellen und Ober- und Unterbegriffe unterscheiden

Im zweiten Schritt geht es darum, dass du die Zusammenhänge zwischen den herausgeschriebenen Begriffen erkennst und du die Begriffe in Ober- und Unterbegriffe sortierst. Oberbegriffe stehen in deiner Concept-Map nah am Kasten „Thema", denn sie bilden das Allerwichtigste des Themas ab. Unterbegriffe sind mit den Oberbegriffen logisch verbunden, sie stehen in der Concept-Map aber weiter unten, da sie detailliertere Zusammenhänge zum Thema aufzeigen. Bei Bedarf musst du immer wieder im Text nachlesen, um zu erkennen, ob es sich um einen Oberbegriff oder einen Unterbegriff handelt. Versuche dabei möglichst auch bereits die Unterbegriffe logisch passend unter Oberbegriffe zu schreiben.

Oberbegriffe	Sozialismus politische Ideologie	andere politische Ideologien a) Liberalismus b) Konservatismus	Theorie des Sozialismus	Kommunismus	Entgegengesetzte Wirtschafts- und Gesellschaftsordnung Kapitalismus
Unterbegriffe	Grundwerte Gleichheit Gerechtigkeit Solidarität	a) Freiheit Selbstbestimmung b) alte Werte Traditionen langsame Veränderungen	Karl Marx und Friedrich Engels Marxismus Sowjetunion Lenin Marxismus-Leninismus Sozialismus als Übergang zum Kommunismus	Klassenlose Gesellschaft Planwirtschaft Volkseigentum Wirtschaft nach Plan	Marktwirtschaft privates Eigentum Markt Angebot und Nachfrage

3. Schritt: Oberbegriffe und Unterbegriffe logisch miteinander verbinden

Nun ordnest du logisch zu, welche Oberbegriffe wie mit welchen Unterbegriffen verbunden werden sollen, welche Querverbindungen es geben soll und wie die Pfeile beschriftet werden sollen. Lies immer wieder im Text nach und stelle eigene Überlegungen an, um die Zusammenhänge zu erkennen. Beachte, dass von einem Begriff auch mehrere Pfeile zu mehreren weiteren Begriffen gezogen werden können.

Beispiel:

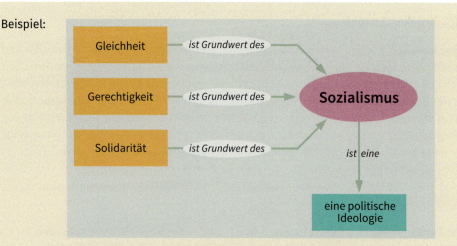

4. Schritt: Die Concept-Map zusammenstellen und kritisch überprüfen

Auf der Grundlage der herausgearbeiteten Ober- und Unterbegriffe sowie deren logischen Zusammenhängen stellst du die Concept-Map zusammen. Erstelle dazu zunächst einen Entwurf mit Bleistift, denn so kannst du einzelne Begriffsplatzierungen und Pfeile im Laufe deines Arbeitsprozesses immer wieder verändern. Überprüfe deinen Entwurf nochmals kritisch, indem du dir genau überlegst, ob die im Text geschilderten Begriffe und Zusammenhänge mit deiner Concept-Map bestmöglich abgebildet werden. Lasse deinen Entwurf auch von Mitschülerinnen und Mitschülern oder deiner Lehrerin bzw. deinem Lehrer bewerten und verbessere ihn gegebenenfalls. Übertrage die Endfassung deines Entwurfs dann sehr säuberlich auf ein Papier oder benutze zur Erstellung der Concept-Map ein Computerprogramm.

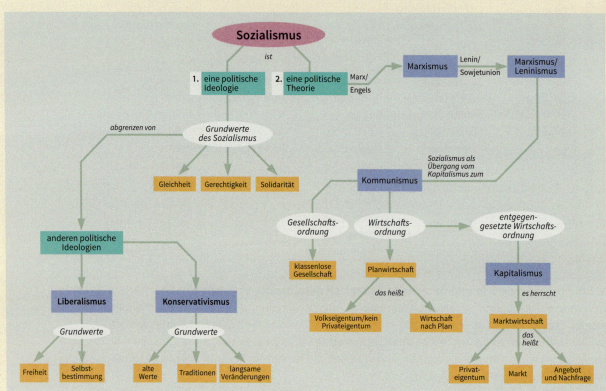

Verbrechen und Strategien des Rechtsextremismus in Deutschland – Wir müssen Zivilcourage zeigen!

Rechtsextremistinnen und Rechtsextremisten verüben in Deutschland jedes Jahr Tausende von gewalttätigen Übergriffen gegen Menschen, die nicht in ihr Weltbild passen. Der größte Teil der Bevölkerung findet die rechten Gewalttaten abscheulich und verurteilt sie. Dennoch greifen Außenstehende oft nicht ein, wenn rechtsextreme Gewalt in ihrer Umgebung geschieht. Darüber hinaus bekommt die rechtsextremistische Szene trotz ihrer offensichtlichen Abscheulichkeit immer wieder Zulauf. Doch mit welchen Strategien werden junge Menschen geködert? Und wie können wir Zivilcourage gegen Rechts zeigen?

M44 Die Verbrechen des „Nationalsozialistischen Untergrunds (NSU)"

NSU-Urteil: Lebenslange Haft für Beate Zschäpe
Eines der aufwendigsten Strafverfahren der deutschen Nachkriegsgeschichte ist beendet. Für ihre Mittäterschaft an den Verbrechen der rechtsextremen Terrorzelle Nationalsozialistischer Untergrund (NSU) muss die Hauptangeklagte Beate Zschäpe lebenslang ins Gefängnis. Zsch-
5 äpe habe sich des zehnfachen Mordes und weiterer Verbrechen schuldig gemacht, sagte Richter Manfred Götzl [...]. Rechtskräftig ist das Urteil noch nicht. Zschäpes Verteidiger-Teams kündigten an, es vom Bundesgerichtshof überprüfen zu lassen. [...]
Der dreiköpfigen Terrorgruppe NSU werden zehn Morde sowie zwei Sprengstoffanschläge und 15 Raubüberfälle zur Last gelegt. [...]
10 Der Prozess dauerte mehr als 430 Verhandlungstage und zog sich über fünf Jahre hin. Beweise, dass Zschäpe an einem der Tatorte war, förderte das Verfahren nicht zutage. Die Anklage hatte Zschäpe allerdings eine maßgebliche Rolle bei der Tarnung der Gruppe zugeschrieben und argumentiert, die heute 43-Jährige habe damals „alles gewusst, alles mitgetragen und auf ihre eigene Art mitgesteuert und mit bewirkt". [...]

Die beiden anderen Mitglieder des NSU-Trios neben Zschäpe, Uwe Mundlos und Uwe Böhnhardt, die die Mordtaten ausgeführt haben sollen, sind tot. Sie nahmen sich am 4. November 2011 nach einem gescheiterten Banküberfall das Leben. [...]
Neun der zehn Opfer, die der NSU von 2000 bis 2007 ermordete, waren Migranten. Die Mord- und Anschlagsserie hinterließ auch bei vielen Angehörigen Narben. Opfer seien zu Tätern gemacht worden, lautet ein Vorwurf an die Ermittler. Warum hatten sie die rechte Terrorzelle elf Jahre lang nicht entdeckt? Stattdessen vermuteten sie, dass auch die Täter ausländische Wurzeln hätten – Schutzgelderpressung oder eine Familienfehde. In den Medien war lange Zeit von „Döner-Morden" die Rede. [...] Mehr als ein Dutzend Parlamentarischer Untersuchungsausschüsse (PUA) im Bund und Ländern stellte ein eklatantes Versagen der Behörden fest. Insbesondere die Rolle des Verfassungsschutzes wird bis heute scharf kritisiert.

Aus: NSU-Urteil: Lebenslange Haft für Zschäpe, NDR.de, 11.07.2018, online: https://www.ndr.de/nachrichten/NSU-Urteil-Lebenslange-Haft-fuer-Beate-Zschaepe,urteilnsu100.html [zuletzt: 14.07.2018]

M 45 Gefahr durch Rechtsextremistinnen und Rechtsextremisten in Deutschland

Behörden warnen vor anhaltender Gefahr durch rechten Hass

Sie trafen sich an der örtlichen Tankstelle und später in verschlüsselten Chatgruppen. Dort schrieb einer: „Kanacken sind fehlerhafte biologische Einheiten die müssen vernichtet werden". Ein anderer: „Gewalttätige Attacken gegen jeden Asylanten und deren Unterstützer." Es sind die Hassbotschaften der „Gruppe Freital".
In einer Novembernacht 2015 schreiten Mitglieder der rechtsextremen Clique zur Tat. An einem Fenster einer Flüchtlingsunterkunft [...] zünden sie einen illegalen Sprengkörper, 55 Gramm explosiver Stoff, ein Gemisch aus Kaliumperchlorat, Schwefel und Aluminium. Laut Gerichtsmediziner war es nur ein glücklicher Umstand, dass niemand starb.
[...]. Mitglieder der terroristischen Vereinigung verurteilt das Oberlandesgericht in Dresden zu mehrjährigen Haftstrafen. Hier hätten keine Kriminellen agiert, urteilte der Richter, sondern Rechtsextremisten. [...]
Rechtsextreme Gewalt ist in Deutschland allgegenwärtig – seit Jahrzehnten und nicht nur in ostdeutschen Bundesländern. [...] Laut Innenbehörden starben 83 Menschen durch Gewalt von Neonazis seit 1990 in Deutschland. Sie wurden erschossen, erschlagen, zu Tode getreten. Recherchen des „Tagesspiegel" gehen von mindestens 150 aus. [...]
Die Gewalt währt bis heute. [...] Als die Fluchtkrise 2015 Deutschland erreichte, wuchs die rassistisch motivierte Gewalt stark. Das Bundeskriminalamt zählte fast 1000 Straftaten gegen Asylunterkünfte. Auf Demonstrationen gegen die deutsche Asylpolitik standen Anwohner neben Rechtspopulisten und strammen Neonazis. Und ganz rechts außen wollten manche mehr. „Um sich von Pegida [Bürgervereinigung „Patriotische Europäer gegen die Islamisierung des Abendlands] und der AfD [Partei „Alternative für Deutschland"] abzugrenzen, geht die rechtsextreme Szene schneller einen Schritt weiter", sagt der Rechtsextremismus-Experte Matthias Quent [...]. „Das Gewaltpotenzial ist sehr viel größer als 2011 – beim Auffliegen des NSU."

Aus: Neqqache, Nadja/Unger, Christian: Behörden warnen vor anhaltender Gefahr durch rechten Hass, in: Westfälische Rundschau vom 06.07.2018, online: https://www.wr.de/politik/behoerden-warnen-vor-anhaltender-gefahr-durch-rechten-hass-id214775131.html [zuletzt: 14.07.2018]

M46 Versuche rechter und rechtsextremer Gruppierungen, junge Menschen zu ködern

PERLEN IM NETZ

http://www.belltower.news/

Diese Internetseite der Amadeu Antonio Stiftung informiert umfassend über Facetten des Rechtsextremismus und zeigt Handlungsmöglichkeiten gegen rechtsextremistische Umtriebe auf.

https://dasversteckspiel.de

Die Agentur für soziale Perspektiven e. V. deckt auf dieser Internetseite Lifestyle, Symbole und Codes von Rechtsextremistinnen und Rechtsextremisten auf.

https://www.internet-beschwerdestelle.de

Die Internetbeschwerdestelle ist ein gemeinsames Projekt der Freiwilligen Selbstkontrolle Multimedia-Diensteanbieter (FSM e. V.) und eco-Verband der Internetwirtschaft e. V. Hier kannst du rechtsextremistische Inhalte im Netz melden, damit gegen die die Urheberinnen und Urheber dieser Inhalte vorgegangen werden kann.

M47 Woran kann man rechtsextremistische Inhalte erkennen?

Die von Anhängern der rechtsextremistischen Szene verwendeten Zeichen symbolisieren die Nähe zur nationalsozialistischen Ideologie Adolf Hitlers. Zwar sind das Hakenkreuz, das Eiserne Kreuz und auch die Farbkombination schwarz-weiß-rot älter und geschichtlich betrachtet keineswegs nationalsozialistischen Ursprungs, dennoch ist die Assoziation mit der
5 Zeit des Nationalsozialismus bis heute erhalten geblieben. Diese Zeichen sowie die Runen der ehemaligen SS (Schutzstaffel; sie war eine Polizei- und Militärorganisation der Nationalsozialisten) gelten innerhalb der rechtsextremistischen Szene zumeist als Bekenntnis zur nationalsozialistischen Weltanschauung oder zumindest zu Teilen dieser Weltanschauung.
Da das Tragen einiger Symbole, wie z. B. des Hakenkreuzes und der SS-Runen, in Deutsch-
10 land verboten ist, verwendet die rechtsextremistische Szene häufig nicht verbotene Zeichen und Symbole, die die Gesinnung verdeckt zum Ausdruck bringen, wie z. B. bestimmte Zahlencodes. Beliebt sind auch bestimmter Kleidermarken, z. B. die der Firma „Lonsdale". Der Schriftzug des Labels zeigt bei geöffneter Jacke nur die Buchstaben „NSDA" in Anlehnung an die NSDAP. Die Bekleidungsfirma distanziert sich von der rechtsextremistischen Assoziation
15 und führte in der Vergangenheit mehrere anti-rassistische Werbekampagnen durch.
Nicht zuletzt sind menschenverachtende Hassparolen wie „Ausländer raus!", „Das sind doch alles Sozialschmarotzer!", „Schwule sind abartig und widernatürlich!", „Muslime sind doch alle Terroristen!" oder „Die linken Zecken sollen verrecken!" Kennzeichen rechtsextremer Gesinnung.

M48 Rechte Musik – ein Beispiel

Deutscher Soldat, treuer Kamerad
du liegst schon lange in deinem kühlen Grab.
Du kämpftest tapfer bis zum letzten Atemzug
bis gegen Ende des Krieges auch deine Todesstunde schlug.
Könntest du sehen was heut hier los ist im Land
du nähmst wieder die Sache in die Hand
und dann wie einst tapfer gestritten
mit der einzigen Frage auf den Lippen:

Was wird aus Deutschland
wenn die Guten sich nicht wehren gewinnen die Schlechten
sind wir nicht mehr die Herren werden wir zu Knechten.

Später bauten die Roten ihre Mauer durchs Land
ohnmächtig waren viele doch es gab Widerstand.
Sabotage in der Zone, an jedem Ort
denn die eine Frage stellten sie sich immer fort:

Was wird aus Deutschland
wenn die Guten sich nicht wehren gewinnen die Schlechten
sind wir nicht mehr die Herren werden wir zu Knechten.

Darum vorwärts Kameraden, nur für euch ist dieses Lied
die ihr mit schwarz-weiß-roten Fahnen durch die deutschen Straßen zieht.
Wenn die feigen Spießer zittern und niemand zeigt mehr Wut
Gibts eins das nie erlahmt und das ist eure Wut!

Aus: Liedtext „Was wird aus Deutschland" der Rechtsrockband „Die Lunikoff Verschwörung", in: Homepage von Golyr.de, online: https://www.golyr.de/die-lunikoff-verschwoerung/songtext-was-wird-aus-deutschland-1300115.html [zuletzt: 23.07.2018]

M49 Zivilcourage gegen Rechtsextremisten zeigen

„Schützen statt konfrontieren"
[...] In Magdeburg [wurden] mehrere Afrikaner von Rechtsextremen attackiert, bei einem anderen Übergriff wurde eine schwangere Irakerin in einem Bus geschlagen. Der Sozialpsychologe Kai Jonas spricht über das Wegschauen.

SZ [Süddeutsche Zeitung]: Herr Jonas, gibt es in Deutschland eine Kultur des Wegschauens?
Jonas: Nein, eine Kultur des Wegschauens würde ja bedeuten, dass man das bewusst täte, und das möchte ich niemandem unterstellen. Ich würde eher sagen, dass es eine weit verbreitete Unfähigkeit hinzusehen gibt. [...]
SZ: Aber wieso sind wir unfähig hinzusehen, wo wir hinsehen müssten?
Jonas: Psychologen nennen diesen Mechanismus Einstellungs-Verhaltens-Diskrepanz [damit ist eine Kluft zwischen eigentlichem Wollen und tatsächlichem Handeln gemeint]. Menschen möchten vielleicht in einer Situation ein bestimmtes Verhalten zeigen, etwa Solidarität mit einem Opfer, doch die Handlung bleibt aus.
SZ: Woran liegt das?
Jonas: Das kann viele Gründe haben. Vor allem orientiert sich menschliches Verhalten in einer Situation immer an den Umstehenden. Wenn die nicht handeln, wird es für den Einzelnen schwer, aktiv zu werden oder ein Unrecht als solches zu erkennen. Und je mehr Leute

anwesend sind, desto weniger fühlt sich der Einzelne verantwortlich. Es gibt mehr Faktoren, die uns daran hindern, Verantwortung zu übernehmen, als wir wahrhaben wollen. Vielen macht ja schon ihr Weltbild die Identifikation mit einem Opfer schwer. [...]

SZ: Und wie sieht die aus?

Jonas: Kinder und Hunde etwa rangieren auf der Skala ganz oben, denen würde sofort jeder helfen. Als nächstes nennen Befragte in Zivilcourage-Seminaren [Zivilcourage bedeutet in der Öffentlichkeit mutig für zwischenmenschliche Werte, auch zum Schutz anderer, einzutreten] immer Ausländer, das dürfte aber auch einem gewissen Pflichtbewusstsein geschuldet sein. Ganz unten in der Opfer-Hierarchie stehen üblicherweise Obdachlose, Behinderte, Jugendliche und Schwule. Da glauben leider viele: Die sind doch für ihr Schicksal selbst verantwortlich.

SZ: Angenommen, ich habe ein Unrecht erkannt und will etwas tun. Wie sieht eine ideale Intervention [d.h. ein Eingreifen] aus?

Jonas: Das hängt von der Situation ab. Allerdings gibt es für jedes Einschreiten eine sehr wichtige Faustregel: Immer opferorientiert und nie täterbezogen handeln. Also schützen statt konfrontieren.

SZ: Können Sie ein Beispiel nennen?

Jonas: Ein Beispiel ist der Fall im Einkaufszentrum von Mittweida, wo [...] eine Gruppe rechter Jugendlicher einer 17-Jährigen ein Hakenkreuz in die Haut ritzte, weil diese versuchte, einen kleinen Jungen in Schutz zu nehmen. Leider hat sie die Täter konfrontiert und das auch noch alleine, was sehr gefährlich ist. Vor allem gegen eine Gruppe geht man, wenn überhaupt, nur mit Verbündeten vor. Denkbar im Fall des Mädchens wäre vielleicht eine so genannte paradoxe Intervention gewesen.

SZ: Eine Handlung, mit der niemand rechnet, eine Art Überraschungs-Coup?

Jonas: Ja, sie hätte den kleinen Jungen zum Beispiel anschreien können, etwa mit: „Mensch, ich such dich schon, Mama hat dir hundert Mal gesagt, du sollst hier nicht rumlungern!" Dann hätte sie ihn vielleicht aus der Gruppe ziehen und in einem Laden Schutz suchen können. Die Täter wären verwirrt gewesen und hätten sich nicht angegriffen gefühlt. [...]

SZ: Sie entwickeln an der Universität Jena Zivilcouragetrainings. In wieweit ist Zivilcourage erlernbar?

Jonas: Natürlich ändert ein Teilnehmer nach einem zweitägigen Kurs nicht sein Weltbild, aber man darf nicht vergessen, dass Zivilcourage im Kleinen beginnt. Es mag banal klingen, aber manche Kurse starten mit der Anleitung, wie man unter Belastung die Polizei ruft. Es kann schon Zivilcourage sein, wenn jemand ein guter Zeuge ist. In den Trainings geht es viel um die Einschätzung von Bedrohung. Oft haben Teilnehmer schon Schwierigkeiten zu beurteilen, wo eine Grenzüberschreitung beginnt.

SZ: In die Medien gelangen ja vor allem die Fälle mangelnder Zivilcourage, die mit rechtsradikalen Übergriffen in Verbindung stehen.

Jonas: Das ist ein großes Problem, weil in [...] krassen Fällen ein Einschreiten ohnehin kaum noch möglich ist. Diese Fälle sorgen dann für ein stark verzerrtes Bild in der Öffentlichkeit. [...]

Aus: Rolff, Marten: „Schützen statt konfrontieren", ein Interview mit dem Sozialpsychologen Kai Jonas, in: Süddeutsche Zeitung vom 11.05.2010, online: https://www.sueddeutsche.de/politik/rechtsextremismus-und-zivilcourage-schuetzen-statt-konfrontieren-1.355375 [zuletzt: 14.07.2018]

PERLEN IM NETZ

http://www.mach-den-unterschied.de/

Der Verein „Gegen Vergessen – Für Demokratie e.V." bietet hier ein Online-"Training" für Zivilcourage an. Übt ganz praktisch, wie ihr euch verhalten könnt, wenn ihr im Alltag mit Rassismus oder Rechtsextremismus konfrontiert werdet.

http://www.bpb.de/themen/CXU25J,0,0,Schwerpunkt3A_Rezepte_gegen_Rechtsextremismus.html%7C

Auf dieser Seite der Bundeszentrale für politische Bildung findet ihr zahlreiche Anregungen für eigene Projekte gegen Rechtsextremismus.

https://www.keinbockaufnazis.de/was-tun-gegen-nazis

Was tun gegen Nazis? Hier findet ihr Ideen der Initiative „Kein Bock auf Nazis".

M 50 Zivilcourage gegen Rechts zeigen – Aber wie?

EINSTEIGEN

1. a) Arbeite aus M 44 (S. 55) heraus, welche Straftaten die Terrorgruppe „NSU" verübt hat und gegen wen sich die Taten richteten.
   b) Erläutere, aus welchen Gründen die Angehörigen der Opfer des „NSU" jahrelang ganz besonders gelitten haben.

2. Erstellt zu zweit mithilfe der Informationen aus dem Zeitungsartikel M 45 (S. 56) eine Übersicht, die veranschaulicht, warum die Behörden vor anhaltender Gefahr durch rechten Hass warnen.

3. a) Besprecht in Vierergruppen, ob ihr schon einmal mit rechtsextremistischen Inhalten konfrontiert wurdet und, falls ja, woran ihr sie erkannt habt sowie wie ihr euch dann verhalten habt.
   b) Beschreibt die Gestaltungselemente der einzelnen Bilder aus M 46 (S. 57). Erklärt, weshalb sie besonders darauf gerichtet sind, junge Menschen für die rechtsextreme Szene zu ködern.

WEITERARBEITEN

4. a) Überprüfe, welche der in M 47 (S. 57) genannten Codes und Zeichen der rechtsextremen Szene du in den Bildern in M 46 (S. 57) wiederfindest.
   b) Informiere dich auf den ersten beiden unter „Perlen im Netz" (S. 57) angegebenen Internetseiten über die Bedeutung weiterer Codes und Zeichen der rechtsextremen Szene. Tausche dich anschließend mit einer Partnerin bzw. einem Partner aus.

5. Finde heraus, wie man rechtsextremistische Inhalte im Internet bei der „Internetbeschwerdestelle" (Perlen im Netz, S. 57) melden kann und was diese dann unternimmt.

6. a) Analysiere den Liedtext M 48 (S. 58). Welche Elemente der Ideologie von Rechtsextremistinnen und Rechtsextremisten (M 40, S. 47 f.) finden sich ihn ihm wieder?
b) Beurteilt zu zweit, inwiefern in dem Liedtext M 48 (S. 58) zu Gewalt aufgerufen wird. Begründet euer Urteil anhand von Textpassagen.

7. a) Führe auf der Basis des Interviews M 49 (S. 58 f.) Gründe dafür an, dass Menschen häufig keine Zivilcourage zeigen, wenn es in ihrer Umgebung zu rechtsextremistischen Übergriffen kommt.
b) Erstellt zu dritt eine Übersicht mit Tipps, die der Experte in M 49 (S. 58 f.) gibt, um Zivilcourage zu zeigen.

8. a) Führt in Vierergruppen ein Brainstorming zur Frage durch: „Zivilcourage gegen Rechts zeigen – Aber wie?". Bezieht dabei die drei in M 50 (S. 60) dargestellten Handlungsebenen mit ein. Haltet eure Ideen schriftlich fest.
b) Entwickelt ein Projekt, mit dem ihr als Klasse Zivilcourage gegen Rechts zeigt (M 50, S. 60). Anregungen und Hilfestellungen findet ihr unter der ersten „Perlen im Netz" (S. 57).

VERTIEFEN

▲ 1, 2, 3, 4, 5, 7, 8   ▲▽ 1, 2, 3b, 4b, 5, 6a, 7b, 8   ▲▽▲ 2, 3b, 4b, 5, 6, 7b, 8

Wie wehrhaft ist der demokratische Staat gegen extremistische Gewalt?

Wenn von politischem Extremismus und von religiös motiviertem Fundamentalismus Gefahren für andere Menschen und für den Bestand des demokratischen Systems ausgehen, muss der Staat sich zur Wehr setzen. Zugleich muss er aber auch darauf achten, dass er Freiheitsrechte, die unsere Demokratie ausmachen, nicht zu sehr einschränkt und dass er diese Rechte nicht selbst verletzt. Wie wehrhaft ist unsere Demokratie? Und wie kann der Balanceakt zwischen Sicherheit und Freiheit gelingen?

M 51 Gewaltbereitschaft von Extremistinnen und Extremisten steigt

[…] Noch nie hielten die drei Formen des politisch etikettierten, gewaltbereiten Extremismus die Menschen in einem so engen Zeitraum derart in Atem wie gegenwärtig. Die Zeiten sind vorbei, da diese Herausforderungen hintereinander statt nebeneinander auftauchten. Von den Siebziger- bis zu den frühen Neunzigerjahren des vorigen Jahrhunderts hatten die Morde der RAF [die Rote Armee Fraktion war eine linksextremistische terroristische Gruppierung] zur Folge, dass Extremismus vor allem als Gefahr von links wahrgenommen wurde. Islamismus [eine Bewegung, die den Islam weltweit als Staatsreligion durchsetzen möchte], gar Salafismus [eine Bewegung, die weltweit eine besonders konservative Form des Islams durchsetzen möchte] waren für die meisten Leute Fremdworte. Dann wurden zu Beginn der neunziger Jahre ausländerfeindliche Brandanschläge in Hoyerswerda, Mölln und Solingen verübt. Entsetzt wurde gefragt, ob zu viel nach links und zu wenig nach rechts geschaut worden sei.

PERLEN IM NETZ

https://www.planet-wissen.de/kultur/religion/islam/pwieislamischerfundamentalismus100.html

Auf den Seiten des Internetportals „planet wissen" des Westdeutschen Rundfunks findet man grundlegende Informationen zum Thema Islamismus.

https://www.planet-schule.de/wissenspool/entscheide-dich/inhalt/hintergrund/was-ist-salafismus.htm

Das Internetangebot „planet schule" stellt zahlreiche Informationstexte, Berichte und Videos zum Thema Salafismus bereit.

Nach der Jahrtausendwende führten die Anschläge vom 11. September [2001 auf das World Trade Center in New York] zu einer dramatischen Bewusstseinswende: Der Extremismus als mörderisches Phänomen wurde mit dem Islamismus verbunden. Die Sicherheitsbehörden und der Gesetzgeber verlegten die Schwerpunkte ihrer Arbeit auf die neue Bedrohung. Im November 2011 führte die Entdeckung der Mordserie des „Nationalsozialistischen Untergrunds" [NSU] zur nächsten Wende. Nach den NSU-Morden mussten sich Polizei und Verfassungsschutz heftiger denn je den Vorwurf gefallen lassen, sie seien auf dem rechten Auge blind gewesen. [...]

Seit etwa zwei Jahren nun suchen alle drei Formen des Extremismus mit Gewaltexzessen Deutschland wie im Zeitraffer gleichzeitig heim. Allein im vorigen Jahr kam es zu fünf islamistischen Attentaten [...]. Daneben wurden immer häufiger Flüchtlingsunterkünfte zum Ziel von Anschlägen [...] Wiederum über die Zeit von 2015 bis heute spannt sich der Bogen linksextremer Gewalt von den Ausschreitungen bei der Eröffnung der EZB-Zentrale in Frankfurt bis hin zum Hamburger G-20-Gipfel.

[...] Es gibt einige auffällige Ähnlichkeiten zwischen den drei derzeit geballt auftretenden Formen des Extremismus. Die jeweilige Anhängerschaft ist nach Einschätzung von Verfassungsschützern ähnlich groß [...]. Ungefähr ein Viertel der Linksextremisten und jeweils die Hälfte der Rechtsextremisten und der Islamisten gelten als gewaltbereit. In allen drei Fällen steigt die Zahl derjenigen, die bereit sind, Gewalt anzuwenden.

[...] Extremistische Ideologien geben ihnen zwar Deckung, weil es leichter ist, im Namen einer angeblich großen Sache in einen Kampf oder gar einen „Krieg" zu ziehen [..]. Der eigentliche Antrieb jener Menschen ist aber die Sehnsucht nach Gewalt bis hin zur Mordlust. [...]

In einer Demokratie, in der sich eine von der herrschenden Meinung abweichende politische Überzeugung auf unterschiedlichste Weise friedlich vortragen lässt, ist „Widerstand" gegen das herrschende „System" oder die „Verhältnisse" als Begründung für Gewalt jedoch immer ein unzulässiger Vorwand.

Aus: Lohse, Eckart: Die Sehnsucht nach Gewalt, in: Frankfurter Allgemeine Zeitung vom 19.07.2017, online: http://www.faz.net/aktuell/politik/inland/gewalt-im-linksextremismus-rechtsextremismus-und-islamismus-15112108.html [zuletzt: 12.07.2018] © Alle Rechte vorbehalten. Frankfurter Allgemeine Zeitung GmbH, Frankfurt. zur Verfügung gestellt vom Frankfurter Allgemeine Archiv

M52 Extremistisch motivierte Straftäter und Straftaten

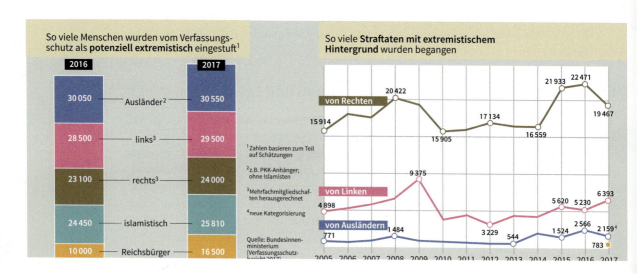

M53 Kann der Staat extremistische Vereinigungen und Parteien nicht einfach verbieten?

Art. 9 GG
(1) Alle Deutschen haben das Recht, Vereine und Gesellschaften zu bilden.
(2) Vereinigungen, deren Zwecke oder deren Tätigkeit den Strafgesetzen zuwiderlaufen oder die sich gegen die verfassungsmäßige Ordnung oder gegen den Gedanken der Völkerverständigung richten, sind verboten. [...]

Art. 21 GG
(1) Die Parteien wirken bei der politischen Willensbildung des Volkes mit. Ihre Gründung ist frei. Ihre innere Ordnung muss demokratischen Grundsätzen entsprechen. [...]
(2) Parteien, die nach ihren Zielen oder nach dem Verhalten ihrer Anhänger darauf ausgehen, die freiheitliche demokratische Grundordnung zu beeinträchtigen oder zu beseitigen oder den Bestand der Bundesrepublik Deutschland zu gefährden, sind verfassungswidrig. [...]
(4) Über die Frage der Verfassungswidrigkeit nach Absatz 2 [...] entscheidet das Bundesverfassungsgericht.

Art. 18 GG
Wer die Freiheit der Meinungsäußerung, insbesondere die Pressefreiheit (Artikel 5 Abs. 1), die Lehrfreiheit (Artikel 5 Abs. 3), die Versammlungsfreiheit (Artikel 8), die Vereinigungsfreiheit (Artikel 9), das Brief-, Post- und Fernmeldegeheimnis (Artikel 10), das Eigentum (Artikel 14) oder das Asylrecht (Artikel 16a) zum Kampfe gegen die freiheitliche demokratische Grundordnung missbraucht, verwirkt diese Grundrechte. Die Verwirkung und ihr Ausmaß werden durch das Bundesverfassungsgericht ausgesprochen.

§ 3 Vereinsgesetz
(1) Ein Verein darf erst dann als verboten (Artikel 9 Abs. 2 des Grundgesetzes) behandelt werden, wenn durch Verfügung der Verbotsbehörde festgestellt ist, dass seine Zwecke oder seine Tätigkeit den Strafgesetzen zuwiderlaufen oder dass er sich gegen die verfassungsmäßige Ordnung oder den Gedanken der Völkerverständigung richtet [...].
(2) Verbotsbehörde ist
1. die oberste Landesbehörde oder die nach Landesrecht zuständige Behörde für Vereine und Teilvereine, deren erkennbare Organisation und Tätigkeit sich auf das Gebiet eines Landes beschränken;
2. der Bundesminister des Innern für Vereine und Teilvereine, deren Organisation oder Tätigkeit sich über das Gebiet eines Landes hinaus erstreckt.

M54 Extremistische Parteien verbieten? – Pro und Kontra

Was spricht für ein NPD-Verbot und was dagegen?
[...]
PRO: Aus Sicht der Befürworter darf eine Gesellschaft es nicht hinnehmen, wenn eine Partei offen menschenverachtende Reden schwingt. Eine Demokratie müsse unter Beweis stellen, dass sie stark genug ist, um sich zu wehren. Es könne nicht sein, dass die Rechtsextremen über die staatliche Parteienfinanzierung von Steuergeldern profitieren und das Recht haben, auf öffentlichen Plätzen zu demonstrieren. Die NPD sei eng mit der gewaltbereiten Szene verwoben. Gerade vor dem Hintergrund des Nationalsozialismus schädige eine solche Partei das Ansehen Deutschlands. Ein Verbot wäre demnach nicht nur ein wichtiges politisches Signal. Durch die Zerschlagung von Parteistruktur und -vermögen schwäche es auch den Rechtsextremismus insgesamt.

CONTRA: Die Gegner meinen, dass ein Verbot nur auf den ersten Blick die beste Lösung sei. Die verfassungsrechtlichen Hürden seien hoch – rechte Parolen reichten bei weitem nicht aus. Scheitere auch der zweite Anlauf, wäre das nicht nur ein öffentlichkeitswirksamer Triumph für die NPD. Sie könnte das Urteil dann auch als eine Art „Persilschein" vor sich her tragen. Überhaupt sei das Verbot einer so kleinen Partei, als ob man mit Kanonen auf Spatzen schieße. Die Möglichkeiten einer politischen Bekämpfung der NPD seien längst nicht ausgeschöpft. Offene Auseinandersetzung, Aufklärung und Prävention seien der bessere Weg. Durch ein Verbot gebe es auch nicht weniger Rechtsextreme. Sie würden nur in andere Gruppierungen ausweichen.

Aus: wgr / © dpa

M 55 Was genau macht der Verfassungsschutz?

Hauptquartier des Bundesamtes für Verfassungsschutz in Köln

Gemäß § 3 Bundesverfassungsschutzgesetz […] sammelt das BfV [Bundesamt für Verfassungsschutz] gemeinsam mit den Landesbehörden für Verfassungsschutz (LfV) Informationen über
1. Bestrebungen, die
    - gegen die freiheitliche demokratische Grundordnung oder
    - gegen den Bestand und die Sicherheit des Bundes oder eines Landes gerichtet sind oder
    - durch Anwendung von Gewalt oder darauf gerichtete Vorbereitungshandlungen auswärtige Belange der Bundesrepublik Deutschland gefährden oder
    - gegen den Gedanken der Völkerverständigung (Art. 9 Abs. 2 GG), insbesondere gegen das friedliche Zusammenleben der Völker gerichtet sind,
2. geheimdienstliche Tätigkeiten für eine fremde Macht (Spionagebekämpfung) und wertet diese aus.
3. Ferner wirkt das BfV nach § 3 Abs. 2 BVerfSchG beim Geheim- und Sabotageschutz mit.

Den weitaus größten Teil seiner Informationen gewinnt der Verfassungsschutz aus offenen, allgemein zugänglichen Quellen – also aus Druckerzeugnissen wie Zeitungen, Flugblättern, Programmen und Aufrufen. Mitarbeiter des Bundesamtes besuchen öffentliche Veranstaltungen und befragen auch Personen, die sachdienliche Hinweise geben können. Bei diesen Gesprächen auf freiwilliger Basis treten die Mitarbeiter des BfV offen auf. Aber auch die Anwendung nachrichtendienstlicher Mittel ist für die Informationsgewinnung unverzichtbar. Dazu gehören das Führen von V-Leuten (angeworbene Personen aus der extremistischen Szene, keine Mitarbeiter der Verfassungsschutzbehörden), die Observation und die von einem parlamentarischen Gremium kontrollierte Brief- und Telefonüberwachung.

Aus: Bundesamt für Verfassungsschutz, Köln 09/2019: Was genau macht der Verfassungsschutz?, online: https://www.verfassungsschutz.de/de/das-bfv/aufgaben/was-genau-macht-der-verfassungsschutz [zuletzt: 12.07.2018]

M 56 Wehrhafte Demokratie – Die schwierige Balance zwischen Sicherheit und Freiheit

Wehrhafte Demokratie
Die Meinungen zur wehrhaften Demokratie gehen weit auseinander, dabei ist sie ein Grundprinzip der Gesellschaft, in der wir leben. Sie ist eine der Lehren aus dem Aufstieg des Nationalsozialismus und soll die Demokratie dazu befähigen, sich gegen Feinde zu wehren.
[...]
Das Problem, das bis heute besteht: Wie viel Freiheit verträgt eine Demokratie und wie viel Sicherheit braucht sie? Zu viel Freiheit [...] eröffne auch extremistischen und antidemokratischen Kräften politischen Spielraum. Zu viel Sicherheit hingegen, zu viele Verbote etwa, erdrosseln die individuellen Freiheitsrechte und höhlen die Demokratie von innen aus. Über das Verhältnis beider Prinzipien wurde und wird in der Bundesrepublik heftig gestritten, weil in den Prinzipien der „wehrhaften Demokratie" auch die Einschränkung von Grundrechten, etwa das Recht auf freie Meinungsäußerung, angelegt ist.
Der Parlamentarische Rat, der 1948/49 das Grundgesetz der Bundesrepublik erarbeitete, nahm ausdrücklich Bezug auf die Erfahrungen der Weimarer Republik. Nicht noch einmal sollte es Verfassungsgegnern gelingen, das demokratische System derart zu demontieren. Die Idee der „wehrhaften Demokratie" ist daher im Grundgesetz der Bundesrepublik verankert und durch verschiedene Artikel festgeschrieben.
[...]

Aus: Zakrzewski, Tanja: Wehrhafte Demokratie, März 2013, online: https://www.politische-bildung-brandenburg.de/themen/extremismus-bei-uns/wehrhafte-demokratie [zuletzt: 12.07.2018]

PERLEN IM NETZ

https://www.br.de/nachrichten/streitbare-demokratie-flash-100.html

Unter dieser Adresse findest du ein Schaubild als interaktive Version im Internet. Du kannst einzelne Elemente anklicken und erhältst dann weitere Informationen.

M 57 Wehrhafte Demokratie zwischen Freiheit und Sicherheit – Fallbeispiele

(1) Bei den sogenannten „Revolutionären 1. Mai-Demonstrationen" linker und linksradikaler Gruppierungen kommt es immer wieder zu Sachbeschädigungen und zu gewalttätigen Auseinandersetzungen zwischen Demonstrierenden und der Polizei. Sollen Behörden versuchen diese Demonstrationen zu verbieten?

(2) Ermittlungsbehörden können bei Verdacht auf politisch extremistische Straftaten die Handy- und Internetkommunikation von verdächtigen Personen überwachen, wenn sie dazu die Genehmigung einer Richterin bzw. eines Richters erhalten, die bzw. der die Ermittlungsakten geprüft hat. Sollte ein neues Gesetz geschaffen werden, dass den Ermittlungsbehörden solche Überwachungsmaßnahmen ohne richterlichen Beschluss erlaubt?

(3) An der Arbeit der Verfassungsschutzbehörden gibt es immer wieder Kritik. Unter anderem wird kritisiert, dass die Verfassungsschutzbehörden mit sogenannten V-Leuten, d.h. Mitgliedern extremistischer Gruppierungen zusammenarbeiten und in ihrer Arbeit von den Parlamenten, Gerichten und Verwaltungsbehörden nur unzureichend kontrolliert würden. Einige Politikerinnen und Politiker sind daher der Meinung, dass die Verfassungsschutzbehörden mehr schaden als nützen und fordern deren Abschaffung. Sollten die Verfassungsschutzbehörden abgeschafft werden?

EINSTEIGEN

1. Arbeite aus M 51 (S. 61 f.) heraus:
– Welche besonderen Bedrohungslagen durch den Extremismus gab es in der Zeit von den 1970er-Jahren bis 2011?
– Welche neueren Bedrohungen gehen von Extremismus seitdem aus?

2. a) Werte das Diagramm M 52 (S. 62) mithilfe der Arbeitstechnik „Diagramme beschreiben" (S. 338) aus.
b) Im Zeitungsartikel M 51 (S. 61 f.) wird behauptet, dass die Anhängerschaft der drei Formen des Extremismus annähernd gleich groß ist. Überprüfe diese Behauptung anhand der Daten aus M 52 (S. 62).

WEITER-ARBEITEN

3. „Der Staat könnte extremistische Gruppen doch einfach auch verbieten!", meint eine Nutzerin eines Internetblogs. Erläutere ihr mithilfe von M 53 (S. 63) schriftlich, welche rechtlichen Voraussetzungen es für das Verbot von extremistischen Gruppierungen und Parteien gibt (siehe Arbeitstechnik „Gesetzestexte lesen und verstehen", S. 343).

4. a) Arbeite aus M 54 (S. 63 f.) Pro- und Kontra-Argumente für ein Verbot der Nationaldemokratischen Partei Deutschlands (NPD) heraus.
b) Führt in der Klasse eine Pro-Kontra-Debatte zur Frage „Sollen extremistische Parteien verboten werden" durch (siehe Arbeitstechnik „Pro-Kontra-Debatte", S. 43 f.).

5. Fasse auf der Grundlage von M 55 (S. 64) und Info 5 (S. 67) in eigenen Worten zusammen, welche Aufgaben der Verfassungsschutz hat und wie er an Informationen kommt.

VERTIEFEN

6. a) Recherchiert in Kleingruppen im Internet, woran die NPD-Verbotsverfahren (M 54, S. 63 f.) in den Jahren 2003 und 2017 gescheitert sind (siehe Arbeitstechnik „Informationen im Internet recherchieren" (S. 344 f.).
b) Beurteilt die Rolle des Verfassungsschutzes bei den NPD-Verbotsverfahren auf der Grundlage eurer Recherchen und von M 55 (S. 64 f.).

7. a) Recherchiere ausgehend von M 52 (S. 62 und mithilfe der Perlen im Netz (S. 62) was man unter religiösem Extremismus versteht. Erkläre dabei die Begriffe „Islamismus", „Dschihadismus/Jihadismus" und „Salafismus" in eigenen Worten.
b) Gestaltet mithilfe der Perlen im Netz (S. 62) und weiterer Internetseiten (siehe Arbeitstechnik „Informationen im Internet recherchieren", S. 336) in Kleingruppen Informationsplakate zum Thema religiöser Extremismus und präsentiert diese in der Klasse.

8. Erstelle auf Basis von M 56 (S. 65) und Info 5 (S. 67) eine Concept-Map zum Thema „Wehrhafte Demokratie" (siehe Arbeitstechnik „Eine Concept-Map erstellen", S. 51 ff.)

9. a) Formuliere deine Meinung zu den Fallbeispielen M 57 (S. 65 f.) und notiere deine Argumente.
b) Diskutiert die Fallbeispiele M 57 (S. 65 f.) in Fünfergruppen.

▲ 1, 2a, 3, 4a, 5, 7, 8   ▲▼ 1, 2, 3, 4, 5, 7, 8, 9   ▲▼▲ 1, 2b, 3, 4b, 5, 6, 7, 8, 9

Politischer Extremismus und wehrhafte Demokratie

Info 5

Der **Verfassungsschutz** sammelt unter anderem Informationen über Bestrebungen, die sich gegen die → **demokratische Grundordnung** richten und wertet diese aus. Die für die Öffentlichkeit bestimmten Ergebnisse veröffentlicht er jährlich im **Verfassungsschutzbericht**. Der Verfassungsschutz bezeichnet Personen und Gruppierungen dann als „extremistisch", wenn deren Aktivitäten darauf gerichtet sind, die Grundwerte der freiheitlichen Demokratie zu beseitigen. An dieser begrifflichen Definition des Verfassungsschutzes gibt es jedoch Kritik. Insbesondere macht es dieser Begriff schwierig abzugrenzen, in welchen Fällen politischer **Radikalismus** vorliegt, der noch im demokratischen Rahmen sein kann, und wann eindeutig von politischem **Extremismus** gesprochen werden kann. Eine weitere Kritik am Verfassungsschutz richtet sich auf dessen Zusammenarbeit mit sogenannten „V-Leuten". Diese Personen sind selbst Mitglieder extremistischer Vereinigungen, die vom Verfassungsschutz dafür bezahlt werden, dass sie Informationen liefern.

Extremismus kann in drei Formen unterteilt werden:
(1) Rechtsextremismus: Ideologieelemente, die in Weltbildern von Rechtsextremistinnen und Rechtsextremisten immer wieder auftauchen sind unter anderem Demokratiefeindlichkeit, → **Revisionismus**, → **Antisemitismus**, → **Rassismus** und **Ausländerfeindlichkeit**. Die Durchsetzung der eigenen Ziele mit Gewalt wird im Rechtsextremismus in der Regel befürwortet. Rechtsextremistische Inhalte, mit denen die rechtsextreme Szene vor allem im Internet versucht junge Menschen hinzuzugewinnen, sind nicht immer leicht zu erkennen. Insbesondere neuere rechtsradikale Gruppierungen, wie z. B. die sogenannte „Identitäre Bewegung", verschleiern ihre wahren Ziele und Inhalte hinter einem jugendnahen Auftreten. Rechtsextremistische Inhalte können jedoch an zahlreiche Codes und Zeichen identifiziert werden, die von der rechten Szene benutzt werden.
(2) Linksextremismus: Der Verfassungsschutz stuft unter anderem die folgenden Gruppierungen als linksextremistisch ein: Deutsche Kommunistische Partei (DKP), Marxistisch-Leninistische Partei Deutschlands (MLPD), Cuba sí (Kuba-Arbeitsgemeinschaft in der Partei DIE LINKE.), Sozialistische Alternative (SAV), Die Rote Hilfe und einige Gruppierungen der Autonomen. Aufgrund der großen Vielfalt an linken, linksradikalen und linksextremistischen Strömungen (z. B. Kommunisten, Sozialisten, Marxisten, Antideutsche, Autonome, Anarchisten) gibt es keine Ideologieelemente, die von allen Linksextremistinnen und Linksextremisten vertreten werden. Auch die Frage der Anwendung von Gewalt zur Durchsetzung eigener politischer Ziele wird in linksextremistischen Gruppierungen unterschiedlich betrachtet. Von Teilen der linksextremistischen Szene wird jedoch die demokratische Grundordnung bekämpft und massive Gewalt ausgeübt.
(3) Islamistischer Extremismus: Islamistische Extremistinnen und Extremisten wenden sich gegen die demokratische Grundordnung und wollen stattdessen einen „islamischen Gottesstaat" mit Gewalt durchsetzen. Islamistinnen und Islamisten vertreten einen → **religiösen Fundamentalismus**. Sie müssen von Musliminnen und Muslimen als Religionsangehörigen des Islam klar unterschieden werden.
Im Umgang mit politischem Extremismus muss der Staat sich einerseits wehrhaft zeigen, wenn Menschen und die → **demokratische Grundordnung** gefährdet werden. Andererseits muss er auch politische Meinungsvielfalt zulassen und demokratische Freiheiten wahren. Zu den wichtigsten Möglichkeiten der **Wehrhaften Demokratie/Streitbaren Demokratie** bei der Bekämpfung von politischem Extremismus gehören Parteiverbote gemäß Art. 9 GG und Art. 21 GG, die Einschränkung von Grundrechten gemäß Art. 18 GG und Vereinsverbote gemäß §3 Vereinsgesetz. Letztlich kann Demokratie gegen den politischen Extremismus dauerhaft jedoch nur standhalten, wenn auch die → **Zivilgesellschaft** sich gegen Extremismus engagiert sowie Bürgerinnen und Bürger → **Zivilcourage** zeigen.

Kompetenztraining

WISSEN

1. a) Führe die vollen Namen der abgebildeten Parteien an.
   b) Nenne die Parteien, die derzeit die Bundesregierung bilden und die Parteien, die im Bundestag in der Opposition sind.

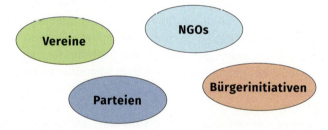

2. a) Nenne jeweils zwei Beispiele zu den vorgenannten Organisationsformen und erläutere, welche Ziele sie konkret verfolgen.
   b) Erläutere Gemeinsamkeiten und Unterschiede zwischen diesen Organisationsformen.

ANALYSIEREN

Motive von 14- bis 29-Jährigen in Deutschland für die Ausübung eines Ehrenamts

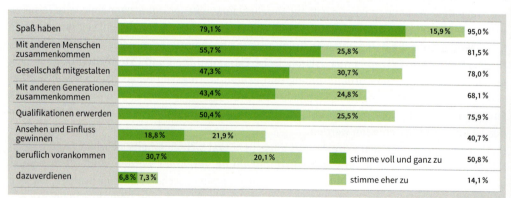

Datenbasis nach: Bundesministerium für Familie, Senioren, Frauen und Jugend (Hrsg.): Freiwilliges Engagement in Deutschland. Der Deutsche Freiwilligensurvey 2014. Berlin 2016, S. 422

1. Werte das Diagramm aus. Erläutere Auffälligkeiten hinsichtlich der Motive der 14- bis 29-Jährigen zur Übernahme eines Ehrenamts.

URTEILEN

1. Beschreibe und interpretiere die Zeichnung.

2. Beurteile, welche Formen der Beteiligung deiner Meinung nach für unsere Demokratie unverzichtbar sind. Begründe deine Auffassungen.

---

1. Nehmt mit eurer Klasse an einem Zivilcourage-Training des TEAM mex der Landeszentrale für politische Bildung Baden-Württemberg teil. Informationen findet ihr unter: http://www.team-mex.de

HANDELN

Mit Zivilcourage gegen Extremismus

Landeszentrale für politische Bildung Baden-Württemberg

---

1. a) Erstelle zu folgenden Begriffen eine Concept-Map.
   b) Ergänze mindestens fünf weitere Begriffe in deiner Concept-Map.

ERARBEITEN

- Verhältniswahl
- Bürgerinnen und Bürger
- Mehrheitswahl
- Wahlen
- Interessengruppen
- Abgeordnete
- Parteien
- Personalisierte Verhältniswahl
- Wahlgrundsätze

Weiterdenken

W 1 Mitmachen Ehrensache

Jeweils am 5. Dezember ist der Internationale Tag des Ehrenamts. Zumeist direkt an diesem Datum findet auch der Aktionstag „Mitmachen Ehrensache" statt, an dem sich jedes Jahr Tausende von Schülerinnen und Schülern beteiligen. Die Idee von „Mitmachen Ehrensache" ist einfach, dient aber einem guten Zweck und du kannst dich nicht nur engagieren, sondern auch wertvolle Erfahrungen sammeln: Zur Teilnahme musst dir selbstständig einen Arbeitgeber deiner Wahl suchen und dort am Aktionstag jobben. Du verzichtest auf deinen Lohn und spendest das Geld, in Absprache mit deinen Lehrerinnen bzw. Lehrern, einem regional ausgewählten guten Zweck.

Informiere dich auf der Homepage von „Mitmachen Ehrensache" über die Rahmenbedingungen des Aktionstags: www.mitmachen-ehrensache.de/

Auf der Seite der Aktion Mensch e.V. kannst du in einer Freiwilligendatenbank nach Initiativen in der Nähe suchen, die jungen Menschen anbieten, sich ehrenamtlich zu engagieren. Zuvor kannst du in einem Test mit dem dort bereit gestellten „Engagement-o-Mat" herausfinden, welche freiwilligen Tätigkeiten am besten zu dir passen würden:
www.aktion-mensch.de/was-du-tun-kannst/deine-moeglichkeiten/ehrenamt-finden.html

W 2 Schule ohne Rassismus – Schule mit Courage

Am Projekt *Schule ohne Rassismus – Schule mit Courage* beteiligen sich in ganz Deutschland schon mehr als 2 000 Schulen. Ziel ist es, das Klima an der Schule aktiv mitzugestalten und bürgerschaftliches Engagement zu entwickeln. Die Schule setzt sich gegen alle Ideologien der Ungleichwertigkeit und gegen Diskriminierungen aller Art, sei es aufgrund der Religion, der sozialen Herkunft, des Geschlechts, körperlicher Merkmale, der politischen Weltanschauung oder der sexuellen Orientierung, ein. Jede Schule kann mitmachen, wenn mindestens 70 % Prozent aller Menschen, die in der Schule lernen und arbeiten, sich mit ihrer Unterschrift verpflichten, aktiv gegen Diskriminierung an ihrer Schule einzutreten, bei Konflikten einzugreifen und regelmäßig Projekte und Aktionen zum Thema durchzuführen. Vielleicht wollt ihr euch mit eurer Schule ja auch beteiligen? Nähere Informationen und Unterstützung findet ihr unter: http://www.schule-ohne-rassismus.org/startseite

Politische Entscheidungen in

Wer bringt unterschiedliche Positionen in die Politik ein? Wer trifft letztlich die Entscheidungen? Und wer setzt sie im gesamten Bundesgebiet um?
Schaut man sich die politischen Nachrichten im Fernsehen an, kann man den Eindruck bekommen, dass es nur ganz wenige Spitzenpolitikerinnen und -politiker sind, die Politik machen. Es gibt jedoch viele politische Institutionen, die den politischen Prozess mitbestimmen.
Dazu zählt der Deutsche Bundestag. In ihm arbeiten die Vertreterinnen und Vertreter aller Bürgerinnen und Bürger, die Abgeordneten. Aber auch die Bundesländer mischen über den Bundesrat in der Bundespolitik mit. Aus der Bundesregierung ist sicherlich der jeweilige amtierende Bundeskanzler am bekanntesten. Darüber hinaus kennen die meisten einige Ministerinnen und Minister. In den Medien wird häufig auch über den Bundespräsidenten berichtet. Er ist, formal betrachtet, der „erste Mann im Staat", d. h. das Staatsoberhaupt. Zudem fällt das Bundesverfassungsgericht Grundsatzurteile und verändert damit politische Entscheidungen.
Aber wie viel Entscheidungsmacht haben die einzelnen Staatsorgane tatsächlich? Welche Funktionen haben die einzelnen Institutionen und von wem werden sie kontrolliert?

Welche politischen Institutionen kennst du bereits und was weißt du über sie?

der Bundesrepublik Deutschland

1. Demokratie! Aber wie? – Die demokratische Grundordnung der Bundesrepublik Deutschland

Demokratie statt Diktatur

Heutzutage empfinden wir Demokratie in Deutschland häufig als eine Selbstverständlichkeit. Die Bundesrepublik Deutschland ist geschichtlich betrachtet allerdings noch ein sehr junger Staat. Noch vor weniger als 100 Jahren war hierzulande mit der Weimarer Republik der erste Versuch einer Demokratie gescheitert und durch die Diktatur des Nationalsozialismus ersetzt worden. Doch wie unterscheidet sich eine Demokratie von einer Diktatur? Und welche Lehren für die heutige Demokratie wurden aus der Geschichte gezogen?

M 1 Eindrücke vom Leben in der Diktatur Nordkorea

Zwei Mal habe ich das Land bereist. Ausländer werden kaum von der Kette der staatlichen Aufpasser gelassen, die einen rund um die Uhr bewachen […]. Nordkorea ist so anders, weil es sich weitgehend der wirtschaftlichen und kulturellen Globalisierung entzieht. […] Garantiert findet man auch keinen Big Mac im Land […], die Straßen sind fast frei von kommerzieller Werbung […]. Internet ist für Einheimische unerreichbar […].
Leider gelingt es kaum, tiefere Einblicke in den Alltag der Menschen zu erhaschen. Zwar durfte ich eine Nacht bei einer angeblich authentischen nordkoreanischen Familie schlafen. Aber das war in einem Vorzeigedorf […]. Die „echten" Dörfer sah ich nur im Vorbeifahren, aber es war offensichtlich, dass die Menschen dort in bitterer Armut lebten in ihren maroden Häusern an den schlammigen Straßen. Fotografieren der echten Dörfer war übrigens streng verboten. […] Wir wissen ja nicht nur aus den Augenzeugenberichten entflohener Bürger, dass Nordkorea entgegen der eigenen Propaganda [d. h. der gezielten Verbreitung angeblicher Wahrheiten, um das allgemeine Bewusstsein zu beeinflussen] kein Staat der Glückseligkeit ist, im Gegenteil: Es ist ein Freiluftgefängnis mit Folterkellern. Die Vereinten Nationen werfen dem Regime [d. h. ein Staat, in dem Willkür herrscht] Mord und Folter an der eigenen Bevölkerung vor, einem Bericht von 2014 zufolge existieren mehr als ein Dutzend Straflager mit bis zu 200 000 Gefangenen. […]
In Nordkorea ist spätestens seit dem Amtsantritt Kim Jong-uns [seit 2011 der Diktator Nordkoreas] die Rakete mit Atomsprengkopf das propagandistische Highlight schlechthin. In den Schulen und Kindergärten malen die Kleinen Raketen, im Staatsfernsehen starten Raketen zu jedem Anlass, unterbrochen von pathetischen [d. h. übertrieben feierlichen] Ansagen und untermalt mit dröhnender Marschmusik. Die Rakete steht für die Größe und Stärke des Diktators […]. Immer unter der Sonne seines Großvaters, des Staatsgründers Kim Il-sung, dessen Geburtsjahr 1912 zum Startpunkt für die heute zumindest offiziell geltende Zeitrechnung erklärt wurde. In nahezu jeder Kleinstadt leuchtet ein großes Denkmal des verblichenen Führers, selbst wenn ein Stromausfall sämtliche Wohnhäuser in Dunkelheit taucht. […]

Massenveranstaltungen, wie hier auf dem Kim Il-sung-Platz in Pjöngjang, gehören zur alltäglichen Inszenierung in Nordkorea.

Eine für mich erschütternde Erfahrung war, dass man bereits nach einigen Tagen propagandistischer Dauerberieselung durch Museumsführer, Reiseleiter und Fernsehprogramme beim Mittagessen langsam beginnt, die angebliche Sorge Kim Jong-uns um sein Volk tatsächlich
35 für bare Münze zu nehmen. Zwar nicht im rationalen Sinne [d. h. mit dem Verstand], aber im emotionalen: Man bekommt ein Gefühl dafür, wie Gehirnwäsche funktioniert. [...] Früher oder später zieht man als deutscher Besucher Parallelen zur eigenen Geschichte: Denkmäler heldenhafter Reiter, Aufmarschplätze und riesenhafte Monumente [...], Erinnerungen an die gigantischen Albert-Speer-Pläne [Albert Speer war ein bedeutender Architekt und Rüstungs-
40 minister zur Zeit des Nationalsozialismus] einer Reichshauptstadt namens Germania, an die Inszenierungen der NSDAP auf dem Nürnberger Reichsparteitagsgelände. [...]
Europa [...] ist da ein diametraler [d. h. völlig entgegengesetzter] Gegenentwurf: [...] [Es] konnte sich auf den Trümmern eine politische Kultur aufbauen, die das Regieren [...] als komplexes demokratisches Verfahren begreift. Politik in Nordkorea läuft ganz anders [...].
45 [Politische Entscheidungen werden hier auf ein] Vater-Sohn-Verhältnis reduziert: Hier der Patriarch, dort die unmündigen Kinder, die Anweisungen empfangen. Ein Gespräch auf Augenhöhe, gar eine Diskussion findet selbstredend nicht statt.

Aus: Benninghoff, Martin: Nordkorea: Schrecklich! Faszinierend!, in: Frankfurter Allgemeine Zeitung vom 09.03.2016. © Alle Rechte vorbehalten. Frankfurter Allgemeine Zeitung GmbH, Frankfurt. Zur Verfügung gestellt vom Frankfurter Allgemeine Archiv

M 2 Diktatur und Demokratie im Vergleich

Eine Diktatur (von lat. dictatura) ist eine Herrschaftsform, in der eine Diktatorin/ein Diktator oder eine regierende Gruppe von Personen nahezu uneingeschränkt politische Macht ausübt. In Diktaturen gibt
5 es keine freien Wahlen. Vielmehr begründen die Diktatorinnen/Diktatoren ihren Herrschaftsanspruch durch Gewalt, durch die Berufung auf eine besondere Notlage für den Staat oder durch Erbfolgeansprüche.
10 Die meisten Menschen, die in einer Diktatur leben, besitzen kaum Freiheitsrechte, keinen Schutz vor staatlicher Willkür und werden häufig unterdrückt. Das Handeln der Diktatorin/des Diktators wird durch keine oder
15 nur sehr wenige Gesetze begrenzt.

Der Begriff Demokratie leitet sich aus dem griechischen Wörtern demos (Volk) und kratein (Herrschaft) ab und bedeutet zusammengesetzt „Herrschaft des Volkes". In unseren heutigen Demokratien übt das Volk seine Herrschaft zumeist jedoch nicht direkt 5 aus, sondern bestimmt in freien Wahlen, von welchen Personen und Parteien es regiert werden will (= repräsentative Demokratie). Das Volk überträgt einer Regierung somit politische Macht für eine bestimmte Zeit 10 und hat die Möglichkeit, bei der nächsten Wahl eine andere Regierung zu bestimmen. Ein demokratischer Staat ist immer auch ein Rechtsstaat. Das bedeutet, dass allen Bürgerinnen und Bürgern Grundrechte zu- 15 gesichert werden und dass alle die gleichen Rechte und Pflichten haben. Der Staat selbst darf nur nach den Regeln der geltenden Verfassung handeln.

M 3 Von der Weimarer Republik zur Diktatur in Deutschland

Die im Jahr 1918 ausgerufene Weimarer Republik war der erste Versuch in Deutschland einen demokratischen Staat aufzubauen. Ihre politische Ordnung war jedoch von Anfang an brüchig. Zu sehr belasteten nach dem Ersten Weltkrieg die Kriegsschäden und Reparationszahlungen den jungen Staat. In den Folgejahren spitzte sich die Situation durch große Wirtschafts- und Finanzkrisen, Massenarbeitslosigkeit, schwere politische Auseinandersetzungen, antidemokratische Bewegungen, die Verbreitung des Nationalsozialismus und den fehlenden Rückhalt in der Bevölkerung so sehr zu, dass die Weimarer Republik im Jahr 1933 unterging. Letztlich ermöglichte jedoch vor allem auch die Schwäche der Weimarer Verfassung die Machtübernahme Hitlers. Der Reichspräsident Paul von Hindenburg hatte so viel Macht, dass er wie ein „Ersatzkaiser" handeln konnte: Am 30. Januar 1933 berief er Adolf Hitler zum Reichskanzler. Am 1. Februar 1933 löste Hindenburg das Parlament, den „Reichstag", auf. Am 28. Februar 1933 setzte er die Grundrechte außer Kraft. Das am 24. März vom neu zusammengesetzten Reichstag gebilligte „Gesetz zur Behebung der Not von Volk und Reich", das sogenannte „Ermächtigungsgesetz", besiegelte schließlich das Ende der Weimarer Republik und die Errichtung der grausamen Diktatur des Nationalsozialismus in Deutschland.

Gesetz zur Behebung der Not von Volk und Reich vom 24. März 1933 (Ermächtigungsgesetz)
Art. 1. Reichsgesetze können außer in dem in der Reichsverfassung vorgesehenen Verfahren auch durch die Reichsregierung beschlossen werden. [...]
Art. 2. Die von der Reichsregierung beschlossenen Reichsgesetze können von der Reichsverfassung abweichen, soweit sie nicht die Einrichtung des Reichstags und des Reichsrats als solche zum Gegenstand haben. [...]

M 4 Gesetzgebungsrecht in der Bundesrepublik Deutschland

Art. 77 GG
(1) Die Bundesgesetze werden vom Bundestage beschlossen. Sie sind nach ihrer Annahme durch den Präsidenten des Bundestages unverzüglich dem Bundesrate zuzuleiten.
(2) Der Bundesrat kann binnen drei Wochen nach Eingang des Gesetzesbeschlusses verlangen, dass ein aus Mitgliedern des Bundestages und des Bundesrates für die gemeinsame Beratung von Vorlagen gebildeter Ausschuss einberufen wird. [...] Schlägt der Ausschuss eine Änderung des Gesetzesbeschlusses vor, so hat der Bundestag erneut Beschluss zu fassen.
(2 a) Soweit zu einem Gesetz die Zustimmung des Bundesrates erforderlich ist, hat der Bundesrat, wenn ein Verlangen nach Absatz 2 Satz 1 nicht gestellt oder das Vermittlungsverfahren ohne einen Vorschlag zur Änderung des Gesetzesbeschlusses beendet ist, in angemessener Frist über die Zustimmung Beschluss zu fassen.
(3) Soweit zu einem Gesetze die Zustimmung des Bundesrates nicht erforderlich ist, kann der Bundesrat, wenn das Verfahren nach Absatz 2 beendet ist, gegen ein vom Bundestage beschlossenes Gesetz binnen zwei Wochen Einspruch einlegen. [...]

Aus: Grundgesetz für die Bundesrepublik Deutschland vom 23.05.1949. Zuletzt geändert am 13.07.2017

M 5 Der Kern des Grundgesetzes der Bundesrepublik Deutschland

Die Artikel 1 und 20 des Grundgesetzes werden auch als „Kern unserer Verfassung" bezeichnet. Sie enthalten die wichtigsten Prinzipien der demokratischen Grundordnung der Bundesrepublik Deutschland. Darüber hinaus wird die Demokratie durch die sogenannte „Ewigkeitsklausel" gemäß Artikel 79 (3) GG besonders geschützt. Der Verfassungskern wurde nach dem Zweiten Weltkrieg von den Vätern und Müttern des Grundgesetzes gezielt so ausgestaltet, er ist eine wichtige Lehre aus der deutschen Geschichte.

> **Art. 1 GG**
> (1) Die Würde des Menschen ist unantastbar. Sie zu achten und zu schützen ist Verpflichtung aller staatlichen Gewalt.
> (2) Das Deutsche Volk bekennt sich darum zu unverletzlichen und unveräußerlichen Menschenrechten als Grundlage jeder menschlichen Gemeinschaft, des Friedens und der Gerechtigkeit in der Welt.
> (3) Die nachfolgenden Grundrechte binden Gesetzgebung, vollziehende Gewalt und Rechtsprechung als unmittelbar geltendes Recht.
>
> **Art. 20 GG**
> (1) Die Bundesrepublik Deutschland ist ein demokratischer und sozialer Bundesstaat.
> (2) Alle Staatsgewalt geht vom Volke aus. Sie wird vom Volke in Wahlen und Abstimmungen und durch besondere Organe der Gesetzgebung, der vollziehenden Gewalt und der Rechtsprechung ausgeübt.
> (3) Die Gesetzgebung ist an die verfassungsmäßige Ordnung, die vollziehende Gewalt und die Rechtsprechung sind an Gesetz und Recht gebunden.
> (4) Gegen jeden, der es unternimmt, diese Ordnung zu beseitigen, haben alle Deutschen das Recht zum Widerstand, wenn andere Abhilfe nicht möglich ist.
>
> **Art. 79 GG**
> [...] (3) Eine Änderung dieses Grundgesetzes, durch welche die Gliederung des Bundes in Länder, die grundsätzliche Mitwirkung der Länder bei der Gesetzgebung oder die in den Artikeln 1 und 20 niedergelegten Grundsätze berührt werden, ist unzulässig.

Aus: Grundgesetz für die Bundesrepublik Deutschland vom 23.05.1949. Zuletzt geändert am 13.07.2017

M 6 Die Ewigkeitsklausel

EINSTEIGEN

1. a) Nenne auf der Grundlage des Berichts M1 (S. 74 f.) mindestens acht Punkte, die verdeutlichen, wie sich das Leben in der Diktatur Nordkorea vom Leben in der Bundesrepublik Deutschland unterscheidet.
   b) Beschreibt anhand von M1 (S. 74 f.) zu zweit, mit welchen Mitteln der nordkoreanische Staat Propaganda betreibt. Erläutert wozu die staatliche Propaganda dienen soll.
   c) Der Bericht M1 (S. 74 f.) zeigt Beispiele für negative Auswirkungen einer Diktatur auf. Doch auch in Demokratien gibt es Dinge, die man als negativ betrachten kann. Überlegt gemeinsam in der Klasse, was Besuchern aus Nordkorea am Staat und am Alltag in Deutschland ggf. missfallen könnte.

2. Vergleiche auf der Basis von M2 (S. 75) die politischen Herrschaftsformen Diktatur und Demokratie anhand der folgenden Fragen:
   – Wer übt die Regierungsmacht im Staat aus?
   – Wie wird der Regierungsanspruch begründet?
   – Welche Rechte gelten für alle in dem Staat lebenden Menschen?
   – Welche Grenzen gibt es für das Handeln staatlicher Machthaberinnen bzw. Machthaber?

WEITERARBEITEN

3. Ordne den beiden Herrschaftsformen in M2 (S. 75) die jeweils passenden Merkmale zu. Vergleiche deine Ergebnisse anschließend mit einer Partnerin bzw. einem Partner.
   alle Medien werden staatlich kontrolliert und gesteuert – Richterinnen und Richter sind in ihrer Urteilsfindung unabhängig – Bürgerinnen und Bürger können sich freiwillig politisch beteiligen – Propaganda ist ein verbreitetes Mittel zur Beeinflussung der Bevölkerung – gewählte Volksvertreterinnen bzw. Volksvertreter bilden die Regierung – für alle Bürgerinnen und Bürger gilt Freizügigkeit – eine Person oder Gruppe besitzt die politische Macht – freie Wahlen finden statt – über neue Gesetze stimmen Abgeordnete im Parlament nach freiem Gewissen ab – es gibt nur eine Einheitspartei – die Führerin bzw. der Führer wird besonders verehrt – eine Weltanschauung soll alle Lebensbereiche beherrschen – die Presse ist frei – eine Geheimpolizei überwacht die Bevölkerung – politische Gegner werden ohne Gerichtsverfahren inhaftiert – alle Menschen besitzen Grundrechte

4. a) Erläutere auf der Grundlage des Textes in M3 (S. 76), weshalb die Demokratie in der Weimarer Republik von Anfang an nicht stabil war.
   b) Vergleiche mithilfe der Arbeitstechnik „Gesetzestexte lesen und verstehen" (S. 343) das Ermächtigungsgesetz von 1933 mit Artikel 77 GG (M4, S. 76) und Artikel 20 GG (M5, S. 77). Beantworte dazu folgende Fragen:
   – Durch welches politische Organ bzw. welche politischen Organe können Gesetze beschlossen werden?
   – Dürfen Gesetze von der geltenden Verfassung abweichen?
   c) Erkläre einer Partnerin/einem Partner, aus welchen Gründen die Demokratie der Weimarer Republik mit dem Ermächtigungsgesetz (M3, S. 76) beendet und der Weg in eine Diktatur geebnet wurde.

VERTIEFEN

5. a) Sabinchen, 8 Jahre alt, antwortet auf die Frage, was sie später einmal werden will: „Politikerin! Dann kann ich alle Gesetze so machen, wie ich es will!"
   Erkläre Sabinchen in eigenen Worten, an welche Grundgesetzartikel (M5, S. 77) sich die Bundestagsabgeordneten halten müssen, wenn sie neue Gesetze beschließen wollen.

Gehe dabei auf jeden Artikel und Absatz ein (siehe Arbeitstechnik „Gesetzestexte lesen und verstehen", S. 343).

b) Interpretiere die Karikatur M 6 (S. 77) auf der Grundlage von M 5, S. 77 (siehe Arbeitstechnik „Karikaturen analysieren", S. 345).

6. Tauscht euch in der Klasse zur Frage aus: Welche Artikel und Absätze des Verfassungskerns (M 5, S. 77) sind aus eurer Sicht am wichtigsten, um zu verhindern, dass aus der jetzigen Demokratie in Deutschland erneut eine Diktatur entstehen könnte? Begründet eure Auffassungen.

▲ 1a, 1c, 2, 3, 4, 5a   ▲▼ 1, 2, 3, 4, 5   ▲▼▲ 1b, 1c, 3, 4b, 4c, 5, 6

Die Ausgestaltung unserer demokratischen Grundordnung

Der Kern des Grundgesetzes (Art. 1, Art. 20 und Art. 79) gibt den großen Rahmen für den demokratischen Staatsaufbau der Bundesrepublik Deutschland vor. Darüber hinaus wird in zahlreichen weiteren Gesetzen konkretisiert, wie dieser Rahmen ausgestaltet sein soll und welche Vorkehrungen getroffen werden müssen, um politische Macht von einzelnen Personen und Institutionen zu begrenzen. Ein wichtiges Element zur Begründung von Demokratie und zur Vorbeugung des Entstehens einer Diktatur ist die Aufteilung der staatlichen Macht auf drei voneinander getrennte Staatsgewalten. Darüber hinaus gibt es aber auch noch weitere Prinzipien, die unsere demokratische Grundordnung ausmachen.

M 7 Die horizontale und vertikale Gewaltenteilung

M 8 Die Rolle der Staatsgewalten bei politischen Entscheidungen – ein Beispiel

Nach den Terroranschlägen vom 11. September 2001, als Entführer zwei Flugzeuge in die Türme des World Trade Center in New York und ein weiteres Flugzeug in das Pentagon in Arlington gelenkt hatten, entbrannte auch in Deutschland eine politische Debatte um geeignete Maßnahmen zur Abwehr eines möglichen Attentats aus der Luft. An dem Prozess von der Diskussion über Vorschläge bis hin zur endgültigen politischen Entscheidung waren damals vier der obersten fünf Staatsorgane, man nennt sie auch Verfassungsorgane, auf Bundesebene beteiligt: Bundestag, Bundesregierung, Bundespräsident und Bundesverfassungsgericht. Der Bundesrat musste hier nicht einbezogen werden.

I. Findung und Setzung der politischen Entscheidung (Legislative):

Die Abgeordneten im Bundestag berieten über verschiedene Vorschläge zu einem neuen Luftsicherheitsgesetz. Dieses sollte insbesondere regeln, welche Maßnahmen die Luftsicherheitsbehörden, v.a. die Luftwaffe der Bundeswehr, im Falle eines Attentats wie am 11.09.2001 in den USA ergreifen dürfen. Besonders umstritten war ein Vorschlag des damaligen Innenministers Otto Schily (SPD). Das Gesetz sollte demnach auch erlauben, als äußerste Maßnahme ein Flugzeug mit Waffengewalt abzuschießen, „[...] wenn nach den Umständen davon auszugehen ist, dass das Luftfahrzeug gegen das Leben von Menschen eingesetzt werden soll, und sie [die Maßnahme] das einzige Mittel zur Abwehr dieser gegenwärtigen Gefahr ist" (§ 14 Abs. 3 LuftSiG; Fassung 2005). Diese sogenannte „Abschussbefugnis" sollte auch dann gelten, wenn sich an Bord des Flugzeugs unbeteiligte Personen, z.B. Touristinnen und Touristen, befinden.

Der Gesetzesvorschlag wurde im Jahr 2005 im Bundestag in einer Abstimmung mehrheitlich angenommen.

II. Im Zweifelsfall Überprüfung der politischen Entscheidung (Judikative):

Die Judikative setzt sich mit politischen Entscheidungen nur auseinander, wenn deren Rechtmäßigkeit bezweifelt und Klage vor Gericht eingereicht wird oder wenn ein Gesetz nicht zustande kommt, weil der Bundespräsident es nicht unterzeichnet und eine Überprüfung fordert. Ansonsten tritt ein Gesetz in Kraft und fällt unmittelbar in die Zuständigkeit der Exekutive (siehe III.)

Im Falle der „Abschussbefugnis" unterzeichnete der damalige Bundespräsident Host Köhler (CDU) das Gesetz nicht und leitete es zur Überprüfung an das Bundesverfassungsgericht weiter. Das Bundesverfassungsgericht entschied im Jahr 2006, dass die in dem Gesetz enthaltene „Abschussbefugnis" verfassungswidrig ist. Unter anderem verstoße sie gegen die Menschenwürde (Art. 1 Abs. 1 GG) und gegen das Recht auf Leben und körperliche Unversehrtheit (Art. 2 Abs. 2 GG). Das Bundesverfassungsgericht wies auch darauf hin, dass die Gesetzgebung (Legislative) und die vollziehende Gewalt (Exekutive) an die Grundrechte gebunden sind (Art. 1 Abs. 3 GG).

III. Umsetzung der politischen Entscheidung (Exekutive):

Der Bundestag verabschiedete in den Jahren nach dem Urteil des Bundesverfassungsgerichts mehrere Änderungen und Neuerungen des Luftsicherheitsgesetzes. Dazu gehören u. a. Zuverlässigkeitsprüfungen von Bediensteten an Flughäfen, das Verbot bestimmter Gegenstände bei Flugreisen (z. B. Waffen, Spielzeugpistolen, Laserpointer) und verschärfte die Kontrollen von Flugreisenden.

Solche Gesetze müssen von der Exekutive ausgeführt und durchgesetzt werden. In diesem Fall z. B. vom Innenministerium, der Bundespolizei sowie den Zollbehörden und Sicherheitsdiensten an den Flughäfen. Ein Abschuss eines entführten Flugzeugs durch die Bundeswehr bleibt hingegen verboten.

M 9 Gewaltenteilung schafft Kontrolle

PERLEN IM NETZ

https://www.youtube.com/watch?v=59gAft8LwU4

In diesem Video von explainity werden Grundprinzipien unserer freiheitlich-demokratischen Grundordnung erklärt. Zudem erhältst du kurze Einblicke in Unterschiede zwischen der parlamentarischen Demokratie der Bundesrepublik Deutschland, der präsidentiellen Demokratie der Vereinigten Staaten von Amerika und der direkten Demokratie der Schweizerischen Eidgenossenschaft (das ist die offizielle Bezeichnung für die Schweiz).

M 10 Grundprinzipien der freiheitlich-demokratischen Grundordnung gemäß Bundesverfassungsgericht

„Freiheitliche demokratische Grundordnung im Sinne des Artikel 21 II GG ist eine Ordnung, die unter Ausschluss jeglicher Gewalt- und Willkürherrschaft eine rechtsstaatliche Herrschaftsordnung auf der Grundlage der Selbstbestimmung des Volkes nach dem Willen der jeweiligen Mehrheit und der Freiheit und Gleichheit darstellt.
Zu den grundlegenden Prinzipien dieser Ordnung sind mindestens zu rechnen: die Achtung vor den im Grundgesetz konkretisierten Menschenrechten, vor allem vor dem Recht der Persönlichkeit auf Leben und freie Entfaltung, die Volkssouveränität, die Gewaltenteilung, die Verantwortlichkeit der Regierung, die Gesetzmäßigkeit der Verwaltung, die Unabhängigkeit der Gerichte, das Mehrparteienprinzip und die Chancengleichheit für alle politischen Parteien mit dem Recht auf verfassungsmäßige Bildung und Ausübung einer Opposition."

Aus: Rechtsprechung des Bundesverfassungsgerichts zur Verfassungswidrigkeit der Sozialistischen Reichspartei, 23.10.1952, BVerfGE 2, 1 (Ls. 2, 12 f.)

M11 Bereiche und Prinzipien der demokratischen Grundordnung im Überblick

Demokratie

- Volkssouveränität
- freie Wahlen
- Achtung der im Grundgesetz konkretisierten Menschenrechte
- Gewaltenteilung
- Mehrparteienprinzip
- Chancengleichheit für alle Parteien/Recht auf Bildung und Ausübung einer Opposition
- Presse-, Informations- und Meinungsfreiheit

Rechtsstaat

- Geltung der Grundrechte
- Bindung des Staates an die Gesetze/Verantwortlichkeit von Regierung und Gesetzmäßigkeit der Verwaltung
- Unabhängigkeit der Gerichte
- Rechtsgleichheit

Bereiche und Prinzipien der demokratischen Grundordnung

Bundesstaat

- Aufteilung des Staatsgebiets in Bund und Bundesländer (föderale Ordnung)
- Verteilung der politischen Zuständigkeiten zwischen Bund und Ländern
- Mitwirkung der Länder an der Gesetzgebung des Bundes

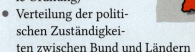

Sozialstaat

- Bemühen um soziale Gerechtigkeit
- Schutz der Bürgerinnen und Bürger vor sozialen Risiken
- staatliche Hilfe in sozialen Notlagen
- besonderer Schutz von Ehe, Familien und Kindern

M12 Mit unserer demokratischen Grundordnung vereinbar? – Fallbeispiele

1 Bundestagsabgeordnete wollen ein Gesetz einbringen, das Parteien, die bei der letzten Bundestagswahl unter 1% aller Stimmen erzielt haben, verbietet, bei weiteren Wahlen erneut zu kandidieren. Der Stimmzettel zur Bundestagswahl soll damit künftig übersichtlicher werden.

2 Die Bundesregierung plant das Saarland als eigenständiges Bundesland aufzulösen und es Rheinland-Pfalz anzugliedern. Dazu müsse die Bevölkerung nicht befragt werden, denn es liege auf der Hand, dass ein so kleines Bundesland mit all seinen Behörden nur unnötige Kosten verursache.

3 Abgeordnete des Bundestags und des Bundesrats beabsichtigen das Grundgesetz zu ändern. Sie wollen Volksabstimmungen über wichtige politische Fragen ermöglichen.

4 Die Bundesinnenministerin weist Zoll, Bundespolizei und die Behörden der Bundesländer an, alle Grenzen zu schließen und allen Menschen, die einen Antrag auf Asyl in Deutschland stellen wollen, die Einreise zu verweigern.

5 Familien mit Kindern erhalten vom Staat finanzielle Zuwendungen wie zum Beispiel Kindergeld. Ein alleinlebender Mann ist der Auffassung, dass es unrechtmäßig ist, dass er kein Kindergeld erhält. Denn es gelte ja Rechtsgleichheit.

6 Der Bundeskanzler teilt dem Bundesverfassungsgericht mit, dass es in dem Verfahren zur Klärung der Rechtmäßigkeit einer vorgesehenen Änderung des Grundgesetzes so entscheiden soll, dass die Änderung problemlos in Kraft treten kann.

7 Die Bundesministerin für Bildung und Forschung will die Schulformen für die Sekundarstufe I vereinheitlichen, es soll im gesamten Bundesgebiet zukünftig nur noch Gesamtschulen und Gymnasien geben. Dazu bringt sie einen Gesetzesentwurf zur Abstimmung in den Bundestag ein. In diesem ist zu lesen: „Um unnötige Unstimmigkeiten zu vermeiden, sind die Vertretungen der Bundesländer im Bundesrat an diesem Gesetzgebungsverfahren nicht zu beteiligen."

8 Zu Beginn des neuen Jahres tritt per Gesetz eine neue Reichensteuer in Kraft. Für Menschen, die über ein Arbeitseinkommen von mehr als 200 000 Euro im Jahr verfügen, gilt fortan ein Einkommenssteuersatz in Höhe von mindestens 60%. Eine Vorstandsvorsitzende einer großen Bank sieht dadurch ihre Grundrechte verletzt.

EINSTEIGEN

1. a) Werte M 7 (S. 79) mithilfe der Arbeitstechnik „Diagramme beschreiben" (S. 338) aus.
   b) Arbeitet zu zweit. Erklärt euch gegenseitig auf der Grundlage von M 7 (S. 79) und Info 1 (S. 85), was horizontale Gewaltenteilung und vertikale Gewaltenteilung bedeutet.

2. In M 8 (S. 80 f.) ist der Anschlag der islamistischen Terrororganisation Al-Qaida auf das World Trade Center in New York im Jahr 2001 abgebildet. Sollte die Bundeswehr das Recht haben, ein entführtes und mit Passagieren besetztes Flugzeug abzuschießen, wenn ein solcher Terroranschlag in Deutschland drohen würde? Führt zu dieser Frage in der Klasse eine Pro-Kontra-Debatte durch (siehe Arbeitstechnik „Pro-Kontra-Debatte", S. 43 f.).

WEITERARBEITEN

3. Fasse auf Basis von M 8 (S. 80 f.) in eigenen Worten zusammen, welche Staatsgewalten und politische Institutionen in welcher Form an der Entscheidung über den Gesetzesvorschlag zum neuen Luftsicherheitsgesetz im Jahr 2005 beteiligt waren.

4. Interpretiere die Karikatur M 9 (S. 81) mithilfe der Arbeitstechnik „Karikaturen analysieren" (S. 337). Führe an, für welche politischen Institutionen die in der Zeichnung abgebildeten drei Männer im Fall von M 8 (S. 80 f.) stehen.

VERTIEFEN

5. a) Arbeite aus M 10 (S. 81) heraus, welche Grundprinzipien laut dem Bundesverfassungsgericht die freiheitlich-demokratische Grundordnung der Bundesrepublik Deutschland ausmachen.
   b) Führe für die einzelnen Grundprinzipien aus M 10 (S. 81) an, in welchen Bereichen sie sich in der Übersicht M 11 (S. 82) wiederfinden.
   c) Das Bundesverfassungsgericht hat die Grundprinzipien der freiheitlich-demokratischen Grundordnung im Jahr 1952 im Rahmen eines Verbots der „Sozialistischen Reichspartei (SRP)" angeführt. Begründe, weshalb demokratische Prinzipien aus den beiden in M 11 (S. 82) unten stehenden Bereichen hierbei nicht aufgenommen wurden.

6. Bewertet und begründet zu zweit, ob die Fallbeispiele aus M 12 (S. 83) jeweils mit der demokratischen Grundübereinstimmung (M 11, S. 82) vereinbar sind oder nicht. Beachtet dabei, dass einzelne Fallbeispiele auch mehrere Prinzipien der demokratischen Grundordnung betreffen können.

▲ 1, 2, 3, 5a, 5b, 6   ▼ 1, 2, 3, 4, 5a, 6   ▲▼▲ 1b, 2, 3, 4, 5a, 5c, 6

Die demokratische Grundordnung der Bundesrepublik Deutschland   Info 1

Das Leben in einem demokratischen Staat ist für sehr viele Menschen keine Selbstverständlichkeit. Weltweit waren im Jahr 2018 nur ca. 60 % aller Staaten **freie Demokratien**, d. h. Demokratien mit Verfassungen, die ein gesetzgebendes Parlament, freie Wahlen, Gewaltenteilung, unabhängige Gerichte sowie allgemeine und politische Freiheitsrechte garantieren. Die meisten anderen Staaten sind unfreie Demokratien oder **autoritäre Regime**, d. h. Staaten, in denen zwar einige Freiheiten eingeräumt werden, die letztlich aber von einer kleinen Gruppe von Machthabern mit Willkür regiert werden. Das deutlichste Gegenbild zu einer freien Demokratie sind **totalitäre Regime**, d. h. Staaten, in denen eine kleine Gruppe von Machthabern willkürlich regiert und ihre leitende Weltanschauung, eine sogenannte Staatsideologie, mit → **Propaganda**, Gewalt und Unterdrückung der Bevölkerung durchsetzt. In seiner stärksten Ausprägung ist ein totalitäres Regime auf eine Führerin oder einen Führer zugespitzt, man spricht dann von einer Diktatur.

Die heutige **demokratische Grundordnung** der Bundesrepublik Deutschland ist vor ihrem geschichtlichen Hintergrund zum einen als Schutz- und Abwehrapparat gegen die Entstehung einer erneuten Diktatur in Deutschland zu sehen. Zum anderen schreibt sie ein staatliches System vor, das in seinen leitenden politischen Institutionen und in deren Verhältnis zueinander, demokratisch geprägt ist. Gemäß dem Bundesverfassungsgericht machen vor allem die folgenden Grundsätze die demokratische Grundordnung aus: die Achtung vor den im Grundgesetz konkretisierten Menschenrechten, vor allem vor dem Recht der Persönlichkeit auf Leben und freie Entfaltung, die Volkssouveränität, die Gewaltenteilung, die Verantwortlichkeit der Regierung, die Gesetzmäßigkeit der Verwaltung, die Unabhängigkeit der Gerichte, das Mehrparteienprinzip und die Chancengleichheit für alle politischen Parteien mit dem Recht auf verfassungsmäßige Bildung und Ausübung einer Opposition. Diese Grundsätze und weitere demokratische Prinzipien, die aus dem Grundgesetz entnommen werden können, spiegeln sich in fünf **Verfassungsprinzipien** wider: **Demokratie, Gewaltenteilung, Rechtsstaat, Bundesstaat** und **Sozialstaat**.

Zu den wichtigsten Prinzipien von Demokratien gehört die Teilung der Staatsgewalten. Gemäß unserer demokratischen Grundordnung gibt es in der Bundesrepublik Deutschland eine doppelte Gewaltenteilung: Zum einen die **horizontale Teilung der Staatsgewalten** in Legislative (gesetzgebende Gewalt), Exekutive (ausführende Gewalt) und Judikative (richterliche Gewalt). Zum anderen die **vertikale Teilung der Staatsgewalten** in Bundesstaat und Bundesländer mit je eigenen politischen Rechten und Pflichten. Die Gewaltenteilung beugt insbesondere der Entstehung einer zu starken politischen Macht bei einer Person bzw. Institution oder auf einer politischen Ebene vor.

Die doppelte Gewaltenteilung ist, wie die weiteren Prinzipien der demokratischen Grundordnung, auch Teil des sogenannten **Verfassungskerns**, der sich aus den Artikeln 1 GG und 20 GG zusammensetzt. Art. 79 Abs. 3 GG schreibt vor, dass dieser Verfassungskern in seinen Grundsätzen niemals verändert werden darf, man spricht daher von der sogenannten **Ewigkeitsklausel**. Als Demokratinnen und Demokraten sind neben dem Staat auch alle Bürgerinnen und Bürger gefordert, für diese demokratischen Grundsätze einzutreten – und gegen jene, die versuchen, diese demokratische Grundordnung zu beseitigen sogar mit Widerstand vorzugehen, wenn keine andere Abhilfe möglich ist (Art. 20 Abs. 4 GG).

2. Das Herz unserer parlamentarischen Demokratie – Der Deutsche Bundestag

Rede- oder Arbeitsparlament

In unserer Demokratie geht laut Grundgesetz Artikel 20 alle Staatsgewalt vom Volke aus. In einem so großen Staat wie Deutschland, in dem über 80 Millionen Menschen leben, bedeutet diese jedoch nicht, dass jede und jeder ständig daran beteiligt ist, politische Entscheidungen zu treffen. Dafür wählen wir Repräsentanten, d. h. Vertreter, die als Abgeordnete im Deutschen Bundestag Politik machen. Doch wie arbeitet der Bundestag eigentlich?

M 13 Wichtige Begriffe zum Deutschen Bundestag

Begriff	Erklärung
1. Fraktion	a) Der Begriff heißt wörtlich „Auftrag" und bedeutet, dass die Wähler den Abgeordneten im Bundestag den Auftrag erteilen, in ihrem Namen zu handeln. Die Abgeordneten sind also Beauftragte des Volkes.
2. Parlament	b) Zeitraum, für den ein Parlament gewählt wird. Die Abgeordneten des Deutschen Bundestages werden jeweils für vier Jahre gewählt.
3. Mandat	c) Bezeichnung für die gewählte Volksvertretung. In Deutschland ist der Bundestag die höchste Volksvertretung. Daneben gibt es noch Landtage als Vertretung auf Landesebene sowie Stadt- und Gemeinderäte in Städten und Gemeinden.
4. Ausschüsse	d) Sie werden von den Parlamenten zur Vorbereitung von Beschlüssen eingesetzt und bestehen aus Abgeordneten, die über bestimmte Zuständigkeitsbereiche, z. B. Bildung, Umwelt, Gesundheit oder Sport, beraten.
5. Legislaturperiode	e) Sie bezeichnet die Beratung über einen Gesetzesentwurf. Bis zur Abstimmung über ein Gesetz gibt es in der Regel drei ….
6. Lesung	f) Zusammenschluss der Abgeordneten im Parlament, die der gleichen Partei angehören.

PERLEN IM NETZ

https://www.youtube.com/watch?v=9Y20AzgZ4Tw

Hier findest du einen Infofilm über den Deutschen Bundestag aus der vom WDR produzierten Reihe „Staat-Klar!", in dem u. a. die Bundestagswahl sowie die Aufgaben und die Arbeit der Abgeordneten erklärt werden.

M 14 Arbeitsweise und Organisation

Der Bundestag arbeitet zum einen parteipolitisch nach Fraktionen, z. B. im Plenum und in den Ausschüssen. Zum anderen organisiert er sich überparteilich in Gremien, die aus Mitgliedern der einzelnen Fraktionen bestehen, also zum Beispiel im Ältestenrat oder im Präsidium. Das **Plenum** ist die Vollversammlung der Abgeordneten (von lat. plenum = voll, ganz). Es wählt das **Präsidium des Bundestages** und den Bundeskanzler, beschließt die Gesetze und den Staatshaushalt und macht für die Wählerinnen und Wähler die politisch wichtigen Vorgänge in öffentlicher Debatte durchsichtig. Plenardebatten sind deshalb eine Informationsquelle erster Ordnung, die dem Bürger alle Argumente für und wider einen Beschluss vor

Augen führt. Im Plenum entscheidet grundsätzlich die Mehrheit, allerdings unter Einhaltung der demokratischen Spielregeln, das heißt unter Beachtung besonderer Verfahrensrechte zum Schutz der Minderheit. [...]

Einer Fraktion müssen mindestens 5 Prozent aller Abgeordneten angehören. In den **Ausschüssen** des Bundestages werden alle Gesetzentwürfe und sonstigen Beschlüsse des Parlaments sorgfältig beraten, ehe sie zur Schlussberatung und Abstimmung ins Plenum kommen. Hier wird in Detailberatungen und durch Anhörung von Experten die eigentliche Gesetzesarbeit geleistet. Gegenwärtig hat der Bundestag 21 ständige Ausschüsse, denen jeweils zwischen 15 und 45 Mitglieder angehören. Die Ausschüsse spiegeln die Mehrheitsverhältnisse im Plenum wider. Fachlich entsprechen sie den Ministerien der Bundesregierung, z. B. Innenministerium – Innenausschuss.

Die **Arbeitsgruppen** und **Arbeitskreise** sind das Gegenstück zu den Ausschüssen. Da eine detaillierte Beratung aller Gesetzesvorhaben in den Vollsitzungen der Fraktionen ebenso wenig möglich ist wie im Plenum des Parlaments selbst, haben sich die Fraktionen jeweils einen eigenen Unterbau aus Arbeitsgruppen und Arbeitskreisen geschaffen. Darin erörtern die Abgeordneten intern – also im Kreise ihrer Fraktionskollegen – die Sachverhalte und Themen, die anschließend in den Fachausschüssen des Bundestages zur Beratung anstehen. Die Arbeitsgruppen und Arbeitskreise sind also gewissermaßen die „Ausschüsse" der Fraktionen; auch sie übernehmen auf ihrem jeweiligen Spezialgebiet die Detailarbeit, die die Fraktion als Ganzes schon aus Zeitgründen und aufgrund des Zwangs zur Spezialisierung nicht leisten kann. Zur Vorbereitung von Entscheidungen über besonders komplexe Sachverhalte kann der Bundestag eine **Enquete-Kommission** einsetzen (von franz. enquête = Untersuchung, Umfrage). Ihr gehören in der Regel auch Wissenschaftler und andere sachkundige Experten an, die nicht Mitglieder des Bundestages sind.

Aus: Deutscher Bundestag (Hrsg.): Rerum: Deutscher Bundestag, Berlin o. J., S. 9

M 15

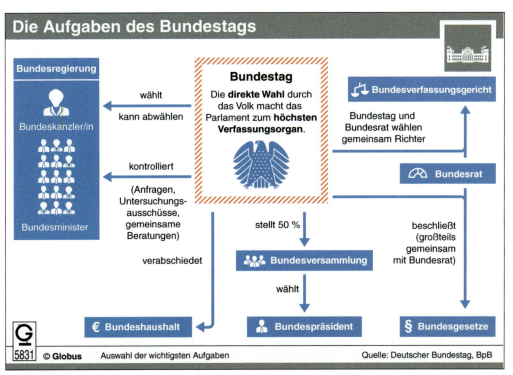

M 16 Rede- oder Arbeitsparlamente

Das Bild des Bundestages in der Öffentlichkeit wird durch die Debatten im Plenum bestimmt. Hörfunk und Fernsehen übertragen wichtige Debatten oder berichten aus den Plenarsitzungen. Wenn die Fernsehkamera über den Plenarsaal schwenkt, sieht der Zuschauer, dass oft nur 30 oder 50 Abgeordnete anwesend sind, von denen ein Teil auch noch Akten studiert oder Zeitung liest. Das führt zu dem weitverbreiteten Missverständnis, die Abgeordneten kämen ihren Pflichten nicht nach.

Dieser Kritik liegt die Vorstellung zugrunde, das Plenum sei der eigentliche Ort der parlamentarischen Arbeit. Dort würden die wichtigsten Probleme des Landes in Rede und Gegenrede zwischen Regierungsmehrheit und Opposition debattiert, und die besseren Argumente setzten sich durch. Diesem Idealbild kommt am ehesten das britische Unterhaus nahe, das als „Redeparlament" gilt. Der andere Typ ist das „Arbeitsparlament", in dem, wie vor allem im amerikanischen Kongress, der Schwerpunkt auf der Gesetzgebungsarbeit in Ausschüssen liegt.

Der Bundestag wird oft als eine Mischung aus den beiden Parlamentstypen bezeichnet. Nimmt man den Zeitaufwand als Maßstab, so leisten die Bundestagsabgeordneten ihre Arbeit weit überwiegend in Ausschüssen, Fraktionen, Arbeitskreisen und Arbeitsgruppen. In den bisher 16 Wahlperioden (1949 – 2009) fanden über 3.600 Plenarsitzungen statt, wohingegen allein die Zahl der Ausschusssitzungen den zehnfachen Wert übersteigt.

Haben die Experten in wochen- und monatelangen Beratungen alle Argumente ausgetauscht und sind die Standpunkte geklärt, ist es nicht verwunderlich, wenn die meisten Beschlüsse im Plenum ohne Debatte oder nach kurzer Diskussion gefasst werden. Eine Anwesenheit der vielen Abgeordneten, die nicht mit der Materie vertraut sind, wäre daher pure Zeitverschwendung.

Die großen Debatten über wichtige Themen, wie zum Beispiel die Haushaltsdebatte, haben nicht die Funktion, die jeweils andere Seite zu überzeugen. Es handelt sich um Reden, die für die Öffentlichkeit bestimmt sind. Dem Bürger sollen die unterschiedlichen Meinungen und die Gründe, die etwa zu dieser oder jener Entscheidung geführt haben, deutlich gemacht werden.

Aus: Pötzsch, Horst: Die Deutsche Demokratie. 5.überarbeitete und aktualisierte Auflage, Bonn, Bundeszentrale für politische Bildung, S. 61-72, online: http://www.bpb.de/politik/grundfragen/deutsche-demokratie/39331/bundestag?p=all [zuletzt: 25.10.2018]

M 17 Mehr Redeparlament!

Die Debattenkultur des Deutschen Bundestags wird oft kritisiert. Meistens wird sie wahrgenommen als polemischer Schlagabtausch, weniger als öffentliches Räsonieren um zentrale Fragen der Politik. Sternstunden des Parlaments sind selten. Welche Probleme müssen durch kluge Gestaltung und Interessenausgleich gelöst werden? Wie kann Gerechtigkeit erreicht, wie können Frieden und Wohlstand erhalten werden? In großen Debatten kommt es gelegentlich dazu, dass Grundfragen der res publica im Mittelpunkt stehen. Mit dem Austausch von Argumenten wird hart aber fair um den richtigen Weg gerungen. Die Bürger können nachvollziehen, um welche Interessen es geht, was es abzuwägen gilt und was die Politiker denken. Im parlamentarischen Alltag erlebt das Publikum dagegen oft: Rechthaberei statt Argumenten, selbst ernstgemeinte Fragen werden nicht beantwortet, tatsächliche Diskussion findet nicht statt. Das Ansehen von Politik und Politikern leidet unter dieser Wahrnehmung. Das geht mitunter so weit, dass das Parlament als überflüssig angesehen wird.

Dabei gibt es in Wirklichkeit gute Diskussionen zwischen Parlamentariern. Doch finden die eher im Verborgenen statt, in Arbeitsgruppen, in Ausschüssen. Diese Debatten müssen sichtbarer werden. Wir brauchen im Plenum große Debatten für die Fragen, die eine große politische Relevanz haben. Aber auch die „kleinen" Debatten zu Themen, die vielleicht nicht alle, aber immer noch genug Menschen interessieren, müssen wahrnehmbar werden. Ich plädiere deshalb für mehr öffentliche Ausschusssitzungen. Das schafft mehr Transparenz, Verständnis und Beteiligungsmöglichkeiten. Mehr Transparenz erfordert zudem, dass sich die Regierungsmitglieder und allen voran die Regierungschefin regelmäßig den Fragen des Parlaments stellt. Das ist in anderen Ländern gute Tradition. Die derzeitige Kanzlerin beantwortet auf inszenierten Bürgerforen, neuerdings auch im Internet, Frage um Frage von ausgewählten Bürgerinnen und Bürgern. Dem Parlament aber, das alle Bürger vertritt und das die Bundesregierung kontrollieren soll, entzieht sie sich. Das ist nicht hinnehmbar.

Aus: Oppermann, Thomas: Rede- versus Arbeitsparlament Pro, online: https://www.politik-kommunikation.de/ressorts/artikel/pro-kontra/rede-versus-arbeitsparlament [zuletzt: 25.10.2018]

EINSTEIGEN

1. In M 13 (S. 86) ist etwas durcheinander geraten: Ordne den Begriffen mit den Nummern 1 bis 6 die richtigen Erklärungen a bis f zu.

2. Formuliere für die in M 14 (S. 86 f.) markierten Begriffe passende Erklärungen. Du kannst dich dabei an M 13 (S. 86) orientieren.

WEITER-ARBEITEN

3. a) Arbeite aus M 15 (S. 87) und Info 2 (S. 90) die Aufgaben und Funktionen des Deutschen Bundestages heraus und schreibe einen Spickzettel.
   b) Erkläre mithilfe des Spickzettels einer Mitschülerin/einem Mitschüler die Aufgaben des Bundestages.

VERTIEFEN

4. a) Erklärt in Partnerarbeit den Unterschied zwischen Rede- und Arbeitsparlament (M 16, S. 88).
   b) Begründet gemeinsam, welche Beschreibung, „Redeparlament" oder „Arbeitsparlament", auf den Deutschen Bundestag besser passt.

5. a) Recherchiere im Internet mithilfe der Arbeitstechnik „Informationen im Internet recherchieren" (S. 344 f.) über das britische Parlament und dessen Arbeit.
   b) Erläutere, welche Unterschiede im Vergleich zur Arbeitsweise des Deutschen Bundestages auffallen.

6. a) Arbeite die Position von Thomas Oppermann zur Frage „Rede- versus Arbeitsparlament" aus M 17 (S. 88 f.) heraus.
   b) Begründe, welche Argumente du überzeugend findest und welche nicht.

 1, 2, 3    1, 2, 3, 4   ▲▼▲ 1, 2, 3, 4, 5, 6

Info 2 — Funktionen des Deutschen Bundestages

Der → **Bundestag** geht aus den alle vier Jahre stattfindenden Bundestagswahlen hervor. Der Bundestag setzt sich aus mindestens 598 Abgeordneten zusammen. Durch Überhang- und Ausgleichsmandate weicht die tatsächliche Zahl der Abgeordneten meistens von dieser theoretischen Zahl ab. Dass der Bundestag im deutschen Regierungssystem die wichtigste Rolle einnimmt, kann man daran erkennen, dass er das einzige Staatsorgan ist, das vom gesamten Volk direkt gewählt wird.

Die wichtigste Aufgabe des Bundestages ist die **Gesetzgebung**. Die Abgeordneten beraten und verabschieden Gesetze, die teilweise der Zustimmung des Bundesrates bedürfen und dann als nationales Recht für alle Deutschen bindend sind. Unter diesen Punkt fällt auch das Haushaltsrecht. Das bedeutet, dass der Bundestag den Haushalt der Bundesrepublik Deutschland, also das, was die Bundesministerien an Geld ausgeben dürfen, genehmigen muss.

Die zentrale Stellung des Bundestages wird zudem in der **Wahlfunktion** deutlich. Der Bundestag wählt den → **Bundeskanzler** und ist zudem an der Wahl des → **Bundespräsidenten** und an der Besetzung des → **Bundesverfassungsgerichtes** beteiligt.

Des Weiteren hat der Bundestag die Aufgabe, die Bundesregierung politisch zu kontrollieren (**Kontrollfunktion**). Hierfür stehen dem Parlament verschiedene Instrumente zur Verfügung. Durch kleine und große Anfragen kann die Bundesregierung öffentlich, also in einer Bundestagssitzung, zu einer Stellungnahme bzw. zu einer Information über einen bestimmten Sachverhalt gezwungen werden. Zudem kann durch ein Viertel der Abgeordneten ein Untersuchungsausschuss einberufen werden. Das mächtigste Kontrollinstrument des Bundestages ist jedoch das **konstruktive Misstrauensvotum**, durch das der Bundeskanzler durch einen Ersatzkandidaten ersetzt werden kann.

Nicht zuletzt soll der Bundestag auch Sprachrohr seiner Bürgerinnen und Bürger sein. Dies kann man daran erkennen, dass die Abgeordneten aus Wahlkreisen kommen und dort jeweils ein Büro mit Sprechzeiten unterhalten. So sollen die Anliegen der Bevölkerung aufgenommen und in die Arbeit des Parlamentes eingebracht werden. Dieser Aspekt wird als **Artikulationsfunktion** bezeichnet. Dass es sich bei der Artikulation nicht um eine Einbahnstraße handelt, kann man daran erkennen, dass die Bundestagsdebatten im Fernsehen und im Internet übertragen werden. Die Bürgerinnen und Bürger sollen also auch die Entscheidungen und die politischen Diskussionen des Parlamentes informiert werden. Diese Aufgabe des Bundestages wird deshalb teilweise auch als **Kommunikationsfunktion** bezeichnet.

Traumjob Bundestagsabgeordneter

Jede und jeder von uns wird die Frage, was ihrem bzw. seinen „Traumjob" ausmacht, höchst unterschiedlich beantworten. Die Kriterien reichen dabei zum Beispiel von besonders viel freier Zeit, Spaß, einem besonders hohen Einkommen bis hin zu persönlicher Zufriedenheit. Ist der Beruf der oder des Bundestagsabgeordneten ein Traumjob?

M18 Wochenkalender eines Abgeordneten

Exemplarischer Wochenkalender in einer Sitzungswoche

Montag

9:00–10:30	Mitarbeiterbesprechung AG Kultur und Medien
10:30–12:00	Büro – Vorbereitung der Rede für Donnerstag (Weltgipfel)
12:00	Mitarbeiterberatung AG Bildung und Forschung
13:00	Gespräch Generalsekretär Deutsches Studentenwerk
14:30–16:30	Anhörung Ausschuss Wirtschaft und Arbeit („Telekommunikationsgesetz")
17:00–19:00	Sitzung Fraktionsvorstand
19:30	Landesgruppe Baden-Württemberg (Landesvertretung)

Dienstag

8:30–09:00	Kurze Absprache „Innovationsoffensive" mit stv. Fraktionsvorsitzendem
09:30–12:30	Sitzung AG Bildung und Forschung
13:00–15:00	AG Sitzung Kultur und Medien
15:00–17:00	Fraktionssitzung (Am Rande kurz: Koordination Bundestagsantrag „Ressortforschung")
19:00–21:00	Parlamentarischer Abend Telekommunikationsfirmen

Mittwoch

7:30–08:30	Frühstück mit Parl. Staatssekretär (Vorbereitung Ausschusssitzung)
09:00–09:30	Sitzung der Obleute Bildung und Forschung
09:30–12:30	Ausschusssitzung Bildung und Forschung (anschl. Innenausschuss)
13:00–14:00	Fragestunde Plenarsaal
15:00–17:15	Ausschuss Kultur und Medien
17:30	Ausschuss Kultur und Medien
19:00	Parlamentarischer Abend BDA
20:00	Koalitionsrunde im Bundesministerium für Bildung und Forschung

Donnerstag

08:00	Frühstück mit Medienvertretern zum Mediendatenschutz
09:00	Beginn Plenarsitzung Bundestag/Plenarsaal
11:00	Rede zum „Weltgipfel Informationsgesellschaft" im Plenum
12:30	Mittagessen mit Siemens-Vertreter im BT-Restaurant
13:30	Journalistenrunde „Hochschulfinanzierung"
14:30–15:00	Obleuterunde „Neue Medien"
15:00	Sitzung Unterausschuss „Neue Medien"
17:00	Ausschuss „Immunität und Geschäftsordnung"
19:00	Empfang Deutsche Forschungsgesellschaft (DFG), Wissenschaftsforum evtl. noch vorbeischauen: Ausstellungseröffnung Parlamentarische Gesellschaft (ab 20.00 Uhr)

Freitag

08:00–09:00	Parlamentariergruppe Südkaukasus, Georgien, Armenien, Aserbaidschan
09:00–14:00	Plenum Bundestag
11:00–11:30	Gespräch Bundesbeauftragter Datenschutz
13:00–15:00	Mittagessen mit Besuchergruppe und anschl. Diskussionsrunde, Seniorenverband Baden-Württemberg
15:00	Bürorunde (Referenten, Mitarbeiter)
17:00	Empfang Humboldt-Uni
19:00	Rückflug nach Mannheim (ab Schönefeld)

Exemplarischer Wochenkalender in einer sitzungsfreien Woche

Montag

9:00–11:00	Bürobesprechung Wahlkreisbüro
11:00–12:30	Montagsrunde Partei-Landesgeschäftsstelle
13:00	Geschäftsführender Landesvorstand
15:00–17:00	Betriebsbesichtigung
17:00	Büro (Rede für Landesparteitag schreiben)
20:00–21:30	Kreisvorstandssitzung (Partei)

Dienstag

9:00	Büro
10:00–11:30	Treffen mit der Handwerkskammer
12:00	Rede für Landesparteitag besprechen
13:30–14:30	Mittagessen mit Kompetenzteam
16:00	Treffen mit Werbeagentur
18:00	Büro
19:30–21:00	Jahreshauptversammlung Freiw. Feuerwehr

Mittwoch

09:30–11:00	Besuch in Klasse 9b des Gymnasiums
11:00	Pressekonferenz
13:00	Mittagessen französisches Konsulat
15:00	Treffen mit Gewerbetreibenden
16:30	Besichtigung der neuen Kläranlage
18:00	Büro
19:00	Podiumsdiskussion zur Bildungspolitik

Donnerstag

09:00–11:00	Treffen Wirtschaftsminister (Verkehrswegeplan)
12:00	Meeting in der Steuerberaterkammer
14:00	Büro
16:00–18:00	Bürgersprechstunde
18:00	Ortsvorstandssitzung Homburg (mit Wahlen und Ehrungen)

Freitag

09:00	Vorstellungsgespräch neuer Wahlkreismitarbeiter
10:30	Endfassung Rede Parteitag
12:00–13:00	Treffen mit Bürgermeistern und Landrat wegen Ortsumgehung (Rathaus)
14:00	IHK-Werberundfahrt für Ausbildungsplätze (Treffpunkt IHK)
19:00	evtl. Konzert im Landestheater

Samstag

10:00–12:00	Infostand Partei am Marktplatz
14:00	Eröffnung Landesparteitag
17:00	Rede auf Landesparteitag
ca. 21:00	60. Geburtstag von Kreisvorsitzendem Müller

Sonntag

09:00–13:00	Fortsetzung Landesparteitag

Aus: Wochenkalender: Deutscher Bundestag, in: Dossier Deutsche Demokratie, Bundeszentrale für politische Bildung, 15.12.2009, online: https://www.bpb.de/politik/grundfragen/deutsche-demokratie/39346/arbeitswoche-eines-mdb?p=all [zuletzt: 25.10.2018]

M 19 Freizeit? Freunde? Familie?

[...] Dabei ist die Sommerpause für viele Parlamentarier die einzige Phase im Jahr, in der sie echte Zeit für Familie und Freunde haben: Die Sitzungswochen haben oft Zwölf-Stunden-Tage aus Fraktions-, Ausschuss-, Arbeitsgruppen-, Plenarsitzungen; dazu Abendtermine, Arbeitsessen, Netzwerk- und Journalisten-Treffen. Was vom Tage übrig bleibt, beschrieb FDP-Politiker Wolfgang Kubicki als Gift für jedes Privatglück: „Sie sind den ganzen Tag unter Druck, abends wartet Ihr Apartment auf Sie, sonst niemand." Er selbst würde in Berlin zum Trinker oder Hurenbock, sagte er, wegen der vielen Frauen im Politikbetrieb und „dieser Abende, an denen man nur abschalten will". Die langjährige Grünen-Abgeordnete Claudia Roth erzählte, wie Dauereinsatz für die Politik Beziehungen scheitern lässt: „Einsamkeit ist in dem Job schon ein Thema." Hinzu kommt die Droge Wichtigkeit, die Politiker wie Wolfgang Bosbach trotz Krebserkrankung immer wieder in den Bundestag zieht. Die CDU sei für ihn ebenso Familie wie Frau und Töchter, sagte er. Was bei den Veteranen normal ist, ist auch bei Neulingen üblich: Sitzungsmarathons, unzählige Präsenztermine bei Verbänden und im Wahlkreis, Parteitage, Delegationsreisen. Fragt man ihre Familien und Freunde, was die größte Veränderung seit dem Einzug ins Parlament sei, hört man am häufigsten: Man sieht sie viel seltener.

„Man muss sein Privatleben anders organisieren", sagt auch Harald Petzold, seit 2013 für die Linke im Bundestag. „Das fordert verständnisvolle Freunde." Es ist die letzte Sitzungswoche, Petzold ist kurz aus dem Plenarsaal ins Reichstagsbistro gehuscht. Pro Vierteljahr habe er etwa einen freien Sonntag. Wenn er in seinem Wahlkreis arbeitet, ist der Kalender nicht leerer. Gerade jetzt ballt es sich wieder am Wochenende: Sommerfeste, Vereinsfeiern, Kirchen- und Kleingartentermine.

„Das sind ja oft Feste von Bürgern, die haben viel Arbeit reingesteckt und eben nur am Wochenende Zeit", sagt Petzold. Zu Events wie dem Christopher-Street-Day sei er zwar auch als Privatperson gefahren – als Fachpolitiker für die Gleichstellung werde es nun erwartet. „Ich jammere nicht", sagt er und zuckt mit den Schultern. „Für mich gehört das zum Mandat dazu." [...]

In der Öffentlichkeit darf kein Abgeordneter Applaus erwarten, der über die Belastung des Jobs spricht. Im Internet macht jeder seinem Zorn Luft auf die „Privilegierten, die regelmäßig noch mehr Privilegien fordern". [...]

Emmi Zeulner sieht das Thema dennoch skeptisch. Die CSU-Gesundheitspolitikerin, 28 und kinderlos, hat als gelernte Krankenschwester im Wochenend- und Schichtdienst gearbeitet – an der Seite junger Mütter, die es auch hinkriegen mussten. „Ja, unsere Tage als Abgeordnete sind von morgens bis abends verplant", sagt Zeulner. „Aber wir machen unseren Job ja gerne. Weil wir gestalten wollen und dafür vernetzt und informiert sein müssen." Das Problem der Belastung fürs Privatleben haben jedenfalls viele Menschen. „Natürlich müssen für alle möglichst gute Voraussetzungen geschaffen werden." Zeulner selbst weiß, dass sie für Freunde nicht mehr so viel Zeit hat wie früher, als sie nur Kommunalpolitik und Studium unter einen Hut bringen musste. Aber ihre beste Freundin ist zum Beispiel Stewardess, fliegt oft von München. „Wir können uns regelmäßig auf einen Kaffee treffen." Doch selbst das ist selten. Haben Abgeordnete nach Jahrzehnten im Bundestag überhaupt noch Freunde außerhalb der Politik? Am Kern des Problems geht die Frage ohnehin vorbei. Denn der Bundestag soll ja das Volk nicht regieren, sondern vertreten. Repräsentieren. [...]

Aus: Geyer, Steven: Abgeordnete im Bundestag: Urlaub nur unter Vorbehalt. In: Frankfurter Rundschau vom 12.07.2015, online: http://www.fr.de/politik/abgeordnete-im-bundestag-urlaub-nur-unter-vorbehalt-a-452535 [zuletzt: 25.10.2018] © Alle Rechte vorbehalten. Frankfurter Rundschau GmbH, Frankfurt.

M20 Die Diäten der Bundestagsabgeordneten

Diät hat in diesem Fall nichts mit der Ernährung zu tun. Der Begriff kommt von dem lateinischen Wort für Tag: „dies". Ursprünglich waren die Diäten „Tagegelder", die Abgeordnete für die Zeit erhielten, in der sie im Parlament arbeiteten. Das waren früher nur wenige Tage im Jahr, Parlamente kamen selten zusammen. Inzwischen ist aus dem „Nebenjob Abgeordneter" ein Vollzeitberuf geworden; Parlamentarier ist man an 365 Tagen im Jahr. Aus den Tagegeldern wurde ein richtiges Einkommen. Trotzdem spricht man immer noch von Diäten oder auch von „Entschädigung".

Das Besondere ist, dass die Mitglieder des Bundestages über die Höhe der Diäten selbst und öffentlich entscheiden müssen. Selbst entscheiden, wie viel man verdient! Hört sich gut an? Vielleicht. Es hat aber dazu geführt, dass die Abgeordneten die Diäten jahrelang nicht erhöht haben. Denn jede Erhöhung führte zu großen Diskussionen. Ab 2014 wurden deshalb die Diäten für die aktuelle Wahlperiode an die allgemeine Gehaltsentwicklung angepasst.

Das Grundgesetz fordert eine „angemessene" Entschädigung. Zurzeit liegt die Höhe der Diäten bei rund 9 300 Euro im Monat. Das ist vergleichbar mit dem Gehalt für andere staatliche Berufe mit großer Verantwortung.

Zu den Diäten bekommen die Abgeordneten übrigens eine steuerfreie Kostenpauschale von rund 4 300 Euro monatlich und eine sogenannte Amtsausstattung, damit sie ihr Mandat gut ausüben können.

Aus: Marshall, Stefan: Was sind Diäten?, in: Deutscher Bundestag (Hrsg.): mitmischen. Das junge Magazin des Deutschen Bundestages, Berlin 2017, S. 15., online: https://www.btg-bestellservice.de/pdf/20095100.pdf [zuletzt: 25.10.2018]

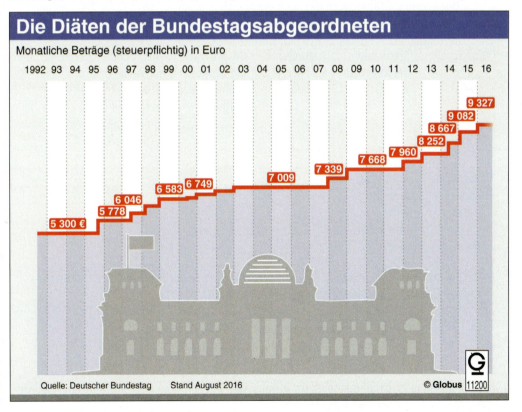

M21 Höhere Diäten!?

EINSTEIGEN

1. a) Vervollständige die aus deiner Sicht passende Antwort „Bundestagsabgeordnete/Bundestagsabgeordneter – ein Traumjob?":
Ja, weil ...
Nein, weil ...

b) Ordne die einzelnen Tätigkeiten des Bundestagsabgeordneten aus M 18 (S. 91) in folgende Tabelle ein und notiere dahinter jeweils, wie viel Zeit er dafür benötigt.

Büroarbeit	Sitzungen als Abgeordneter	Sitzungen als Parteimitglied	Gespräche mit Bürgerinnen und Bürgern	Gespräche mit Vertreterinnen/ Vertretern von Firmen, Verbänden, etc.	Pressearbeit
Rede vorbereiten (1,5 Std.)	Anhörung Ausschuss Wirtschaft und Arbeit (2 Std.)	...	...	...	...

b) Rechne anhand der einzelnen Spalten aus, für welchen Tätigkeitsbereich der Bundestagsabgeordnete wie viel Zeit insgesamt aufwendet.

c) Vergleiche die Tätigkeiten des Bundestagsabgeordneten aus M 18 (S. 91) mit einem Beruf deiner Wahl: Welche Unterschiede stellst du fest?

WEITERARBEITEN

2. Arbeite aus M 18 (S. 91) und M 19 (S. 92) heraus, wie viel Zeit eine Abgeordnete/ein Abgeordneter für Familie, Freunde und Freizeit hat.

3. Recherchiert mithilfe der Arbeitstechnik „Informationen im Internet recherchieren" (S. 344 f.) über die Tätigkeiten eurer bzw. eures Wahlkreisabgeordneten und präsentiert diese in Kleingruppen vor der Klasse.

4. Beurteile auf der Grundlage von M 20 (S. 93), ob die Diäten von Bundestagsabgeordneten aus deiner Sicht angemessen sind. Recherchiere zum Vergleich im Internet das Bruttodurchschnittseinkommen aller Arbeitnehmerinnen und Arbeitnehmer in Deutschland sowie die durchschnittlichen Bruttoeinkommen der folgenden Berufsgruppen: Friseurin/Friseur, Bankkaufmann/Bankkauffrau, Richterin/Richter, Fluglotsinnen/Fluglotsen. Diskutiert anschließend in der Klasse.

5. Interpretiere die Karikatur M 21 (S. 94) mithilfe der Arbeitstechnik „Karikaturen analysieren" (S. 345).

VERTIEFEN

▲ 1, 2, 3, 4, 5   ▲▽ 1, 2, 4, 5   ▲▽▲ 1a, 1c, 2, 4, 5,

Wie soll abgestimmt werden? – Gewissensfreiheit versus Fraktionsdisziplin

Die Abgeordneten des Deutschen Bundestages organisieren sich in Fraktionen. Vor wichtigen politischen Entscheidungen sprechen sich die Mitglieder einer Fraktion zumeist ab, wie sie abstimmen werden. Andererseits gibt das Grundgesetz jedoch vor, dass die Abgeordneten in ihren Entscheidungen nur ihrem Gewissen unterworfen sind. Wie passt das zusammen? Müssen sich Abgeordnete bei Entscheidungen dem Druck ihrer Fraktion beugen? Immer wieder liest man, dass die Fraktionsvorsitzenden die Abgeordneten zwingen, bei wichtigen Entscheidungen gegen ihre eignen Überzeugungen zu stimmen. Dürfen sie das? Muss sich der einzelne Abgeordnete diesem Druck beugen?

M 22 Fraktionsdisziplin: Guten Gewissens auf Linie

[...] Der Fraktionsvorsitzende war sauer. Das Verhalten der Abgeordneten werde Konsequenzen haben, schimpfte er, sogar ihr Ausschluss aus dem Bundestagsausschuss für Gesundheit wurde in der SPD-Fraktion diskutiert. Deren Chef Peter Struck ärgerte sich im Februar 2007 mächtig über einige sozialdemokratische Parlamentarier, die gegen die Gesundheitsreform der großen Koalition gestimmt oder sich enthalten hatten. Nach einer dreiwöchigen Sitzungspause kam die SPD-Fraktion damals wieder zusammen. Man sprach sich aus, ein sogenannter Abweichler entschuldigte sich sogar. Konsequenzen am Ende: keine.
Acht Jahre später gibt nun Volker Kauder den Struck. Sauer über 60 Dissidenten [Das sind Abgeordnete die von der Stimmempfehlung abweichen.] bei der Abstimmung über Verhandlungen für Griechenland-Hilfen, sagte der Unions-Fraktionsvorsitzende der *Welt am Sonntag*: „Diejenigen, die mit Nein gestimmt haben, können nicht in Ausschüssen bleiben, in denen es darauf ankommt, die Mehrheit zu behalten: etwa im Haushalts- oder Europaausschuss. Die Fraktion entsendet die Kollegen in Ausschüsse, damit sie dort die Position der Fraktion vertreten."
Ergebnis: große Aufregung. Zahlreiche Abgeordnete, die gegen die Regierungsvorlage gestimmt hatten, protestierten. Die Abgeordneten seien kein Stimmvieh, man werde sich von solchen Drohungen nicht beeinflussen lassen. Kauder ließ eine Sprecherin erklären, er habe

nicht die Absicht, Abgeordnete abzuziehen. Das freilich könnte er auch gar nicht im Alleingang, sondern nur mit entsprechenden Mehrheiten in der Fraktion von CDU und CSU.
Ob die Angelegenheit so glimpflich abgeht wie seinerzeit in der SPD, ist indes offen. [...]
Nach den Kritikern meldeten sich am Montag auch Verteidiger Kauders zu Wort. Der parlamentarische Geschäftsführer der Unions-Fraktion, Michael Grosse-Brömer (CDU), zeigte sich verwundert über die „Aufregung einzelner Kollegen". Wie Kauder verwies er darauf, dass Abgeordnete in Fachausschüsse geschickt würden, um dort die abgestimmte Mehrheitsmeinung der Fraktion zu vertreten. „Wenn also ein Kollege dauerhaft die Mehrheitsmeinung der Fraktion in seinem Ausschuss nicht vertreten kann, dann sollte er konsequenterweise in einen anderen Fachbereich wechseln", sagte Grosse-Brömer. [...]

Aus: Fried, Nico: Fraktionsdisziplin: Guten Gewissens auf Linie. In: Süddeutsche Zeitung vom 10.08.2015, online: http://www.sueddeutsche.de/politik/fraktionsdisziplin-guten-gewissens-auf-linie-1.2602724 [zuletzt: 27.03.2017]

M 23 Zwischen Fraktionsdisziplin und Gewissensfreiheit

Der SPD-Bundestagsabgeordnete Marco Bülow hat ein Buch über seine Arbeit als Bundestagsabgeordneter geschrieben:

[Die Fraktionsdisziplin darf] keinen blinden Gehorsam fördern, und die Abgeordneten sollten neben ihrer Fraktion eben auch ihrem Gewissen verpflichtet bleiben. So setzt bei mir jede wichtige Entscheidung einen Prozess von inhaltlichen und sachlichen Abwägungen in Gang. Vor allem innerhalb der Fraktion wird meine Entscheidung hauptsächlich von meiner inhaltlichen Bewertung bestimmt. Meine endgültige Entscheidung im Parlament steht jedoch unter dem Einfluss weiterer Faktoren, insbesondere natürlich, welche Position die Mehrheit in meiner Fraktion gefunden hat. Stimmt sie weitestgehend mit meiner Haltung überein, schließe ich mich ihr problemlos an. Komme ich zu einer deutlich anderen Position, gilt es, die Wichtigkeit der Entscheidung abzuwägen. Wird mein Gewissen belastet, wenn ich mit der Mehrheit stimme? Wie sieht meine Basis, meine Partei vor Ort dieses Thema? Hat die Abstimmung Auswirkungen auf meine Heimat, auf meinen Wahlkreis? Habe ich genügend Informationen, um mir wirklich eine fundierte abweichende Meinung bilden zu können?
Und ob ich will oder nicht, schleichen sich auch noch weitere Fragen ein: Kann ich es mir leisten, gegen die Mehrheit zu stimmen? Bekomme ich Ärger oder gefährde ich gar meine Stellung innerhalb der Fraktion? [...] Es kommt vor, dass ich die Nächte vor der endgültigen Abstimmung nicht gut schlafen kann, dass ich innerlich zerrissen bin und mich immer wieder umentscheide. Selbst nach der Abstimmung frage ich mich häufig, ob meine Entscheidung richtig war. Und ich muss zugeben, dass ich häufiger bereut habe, mit der Mehrheit meiner Fraktion gestimmt zu haben, als andersherum.

Aus: Bülow, Marco: Wir Abnicker, Berlin 2010, S. 111 f.

M 24 Artikel 38 GG Absatz 1

(1) Die Abgeordneten des Deutschen Bundestages werden in allgemeiner, unmittelbarer, freier, gleicher und geheimer Wahl gewählt. Sie sind Vertreter des ganzen Volkes, an Aufträge und Weisungen nicht gebunden und nur ihrem Gewissen unterworfen.

Aus: Grundgesetz für die Bundesrepublik Deutschland vom 23.05.1949. Zuletzt geändert am 13.07.2017.

M25 Gründe für die Fraktionsdisziplin

Jede Partei muss sich, um ihre Interessen durchsetzen zu können, auf ihre Abgeordneten verlassen können. Deshalb ist es wichtig, dass ein Abgeordneter so stimmt, wie die Parteiführung es vorgibt.

Kein Abgeordneter ist in allen Themen Experte. Er muss sich deshalb an den Vorgaben der Fachleute in seiner Fraktion orientieren.

Wähler habe einen Abgeordneten einer Partei gewählt. Sie können erwarten, dass der Abgeordnete die Parteilinie im Bundestag vertritt.

Die Stabilität unseres Regierungssystems würde ohne Fraktionsdisziplin ins Wanken geraten. Eine verlässliche und planbare Politik wäre nicht möglich. Eine ständige Blockade durch Abweichler wäre die Folge.

M26 KarikaTour

PERLEN IM NETZ

www.abgeordneten-watch.de

abgeordnetenwatch.de ist eine überparteiliche und institutionell unabhängige Internetplattform. Auf dieser kann man das Abstimmungsverhalten der Abgeordneten bei wichtigen Parlamentsentscheidungen öffentlich einsehen.

EINSTEIGEN

1. Schätze ein, wie unabhängig deiner Meinung nach Abgeordnete in ihrer Entscheidung sind.

2. a) Beschreibe die Problemsituation in M 22 (S. 95 f.) in eigenen Worten.
   b) Wie beurteilst du vorläufig die Problemsituation? Begründe.

3. Begründe, warum Marco Bülow sich selbst im Titel seines Buches als „Abnicker" (M 23, S. 96) bezeichnet.

4. Setze Art. 38 GG (M 24, S. 96) in Beziehung zur Problemsituation in M 22 (S. 95 f.). Ändert sich deine Beurteilung aus der Aufgabe 2 b)?

5. a) Erstellt in Kleingruppen eine Liste von politischen Entscheidungen, bei denen es sich eurer Meinung nach um eine „Gewissensentscheidung" handeln könnte (M 22 bis M 24, S. 95–96 und Info 3, S. 100).
b) Stellt eure Liste einer anderen Gruppe vor und befragt eure Mitschülerinnen und Mitschüler, ob sie bei den einzelnen Entscheidungen eher ihrem Gewissen oder Einheitlichkeit des Abstimmungsverhaltens in ihrer Fraktion folgen würden.

6. a) Bringt die Argumente für eine Fraktionsdisziplin (M 25, S. 97) in Partnerarbeit in eine Reihenfolge von „sehr überzeugend" bis „gar nicht überzeugend".
b) Vergleicht eure Reihenfolge mit mindestens zwei anderen Paaren. Diskutiert mögliche Unterschiede.

WEITER-ARBEITEN

7. Führt in 3er-Gruppen eine KarikaTour (M 26, S. 97 f.) durch.
a) Sucht euch eine der Karikaturen aus. Sprecht euch dabei jedoch mit den anderen Gruppen ab, so dass möglichst jede Karikaturen in eurer Klasse mindestens einmal bearbeitet wird.
b) Analysiert die ausgewählte Karikatur mithilfe der Arbeitstechnik „Karikaturen analysieren" (S. 345).
c) Findet Argumente, die für und gegen die Position des Karikaturisten sprechen.
d) Geht auf „Tour" zu den anderen Gruppen und stellt euch eure Karikaturen gegenseitig vor.

8. a) Beurteile abschließend, wie unabhängig deiner Meinung nach Abgeordnete in ihrer Entscheidung sind.
b) Vergleiche dein vorläufiges Urteil aus Aufgabe 1) mit deinem Urteil aus 8 a) und untersuche, ob es qualitativ besser geworden ist. Untersuche dazu, ob du Argumente aus verschiedenen Perspektiven (Betroffene, politische Akteure, Politisches System) in dein Urteil eingebaut hast.

VERTIEFEN

▲ 2, 3, 4, 6, 7   ▲▼ 1, 2, 3, 4, 5, 6, 7, 8   ▲▼▲ 1, 3, 4, 5, 6, 7, 8

Info — Arbeitsweise des Deutschen Bundestages

Der Deutsche → **Bundestag** ist mit seinen 598 oder mehr Mitgliedern keine riesige Gruppe, die sich gemeinsam trifft und dann diskutiert, bis man sich auf ein Gesetz geeinigt hat. Solche Debatten wären endlos. Außerdem würden die meisten Abgeordneten nicht zu Wort kommen und wären nicht in der Lage ihr Expertenwissen in den Gesetzgebungsprozess einzubringen.

Deshalb werden **Ausschüsse** zu bestimmten Themen gebildet. Dort sitzen Abgeordnete, die sich mit dem Aufgabengebiet des Ausschusses besonders gut auskennen. Sie bearbeiten und diskutieren die Gesetzesvorschläge und geben dann eine Empfehlung für das **Plenum** des Bundestages, also die Versammlung aller Abgeordneten, ab. Hierbei kann zwischen ständigen Ausschüssen, wie z. B. Finanzausschuss, Haushaltsausschuss oder Ausschuss für Arbeit und Soziales, und Sonderausschüssen, die nur zu einem bestimmten Thema gebildet werden, unterschieden werden. Über die Anzahl und die thematische Aufteilung der Ausschüsse verständigen sich die → **Fraktionen** des Bundestages zu Beginn der Legislaturperiode, so bezeichnet man die Zeit zwischen zwei Bundestagswahlen.

Bei den Fraktionen handelt es sich um den Zusammenschluss aller Abgeordneten der gleichen Partei. Das bedeutet beispielsweise, alle Bundestagsabgeordneten der SPD schließen sich zur SPD-Fraktion zusammen. Parteien und Fraktionen sind jedoch nicht dasselbe. Es ist also denkbar, dass sich die Haltung der Bundestagsfraktion einer Partei von der Haltung der Parteiführung unterscheidet.

Die Fraktionen und die Ausschüsse sind die entscheidenden Stützen des Parlamentes. Hier wird die eigentliche Arbeit geleistet. Gesetzesvorschläge werden in den Fraktionen und in den Ausschüssen ausführlich diskutiert, bevor sie in einer Bundestagsdebatte der Öffentlichkeit vorgetragen werden. Mit diesem Hintergrundwissen kann man auch verstehen, warum die Abgeordneten in den Bundestagssitzungen teilweise unaufmerksam sind und anderen Tätigkeiten nachgehen. Sie kennen die eigenen Argumente und die Argumente der gegnerischen Fraktionen bereits aus der Arbeit in den Ausschüssen. In den Plenardebatten des Bundestages geht es vor allem darum, die Öffentlichkeit zu informieren bzw. sich der Öffentlichkeit zu präsentieren.

Artikel 38 des Grundgesetzes schreibt fest, dass die Abgeordneten des Deutschen Bundestags nicht an Weisungen und Aufträge gebunden sind und dass sie bei Entscheidungen nur ihrem Gewissen unterworfen sind. Das bedeutet, dass jede und jeder Abgeordnete bei allen Entscheidungen selbst entscheiden darf, wie und ob sie bzw. er abstimmt. Das wird auch **freies Mandat** genannt. Tatsächlich gilt im Bundestag jedoch in aller Regel der **Fraktionszwang**. Das bedeutet, dass alle Mitglieder einer Fraktion gleich abstimmen. Der Fraktionszwang führt zu Geschlossenheit in den einzelnen Fraktionen und zu klaren Mehrheiten. So kann sich die Regierung „sicher" sein, dass ihre Gesetzesvorhaben, von der parlamentarischen Mehrheit, die ja hinter der Regierung steht, getragen werden. Es muss auch berücksichtigt werden, dass die Abgeordneten sich bei den meisten Gesetzen gar nicht auskennen können. Sie sind in einigen Politikfeldern Spezialisten, verlassen sich in den anderen Feldern aber auf ihre Fraktionskolleginnen und -kollegen. Der Fraktionszwang ermöglicht also auch, dass deutlich mehr Gesetze verabschiedet werden können, weil nicht jede und jeder alles gelesen und verstanden haben muss. Für den Fraktionszwang sprechen also in erster Linie organisatorische Gründe.

Bei besonders umstrittenen Entscheidungen, bei denen es den Fraktionen schwer fällt zu einer gemeinsamen Lösung zu kommen, wird der Fraktionszwang aufgehoben. Beispiele für solche Entscheidungen waren in der Vergangenheit die Änderung des § 218 StGB (Schwangerschaftsabbruch), die Entscheidung über das Gesetz zur Präimplantationsdiagnostik und die Entscheidung über den Umzug der Bundeshauptstadt von Bonn nach Berlin.

3. Der Steuermann und seine Mannschaft – Bundeskanzler und Bundesregierung

Der Bundeskanzler gibt die Richtung vor

Die Bürgerinnen und Bürgern nehmen über die Medien vor allem die Regierung und an ihrer Spitze den jeweiligen Bundeskanzler als zentrale Figur im Politikbetrieb wahr. Wie wird man Bundeskanzlerin oder Bundeskanzler?

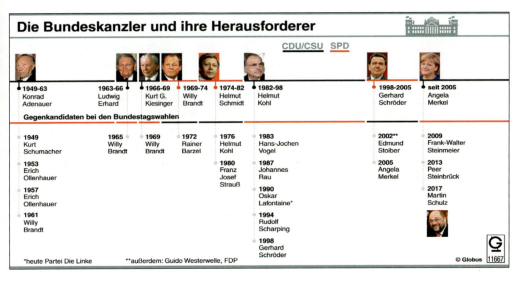

 Wahl der Bundeskanzlerin/des Bundeskanzlers

Alle vier Jahre entscheiden die Bürgerinnen und Bürger Deutschlands neu über ihre Vertretung im Parlament, dem Deutschen Bundestag. Der Bundestag entscheidet dann darüber, wer an der Spitze der Bundesregierung stehen soll. [...] Der Bundespräsident schlägt nach Gesprächen mit den Bundestagsfraktionen eine Kandidatin oder einen Kandidaten für das Amt des Bundeskanzlers vor. [...]
Die Wahl der Bundeskanzlerin oder des Bundeskanzlers läuft nach Artikel 63 des Grundgesetzes ab. Danach wird der Bundeskanzler auf Vorschlag des Bundespräsidenten vom Bundestag ohne Aussprache gewählt wird.
Zu einer erfolgreichen Wahl benötigt die Kanzlerkandidatin oder der Kanzlerkandidat [...] die absolute Mehrheit der Abgeordnetenstimmen. Das heißt, die Hälfte plus mindestens eine Stimme. Man spricht auch von der „Kanzlermehrheit".
Kommt bei der Wahl im ersten Durchgang keine absolute Mehrheit zustande, schließt sich eine zweite Wahlphase an. Der Bundestag hat nun 14 Tage Zeit, eine andere Kandidatin oder einen anderen Kandidaten zum Kanzler zu wählen. Die Zahl der Wahlgänge ist nicht begrenzt. Auch hier ist die absolute Mehrheit notwendig [...].

Ist diese zweite Phase ebenfalls nicht erfolgreich, so muss das Parlament in einer dritten Phase sunverzüglich erneut abstimmen. Gewählt ist dann, wer die meisten Stimmen erhält (relative Mehrheit). [...]

Ist die Bundeskanzlerin oder der Bundeskanzler mit absoluter Mehrheit – also mit der Mehrheit der Mitglieder des Bundestages – gewählt, so muss der Bundespräsident sie oder ihn binnen sieben Tagen nach der Wahl ernennen. Erreicht die oder der Gewählte nur die relative Mehrheit (also die meisten Stimmen), muss der Bundespräsident sie oder ihn entweder binnen sieben Tagen ernennen oder den Bundestag auflösen. [...]

Aus: Homepage der Bundeskanzlerin, Presse- und Informationsamt der Bundesregierung, 2019, Berlin, online: https://www.bundeskanzlerin.de/bkin-de/kanzleramt/wahl-der-bundeskanzlerin [zuletzt: 25.10.2018]

M 29 Wie wird man Bundeskanzlerin oder Bundeskanzler?

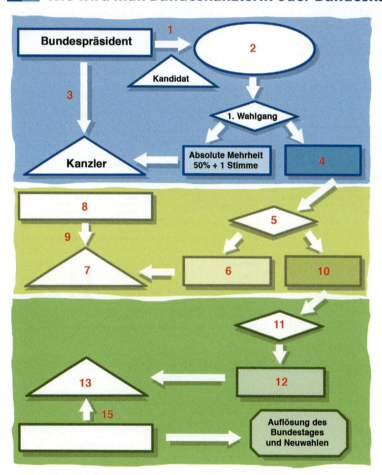

M 30 Wie viel Macht hat Angela Merkel?

Die Kanzlerin hat die Richtlinienkompetenz. Sagt das Grundgesetz. Aber wie mächtig wird Angela Merkel dadurch? [...]

Die Verfassung macht Merkel [...] mächtig. Und wenn man richtig damit umgeht, dann kann man Krisen der eigenen Machtausübung schon durchstehen.

Ein Krisenindikator ist stets, dass plötzlich das R-Wort häufiger als sonst durch die Medien geistert: die Richtlinienkompetenz, das Recht des Kanzlers, die Richtlinien der Politik zu bestimmen. Steht so im Artikel 65 des Grundgesetzes. [...]

Nun ist das freilich mit dem Recht, die Richtlinien zu bestimmen, so eine Sache. Denn Kanzler sind keine Regimentsobristen, die einfach mal befehlen, was zu sein hat und was nicht. Und die Minister sind keine Untergebenen. [...] Und der Kanzler, der einem Minister den besagten Grundgesetzartikel unter die Nase hält oder ihn im Kabinett ausdrücklich daran erinnert, vor allen anderen, würde so nur seine Schwäche erkennen lassen. Die Richtlinienkompetenz ist ein Recht, das nur indirekt wirkt. [...] In Koalitionen ist es ohnehin schwierig. [...] Kein Kanzler kann bestimmen, wen der Koalitionspartner zu Ministern macht. Selbst in der eigenen Partei muss er oder sie auf Fraktion und Landesverbände achten.

Aber es gibt Mittel und Wege, die Richtlinienkompetenz ohne Machtworte oder drastische Aktionen auszuüben. [Der Politikwissenschaftler] Hennis verwies auf das Recht des Kanzlers, die Geschäfte zu führen. Wenn ein Minister also nicht fähig oder nicht willens ist, Richtlinien umzusetzen, so kann man ihm auch einen Geschäftsbereich entziehen. [...] Zur Machtausstattung des Kanzlers gehört auch das Recht auf Information. Die Minister müssen alles, was im Rahmen der Richtlinien von Bedeutung ist, der Regierungschefin via Kanzleramt mitteilen. [...] Die Ultima Ratio, [d. h. das letzte Mittel], die sich aus der Richtlinienkompetenz ergibt, schrieb Hennis einst, sei die Entlassung eines Ministers. Aber auch hier kann ein Kanzler, kann eine Kanzlerin die Machtmittel so einsetzen, dass es letztlich zu einem Rücktritt kommt – oder zur Wiederannäherung des Betroffenen an die Richtlinien. [...]

Aber auch für [ganz schwierige] Lagen gibt das Grundgesetz dem Kanzler ein Mittel an die Hand. Es ist die Vertrauensfrage nach Artikel 68. Sie muss noch nicht einmal mit einem Sachthema verbunden sein. [...]

Aus: Funk, Albert: Wie viel Macht hat Angela Merkel?, Tagesspiegel online vom 23.11.2015, online: http://www.tagesspiegel.de/politik/die-kanzlerin-und-die-richtlinienkompetenz-wie-viel-macht-hat-angela-merkel/12627224.html [zuletzt: 30.08.2018]

M31 Regierungsstile

M 32 Wie wird man einen Bundeskanzler wieder los? – Konstruktives Misstrauensvotum

Das Parlament kann jedoch der Regierungschefin oder dem Regierungschef das Misstrauen aussprechen und sie oder ihn abwählen. Allerdings müssen die Abgeordneten gleichzeitig eine Nachfolgerin oder einen Nachfolger wählen. [...]
In der Geschichte der Bundesrepublik gab es bislang mit Helmut Kohl nur einen einzigen Anwärter, der durch dieses konstruktive Misstrauensvotum ins Amt kam. 1982 wurde er als Nachfolger von Helmut Schmidt gewählt. [...]

Aus: Homepage der Bundesregierung, Presse- und Informationsamt der Bundesregierung, 2019, Berlin, online: https://www.deutschland-kann-das.de/dekd/politik/aktuelles/wahl-der-bundeskanzlerin-des-bundeskanzlers-346690 [zuletzt: 25.10.2018]

M 33 Wie wird man einen Bundeskanzler wieder los? – Die Vertrauensfrage

In Artikel 68 des Grundgesetzes heißt es: „Findet ein Antrag des Bundeskanzlers, ihm das Vertrauen auszusprechen, nicht die Zustimmung der Mehrheit der Mitglieder des Bundestages, so kann der Bundespräsident auf Vorschlag des Bundeskanzlers binnen einundzwanzig Tagen den Bundestag auflösen. Das Recht zur Auflösung erlischt, sobald der Bundestag mit der Mehrheit seiner Mitglieder einen anderen Bundeskanzler wählt."
Die Vertrauensfrage ist ein Mittel des Regierungschefs, sich der Mehrheit des Parlaments zu versichern. Spricht die Mehrheit der Bundestagsabgeordneten dem Kanzler das Vertrauen aus, setzt die Regierung ihre Arbeit fort.
Findet der Antrag nicht die Zustimmung der Mehrheit, sind mehrere Szenarien möglich:
Der Bundespräsident kann auf Vorschlag des Bundeskanzlers den Bundestag auflösen. In diesem Fall finden innerhalb von 60 Tagen Neuwahlen statt.
Der Bundespräsident ist allerdings nicht zur Auflösung des Parlaments verpflichtet. Lehnt er diese ab, ist der Bundeskanzler genötigt, sich eine neue Mehrheit zu suchen, die Arbeit an der Spitze einer Minderheitsregierung fortzusetzen oder zurückzutreten.
Schließlich kann der Bundestag auch mit einer absoluten Mehrheit einen neuen Kanzler wählen. [...] Weil im Hintergrund stets die Möglichkeit der Bundestagsauflösung steht, dient die Vertrauensfrage einem Regierungschef aber auch als Druckmittel zur Disziplinierung seiner Koalition. Der Kanzler kann die Abgeordneten vor die Wahl stellen: zwischen ihm selbst und seiner Politik einerseits und Neuwahlen andererseits. Letztere sind für viele Parlamentarier nicht sonderlich attraktiv, weil ihnen der vorzeitige Verlust ihres Mandats droht. [...]

Aus: Sarovic, Alexander: Merkel könnte die Vertrauensfrage stellen – was heißt das?, in: Spiegel Online vom 26.09.2018, online: http://www.spiegel.de/politik/deutschland/angela-merkel-koennte-jetzt-die-vertrauensfrage-stellen-was-heisst-das-a-1230180.html [zuletzt: 29.09.2018]

EINSTEIGEN

1. Recherchiere mithilfe der Arbeitstechnik „Informationen im Internet recherchieren" (S. 336) Angaben zu den einzelnen Bundeskanzlern (M 27, S. 101).

2. Lege im Heft eine Liste von 1 bis 15 an und beschrifte mithilfe von M 28 (S. 101 f.) und M 29 (S. 102) die Ziffern entsprechend dem Ablauf der Wahl zum Bundeskanzler. Vergleiche deine Ergebnisse anschließend mit einer Mitschülerin/einem Mitschüler.

3. **a)** Kläre mithilfe eines Wörterbuchs oder des Internets schwierige Begriffe aus M 30 (S. 102 f.), wie z. B. Krisenindikator, Regimentsobrist, Kabinett, Koalition, drastisch, Ultima Ratio usw.
   b) Fasse die Antwort des Textes M 30 (S. 102 f.) auf die Frage, wie viel Macht Angela Merkel hat, in eigenen Worten zusammen. Verwende dazu auch Info 4 (S. 108).

WEITER-ARBEITEN

4. Interpretiere die Karikatur M 31 (S. 103) mithilfe der Arbeitstechnik „Karikaturen analysieren" (S. 345).

5. **a)** Vergleiche das konstruktive Misstrauensvotum (M 32, S. 104) und die Vertrauensfrage (M 33, S. 104): Worin liegen die grundsätzlichen Unterschiede? Verwende dazu auch Info 4 (S. 108).
   b) Diskutiert in Kleingruppen die These: „Das konstruktive Misstrauensvotum und die Regelung der Vertrauensfrage stärken die Stellung des Bundeskanzlers und der Bundesregierung."

VERTIEFEN

▲ 1, 2, 4, 5a   ▲▼ 1, 2, 3, 4, 5a   ▲▼▲ 2, 3, 4, 5

Gemeinsames Regieren im Bundeskabinett

Der Bundeskanzler ist kein Einzelkämpfer. Nach seiner Wahl schlägt er dem Bundespräsidenten Bundesministerinnen und Bundesminister zur Ernennung vor, mit denen er die Regierung bildet. Natürlich muss er dabei viele Wünsche der eigenen Partei und in der Regel auch des Koalitionspartners berücksichtigen. Wie arbeitet die Bundesregierung zusammen?

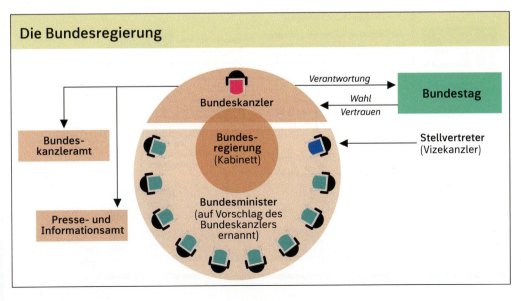

M 35 Bildung der Bundesregierung

Die Bundesregierung besteht aus dem Bundeskanzler und den Bundesministern, die zusammen das Kabinett bilden. Der Bundeskanzler wird auf Vorschlag des Bundespräsidenten vom Bundestag gewählt. Die Bundesminister werden auf Vorschlag des Bundeskanzlers vom Bundespräsidenten ernannt. In der politischen Praxis geht die Regierungsbildung der Wahl des Bundeskanzlers voraus. Der designierte (vorgesehene) Kanzler, bisher immer Führer der stärksten Fraktion, handelt zusammen mit den an der Regierung teilnehmenden Parteien (Koalitionspartnern) das Regierungsprogramm aus und legt Anzahl und Zuständigkeitsbereiche der Bundesminister fest. Er überlässt ihnen bestimmte Kabinettssitze und deren personelle Besetzung. Ebenso muss er darauf achten, dass wichtige Gruppen und Strömungen seiner eigenen Partei, starke Landesverbände und nicht zuletzt Frauen bei der Verteilung der Ministerposten angemessen berücksichtigt werden.

Aus: Pötzsch, Horst: Die Deutsche Demokratie. 5. überarbeitete und aktualisierte Auflage, Bonn: Bundeszentrale für politische Bildung 2009, S. 105, online: www.bpb.de/politik/grundfragen/deutsche-demokratie/39365/bundesregierung?p=all [zuletzt: 30.08.2018]

M 36 Gestaltungsprinzipien der Bundesregierung

Prinzip	Bedeutung
1. Kanzlerprinzip	a) Die Regierung beschließt und berät gemeinsam über alle Gesetzesvorhaben und entscheidet bei Streitigkeiten zwischen einzelnen Ministerinnen/Ministern gemeinsam.
2. Ressortprinzip	b) Der Bundeskanzler/die Bundeskanzlerin bestimmt die Richtlinien der Politik und trägt die Verantwortung
3. Kollegialprinzip	c) Innerhalb der Richtlinien des Kanzlers leitet jede Ministerin/jeder Minister sein Ressort, d.h. seinen Bereich, eigenständig.

M 37

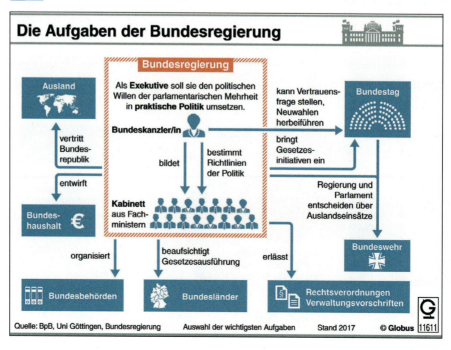

M38 Die Schaltzentrale des Bundeskanzlers

Das Bundeskanzleramt ist wie die Bundesministerien eine oberste Bundesbehörde. Als zentrale Koordinierungsstelle für die gesamte Regierungspolitik hat es eine herausragende politische Bedeutung. Das Amt steht im ständigen Kontakt zu den Ministerien und anderen Bundesbehörden, so dass es den Bundeskanzler jederzeit über deren Arbeit informieren kann.
Im Kanzleramt werden die Aufgabengebiete sämtlicher Ministerien begleitend bearbeitet. Weil sich das in der Struktur der Arbeitseinheiten des Amtes abbildet, spricht man auch von so genannten Spiegelreferaten.
Aufgabe dieser Spiegelreferate ist es, über alle wesentlichen Angelegenheiten „ihrer" Ressorts auf dem Laufenden zu sein oder sich in kurzer Zeit informieren zu lassen: So erfüllen die Spiegelreferate eine Art Scharnierfunktion zwischen den einzelnen Ressorts auf der einen Seite sowie Bundeskanzler und Bundeskanzleramt auf der anderen Seite.
Den Spiegelreferaten obliegt es, alle Vorgänge aus einem Ressort zur Information für etwaige Entscheidungen durch Bundeskanzler und Bundeskabinett aufzubereiten. Umgekehrt begleiten und fördern sie die Entscheidungen des Bundeskanzlers und des Bundeskabinetts gegenüber „ihren" Ressorts.
In Form der Spiegelreferate ist die Bundesregierung in der Regierungszentrale in stark verkleinerter Form noch einmal als Ganzes nachgebildet. Diese Konstruktion ist entscheidend für die Kompetenz und Effizienz des Amts, denn auf diese Weise kann der Bundeskanzler die Einhaltung seiner Richtlinienkompetenz gegenüber den Ministerien kontrollieren und etwa bei Kabinettsberatungen seinen Ressortministerinnen und -ministern mit der erforderlichen Detailkenntnis begegnen.
Im Kanzleramt werden die Sitzungen und die Beschlüsse des wöchentlich tagenden Bundeskabinetts vorbereitet. Die Beantwortung sämtlicher Anfragen des Bundestages an die Bundesregierung wird von hier aus koordiniert.
Das Amt hat damit auch die Funktion eines Sekretariats für die Bundesregierung. Die Fülle seiner Aufgaben und die direkte Zuarbeit für den Bundeskanzler verleihen dem Amt eine zentrale Stellung im politischen Gefüge unseres Landes. Es ist deshalb nicht übertrieben, das Bundeskanzleramt als die „Schaltzentrale" der Regierungspolitik zu bezeichnen.

Aus: Homepage medienwerkstatt Wissenskarten der Medienwerkstatt Mühlacker 2019, Das Bundeskanzleramt, online: http://www.medienwerkstatt-online.de/lws_wissen/vorlagen/showcard.php?id=4307&edit=0 [zuletzt: 21.09.2018] Text mit freundlicher Genehmigung der Internetredaktion des Presse- und Informationsamtes der Bundesregierung

---

EINSTEIGEN

1. Beschreibe das Schaubild M34 (S. 105) mit eigenen Worten.

2. Arbeite aus M35 (S. 106) heraus, was der Bundeskanzler bei der Bildung seiner Bundesregierung alles berücksichtigen muss.

3. In M36 (S. 106) ist etwas durcheinander geraten. Ordne den drei Prinzipien (Kanzlerprinzip, Ressortprinzip, Kollegialprinzip) die passende Bedeutung zu. Verwende dazu auch Info 4 (S. 108).

WEITER-ARBEITEN

4. a) Beschreibe das Schaubild M37 (S. 106) einer Mitschülerin oder einem Mitschüler.
   b) Recherchiert zu dritt zu jeder Aufgabe der Bundesregierung (M37, S. 106) möglichst aktuelle Mitteilungen in der Presse. Nutze dazu die Arbeitstechnik „Informationen im Internet recherchieren" (S. 344 f.).

VERTIEFEN

5. Beurteile mithilfe von M 38 (S. 107) den Stellenwert des Bundeskanzleramts für einen Bundeskanzler.

6. a) Recherchiere mithilfe der Arbeitstechnik „Informationen im Internet recherchieren" (S. 344 f.) die Funktionen und Aufgaben des Presse- und Informationsamts.
b) Beurteile den Stellenwert des Presse- und Informationsamtes für einen Bundeskanzler im Vergleich zum Bundeskanzleramt.

▲ 1, 2, 3, 4   ▲▼ 1, 2, 3, 4a, 5   ▲▼▲ 1, 2, 3, 4a, 5, 6

Info 4 Bundeskanzler und Bundesregierung

Die → **Bundesregierung** besteht aus dem → **Bundeskanzler** sowie den Bundesministerinnen und -ministern. Zusammen werden sie auch als Kabinett bezeichnet. In der ersten Sitzung des neuen → **Bundestags** nach einer Bundestagswahl wird auf Vorschlag des Bundespräsidenten der neue Bundeskanzler gewählt. Bundeskanzler kann in den ersten beiden Wahlgängen nur werden, wer die **absolute Mehrheit** der Mitglieder des Bundestags hinter sich hat. Das bedeutet, dass mehr als die Hälfte der Mitglieder des Bundestags für diese Kandidatin bzw. diesen Kandidaten ihre Stimme abgeben müssen. Falls dies nicht der Fall ist, kommt es zu einem dritten Wahlgang, in welchem dann auch eine **einfache Mehrheit** zur Kanzlerwahl ausreicht. Sollte der Bundeskanzler während der → **Legislaturperiode** die Unterstützung der Mehrheit des Bundestags verlieren, so besteht die Möglichkeit eine Ersatzkandidatin bzw. einen Ersatzkandidaten zu wählen. Man spricht dann vom → **konstruktivem Misstrauensvotum**. Das Misstrauensvotum wird als konstruktiv bezeichnet, weil die Abwahl eines Bundeskanzlers nur möglich ist, wenn gleichzeitig eine Ersatzkandidatin bzw. ein Ersatzkandidat gewählt wird. Der Bundestag kann die Regierung also nicht abwählen, ohne gleichzeitig einen neuen Bundeskanzler zu wählen. Zu einer ähnlichen Situation kann es jedoch auch kommen, wenn der Bundeskanzler dem Bundestag die → **Vertrauensfrage** stellt. Mit der Vertrauensfrage will der Bundeskanzler überprüfen, ob die Mehrheit des Bundestags hinter der Politik der Bundesregierung steht. Das bedeutet, dass die Mehrheit des Bundestags in einer solchen Abstimmung dem Kanzler das Vertrauen aussprechen müsste. Trifft dies zu, so gewinnt der Bundeskanzler die Vertrauensfrage und alles bleibt beim Alten. Verliert der Bundeskanzler die Vertrauensfrage hingegen, so kann der Bundespräsident auf Vorschlag des Bundeskanzlers den Bundestag auflösen; dann kommt es zu Neuwahlen. Diese Auflösung des Bundestags kann der Bundestag nur verhindern, indem er innerhalb einer Frist von 21 Tagen einen neuen Bundeskanzler wählt. Die Bundesregierung sorgt dafür, dass die beschlossenen Gesetze umgesetzt werden. Sie arbeitet dabei nach drei Prinzipien. Das oberste Prinzip ist das → **Kanzlerprinzip**. Es beruht auf der sogenannten **Richtlinienkompetenz**. Der Bundeskanzler bestimmt laut Grundgesetz die Richtlinien der Politik und trägt dafür die Verantwortung. Das bedeutet, dass der Bundeskanzler zum Beispiel in der Außenpolitik vorgibt, mit welchen anderen Staaten besonders enge Beziehungen gepflegt werden sollen. Die Ministerinnen und Minister arbeiten nach dem → **Ressortprinzip**. Das bedeutet, dass jede Ministerin und jeder Minister in ihrem bzw. seinem Ressort oder Ministerium entscheiden kann. Sollten zwei Ministerien von einem Problem betroffen sein, so entscheidet bei Unstimmigkeiten das → **Kollegialprinzip**. Bei Streitigkeiten wird also im Kabinett nach einer gemeinsamen Lösung gesucht.

4. Der „erste Mann" im Staat? – Der Bundespräsident

Höchste politische Würden

Der Bundespräsident hat laut dem Grundgesetz, noch vor dem Bundestagspräsidenten und dem Bundeskanzler, das oberste politische Amt im Staat inne. Er hat eine Vielzahl von Aufgaben. Doch hat der Bundespräsident als Träger des obersten Amtes auch den stärksten politischen Einfluss?

M 39 Wahl und ausgewählte Aufgaben des Bundespräsidenten

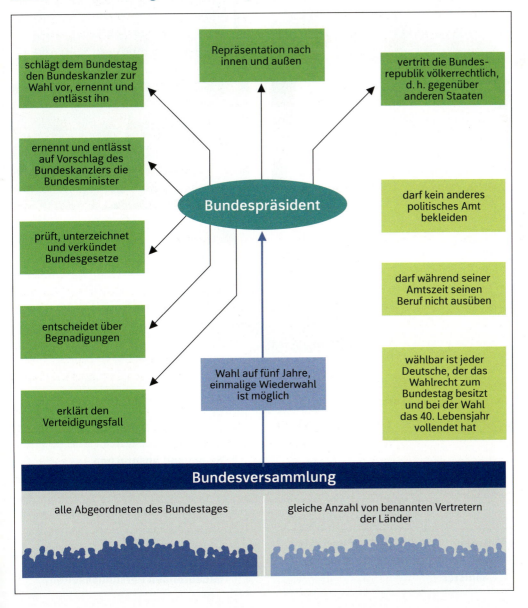

M40 Tätigkeiten des Bundespräsidenten

A Empfang von ausländischen Staatsgästen

B Verleihung von Orden und Ehrungen

C Ernennt und entlässt auf Vorschlag des Bundeskanzlers die Bundesminister

D Ehrenpatenschaft für das 7. Kind einer Familie

E Reden und Ansprachen

G Unterzeichnung von Gesetzen

F Staatsakte (z. B. Begräbnisse von bedeutenden Persönlichkeiten)

4. Der „erste Mann" im Staat? – Der Bundespräsident **111**

M 41 Die bisherigen Bundespräsidenten der Bundesrepublik Deutschland

Die Präsidenten der Bundesrepublik Deutschland

Theodor Heuss (FDP) 1949 – 1959	Heinrich Lübke (CDU) 1959 – 1969	Gustav Heinemann (SPD) 1969 – 1974	Walter Scheel (FDP) 1974 – 1979	Karl Carstens (CDU) 1979 – 1984	Richard v. Weizsäcker (CDU) 1984 – 1994	

Roman Herzog (CDU) 1994 – 1999	Johannes Rau (SPD) 1999 – 2004	Horst Köhler (CDU) 2004 – 2010	Christian Wulff (CDU) 2010 – 2012	Joachim Gauck (parteilos) 2012 – 2017	Frank-Walter Steinmeier (SPD) ab 2017	

Quelle: Bundespräsidialamt

PERLEN IM NETZ
https://www.planet-schule.de/wissenspool/staat-klar/inhalt/unterricht/der-bundespraesident.html#

In der Reihe „Staat-Klar!" bietet planet schule, das Gemeinschaftsprojekt von SWR und WDR, einen 15-minütigen Infofilm zum Amt des Bundespräsidenten.

1. Arbeite aus M 39 (S. 109), Info 5 (S. 116) und der Perle im Netz (S. 111) heraus,
   a) welche Voraussetzungen man erfüllen muss, um Bundespräsident zu werden.
   b) wie der Bundespräsident gewählt wird.
   c) wie viele Jahre die Amtsdauer des Bundespräsidenten beträgt.
   d) was mit dem Amt des Bundespräsidenten nicht vereinbar ist.

EINSTEIGEN

2. Ordne den Bildern (M 40, S. 110) die passenden Aufgaben A bis F zu.

3. Wähle einen der bisherigen Bundespräsidenten aus M 41 (S. 111) aus und erstelle ein Porträt. Benutze dazu die Arbeitstechnik „Informationen im Internet recherchieren" (S. 336) Gehe dabei auf folgende Punkte ein:
   a) wichtigste biografische Daten,
   b) Beginn und Ende seiner Amtszeit als Bundespräsident,
   c) politischen Ämter die er vorher bzw. nachher innehatte,
   d) wichtige Amtshandlungen (z. B. Konflikte mit anderen Staatsorgangen),
   e) wichtige Themen, für die er sich einsetzte (z. B. in Reden).

WEITER-ARBEITEN

4. Stell dir vor, dass in einem Blog eine Diskussion über die Bedeutung des Bundespräsidenten in der Bundesrepublik tobt. Es wird in einem Beitrag geschrieben, dass der Bundespräsident ja nur ein „Grüßaugust" und deshalb kein besonders bedeutendes politisches Amt sei. Positioniere dich dazu.

VERTIEFEN

 1, 2, 3   1, 2, 3, 4   1, 2, 3, 4

Soll der Bundespräsident direkt gewählt werden?

Immer dann, wenn die Bundesversammlung eine Bundespräsidentin oder einen Bundespräsidenten wählen soll, kommt die Diskussion um eine Direktwahl des Bundespräsidenten durch das Volk auf. Was würde sich ändern? Was spricht dafür und was dagegen?

M 42 Pro und Kontra zur Direktwahl des Bundespräsidenten

[...] „Wir bräuchten endlich einen offenen Wettbewerb um das Amt des Bundespräsidenten. Wir sind seit Langem mit einer steigenden Politikverdrossenheit konfrontiert. Den Wunsch vieler Bürgerinnen und Bürger, sich mehr einzumischen, mehr mitzuentscheiden über politische Belange, sollte man als Angebot, nicht als Drohung wahrnehmen. Politische Beteiligung ist nicht statisch für alle Zeiten festgelegt, sondern eben auch den Veränderungen in politischen Willens- und in meinungsbildenden Prozessen unterworfen. Diesem Anliegen sollte Rechnung getragen werden." [...]

Josef Winkler (seit 2002 Abgeordneter des Deutschen Bundestags für die Partei Bündnis90/Die Grünen)
Aus: Homepage von politik & kommunikation, online: http://www.politik-kommunikation.de/ressorts/artikel/pro-kontra/volkswahl-des-bundespraesidenten [zuletzt: 21.10.2018]

Gäbe es eine Direktwahl des Bundespräsidenten, entstünde eine monatelange, polarisierende Wahlkampfsituation, die die Menschen spalten würde. Könnte ein Präsident, der sich in einem intensiven Wahlkampf durchgesetzt hat, die Herzen der Bevölkerung erobern? Die Verfassungsväter und -mütter des Grundgesetzes wollten, dass der Bundespräsident möglichst in der gesamten Bevölkerung akzeptiert wird, weshalb auch vorgeschrieben ist, dass in der Bundesversammlung der Präsident ohne Aussprache gewählt wird. [...]

Gerd Langguth (Professor für Politikwissenschaft an der Universität Bonn)
Aus: Homepage von politik & kommunikation, online: http://www.politik-kommunikation.de/ressorts/artikel/pro-kontra/volkswahl-des-bundespraesidenten [zuletzt: 21.10.2018]

[...] Würde der Bundespräsident direkt vom Volk gewählt, müsste es zu einem echten Wahlkampf kommen. Und wer hat das Geld, einen solchen Wahlkampf zu finanzieren? Parteien und Lobbyisten. Parteien würde also wieder ihre eigenen Funktionäre aufstellen, Lobbyisten ihre. Und wieder würde nicht der Kandidat, der für das Amt am besten geeignet wäre, ins Schloss Bellevue [dem Amtssitz des Bundespräsidenten] einziehen, sondern der, dessen Kampagne den besten und strategisch klügsten Financier findet. [...]

Aus: Soll das Volk entscheiden?, in: Stern online vom 01.07.2010, online: http://www.stern.de/politik/deutschland/pro-und-contra-zur-bundespraesidentenwahl-soll-das-volk-entscheiden--3284156.html [zuletzt: 21.10.2016]

Die meisten Deutschen wissen nicht, wie der Bundespräsident gewählt wird. Sie wissen auch nicht, wer in der Bundesversammlung sitzt. Der Bundespräsident wird also von einer Versammlung gewählt, die weitgehend unbekannt ist und zum überwiegenden Teil nur indirekt gewählt ist. Identifizieren kann man sich mit so einem Gremium und dessen Entscheidung nicht.
Der Verein „Mehr Demokratie", stellt fest: „Mit der Direktwahl würden sich Erwartungen an den Bundespräsidenten richten, die mit dem Amt nicht erfüllbar sind. Damit wird lediglich die Illusion von mehr Bürgerbeteiligung geschaffen."

Aus: Bundespräsidenten direkt wählen?, in: Schweriner Volkszeitung online vom 10.06.2016, online: http://www.svz.de/incoming/bundespraesidenten-direkt-waehlen-id13948097.html [zuletzt: 17.01.2017]

Wer die Bürger an die Urnen ruft, gibt ihnen das Gefühl, es gehe um Wichtiges. Daher wäre eine Direktwahl des Bundespräsidenten Betrug am Wähler. Man würde dem Volk [vormachen], Großes sei zu entscheiden – dabei ginge es nur darum, wer Gesetze unterschreiben, rote Teppiche beschreiten und Grundsatzreden halten darf. Eine Direktwahl wäre viel Lärm um wenig, eine Mogelpackung. [...]

Aus: Kamann, Matthias: Direktwahl des Bundespräsidenten – Contra, in: Berliner Morgenpost vom 07.03.2004, online: http://www.morgenpost.de/printarchiv/politik/article103435678/Direktwahl-des-Bundespraesidenten-Contra.html [zuletzt: 17.01.2017]

M43 Rollenkarten

Frau Schmidt/Herr Schmidt
Du bist eine Bürgerin/ein Bürger, die/der sich für mehr Partizipation aller einsetzt. Deshalb plädierst du für die Direktwahl des Bundespräsidenten. Du siehst darin eine Möglichkeit, der Politikverdrossenheit entgegenzuwirken. Die Bürgerinnen und Bürger würden dann wieder größeres Interesse an der Politik haben, weil sie mitbestimmen dürfen. Schließlich werden ja auch Bürgermeister und die Hälfte der Bundestagsabgeordneten direkt gewählt. Warum also nicht auch der Bundespräsident?
Überlege, welche weiteren Argumente du für die Direktwahl vorbringen kannst.

Frau Müller/Herr Müller
Du bist eine Bürgerin/ein Bürger und bist gegen eine Direktwahl des Bundespräsidenten. Denn dann würde noch mehr Geld für Wahlkämpfe ausgegeben werden. Außerdem würde das Ansehen des Bundespräsidenten in Deutschland und in der Welt beschädigt werden, wenn er nur ganz knapp gewinnen würde.
Überlege, welche weiteren Argumente du gegen die Direktwahl vorbringen kannst.

Frau Meier/Herr Meier
Du bist Abgeordnete/Abgeordneter im Deutschen Bundestag. Du bist gegen eine Direktwahl des Bundespräsidenten. Die Mütter und Väter des Grundgesetzes haben deiner Meinung nach die richtigen Schlüsse aus der Geschichte Deutschlands gezogen. Außerdem hat das politische System in der Bundesrepublik seit 1949 gut funktioniert. Wenn man jetzt den Bundespräsidenten durch die Direktwahl eine größere Legitimation zukommen lässt, will er sicherlich auch mehr Macht bekommen. Das bringt das politische System ins Wanken.
Überlege, welche weiteren Argumente du gegen die Direktwahl vorbringen kannst.

Frau Hansen/Herr Hansen
Du bist Abgeordnete/Abgeordneter im Deutschen Bundestag. Du bist für die Direktwahl des Bundespräsidenten. Du findest das Wahlverfahren sei nicht transparent. Überraschungen gäbe es nicht. Bisher habe immer die Kandidatin bzw. der Kandidat gewonnen, deren bzw. dessen Lager schon rechnerisch die Mehrheit in der Bundesversammlung hat. Die bisherigen Wahlen sind somit aus deiner Sicht sinnlos.
Überlege, welche weiteren Argumente du für die Direktwahl vorbringen kannst.

> **Frau Romer/Herr Romer**
> Du moderierst die Talkshow „Klartext" zum heutigen Thema „Soll der Bundespräsident direkt gewählt werden?". Du hast sowohl zwei Befürworterinnen/Befürworter als auch zwei Gegnerinnen/Gegner der Direktwahl eingeladen und willst den Zuschauerinnen und Zuschauern einen guten Schlagabtausch liefern. Dazu brauchst du provokative Fragen. Zum Beispiel:
> – Warum verweigern Sie den Bürgerinnen und Bürgern die Möglichkeit ihr Staatsoberhaupt selbst zu wählen?
> – Würde eine Direktwahl nicht auch zu einem größeren Interesse an der Politik führen?
> – Besteht bei einer Direktwahl des Bundespräsidenten nicht die Gefahr eines Dauerwahlkampfs?

EINSTEIGEN

1. a) Schreibe zunächst in Einzelarbeit ohne die Materialien durchzulesen auf ein Stück Papier, ob du eher für oder eher gegen eine Direktwahl des Bundespräsidenten durch das Volk anstatt der Wahl durch die Bundesversammlung bist. Begründe deine Position mit möglichst vielen Argumenten.
   b) Legt eure Statements auf der linken Seite einer Positionslinie (siehe Unterrichtsmethode „Positionslinie", S. 244) an der Stelle ab, wo ihr euch selber positioniert. Das eine Ende steht für eine Direktwahl des Bundespräsidenten, das andere gegen eine Direktwahl des Bundespräsidenten.

WEITER-ARBEITEN

2. a) Ordnet in Partnerarbeit die Argumente aus M 42 (S. 112 f.) der Pro- oder der Kontra-Seite zu.

Pro (für die Direktwahl des Bundespräsidenten)	Kontra (gegen die Direktwahl des Bundespräsidenten)

   b) Bringt die Argumente jeder Seite in eine Reihenfolge von sehr überzeugend bis wenig überzeugend.
   c) Vergleicht eure Reihenfolge mit der Reihenfolge eines anderen Paares. Welche Argumente habt ihr gleich bewertet, welche unterschiedlich? Tauscht euch darüber aus, warum.

3. Führt mithilfe der Rollenkarten (M 43, S. 113 f.) eine Talkshow (siehe Unterrichtsmethode „Talkshow", S. 115) durch.

VERTIEFEN

4. a) Schreibe, nachdem du die Materialien mithilfe der Aufgaben bearbeitet hast, ein erneutes Statement zur Frage der Direktwahl des Bundespräsidenten.
   b) Legt eure Statements jetzt auf der rechten Seite einer Positionslinie (z. B. Klebestreifen oder Seil) an der Stelle ab, wo ihr euch selber positioniert (siehe Unterrichtsmethode „Positionslinie", S. 244).
   c) Vergleicht das Ergebnis aus Aufgabe 1 b) mit der neuen Positionslinie. Hat sich etwas verändert? Warum oder warum nicht?

d) Vergleiche dein Statement aus Aufgabe 1a) mit dem Statement aus 3a). Welche neuen Argumente hast du in deine Begründung eingebaut?

▲ 1, 2, 4   ▲▼ 1, 2, 3, 4   ▲▼▲ 1, 2, 3, 4

Talkshow

Unterrichtsmethode

Ihr kennt Talkshows sicherlich aus dem Fernsehen. In einer Talkshow im Unterricht geht es genau wie im Fernsehen darum, ein Thema aus unterschiedlichen Perspektiven zu beleuchten. Jede Seite bringt entsprechende Argumente vor und versucht, die Argumente der anderen Seite zu entkräften.

Phase 1: Vorbereitung der Talkshow
Zunächst werden die entsprechenden Rollen durch einzelne Gruppen vorbereitet. Dazu solltet ihr euch eine Reihe von Argumenten für eure Position überlegen. Außerdem ist es hilfreich, wenn ihr darüber nachdenkt, wie ihr die Argumente der Gegenseite entkräften könnt.

Phase 2: Durchführung der Talkshow
Jede Gruppe bestimmt eine oder einen, die bzw. der für sie an der Talkshow teilnimmt. Die Moderatorin/der Moderator begrüßt die Gäste sowie die Zuschauerinnen und Zuschauer der Talkshow. Dann führt die Moderatorin/der Moderator zunächst in das Thema ein und fordert die Gäste nacheinander auf, ein Eingangsstatement zu formulieren. Anschließend steuert sie/er durch Fragen den Ablauf der Talkshow. Die Moderatorin/der Moderator sollte darauf achten, dass beide Seiten gleichmäßig zu Wort kommen und dass sie/er selbst nicht für eine der Positionen wirbt, sondern sich neutral verhält.
Die Zuschauerinnen und Zuschauer sind nicht unbeteiligt. Sie beobachten jeweils einen der Talkgäste oder die Moderatorin/den Moderator aufmerksam und machen sich entsprechende Notizen für die Auswertung.

Phase 3: Auswertung/Reflexion der Talkshow
Um die Rolle zu verlassen, können die Talkshowteilnehmenden zunächst die Schilder mit ihren fiktiven Namen – wenn vorhanden – zerknüllen und in den Papierkorb werfen oder entsprechende Requisiten ablegen. Dann berichten sie, wie sie sich in der Situation gefühlt haben und wie es ihnen gelungen ist, sich in ihre Rolle hineinzuversetzen.
Anschließend beschreiben die Mitschülerinnen und -schüler, die die Talkshow beobachtet haben, was sie gesehen haben. Geht in der Auswertung auf folgende Fragen ein:
- Welche Argumente haben besonders beeindruckt, haben zu einem Überdenken der eigenen Position, einer Änderung des eigenen Urteils geführt?
- Wie haben sich die Handelnden in ihren vorgegebenen Rollen verhalten? Konnten sie ihren Rollen überzeugend darstellen?
- Was war überzeugender: Argument oder Art und Geschick des Vortrags?
- Welche wichtigen Argumente wurden in der Talkshow nicht genannt?

Info 5 · Der Bundespräsident

Der → **Bundespräsident** ist das Staatsoberhaupt der Bundesrepublik Deutschland. Er hält sich aus dem politischen Alltagsgeschäft jedoch weitgehend heraus.

Die zentrale Aufgabe des Bundespräsidenten ist die **Repräsentation**, d.h. er handelt stellvertretend für die ganze Bundesrepublik. Er repräsentiert die Bundesrepublik Deutschland, indem er z.B. Ehrungen vornimmt, Staatsbesuche im Ausland macht, in Deutschland Staatsbesucherinnen und Staatsbesucher aus dem Ausland empfängt oder bei wichtigen Veranstaltungen eine Rede hält. Die zweite zentrale Aufgabe ist die Integration, d.h. der Einbezug aller Menschen. Er soll also zwischen verschiedenen gesellschaftlichen Gruppen und auch zwischen den verschiedenen politischen Lagern integrierend, d.h. zusammenführend wirken. Durch Reden und Interviews kann er auf Probleme in unserer Gesellschaft, z.B. Kinderarmut oder Gewalt, hinweisen.

Eine weitere zentrale Aufgabe hat der Bundespräsident im **Gesetzgebungsprozess**. Hier prüft er am Ende des Verfahrens, ob das vorliegende → **Gesetz** dem → **Grundgesetz** entspricht, bevor er es veröffentlicht. Erst nach dieser Veröffentlichung durch den Bundespräsidenten ist das Gesetz gültig. Bei verfassungsrechtlichen Bedenken werden die Gesetze in der Regel an das → **Bundesverfassungsgericht** überwiesen.

Neben diesen Aufgaben ist der Bundespräsident die **völkerrechtliche Vertretung** der Bundesrepublik Deutschland. Das bedeutet, dass er Verträge mit anderen Staaten unterschreibt und diese Verträge somit gültig werden.

Außerdem schlägt der Bundespräsident nach der → **Bundestagswahl** dem Bundestag die Kandidatin/den Kandidaten für die Wahl des Bundeskanzlers vor. Allerdings muss er sich dabei an den Mehrheitsverhältnissen im Deutschen Bundestag orientieren und kann nur eine Person vorschlagen, die auch von den Fraktionen, die zusammen eine Mehrheit bilden, als Kandidatin/Kandidat benannt wird. Er ernennt und entlässt auf Vorschlag des Bundeskanzlers die Bundesministerinnen und Bundesminister. Auch kann er auf Vorschlag des Bundeskanzlers nach dessen verlorener Vertrauensfrage das Parlament auflösen.

Die → **Bundesversammlung** wählt den Bundespräsidenten für fünf Jahre. Ein Bundespräsident kann nur einmal wiedergewählt werden, so dass die maximale Amtszeit zehn Jahre beträgt. Der Bundesversammlung gehören alle Mitglieder des → **Bundestags** und die gleiche Anzahl an Vertreterinnen und Vertretern der Bundesländer an. Die Bundesländer nominieren in der Regel Landtagsabgeordnete für die Wahl. Teilweise entsenden die Länder aber auch bekannte Persönlichkeiten. Die Bundesversammlung wird nur zur Wahl des Bundespräsidenten einberufen. Gewählt wird in geheimer Wahl ohne vorherige Diskussion über die zur Wahl stehenden Kandidatinnen und Kandidaten. Für die Wahl des Bundespräsidenten stehen drei Wahlgänge zur Verfügung. Erhält eine Kandidatin/ein Kandidat im ersten oder zweiten Wahlgang die absolute Mehrheit der Stimmen, so ist sie bzw. er zum Bundespräsidenten gewählt. Im Falle eines dritten Wahlgangs reicht die einfache Mehrheit der Stimmen aus.

Immer wieder wird gefordert, den Bundespräsidenten direkt zu wählen. Dann würden sich unterschiedliche Persönlichkeiten um das Amt des Präsidenten bewerben und einen Wahlkampf führen. Allerdings ist dieser Vorschlag sehr umstritten.

5. Wie entsteht ein Gesetz? – Der Gang der Gesetzgebung

Von der Gesetzesinitiative bis zur Veröffentlichung im Bundesgesetzblatt

Gesetze bilden die Grundlage für das Zusammenleben in Deutschland. Bei ihrer Erstellung sind viele verschiedene Akteure eingebunden: der Bundestag, der Bundesrat, die Bundesregierung und der Bundespräsident. Wie kommt ein Gesetz genau zustande?

M44 Gesetzesentwurf

Deutscher Bundestag   **Drucksache** 19/**819**
19. Wahlperiode

20.02.2018

Gesetzentwurf

der Abgeordneten Dr. Kirsten Kappert-Gonther, Katja Dörner, Maria Klein-Schmeink, Kordula Schulz-Asche, Dr. Bettina Hoffmann, Dr. Anna Christmann, Kai Gehring, Erhard Grundl, Ulle Schauws, Margit Stumpp, Beate Walter-Rosenheimer, Luise Amtsberg, Kerstin Andreae, Annalena Baerbock, Margarete Bause, Dr. Danyal Bayaz, Matthias Gastel, Stefan Gelbhaar, Britta Haßelmann, Ottmar von Holtz, Dieter Janecek, Katja Keul, Sven-Christian Kindler, Sylvia Kotting-Uhl, Stephan Kühn, Christian Kühn (Tübingen), Monika Lazar, Sven Lehmann, Dr. Tobias Lindner, Irene Mihalic, Beate Müller-Gemmeke, Dr. Konstantin von Notz, Cem Özdemir, Lisa Paus, Tabea Rößner, Claudia Roth (Augsburg), Dr. Manuela Rottmann, Corinna Rüffer, Stefan Schmidt, Dr. Wolfgang Strengmann-Kuhn, Dr. Julia Verlinden, Daniela Wagner und der Fraktion BÜNDNIS 90/DIE GRÜNEN

Entwurf eines Cannabiskontrollgesetzes (CannKG)

A. Problem

Die Prohibitionspolitik im Bereich von Cannabis ist vollständig gescheitert. Cannabis ist die am häufigsten konsumierte illegale Droge. In Deutschland gebrauchen nach Schätzungen allein 3,1 Millionen volljährige Bürgerinnen und Bürger Cannabis (ESA 2015). Der Anteil der Jugendlichen zwischen 12 und 17 Jahren, die schon einmal Cannabis konsumiert haben, ist seit 2011 angestiegen (von 6,7 auf 8,8 %). Von den jungen Erwachsenen im Alter von 18 bis 25 Jahren haben 35,5 % Cannabis konsumiert (Drogenaffinitätsstudie 2015). Das derzeitige Verbot von Cannabis ist in mehrfacher Hinsicht problematisch. […]

Aus: Deutscher Bundestag, 19. Wahlperiode, Drucksache 19/819, Entwurf eines Cannabiskontrollgesetzes, 20.02.2018, online: http://dip21.bundestag.de/dip21/btd/19/008/1900819.pdf [zuletzt: 15.09.2018]

M 45 Kiffen – harmlos oder nicht?

Ist Cannabis eine „Alltagsdroge" wie Alkohol? Sollte man deshalb legal kiffen dürfen? Linke, Grüne und Liberale argumentieren in diese Richtung. Sie sind – nicht zum ersten Mal – mit verschiedenen Vorlagen am Start, mit denen sie das Hanf-Verbot zu Fall bringen wollen. Dagegen steht wie ein Bollwerk vor allem die Union. Und im Gesundheitsausschuss meinten am 27. Juni einige Experten sinngemäß, dass Kiffen Psychosen auslöst und die geistige Entwicklung stören kann. Andere hielten dagegen und meinten, die Verbotspolitik sei gescheitert. [...] Werden Pflanzenteile der weiblichen Hanfpflanze (wissenschaftlicher Name Cannabis) so konsumiert, dass sie eine berauschende Wirkung hervorrufen, spricht man von Cannabis als Rauschmittel. Umgangssprachlich wird dies auch „Gras", „Weed", „Marihuana" oder etwa „Haschisch" genannt. Der Konsum von Cannabis ist nach geltendem Recht straflos. Strafbar ist jedoch der Besitz. Bereits bei 0,1 Gramm Marihuana in der Hosentasche handelt man illegal. Allerdings gibt es oft eine „Toleranz-Regelung" für eine „geringe Menge", bei der von einem Strafverfahren abgesehen werden kann. Wie hoch diese Grenze ausfällt, ist je nach Bundesland verschieden. [...]

Die FDP-Fraktion schlägt nun in ihrem Antrag vor, Modellprojekte für einen liberaleren Umgang mit Cannabis zu ermöglichen. Ihr Ziel ist, die (legale) Verbreitung von Cannabis zu kontrollieren und gleichzeitig den Gesundheits- und Jugendschutz zu verbessern. [...]

Die Linke fordert in ihrem Antrag legale Kleinmengen: Bis zu 15 Gramm Gras oder entsprechende Mengen anderer Cannabiserzeugnisse oder bis zu drei Cannabispflanzen soll jeder Volljährige haben dürfen. [...]

Die Grünen wollen mit ihrem Gesetzentwurf Cannabis aus dem BtmG [d.h. Betäubungsmittelgesetz] herausnehmen. Stattdessen sollte ein kontrollierter legaler Markt für Cannabis eröffnet werden mit einer staatlich regulierten Handelskette. Der Verkauf an Minderjährige wäre (wie bei Schnaps) verboten, eine Cannabissteuer würde eingeführt. [...]

Die Expertenwelt spaltet sich bei dieser Angelegenheit im Prinzip in zwei Lager. Leute wie der Wirtschaftswissenschaftler Prof. Dr. Justus Haucap argumentieren, dass der seit über 40 Jahren laufende Krieg gegen die Drogen nicht zu gewinnen ist. Mit der Freigabe von Cannabis könnte dem organisierten Verbrechen jedoch die Kontrolle über den Markt wirksam entzogen werden. So ließen sich Nutzer besser schützen, denn Cannabis sei heute auch für Jugendliche problemlos zu bekommen und die Qualität oft übel: Die Dealer würden den Drogen oft extrem schädigende zusätzliche Substanzen beimischen.

Auch Prof. Dr. Lorenz Böllinger sieht das so. Cannabis sei heute leichter, in größeren Mengen und billiger zu haben als früher. Abschreckung und Prävention funktionierten nicht. Es sei deshalb ein Mythos, wonach das BtmG die Volksgesundheit schütze. Vielmehr erzeuge das Gesetz erst den profitträchtigen Schwarzmarkt und kriminalisiere im Grunde harmlose Menschen. Hinzu kämen Kosten in Milliardenhöhe für die Strafverfolgung. [...]

Die andere Seite, wie Prof. Dr. Rainer Thomasius, meint: Das Verbot sei richtig. Bei einer Legalisierung kämen auf die Gesellschaft enorme Belastungen zu durch konsumbedingte Notfallbehandlungen, Verkehrsunfälle und Suizide, so der Suchtforscher. Auch an ein Ende des Schwarzmarktes glaubt er nicht.

Uwe Wicha, Leiter einer Klinik für Drogenrehabilitation, machte anhand des Beispiels Alkohol deutlich, was eine Freigabe von Cannabis aus seiner Sicht bewirken würde. Beim Alkohol könne auch nicht von einem kontrollierten Markt und einer sinnvollen Prävention gesprochen werden. Jugendliche sähen in Alkohol schon deswegen kein Problem, weil er legal sei. Das werde bei Cannabis genauso sein.

Auch die Bundesärztekammer und der Psychiatrieverband DGPPN warnten vor der Droge: Es sei nicht abschließend geklärt, ob der Cannabiskonsum Psychosen auslösen könne. Nach Angaben der Bundespsychotherapeutenkammer gibt es Hinweise auf mögliche Schäden insbesondere bei häufigem Cannabiskonsum junger Leute, so etwa Störungen der geistigen Entwicklung und in der Folge Schulprobleme.

Aus: DBT/ah: Cannabis weiter umstritten, in: mitmischen.de, 05.07.2018, online: https://www.mitmischen.de/diskutieren/nachrichten/Juli_2018/Cannabis/index.jsp [zuletzt: 15.09.2018]

M 46 Gesetzgebungsprozess

Der gesamte Gesetzgebungsprozess klingt komplizierter, als er – von Detailfragen abgesehen – eigentlich ist. In der Regel wird ein Gesetz im Plenum des Bundestages dreimal beraten – die sogenannten Lesungen. [...]

In der ersten Lesung wird darüber debattiert, warum das Gesetzesvorhaben von Bedeutung ist und welche Ziele damit verfolgt werden. Danach wird der Gesetzentwurf zur weiteren Beratung an die zuständigen Ausschüsse gegeben. Ein Ausschuss erhält bei den Ausschussberatungen die Federführung. Er ist somit verantwortlich für den Fortgang des Verfahrens. Die anderen Ausschüsse haben mitberatende Funktion. [...]

In den Ausschüssen findet die Detailarbeit der Gesetzgebung statt. Die Ausschussmitglieder arbeiten sich in die Materie ein und beraten sich in Sitzungen. Sie können auch Interessenvertreter und Experten zu öffentlichen Anhörungen einladen. In den Ausschüssen arbeiten Fraktionen eher miteinander als gegeneinander. Im Zusammenspiel von Regierungs- und Oppositionsfraktionen werden die meisten Gesetzentwürfe mehr oder weniger stark überarbeitet. Am Ende schreibt der Ausschuss eine Beschlussempfehlung für das Plenum, in der beispielsweise empfohlen wird dem Gesetzentwurf zuzustimmen, Änderungen am Gesetzentwurf vorzunehmen oder das Gesetz abzulehnen. [...]

Es folgt die zweite Lesung. Noch davor haben alle Abgeordneten die veröffentlichte Beschlussempfehlung in gedruckter Form erhalten. So sind sie für die Aussprache gut vorbereitet. Die Abgeordneten können bei der zweiten Lesung Änderungsanträge stellen, die dann im Plenum direkt behandelt werden. Beschließt das Plenum solche Änderungen, muss die neue Fassung des Gesetzentwurfes zunächst neu gedruckt und verteilt werden. Mit der Zustimmung von zwei Dritteln der anwesenden Mitglieder kann dieses Verfahren jedoch abgekürzt werden. Dann kann unmittelbar die dritte Lesung beginnen. Das ist auch die Regel, die zweite und dritte Lesung gehen meist nahtlos ineinander über. [...]

In der dritten Lesung findet eine erneute Aussprache nur dann statt, wenn dies von einer Fraktion oder von mindestens fünf Prozent der Abgeordneten verlangt wird. Das ist ganz selten der Fall, ist aber beispielsweise bei der Debatte zum Haushaltsgesetz die Regel. Änderungsanträge sind nun nicht mehr von einzelnen Abgeordneten, sondern nur noch von Fraktionen oder fünf Prozent der Mitglieder des Bundestages und auch nur zu Änderungen aus der zweiten Lesung zulässig.

Am Ende der dritten Lesung erfolgt endlich die Schlussabstimmung. Auf die Frage des Bundestagspräsidenten nach Zustimmung, Gegenstimmen und Enthaltungen erheben sich die Abgeordneten von ihren Plätzen und stimmen so ab. Wenn es besonders beantragt wurde, kann es auch namentliche Abstimmungen geben, dann stimmen die Abgeordneten mit Stimmkarten ab. [...]

Jedes Gesetz muss nach dem Bundestag auch zum Bundesrat. Allerdings muss der Bundesrat nicht jedem Gesetz zustimmen. Das ist nur bei den sogenannten Zustimmungsgesetzen der Fall, das sind zum Beispiel Gesetze, die die Finanzen und Verwaltungszuständigkeit der Länder betreffen. Zustimmungsbedürftig sind insbesondere auch Grundgesetzänderungen. Bei Einspruchsgesetzen kann der Bundestag ein Gesetz auch dann in Kraft treten lassen, wenn der Bundesrat Einspruch eingelegt hat. Der Bundestag muss den Bundesrat dazu nur überstimmen, dazu ist eine erneute Abstimmung im Bundestag und eine absolute Mehrheit erforderlich.

Der Bundesrat kann übrigens in keinem Falle selbst Änderungen an dem vom Bundestag beschlossenen Gesetz vornehmen. Er kann nur den Vermittlungsausschuss anrufen. Anschließend wird das Gesetz von der Bundesregierung unterzeichnet und an den Bundespräsidenten weitergeleitet. Er prüft, ob Text und Gesetzesbeschluss inhaltlich übereinstimmen und beurkundet das Dokument – jetzt noch schnell im Bundesgesetzblatt veröffentlichen und das Gesetz kann in Kraft treten.

Aus: Cürük, Katrin/Fischer, Alina: Die Gesetzgebung, in: mitmischen. de, 24.08.2016, online: https://www.mitmischen.de/verstehen/wissen/aufgaben/Gesetzgebung/index.jsp [zuletzt: 30.08.2018]

M 47 Wie ein Gesetz entsteht

PERLEN IM NETZ

http://www.bpb.de/mediathek/152687/wie-ein-gesetz-entsteht

Der Film zeigt die Entstehung eines Gesetzes. Er veranschaulicht, welche Stationen ein Gesetz durchläuft von der Gesetzesinitiative bis zum Inkrafttreten oder Scheitern.

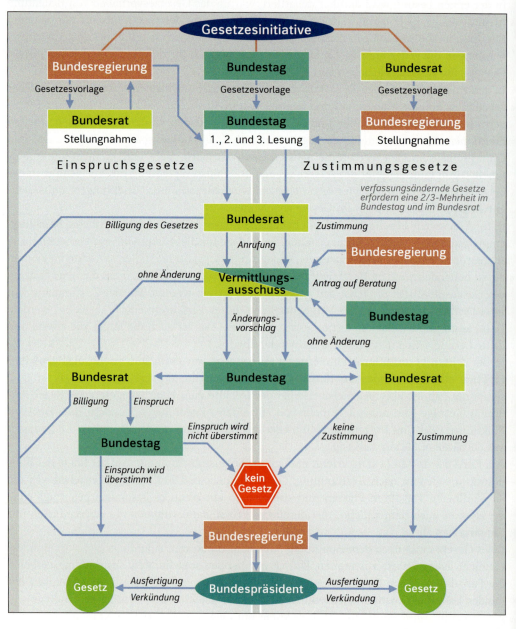

1. M 44 (S. 117) zeigt den Anfang eines Antrags für ein neues Gesetz. Beschreibe die sichtbaren Elemente eines Gesetzesentwurfs.

2. Erläutere, worin sich die unterschiedlichen Gesetzesanträge in M 45 (S. 118 f.) unterscheiden.

3. Beschreibe mithilfe von M 46 (S. 119 f.) und Info 6 (S. 127) das Schaubild M 47 (S. 120).

4. Lasst zu zweit den Film zur Entstehung eines Gesetzes (siehe Perlen im Netz, S. 120) ohne Ton laufen und sprecht abwechselnd selber den entsprechenden Kommentar.

5. Bildet entsprechend der aktuellen Zusammensetzung des Deutschen Bundestages Gruppen in eurer Klasse. Spielt den Verlauf von der Gesetzesinitiative bis zur Veröffentlichung im Bundesgesetzblatt mithilfe der Unterrichtsmethode „Rollenspiel" (siehe S. 350) durch.

EINSTEIGEN

WEITER-ARBEITEN

VERTIEFEN

 1, 2, 3, 4    1, 2, 3, 4, 5   1, 2, 3, 4, 5

Was passiert, wenn der Bundesrat Einspruch erhebt?

Im Gesetzgebungsprozess wirkt der Bundesrat mit. Aber wann werden die Interessen der Bundesländer wie berücksichtigt? Und kann der Bundesrat auch eigene Gesetze einbringen?

M 48 Der Bundesrat

Der Bundesrat besteht aus …	… haben vier Stimmen.
Jedes Bundesland hat …	… Mitglieder der Länderregierungen.
Länder mit mehr als 2 Millionen Einwohnern …	… haben fünf Stimmen.
Länder mit mehr als 6 Millionen Einwohnern …	… mindestens drei Stimmen.
Jedes Land kann so viele Mitglieder entsenden …	… wie es Stimmen hat.
Länder mit mehr als 7 Millionen Einwohnern …	… haben sechs Stimmen.

M 49 Ja oder Nein? Zustimmungsgesetze

Wenn man hört, dass der Bundesrat Gesetze verhindern kann, dann gilt das immer nur für den Fall, dass ein Gesetz zustimmungsbedürftig ist. Aber ist das nicht eigentlich selbstverständlich? Der Bundesrat stimmt doch über alle Gesetze ab! Sind darum nicht alle Gesetze zustimmungsbedürftig? Nein, denn mit zustimmungsbedürftigen Gesetzen oder ein-
5 fach Zustimmungsgesetzen sind diejenigen gemeint, die auf keinen Fall gegen den Willen des Bundesrates in Kraft treten können. [...] Seit 2006 sind im Grundgesetz einige klar abgegrenzte Bereiche festgelegt. Gehört der Inhalt eines Gesetzes in diesen Bereich, ist es ein Zustimmungsgesetz. [...]

Aus: Bundesrat (Hrsg.): Stichwort Bundesstaat. Föderalismus in Deutschland verständlich erklärt, 7. Auflage, Berlin 2016, S. 36–37

M 50 Nochmal überdenken! Die Einspruchsgesetze

Die größte Macht hat der Bundesrat, wenn er über Zustimmungsgesetze entscheidet. Etwas weniger groß ist seine Macht, wenn ein Gesetz nicht zustimmungsbedürftig ist. Dann hat der Bundesrat zwar auch ein Wörtchen mitzureden, aber viel mehr auch nicht. Zunächst mal läuft das Verfahren genauso ab wie bei den Zustimmungsgesetzen. Und wenn der Bundesrat am Ende nicht „Nein" sagt, gibt es gar keinen Unterschied zu den Zustimmungsgesetzen. Sagt er aber doch „Nein", bedeutet das nicht das Aus für das Gesetz. Nach Abschluss eines Vermittlungsverfahrens und gegebenenfalls erneuter Beschlussfassung im Bundestag kann der Bundesrat Einspruch einlegen; das heißt, er meldet seine Bedenken an. Der Bundestag muss sich dann mit der Vorlage abermals befassen und erneut abstimmen. Setzt sich der Bundestag über die Bedenken des Bundesrates hinweg, kann der Bundesrat dann nichts mehr machen. Deshalb nennt man diese Gesetze „Einspruchsgesetze". Wurde der Einspruch sogar mit zwei Dritteln der Stimmen des Bundesrates gefasst, muss der Bundestag den Einspruch mit Zweidrittelmehrheit zurückweisen. Erst dann kann das Gesetz in Kraft treten. Findet sich im Bundestag die erforderliche Mehrheit jedoch nicht, ist das Gesetz gescheitert.

Aus: Bundesrat (Hrsg.): Stichwort Bundesstaat. Föderalismus in Deutschland verständlich erklärt, 7. Auflage, Berlin 2016, S. 38–39

M 51 Gesichtsverhüllung im Gerichtssaal

Unverhüllt im Gerichtssaal
Der Bundesrat fordert ein grundsätzliches Verhüllungsverbot im Gericht. Er beschloss am 19. Oktober 2018, einen entsprechenden Gesetzentwurf beim Deutschen Bundestag einzubringen.

Mimik muss erkennbar sein
Gesichtsverhüllungen seien mit der Wahrheitsfindung nicht vereinbar, begründet der Bundesrat seinen Vorschlag. Das Gericht müsse sämtliche Erkenntnismittel einschließlich der Mimik einer Person ausschöpfen können, um den Sachverhalt und die Glaubwürdigkeit von Aussagen bestmöglich aufzuklären.

Bislang keine einheitliche Handhabung
Bislang gibt es kein grundsätzliches Gesichtsverhüllungsverbot vor Gericht, nur die Möglichkeit einzelner richterlicher Anordnungen. Dass die Handhabung in der Praxis und Rechtsprechung nicht einheitlich und verlässlich ist, bemängelt der Bundesrat. Die vorgeschlagene Ergänzung im Gerichtsverfassungsgesetz soll dies nun ändern.

Eingriff in Religionsfreiheit gerechtfertigt
Für Frauen, die aus religiöser Überzeugung ihr Gesicht mit einem Niquab oder einer Burka verhüllen, wäre das Verbot zwar ein Eingriff in die Religionsfreiheit. Aus Sicht des Bundesrates ist dieser aber gerechtfertigt, um die Funktionsfähigkeit der gerichtlichen Verhandlung zu gewährleisten.

Ausnahmen möglich
Das geplante Verhüllungsverbot umfasst auch Masken, Sturmhauben oder Motorradhelme. Es soll für die Verhandlungsparteien, Zeugen und andere Verfahrensbeteiligte gelten. Ausnahmen sind für besonders gefährdete Prozessbeteiligte oder Opfer von Säure-Attacken sowie für verdeckte Ermittler und für zu Sicherheitszwecken eingesetzte Polizeibeamte vorgesehen. Außerdem soll das Gericht im Einzelfall Ausnahmen gestatten können, wenn der Blick in das unverhüllte Gesicht nicht erforderlich ist. Das Bedecken der Haare und des Halsbereichs stellt nach dem Gesetzentwurf ausdrücklich keine Verhüllung dar.

Erneuter Versuch
Die Initiative setzt einen Beschluss der Justizministerkonferenz vom Juni dieses Jahres um. Bereits vor zwei Jahren hatte der Bundesrat die Bundesregierung in einer Entschließung aufgefordert, eine gesetzliche Regelung zu prüfen. Diese hat sich allerdings bislang noch nicht dazu geäußert.

In einigen Fachgesetzen schon vorgesehen
Seit Juni 2017 verbietet ein Bundesgesetz Gesichtsverhüllungen in der Beamtenschaft und beim Militär. Gleiches gilt unter anderem für Personalausweise. Auch Führer eines Kraftfahrzeugs dürfen ihr Gesicht seit Oktober 2017 nicht mehr verhüllen. Darüber hinaus gibt es länderspezifische Regelungen etwa für Schulen und Hochschulen.

Über die Bundesregierung in den Bundestag
Der Gesetzentwurf des Bundesrates wird zunächst der Bundesregierung zugeleitet, die eine Gegenäußerung dazu verfasst. Anschließend legt sie beide Dokumente dem Bundestag zur Entscheidung vor.

Aus: Homepage des Bundesrats, Landesinitiativen, TOP 8, Stand 19.10.2018, online: www.bundesrat.de/DE/plenum/bundesrat-kompakt/18/971/008.html#top-8 [zuletzt: 25.10.2018]

EINSTEIGEN

1. Ordne die Kästen in M 48 (S. 121) einander zu und formuliere die vollständigen Sätze in einer sinnvollen Reihenfolge in deinem Heft.

2. Recherchiere mit der Arbeitstechnik „Informationen im Internet recherchieren" (S. 344 f.) zu Zusammensetzung, Aufgaben und Funktionen, Gebäude, Geschichte des Bundesrats und fertige ein Lernplakat an.

WEITERARBEITEN

3. a) Arbeitet in Partnerarbeit den Unterschied zwischen Einspruchs- und Zustimmungsgesetzen heraus. Die/Der eine liest M 49 (S. 121), die/der andere liest M 50 (S. 122). Anschließend informiert ihr euch gegenseitig.
   b) Findet in Partnerarbeit mindestens jeweils zwei aktuelle Beispiele für Zustimmungs- und Einspruchsgesetze.

VERTIEFEN

4. Analysiert in einer Dreiergruppe den Fall des gesetzlichen Verhüllungsverbots im Gerichtssaal (M 51, S. 122 f.) mithilfe der Arbeitstechnik „Der vollständige Politikzyklus" (S. 124). Die weiteren benötigten Informationen müsst ihr mithilfe der Arbeitstechnik „Informationen im Internet recherchieren" (S. 344 f.) selbst recherchieren.

▲ 1, 3   ▼ 1, 2, 3, 4   ▲▼ 2, 3, 4

Arbeitstechnik

Der vollständige Politikzyklus als Analyseinstrument

Du hast bereits den einfachen Politikzyklus als Analyseinstrument kennen gelernt (s. S. 329). Dahinter verbarg sich die Vorstellung, dass Politik immer in vier Phasen abläuft: 1. Problem, 2. Auseinandersetzung, 3. Entscheidung und 4. Bewertung und Reaktion. Der einfache Politikzyklus wird jetzt noch in einem Schritt 5 durch Kategorien ergänzt, die in Leitfragen übersetzt werden.

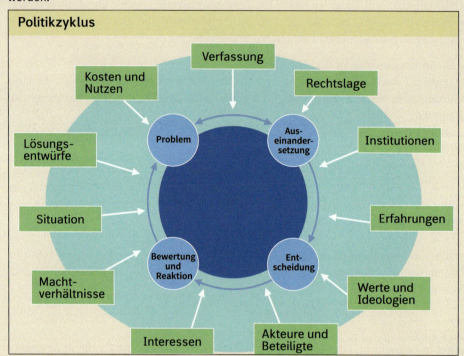

Schritt 1 bis 4 laufen wie beim einfachen Politikzyklus ab. Bei jedem Schritt integrierst du jetzt aber noch Leitfragen, die zu einer vertieften Analyse führen. Nicht jede Leitfrage muss zwingend beantwortet werden. Beispielhaft soll die Auseinandersetzung um eine Neufassung des Wahlrechts als inhaltlicher Schwerpunkt dienen:

Bereits am 3. Juli 2008 hatte das Bundesverfassungsgericht erstmals in einem Urteil das damals gültige Wahlrecht als verfassungswidrig eingestuft und den Gesetzgeber aufgefordert bis zum 30. Juni 2011 ein neues verfassungskonformes Wahlrecht im Bundestag zu verabschieden. Der Anlass für dieses erste Verfahren war die Paradoxie des negativen Stimmgewichts: Entweder gehen mehr Stimmen mit einem Verlust eines Abgeordnetenmandats einher oder Stimmen, die für eine Partei nicht abgegeben werden, erbringen dieser mehr Sitze im Deutschen Bundestag. Bereits für die Bundestagswahl 1998 war nachgewiesen worden, dass 30 000 Stimmen für die SPD diese ein Abgeordnetenmandat im Deutschen Bundestag kostete. Im Jahr 2005 musste im Wahlkreis 160 in Dresden aufgrund des Todes eines Kandidaten die Wahl um 14 Tage auf den 2. Oktober verschoben werden. Somit kannten bereits circa 200 000 Wähler den Ausgang der Bundestagswahlen und konnten entsprechend taktisch wählen: Wenn die CDU eine große Anzahl an Zweitstimmen erhalten hätte, hätte sie einen Sitz im Deutschen Bundestag verlieren können. Erst am 30. September 2011 – also nachdem die Frist des Bundesverfassungsgerichts bereits überschritten war – verabschiedete der Deutsche Bundestag mit den Stimmen der CDU/CSU- und der FDP-Fraktion ein neues Gesetz, das das negative Stimmgewicht ausschließen sollte. Da aus Sicht der Oppositionsparteien im Deutschen Bundestag mit dem neuen Gesetz dieses Ziel nicht erreicht wurde, reichten sie beim Bundesverfassungsgericht Klage gegen das Gesetz ein. Am 25. Juli 2012 gab das Bundesverfassungsgericht der Klage statt und lehnte auch das neue Wahlgesetz als verfassungswidrig ab.

Schritt 1: Problem

Leitfragen	Notizen
1. Was ist das Problem? Welche Aufgabe soll gelöst werden?	1. Zusätzliche Stimmen für eine Partei können unter Umständen einen Verlust an Sitzen im Deutschen Bundestag bedeuten; der Wille des Wählers wird damit ins Gegenteil verkehrt.
2. Von wem wurde das Problem als solches auf die Tagesordnung gehoben?	2. zwei Bürger aus der Bundesrepublik durch eine Klage vor dem Bundesverfassungsgericht
3. Welches Ausmaß hat das Problem? Welche und wie viele Menschen sind von dem Problem betroffen?	3. alle Wahlberechtigten, also ca. 62 Millionen Bürgerinnen und Bürger.
4. Was sind die Ursachen des Problems?	4. das Berechnungsverfahren, wie aus den Wahlstimmen Sitze für Abgeordnete im Deutschen Bundestag werden
5. Welche Folgen zieht das Problem nach sich?	5. eine ungerechte Sitzverteilung im Deutschen Bundestag
6. Wer hätte ein Interesse an einer Veränderung, wer Interesse an einer Bewahrung des Status quo?	6. Bürgerinnen und Bürger, einzelne Parteien; ggf. Interesse an einer Bewahrung des Status quo haben Parteien, die davon profitieren

Schritt 2: Auseinandersetzung

Leitfragen	Notizen
1. Wer ist an der Auseinandersetzung beteiligt?	1. damalige Koalition aus CDU/CSU-Fraktion und FDP-Fraktion auf der einen Seite, die anderen Parteien (SPD, Bündnis90/Die Grünen sowie Die Linke) auf der anderen Seite
2. Wie verläuft die Auseinandersetzung? Ist eine Taktik zu erkennen?	2. Die meisten präsentieren einen eigenen Gesetzesentwurf, um das Problem zu lösen.
3. Welche Problemlösungen werden von wem vorgeschlagen?	3. CDU/CSU/FDP: kleine Lösung – Korrekturen am bestehenden Wahlgesetz; SPD: Verringerung der Anteil der Direktmandate; Bündnis90/Die Grünen: Anrechnung der Zweistimmen auf der Bundesebene; Die Linke: Anrechnung der Zweistimmen auf der Bundesebene, Herabsetzung des Wahlalters auf 16, Wahlrecht auch für Menschen ohne deutsche Staatsangehörigkeit, Abschaffung der 5-Prozent-Hürde, Verbot von Wahlcomputern
4. Welche Interessen verfolgen die Akteure	4. CDU/CSU profitieren von den Überhangmandaten, Die Linke scheiterte manchmal an der 5%-Hürde.

5. In wessen Interesse liegt eine bestimmte Problemlösung?	5. in den Interessen der jeweiligen Parteien
6. Welche Möglichkeiten besitzen sie, ihre Interessen durchzusetzen? Welche Methoden wenden die Beteiligten an?	6. Die einzelnen Parteien bringen Gesetzesentwürfe ein.
7. Welche Gründe führen die Beteiligten zur Rechtfertigung eigener Interessen und der Interessendurchsetzung an?	7. eine Verbesserung des Wahlrechts und Schaffung von mehr Gerechtigkeit
8. Welche rechtlichen Grenzen sind den Beteiligten gesetzt?	8. Die Grenzen setzt ein Urteil des Bundesverfassungsgerichts.

Schritt 3: Entscheidung

Leitfragen	Notizen
1. Welche Entscheidung wurde zur Lösung des Problems getroffen?	1. Kleine Lösung von CDU/CSU/FDP
2. Wer setzt sich warum durch?	2. Mehrheit im Deutschen Bundestag
3. Welche Folgen/Kosten/Nutzen entstehen aus der Entscheidung?	3. erneute Klage vor dem Bundesverfassungsgericht

Schritt 4: Bewertung und Reaktion

Leitfragen	Notizen
1. Wem nützt das Ergebnis/die Entscheidung?	1. CDU/CSU
2. Welche Reaktionen gibt es von wem auf die Entscheidung?	2. SPD: Wählerwille werde durch das neue Gesetz nicht abgebildet; Bündnis90/Die Grünen: erneute Klage vor dem Bundesverfassungsgericht
3. Von welchen Interessen wird die Bewertung geprägt?	
4. Welche Folgen sind vorhersehbar?	4. Bundesverfassungsgericht wird das neue Gesetz wieder ablehnen
5. Welche neuen Probleme entstehen?	5. Durchführung einer Bundestagswahl ohne gültiges Wahlgesetz

Gesetzgebung in der Bundesrepublik Deutschland

Info 6

Bei → **Gesetzen** handelt es sich um Regelungen, die für alle verbindlich sind und im Auftrag des Volkes geschaffen werden. Gesetze werden gemacht, um gesellschaftliche oder wirtschaftliche Probleme zu lösen oder zu vereinfachen. Unsere stets komplexer werdende Gesellschaft braucht aber immer wieder neue Regelungen. Außerdem kann sich der gesellschaftliche Wille ändern und neue Probleme können auftauchen. So wurde früher für die wenigsten Kinder ein Krippenplatz benötigt, da die meisten Mütter die ersten Jahre nach der Geburt zu Hause blieben. Inzwischen hat sich diese Situation geändert und es wurde ein Gesetz, das sogenannte Kinderförderungsgesetz, erarbeitet, das für alle unter Dreijährigen einen Krippenplatz garantiert.

Neben der → **Bundesregierung** haben auch → **Bundestag** und der → **Bundesrat** das Recht, eine **Gesetzesinitiative** zu ergreifen, d.h. die Verabschiedung eines Gesetzes auf den Weg zu bringen. Beim Bundestag wird dieses Recht in der Regel durch eine Fraktion der Opposition wahrgenommen. Außerdem können sich fraktionsübergreifend 5 % der Abgeordneten zusammentun und einen Gesetzesvorschlag einbringen. Die überwiegende Anzahl der Gesetzesinitiativen geht jedoch von der Bundesregierung aus.

Nach der **ersten Beratung** im Plenum des Bundestages wird der Gesetzesentwurf an den zuständigen **Bundestagsausschuss** überwiesen. Im Ausschuss wird der Entwurf diskutiert und gegebenenfalls geändert. Im Anschluss an die Beratung im Ausschuss kommt der Gesetzesentwurf mit einer Beschlussempfehlung erneut in das Plenum des Bundestages. Hier können die **zweite und die dritte Lesung**/Beratung zusammengefasst werden. Am Ende der dritten wird abgestimmt. Wenn der Bundestag das Gesetz mit einfacher Mehrheit angenommen hat, wird es an den → **Bundesrat** überwiesen. So wird sichergestellt, dass die Belange der Bundesländer berücksichtigt werden. Bei den Gesetzen, für die der Bund zuständig ist, unterscheidet man zwischen **Zustimmungsgesetzen** und **Einspruchsgesetzen**: Bei Zustimmungsgesetzen muss der Bundesrat immer zustimmen. Das sind Gesetze, die die Länder besonders betreffen. Das gilt auch für alle verfassungsändernden Gesetze und für Gesetze, die Auswirkungen auf die Finanzen der Länder haben. Bei Einspruchsgesetzen hat der Bundesrat nur die Möglichkeit die Verabschiedung des Gesetzes aufzuschieben. Hier gibt es noch einen Sonderfall. Wenn der Bundesrat seinen Einspruch mit einer 2/3 Mehrheit abgibt, so muss der Bundestag diesen Einspruch auch mit einer 2/3 Mehrheit zurückweisen. Bei den anderen Einsprüchen reicht die sogenannte Kanzlermehrheit, also die Mehrheit der Bundestagsabgeordneten.

Sollten sich der Bundestag und der Bundesrat nicht einig sein, so wird der → **Vermittlungsausschuss** angerufen. Er besteht aus 32 Mitgliedern. 16 Mitglieder stellt der Bundestag. Außerdem entsendet der Bundesrat pro Land einen Vertreter. Aufgabe des Vermittlungsausschusses ist es, einen Kompromiss zu finden.

Nach der Verabschiedung eines Gesetzes unterschreiben der zuständige **Bundesminister** und der **Bundeskanzler** das Gesetz und übernehmen somit die politische Verantwortung. Erst danach wird es an den → **Bundespräsidenten** weitergeleitet, der das Gesetz prüft und unterschreibt. Danach wird es im **Bundesgesetzblatt** veröffentlicht. Mit dieser Verkündung oder einen im Gesetzestext festgelegten Datum tritt es in Kraft.

6. Wer kontrolliert wen? – Das Zusammenwirken politischer Institutionen

Sind die Staatsgewalten völlig getrennt?

Die Gründereltern des heute noch gültigen Grundgesetzes der Bundesrepublik Deutschland hatten sowohl das Scheitern der Weimarer Republik als auch den Aufstieg und Fall des Verbrecherregimes Adolf Hitlers noch lebhaft vor Augen, als sie 1949 die Rechtsgrundlage für ein besseres Deutschland entwickelten: Nie wieder sollte eine Person oder eine Instanz alleine die gesamte politische Macht eines Staates ausüben können. Ist ihnen das mit unserem politischen System gelungen?

M 52 Artikel 20 GG

> (3) Die Gesetzgebung ist an die verfassungsmäßige Ordnung, die vollziehende Gewalt und die Rechtsprechung sind an Gesetz und Recht gebunden.

Aus: Grundgesetz für die Bundesrepublik Deutschland vom 23.05.1949. Zuletzt geändert am 13.07.2017.

M 53 Legislative, Exekutive, Judikative

Dein Freund Hannes war letztens auf einer Demo, um gegen Staatswillkür zu demonstrieren. Als er tags darauf in der Schule einen Streit mit dem Gemeinschaftskundelehrer anfängt, wird er von diesem kühl und kurz unterbrochen – Hannes spreche ja nur nach, was die auf der Demo so von sich geben. Deutschland sei ein Rechtsstaat mit Gewaltenteilung – und damit sei das Thema für den Lehrer erledigt. Für Hannes aber nicht. Er möchte seinem Lehrer zeigen, dass er weder nachspreche, noch dass Deutschlands Gewaltenteilung real sei. Daher steht er vor deiner Tür mit seinen Notizen. Du magst Hannes, bist aber weniger an Politik interessiert als er. Da er dich bittet, hörst du dennoch aufmerksam zu.
Hannes fängt an zu erzählen: „In der Bundesrepublik Deutschland gilt das Grundgesetz, haben die gesagt. Es beschreibt neben den Grundrechten der Bürgerinnen und Bürger auch die Staatsstruktur und damit auch, wie die politische Macht verteilt ist. Tatsächlich soll sie dreigeteilt sein, sagen sie und sprechen von Legislative, Exekutive und Judikative. Die Legislative ist hierbei diejenige Gewalt, die für die Gesetzgebung zuständig ist. Die Exekutive als ausführende Gewalt hat die verabschiedeten Gesetze umzusetzen. Die Judikative ist die überwachende Instanz und prüft einerseits verabschiedete Gesetze der Legislative, ob sie auch mit dem Grundgesetz vereinbar sind. Zum anderen prüft sie auch, ob die ausführende Gewalt die bestehenden Gesetze richtig ausführt. Soweit die klassische Aufteilung, wie sie bereits vor drei Jahrhunderten erdacht wurde – hauptsächlich um die Bevölkerung gegen Übergriffe der Machthaber zu schützen.
Ob die Dreiteilung in der Realität ebenfalls so gut gelingt, ist eine andere Frage: Beginnen wir bei der Frage, wer die Gesetze überhaupt vorschlägt. Die meisten Anträge stellt nämlich die Exekutive – also die Bundesregierung – und gibt sie an die Legislative weiter. Dort wird dann beraten, ob die Gesetzesvorlage verabschiedet werden soll oder nicht. Nun geht ja angeblich alle Macht vom Volke aus. Also sollte doch klar sein, dass der Bundestag, der ja vom Volk gewählt wird, alleine über die Gesetzgebung bestimmt. Tut er aber nicht! Jedes in

Deutschland verabschiedete Gesetz liegt sowohl beim Bundestag als auch bei den Vertretern der Länderparlamente, dem Bundesrat also. Beide zusammen bilden die Legislative. Spätestens hier beginnt das Durcheinander: Der Bundesrat setzt sich zusammen aus den Vertretern der Regierungen der einzelnen Bundesländer. Also treffen sich hier die Länderexekutive und die Bundeslegislative, um über Gesetzesentwürfe abzustimmen, die größtenteils von der Bundesregierung vorgeschlagen werden.

Bei der Judikative sieht es nicht viel anders aus: Die zuständigen Richterinnen und Richter, die im Bundesverfassungsgericht sitzen und den anderen Instanzen auf die Finger schauen sollen, werden abwechselnd von Bundestag und Bundesrat gewählt. Und da der Regierungschef – derzeit Bundeskanzlerin Angela Merkel – von der stärksten Partei bzw. Parteienkoalition des Bundestages gewählt wird, ist wohl klar, dass also die Exekutive und die Legislative jeweils zur selben Partei gehören. **Das ist doch keine Gewaltenteilung.**"

Da du nicht gleich auf die Ausführungen deines Freundes antwortest, hält Hannes noch eine Grafik in der Hand, die sich in etwa so liest, wie das, was er eben gesagt hat.

M54 Punktuelle Gewaltenverschränkung

Neben der Gewaltenteilung ist auch die Existenz eines mächtigen Parlaments ein zentrales Element der demokratischen Grundordnung der Bundesrepublik Deutschland. Unsere parlamentarische Demokratie bringt es, z. B. im Unterschied zur Präsidialdemokratie der USA, zwangsläufig mit sich, dass die Teilung der Staatsgewalten nicht in Reinform verwirklicht werden kann. Punktuell gibt es Gewaltenverschränkungen. Eine Verschränkung der Gewalten trifft insbesondere für das gegenseitige Verhältnis von Exekutive und Legislative zu. Beispielsweise sind der Bundeskanzler sowie die meisten Mitglieder der Bundesregierung auch Abgeordnete im Bundestag. Sie gehören damit sowohl der Exekutive, als auch der Legislative an. Hinzu kommt, dass die Parteien, welche die Bundesregierung stellen, immer eine Mehrheit im Bundestag haben. Damit ist zumeist nicht der gesamte Bundestag (Legislative) das Kontrollorgan der Bundesregierung (Exekutive), sondern nur die Opposition, die von den Parteien gebildet wird, die den kleineren Teil des Bundestags darstellen.

PERLEN IM NETZ

https://www.youtube.com/watch?v=cF0SpHtGTVc

In diesem kurzen Film von logo! wird die Gewaltenteilung der Bundesrepublik Deutschland knapp erklärt.

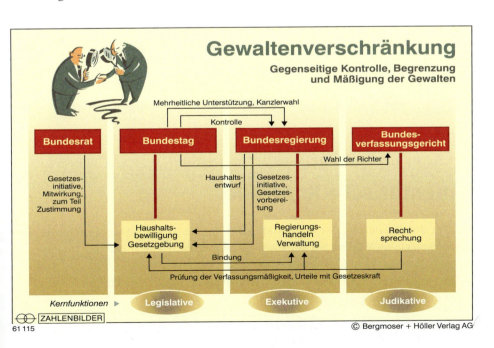

M55 Aus einem Urteil des Bundesverfassungsgerichts

[...] „Das Prinzip der Gewaltenteilung ist nirgends rein verwirklicht. Es bestehen zahlreiche Gewaltenverschränkungen und -balancierungen. Das Grundgesetz fordert nicht eine absolute Trennung, sondern die gegenseitige Kontrolle, Hemmung und Mäßigung der Gewalten. Allerdings muss die in der Verfassung vorgenommene Verteilung der Gewichte zwischen den drei Gewalten gewahrt bleiben. [...] Keine Gewalt darf der für die Erfüllung ihrer verfassungsmäßigen Aufgaben erforderlichen Zuständigkeiten beraubt werden. [...] Damit ist ausgeschlossen, dass eine der Gewalten die ihr von der Verfassung zugeschriebenen typischen Aufgaben verliert."

Aus: BVerfG, Beschluss des Zweiten Senats vom 17. Juli 1996 – 2 BvF 2/93 – Rn. (1–82), online: http://www.bverfg.de/e/fs19960717_2bvf000293.html [zuletzt: 23.07.2017]

EINSTEIGEN

1. Zur Wiederholung: Erarbeite und benenne die Aufgaben der Exekutive, der Judikative und der Legislative auf der Grundlage von M7 (S. 79), Info 1 (S. 84f.) und M53 (S. 128).

2. Wieso ist Hannes so aufgebracht (M53, S. 128f.)? Kannst du seine Position nachvollziehen? Argumentiere aus seiner Sicht.

WEITER-ARBEITEN

3. Beschreibe auf der Grundlage von M54 (S. 129), wieso wir in der Bundesrepublik von Gewaltenverschränkung, also einer Verknüpfung/Verbindung von Gewalt, und nicht von Gewaltenteilung sprechen!

4. Arbeite aus dem Urteil des Bundesverfassungsgerichts (M55, S. 130) den Umgang mit der Gewaltenverschränkung in Deutschland heraus.

VERTIEFEN

5. Hat Hannes Recht (M53, S. 128f.)? Sind die fünf Verfassungsorgane mit den drei Gewalten vereinbar oder nicht? Arbeite deine Argumente zunächst alleine aus und tausche dich im Anschluss mit einer Mitschülerin/einem Mitschüler aus.

▲ 1, 2, 3   ▲▽ 1, 2, 3, 5   ▲▽▲ 2, 3, 4, 5

Parlamentarische Kontrolle

Das Volk wählt den Bundestag. Der Bundestag wählt den Bundeskanzler. Üblicherweise wird diese Position von einem Mitglied der stärksten Partei bzw. Parteienkoalition übernommen. In der Folge entstammen sowohl Bundestag als auch Bundesregierung – also die Legislative und die Exekutive – demselben politischen Lager. Wie realistisch ist also eine Kontrollfunktion des Parlamentes über die Bundesregierung?

M56 Streit über die Bundesregierung

Hannes und seine Freundin Melanie essen einen Eisbecher bei ihrem Lieblingsitaliener in der Fußgängerzone. Direkt daneben befindet sich ein Wahlwerbestand. Leider können sie den Eisbecher nicht recht genießen, da sich in diesem Moment ein Streitgespräch zwischen einer Passantin und dem Vertreter der derzeitigen Regierungspartei anbahnt:

Parteivertreter: „Darf ich Ihnen unser neues Wahlprogramm vorstellen?"
Passantin: „Warum sollte ich mir das anhören? Sobald Sie gewählt wurden, machen Sie ja eh, was Sie wollen!"
Parteivertreter: „Aber das stimmt ja gar nicht! Bei jeder noch so geringen Kleinigkeit müssen wir vor dem Bundestag Rechenschaft ablegen über unsere geleistete Arbeit. Wie würde es Ihnen gefallen, ständig wie ein Schulkind antanzen zu müssen, statt in Ruhe Ihrer Arbeit nachgehen zu können?"
Passantin: „Was soll denn das bitte bedeuten? Wann tanzen Sie denn an?"
Parteivertreter: „Haben Sie noch nie von der parlamentarischen Kontrollfunktion gehört? Wir handeln immer im Auftrag des Bundestages."
Passantin: „Und dem stehen Sie ja wohl vor, als Regierungsfraktion und damit stärkste Kraft im Parlament. Erzählen Sie mir doch nichts!"
Parteivertreter: „Jetzt vergessen Sie aber die anderen Parteien, die auch ein Wörtchen mitzureden haben."

Den Rest des Streits bekommen Hannes und Melanie nicht mehr mit, da sie nun ihrerseits über das Thema zu diskutieren beginnen. Hannes vertritt hierbei die Position der Passantin und reagiert sehr emotional. Melanie hat kürzlich ein Referat über das Thema gehalten und versteht Hannes' Aufregung nur bedingt.

M57 Parlamentarische Kontrollrechte

M58 Alter und neuer Dualismus

Von Gewaltenteilung im klassischen Sinne kann man beim politischen System der BRD nicht sprechen. Der Parlamentarische Rat, der das Grundgesetz entwickelt hatte, wollte eine strikte Trennung zwischen Parlament und Bundesregierung (alter Dualismus). Er bedachte jedoch nicht das Parteiensystem. Da die Bundesregierung aus der Fraktionsmehrheit des Bundestages rekrutiert wird, wird das Kontrollrecht hauptsächlich von der Opposition in Anspruch genommen (neuer Dualismus). Die Regierungsmehrheit selbst dagegen übt eher interne Kritik.

M59 Machtverteilung im Bundestag

PERLEN IM NETZ

https://www.bundestag.de/dokumente/textarchiv/2011/37215383_kw52_instrumente_bundestag/207296

Auf der Homepage des Bundestages erklärt Dr. Helmut Winkelmann, der Leiter der Parlamentsdienste, in einem kurzen Film die Entstehungsgeschichte der verschiedenen Anfragen im Bundestag.

Checks and Balances im neuen Bundestag

EINSTEIGEN

1. Wer hat Recht: Die Passantin oder der Parteienvertreter (M 56, S. 131)? Fälle ein spontanes Urteil!

2. Du nimmst im Folgenden Melanies Position ein (M 56, S. 131). Informiere dich mithilfe von M 57 (S. 131) über die Kontrollfunktionen des Bundestages und fasse diese kurz in eigenen Worten zusammen.

WEITERARBEITEN

3. Erkläre auf der Grundlage von M 57 (S. 131), wie die Regierungsmehrheit und wie die Opposition ihre Kontrollfunktion ausübt. Finde Gründe für die jeweilige Vorgehensweise.
Tipp: Beziehe die Medien als „Vierte Gewalt" in deine Überlegungen mit ein.

4. Beschreibe den Unterschied zwischen altem und neuem Dualismus (M 58, S. 131).

VERTIEFEN

5. Beschreibe die Karikatur M 59 (S. 132) mithilfe der Arbeitstechnik „Karikaturen analysieren" (S. 345).

6. a) Wer hat Recht: die Passantin oder der Parteienvertreter (M 56, S. 131)? Fälle ein begründetes Urteil.
   b) Vergleiche dein spontanes Urteil aus Aufgabe 1a) mit deinem begründeten Urteil aus Aufgabe 6a). Was fällt dir auf? Welche Konsequenzen ziehst du für weitere Urteile daraus?

▲ 1, 2, 3, 5, 6a   ▲▼ 1, 2, 3, 5, 6   ▲▼▲ 1, 2, 3, 4, 5, 6

Das Bundesverfassungsgericht als Hüter der Verfassung

Das Bundesverfassungsgericht – vielen bekannt als „Hüter der Verfassung" – ist eines der fünf Verfassungsorgane und Teil der Judikative, d. h. der richterlichen Gewalt in Deutschland. Tatsächlich ist es das höchste deutsche Gericht. Es wird immer dann angerufen, wenn geprüft werden soll, ob ein Gesetz in Einklang mit dem Grundgesetz steht oder nicht.

M 60 Zuständigkeit des Bundesverfassungsgerichts

Lena ist wütend. Seit kurzem gilt das neue Gesetz zur Vorratsdatenspeicherung, das der Deutsche Bundestag verabschiedet hat. Um der Terrorgefahr künftig besser begegnen zu können, heißt es. „Solange die da alles speichern, was ich schreibe, werde ich ganz bestimmt nichts mehr über mich preisgeben!" schimpft sie, während sie sich eine Tüte dreht. „Wieso lässt
5 das Bundesverfassungsgericht sowas zu?" „Was regst du dich so auf? Dein Gras interessiert sowieso niemanden", kontert Melanie. „Außerdem schreibst du dieser Drogenberatungsstelle doch eh bloß, weil dir langsam dein Taschengeld ausgeht und du nicht weißt, wie du das Zeug selbst anbauen kannst." „Haha. Witzig. Erstens redest du Schwachsinn und zweitens ist das eh egal. Solange das Gesetz da ist, mach ich online überhaupt nichts mehr." „Na, dann leg
10 doch selbst eine Verfassungsbeschwerde ein und warte nicht, was die anderen so machen.", sagt Melanie. Lena reagiert genervt: „Klar, ich schreib halt mal dem Bundesverfassungsgericht. Schau ich aus wie eine Anwältin?"

M 61 Der Aufbau des Bundesverfassungsgerichts

PERLEN IM NETZ

http://www.bundesverfassungs-gericht.de/DE/Service/Infothek/Filme/Modul_1/modul1_node.html

Hier kann man in einem Film einen Blick hinter die Kulissen des Bundesverfassungsgerichts werfen und mehr über seine Arbeitsweise erfahren.

M 62 Aufgaben des Bundesverfassungsgerichts

Das Bundesverfassungsgericht in Karlsruhe wacht über die Einhaltung des Grundgesetzes für die Bundesrepublik Deutschland. Seit seiner Gründung im Jahr 1951 hat das Gericht dazu beigetragen, der freiheitlich-demokratischen Grundordnung Ansehen und Wirkung zu verschaffen. Das gilt vor allem für die Durchsetzung der Grundrechte. Zur Beachtung des Grundgesetzes sind alle staatlichen Stellen verpflichtet. Kommt es dabei zum Streit, kann das Bundesverfassungsgericht angerufen werden. Seine Entscheidung ist unanfechtbar. An seine Rechtsprechung sind alle übrigen Staatsorgane gebunden.
Die Arbeit des Bundesverfassungsgerichts hat auch politische Wirkung. Das wird besonders deutlich, wenn das Gericht ein Gesetz für verfassungswidrig erklärt. Das Gericht ist aber kein politisches Organ. Sein Maßstab ist allein das Grundgesetz. Fragen der politischen Zweckmäßigkeit dürfen für das Gericht keine Rolle spielen. Es bestimmt nur den verfassungsrechtlichen Rahmen, innerhalb dessen sich die Politik entfalten kann. Die Begrenzung staatlicher Macht ist ein Kennzeichen des modernen demokratischen Verfassungsstaates."

Aus: Homepage des Bundesverfassungsgerichts: Das Gericht: Aufgaben, online: http://www.bundesverfassungsgericht.de/DE/Das-Gericht/Aufgaben/aufgaben_node.html [zuletzt 27.05.2017]

M 63 Bundesverfassungsgericht nimmt Verfassungsbeschwerden gegen Vorratsdatenspeicherung an

Erste Hürde gegen anlasslose Kommunikationsüberwachung genommen. Das Bundesverfassungsgericht in Karlsruhe hat die Verfassungsbeschwerde gegen das deutsche Gesetz zur anlasslosen Vorratsdatenspeicherung von Digitalcourage und dem Arbeitskreis gegen Vorratsdatenspeicherung angenommen. Die Beschwerdeschrift mit dem Aktenzeichen 1 BvR 2683/16 soll noch im Jahr 2018 behandelt werden.
„Das Bundesverfassungsgericht nimmt Beschwerden an, die Hand und Fuß haben", sagt Digitalcourage-Vorstand Rena Tangens. „Es ist offensichtlich, dass das Gesetz nicht mit unseren Grundrechten verträglich ist." „Wenn es nicht funktioniert, auf politischem Wege die Bevölkerung vor Massenüberwachung zu bewahren, dann müssen wir den juristischen Weg gehen", sagt Digitalcourage-Vorstand [...]. „Wir sind sehr zufrieden, dass das Bundesverfassungsgericht unsere Verfassungsbeschwerde gegen die Vorratsdatenspeicherung angenommen hat und damit dem Rechtsweg eine Chance einräumt." [...]

Aus: Homepage des Vereins Digitalcourage e.V., der sich für Grundrechte und Datenschutz einsetzt, online: https://digitalcourage.de/pressemitteilungen/2018/bundesverfassungsgericht-nimmt-verfassungsbeschwerde-gegen-vorratsdatenspeicherung-an [zuletzt: 19.07.2018]

M 64 Kinderpornoring gesprengt dank Vorratsdatenspeicherung

[...] Ein einziger Fall aus der kriminalpolizeilichen Praxis sagt über die Bedeutung der „Vorratsdatenspeicherung" mehr aus als hundert lange Reden: Am 28. Mai 2009 erhielt das Bundeskriminalamt aus dem Ausland Hinweise auf 3743 Zugriffe aus Deutschland auf ein kinderpornografisches Board. Der Tatzeitraum erstreckte sich über gut zwei Monate zwischen Februar und April 2009. Da damals die zur Aufklärung notwendigen Bestands- und Verkehrsdaten noch sechs Monate lang gespeichert werden mussten, war es den Ermittlern möglich, die IP-Adressen von 75 deutschen Providern insgesamt 1237 Tatverdächtigen zuzuordnen. Viele waren der Polizei einschlägig bekannt und vorbestraft. Heute, gut neun Monate nach der Entscheidung des Bundesverfassungsgerichtes, wäre ein solcher Tatkomplex nicht mehr aufklärbar. [...]

Aus: Wirtschaftswoche online vom 01.12.2010, online: https://www.wiwo.de/politik/deutschland/terror-abwehr-pro-und-contra-zur-vorratsdatenspeicherung/5702106-all.html [zuletzt: 19.07.2018]

M 65 Fiktive Fallbeispiele

1) Ein Landesgericht bezweifelt, ob das Gesetz zum Schwangerschaftsabbruch in Einklang mit dem Grundgesetz steht und ruft das Bundesverfassungsgericht an.

2) Der Bundesrat legt Beschwerde beim Bundesverfassungsgericht ein, da seine Änderungen beim diesjährigen Haushaltsplan vom Bundestag überstimmt wurden.

3) Im Zuge des Kopftuchverbotes beschwert sich Birgül, dass sie als Muslimin in der Ausübung ihrer Religionsfreiheit beeinträchtigt wird. Sie hat den Rechtsweg bereits vollumfänglich ausgeschöpft.

4) Der Bundesfinanzminister streitet sich mit der Stadt Freiburg über die Gesetzgebungskompetenz für den Rundfunk.

5) Über ein Viertel der Bundestagsmitglieder legt beim Bundesverfassungsgericht Beschwerde über ein ihrer Meinung nach ungültiges Gesetz ein.

6) Der Bundesrat ist der Meinung, dass die NPD als Partei verfassungsfeindlich agiert und möchte sie durch das Bundesverfassungsgericht verbieten lassen.

7) Eine Bürgerin ist der Meinung, die Wahl in ihrem Wahlkreis lief nicht nach den im Grundgesetz geregelten Wahlverfahren ab und stimmt sich mit dem gesamten Wahlkreis ab, eine Klage beim Bundesverfassungsgericht einzureichen.

M 66 Das Bundesverfassungsgericht als „Ersatzgesetzgeber"?

Ohne die Rechtsprechung des Bundesverfassungsgerichts wäre Deutschland vermutlich ein anderes Land geworden. Jedenfalls wurde die Bundesrepublik von den Beschlussfassungen des Bundesverfassungsgerichts grundlegend geprägt. [...] Deutschland ohne das Bundesverfassungsgericht wäre höchstwahrscheinlich ein Staat mit einem ungleich größeren Aktionsradius der Politik und einem geringeren Ausmaß an Bürgerrechten und Bürgerrechtsschutz geworden. [...] Dennoch ist umstritten, ob das Bundesverfassungsgericht tatsächlich zum „Ersatzgesetzgeber" geworden ist, und in welchem Maße politische Entscheidungsträger aus taktischen Gründen Probleme nach Karlsruhe abschieben. Das Bundesverfassungsgericht hat wegen seiner gelegentlich sehr detaillierten Rechtsprechung den Vorwurf provoziert, es lese zu viel aus der Verfassung heraus, bzw. es lasse dem Gesetzgeber zu wenig Spielraum. Regiert wird in Deutschland sicher mit den Richtern des Bundesverfassungsgerichts, aber sie sind keine Gegenregierung. Auf vielen Politikfeldern spielen sie keine Rolle. Das Gewicht des Bundesverfassungsgerichts wird zudem in zunehmendem Maße durch die wachsende Bedeutung des Gerichtshofs der Europäischen Union (EuGH) [und des Europäischen Gerichtshofs für Menschenrechte] in Frage gestellt.

Aus: Sturm, Roland: Das Bundesverfassungsgericht: Politik mit Richtern, in: Hradil, Stefan (Hrsg.): Dossier Deutsche Verhältnisse. Eine Sozialkunde, Bundeszentrale für politische Bildung 2012, S. 342.

EINSTEIGEN

1. Tausche dich auf der Grundlage von M 60 (S. 133) mit einer Mitschülerin/einem Mitschüler aus: Was wisst ihr schon über das Bundesverfassungsgericht?

2. Formuliere auf der Grundlage von M 60 (S. 133), M 61 (S. 133) und Info 7 (S. 137) einen Lexikoneintrag zum Stichwort „Bundesverfassungsgericht". Vergleiche deinen Text anschließend mit dem einer Partnerin bzw. eines Partners.

3. Arbeite aus M 62 (S. 134) und Info 7 (S. 137) heraus, wer das Bundesverfassungsgericht anrufen darf und wer durch das Anrufen des Bundesverfassungsgerichts kontrolliert wird.

4. Beschreibe in eigenen Worten, weshalb das Bundesverfassungsgericht als Hüter der Verfassung bezeichnet wird (M 62, S. 134 und Info 7, S. 137).

WEITERARBEITEN

5. Analysiere M 61 (S. 133).
   a) Arbeite heraus, inwiefern das Bundesverfassungsgericht seine Kontrollfunktion wahrnimmt.
   b) Überprüfe, wie das Bundesverfassungsgericht auf die Gesetzgebung des Bundestages Einfluss nimmt.

6. Derzeit (Stand 2019) liegt die Vorratsdatenspeicherung zur Prüfung beim Bundesverfassungsgericht. Benenne auf der Basis von M 63 (S. 134) und M 64 (S. 134) die widersprüchlichen Interessen. Begründe, weshalb ein Thema wie die Vorratsdatenspeicherung auch für das Bundesverfassungsgericht nicht leicht zu lösen ist. Tipp: Jedes politische Urteil besteht aus einem Sachurteil und einem Werturteil.

VERTIEFEN

7. Ordne die Fälle (M 65, S. 135) den richtigen Verfahrensarten (M 61, S. 133) zu und benenne diese.

8. a) Positioniere dich zu der zentralen Aussage von M 66 (S. 135), dass das Bundesverfassungsgericht ein „Ersatzgesetzgeber" ist.
   b) Diskutiert eure Positionen in der Klasse.

▲ 1, 2, 3, 7   ▲▼ 1, 2, 3, 4, 5, 6, 7   ▲▼▲ 2, 3, 4, 5, 6, 8

Das Bundesverfassungsgericht

Info 7

Das → **Bundesverfassungsgericht** hat seinen Sitz in Karlsruhe. Es wurde am 28. September 1951 gegründet und hat den Rang eines Verfassungsorganes. Entsprechend finden sich seine Aufgabenbereiche im Grundgesetz wieder. Das BVerfG ist in zwei Senate zu je acht Richterinnen bzw. Richtern unterteilt. Diese werden je zur Hälfte vom Bundestag und vom Bundesrat gewählt. Dafür braucht es eine Zwei-Drittel-Mehrheit. Die Amtszeit einer Richterin bzw. eines Richters beträgt 12 Jahre, eine Wiederwahl ist ausgeschlossen. Die Richterinnen und Richter müssen mindestens 40 Jahre alt sein und dürfen weder dem Bundestag, noch der Bundesregierung angehören.

Der erste Senat kümmert sich hauptsächlich um **Normenkontrollen**, d.h. um Verfahren, in denen entschieden wird, ob ein Gesetz mit dem Grundgesetz in Konflikt gerät oder nicht. Hiervon Gebrauch machen können Fachgerichte, die eine Unvereinbarkeit zwischen einem Gesetz und dem Grundgesetz vermuten (die sogenannte konkrete Normenkontrolle). Zudem haben entweder die Bundesregierung, eine Landesregierung oder mindestens ein Viertel der Mitglieder des Bundestages die Möglichkeit, das Bundesverfassungsgericht zur Überprüfung eines beschlossenen Gesetzes anzurufen (die sogenannte abstrakte Normenkontrolle). Des Weiteren kümmert sich der erste Senat um **Verfassungsbeschwerden**. Eine Verfassungsbeschwerde kann von jeder natürlichen oder juristischen Person eingereicht werden, die ihre Grundrechte durch staatliches Handeln verletzt sieht. Zuvor muss jedoch der Rechtsweg, d.h. der Gang zu den Fachgerichten, ausgeschöpft sein. Das Bundesverfassungsgericht wird wegen seiner Aufgabe in letzter Instanz darüber zu entscheiden, ob Gesetze und staatliches Handeln verfassungsgemäß sind, auch **„Hüter der Verfassung"** genannt.

Der zweite Senat wird bei Organstreitigkeiten wie zwischen Bundestag und Bundesrat tätig. Hierbei klärt er die sich aus der Verfassung ergebenden Rechte und Pflichten sowie Zuständigkeiten der streitenden Organe. Ebenfalls wird er angerufen bei Bund-Länder-Streitigkeiten, beispielsweise bei Konflikten zwischen dem Bund und einem Bundesland über Zuständigkeiten für Gesetzgebungskompetenzen.

Außerdem prüft das Bundesverfassungsgericht Einsprüche bei Wahlen sowie Wahlverfahren, klärt, ob einer Vereinigung Parteienstatus zuerkannt wird, prüft Anträge zur Verwirkung von Grundrechten und spricht bei entsprechenden Verstößen auch Verbote gegen Parteien aus, deren Programme die Abschaffung des Grundgesetzes beinhalten.

Im System der → **Gewaltenteilung** nimmt das Bundesverfassungsgericht also eine wichtige Position ein. Zum einen achtet es darauf, dass kein Gesetz gegen das Grundgesetz verstößt, es also verfassungskonform ist. Zum anderen können auch die Bürgerinnen und Bürger „nach Karlsruhe gehen", also vor dem Bundesverfassungsgericht klagen, wenn sie glauben, ihre Grundrechte würden verletzt. Aber auch das oberste Gericht ist nicht allmächtig. Die Richterinnen und Richter können weder Gesetze beschließen, noch die Regierung absetzen. Das müssen politische Gremien entscheiden, während das Bundesverfassungsgericht immer nur prüfen kann, ob solche politischen Entscheidungen vom Grundgesetz gedeckt sind.

Kompetenztraining

Wissen

Richtig oder falsch?

a) Demokratie bedeutet wörtlich übersetzt „Herrschaft des Einzelnen".

b) In Diktaturen stehen in der Regel mehrere Parteien zur Wahl.

c) Die Judikative ist die richterliche Gewalt, die Exekutive ist die gesetzgebende Gewalt und die Legislative ist die ausführende Gewalt.

d) Die Bundesländer als eigene politische Ebene sind ein Teil der Gewaltenteilung in der Bundesrepublik Deutschland.

e) Die Opposition im Bundestag kann die Regierung unter anderem durch Kleine Anfragen, Großen Anfragen sowie durch Fragestunden und Aktuelle Stunden kontrollieren.

f) Die Abgeordneten des Deutschen Bundestags sind in ihren Entscheidungen an die Fraktionsdisziplin gebunden.

g) Der Bundestagspräsident hat die Richtlinienkompetenz, d. h. er gibt die großen Richtungen der Regierungspolitik vor.

h) Der Bundeskanzler wird vom Bundesrat durch ein Konstruktives Vertrauensvotum in sein Amt gewählt.

i) Allein der Bundesrat kann neue Gesetze verabschieden.

j) Der Bundeskanzler hat das höchste Amt im Staate inne. Seine zentralen Aufgaben sind Repräsentation, Integration und die Prüfung von neuen Gesetzesvorlagen.

k) Der Bundestagspräsident ist der „Hüter der Verfassung".

l) Die Richterinnen und Richter des Bundesverfassungsgerichts werden von der Bundesversammlung gewählt. Sie setzt sich aus Abgeordneten des Bundestags und von den Länderparlamenten entsandten Vertreterinnen und Vertretern zusammen.

1. Überprüfe, ob die einzelnen Aussagen richtig oder falsch sind. Formuliere nicht korrekte Aussagen so um, dass sie stimmen.

2. a) Erstelle zu fünf wichtigen Begriffen aus dem Kapitel eine „Tabu"-Karte mit Begriffen, die man zur Beschreibung nicht verwenden darf.
   b) Tausche deine Karten in der Klasse aus und spiele mit den Karten von anderen Schülerinnen und Schülern in 4er-Gruppen eine Runde „Tabu".

> **Art 38 GG**
> 1) Die Abgeordneten des Deutschen Bundestages werden in allgemeiner, unmittelbarer, freier, gleicher und geheimer Wahl gewählt. Sie sind Vertreter des ganzen Volkes, an Aufträge und Weisungen nicht gebunden und nur ihrem Gewissen unterworfen.

ANALYSIEREN

Nach einem Urteil des Bundesverfassungsgerichts vom 3. Juli 2008:

Der Weg, wie aus den Vorgaben von Artikel 38 GG nach einer Bundestagswahl, bei der ca. 62 Millionen Bürgerinnen und Bürger der Bundesrepublik Deutschland aufgerufen sind, einen neuen Bundestag zu wählen, ein real existierendes Parlament wird, ist komplex. Es sind aufwendige mathematische Berechnungen notwendig, um den Wählerwillen umzusetzen. Dieses Verfahren ist bis ins Detail im Bundeswahlgesetz geregelt. Aber das Gesetz widerspricht aufgrund seiner Folgen zum Teil den Anforderungen des Grundgesetzes, denn das Wahlgesetz produziert so genannte Paradoxien. Dazu zählt unter anderem das Negative Stimmgewicht. So können aufgrund des komplizierten Berechnungsverfahrens zusätzliche Stimmen einer Partei nicht einen Zuwachs an Sitzen im Deutschen Bundestag, sondern den Verlust von Mandaten bewirken. Die Stimmen erhalten also ein negatives Gewicht. Der Wille des Wählers wird damit genau ins Gegenteil verkehrt. Der Wähler muss bei der Wahl die Angst haben, mit seiner Stimmer der gewählten Partei ggf. zu schaden, obwohl er ihr eigentlich sein Vertrauen schenken wollte. Je wahrscheinlicher ein solcher Fall ist, umso schwieriger bzw. unmöglich wird eine vernünftige Stimmabgabe. Daher hat das Bundesverfassungsgericht am 3. Juli 2008 das bis dahin gültige Wahlrecht aufgrund des sogenannten negativen Stimmgewichtes für verfassungswidrig erklärt, denn jeder Wähler müsse „den gleichen Einfluss auf das Wahlergebnis" haben, so die Richter in ihrem Urteil. Und weiter heißt es, dass das bisherige Wahlrecht zu „willkürlichen Ergebnisse" führe und „dass der Wählerwille in sein Gegenteil verkehrt wird". Das Wahlgesetz verletze die Grundsätze der Gleichheit und Unmittelbarkeit. Das Bundesverfassungsgericht beauftragte zugleich die Bundesregierung bis zum 30. Juni 2011 ein verfassungskonformes Wahlgesetz auf den Weg zu bringen, das die Problematik des negativen Stimmgewichts behebe.

Problem:
1. Welches Problem hat das Bundesverfassungsgericht durch sein Urteil aus dem Jahr 2008 auf die politische Tagesordnung gesetzt?
2. Wer hat vor dem Bundesverfassungsgericht warum geklagt?
3. Welche Bestimmungen des Grundgesetzes gibt es zur Wahl des Deutschen Bundestags?
4. Was sind die Ursachen des Problems? Welche Rechtslage hat zu dem Problem geführt?
5. Welche Aufgabe überträgt das Bundesverfassungsgericht der Politik?
6. Bis wann soll die Politik eine entsprechende Lösung gefunden haben?

Auseinandersetzung:
1. Wer ist an der Auseinandersetzung beteiligt?
2. Welche Problemlösungen werden von den einzelnen Bundestagsfraktionen vorgeschlagen? Worin unterscheiden sich die einzelnen Vorschläge?

Entscheidung:
1. Welche Entscheidung wurde zur Lösung des Problems getroffen?
2. Wie ging die Abstimmung im Deutschen Bundestag zur Wahlrechtsänderung aus?

Bewertung und Reaktion:
1. Welche Reaktionen gibt es auf die Entscheidung von den einzelnen Bundestagsfraktionen?
2. Wie bewertet das Bundesverfassungsgericht in seinem Urteil von 2012 die Entscheidung? Welche neuen Probleme entstehen nach Auffassung des Bundesverfassungsgerichts aufgrund der getroffenen Entscheidung?

1. a) Analysiere den vorliegenden Fall mithilfe der angegebenen Leitfragen. Recherchiere fehlende Informationen mithilfe der Arbeitstechnik „Informationen im Internet recherchieren" (S. 336).
   b) Recherchiere, wie die Entwicklung nach dem Urteil des Bundesverfassungsgerichts vom Juli 2012 weiterging. Orientiere dich dabei erneut an den Phasen des Politikzyklus.
   Tipp: Bei Unklarheiten von Begriffen kann dir das Wahlrechtslexikon weiterhelfen: http://www.wahlrecht.de/lexikon/index.html

URTEILEN

> Es gibt ferner keine Freiheit, wenn die richterliche Gewalt nicht von der gesetzgebenden und vollziehenden getrennt ist. [..]. Alles wäre verloren, wenn derselbe Mensch [...] drei Gewalten ausüben würde: die Macht, Gesetze zu geben, die öffentlichen Beschlüsse zu vollstrecken und die Verbrechen oder die Streitsachen der einzelnen zu richten.
>
> Aus: Charles-Louis de Secondat et de Montesquieu: Vom Geist der Gesetze. In neuer Übertragung eingeleitet und herausgegeben v. Ernst Forsthoff. 1. Bd. Tübingen 1951, S. 214ff.

Charles-Louis de Secondat, Baron de La Brède de Montesquieu, 1689–1755, franz. Philosoph, Schriftsteller, Staatstheoretiker und Mitbegründer des Modells der Gewaltenteilung

1. Beurteile die Aussage von Montesquieu. Greife in deinen Begründungen die Rollen der einzelnen Staatsgewalten und deren Trennung im politischen System der Bundesrepublik Deutschland auf.

HANDELN

Liebe Jugendliche,

ihr kennt mich ja schon recht gut, denn schließlich umgebe ich euch und die anderen Menschen in unserem Land ständig. Über mich wird auch oft gesprochen, weil ich den Rahmen für die Politik und das Zusammenleben in unserer Gesellschaft setze.

In letzter Zeit bedrücken mich einige Dinge allerdings sehr. Kaum jemand lobt mich mehr, stattdessen höre ich ständig Kritik von allen möglichen Seiten. In mir würde zwar ständig diskutiert werden, mit mir würde es jedoch viel zu lange dauern bis Entscheidungen endlich getroffen würden. Außerdem sei ich ungerecht, weil sich in mir nur die Meinungen bestimmter Teile der Bevölkerung durchsetzen könnten, andere aber überhaupt nicht ernst genommen würden. Einige behaupten sogar, dass ich schuld daran sei, dass viele Menschen auf Distanz zur Politik gehen würden, weil ich sie zu wenig beteiligen würde. Ich müsse mich nicht wundern, wenn man sich für mich nicht mehr engagieren wolle.

Ich weiß, dass ich nicht perfekt bin. Sagt mir, wie ich mich verbessern kann. Es wäre aber auch toll, wenn ihr zum Ausdruck bringen würdet, was euch an mir wichtig ist, das würde mich wieder aufmuntern!

Eure Demokratie

1. Verfasse einen Brief an die Demokratie. Mache Vorschläge, wie sie sich verbessern kann und bringe zum Ausdruck, was dir an ihr wichtig ist.

2. Versende deinen Brief an deine Wahlkreisabgeordnete/deinen Wahlkreisabgeordneten und bitte sie/ihn um eine Stellungnahme.

ERARBEITEN

1. Analysiere die Karikatur.

Weiterdenken

W 1 Schule als Staat

Bei *Schule als Staat* handelt es sich um eine – durchaus aufwändige – Simulation, bei dem die ganze Schule für einige Tage zu einem Staat wird. Alle Schülerinnen und Schüler eurer Schule werden zu Staatsbürgern dieses Staates. Das Schulgelände wird zum Staatsgebiet, das man nur mit einem Pass oder einem Visum betreten darf. Vielleicht gibt es in eurem Staat eine eigene Währung. Gebt eurem Staat einen eigenen Namen und entwerft eigene **Symbole** wie ein Wappen oder eine Fahne. Überlegt euch, ob es in eurem Staat eine Regierung und ein Parlament geben soll, führt Wahlen durch. Die Regierung kann Gesetze vorschlagen, das Parlament über die Gesetzesvorschläge entscheiden. Alle anderen Staatsbürgerinnen und Staatsbürger gehen einer entsprechenden Arbeit nach: Bäcker, Lebensmittelverkäufer, Restaurantbetreiberin, Polizistin, Kioskbesitzer, Zeitungsverleger, Radiomoderatorin, Bänkerin, Putzmann, Ärztin, Richter, etc. Der Phantasie sind keine Grenzen gesetzt.
Ladet die Medien in eurer Gemeinde ein, über euer Projekt *Schule als Staat* zu berichten.
Weitere Informationen findet ihr unter: https://svtipps.de/grossprojekte/schule-als-staat/
Auch die Landeszentrale für politischen Bildung Baden-Württemberg bietet unter https://www.lpb-bw.de hilfreiche Materialien zur Unterstützung für dieses anspruchsvolle Projekt.

Das Sophien-Gymnasium verwandelt sich in einen Staat
Für eine Woche wird das Schulgelände des Sophien-Gymnasiums zum „Staatsgebiet Sophia" erklärt.

Das Großprojekt ist bereits angelaufen: Als erste „Präsidentin" des neuen Staates wurde die Schülersprecherin Nesrin K. gewählt. Sie und ihre Ministerinnen sowie Minister kündigten bereits die Umsetzung erster Gesetze an:
- Am Schultor werden aus Sicherheitsgründen künftig Passkontrollen durchgeführt. Betreten werden dürfe das Staatsgebiet nur mit einem Ausweis oder einem Visum.
- Als alleiniges Zahlungsmittel wird die „Sophien-Krone" anerkannt. Die neuen Geldscheine werden morgen ausgegeben.
- Der vom Expertenkreis für soziale Fragen verwaltete Sozialfonds „Sophia hilft" wird eingerichtet. Bedürftige Schülerinnen und Schüler können fortan Unterstützung für Klassenfahrten und Lernmittelanschaffungen erhalten.
- Das vom Ausschuss für Sport und Gesundheit erstellte Konzept „Sophia bewegt" wird umgesetzt. Die neuen Sport- und Spielgeräte können künftig bei der Hausmeisterin ausgeliehen werden.
- Das Parlament stimmte diesen Gesetzesvorschlägen mit großer Mehrheit zu.
- Der Vorschlag, eine Schuluniform einzuführen, wurde von den Abgeordneten kontrovers diskutiert und fiel letztlich durch. Lediglich vier der 30 Volksvertreterinnen und Volksvertreter konnten sich dem Gesetzesentwurf anschließen. Wie aus gut informierten Kreisen zu erfahren war, hatte sich bei Bekanntwerden dieses Gesetzesvorschlags massiver Widerstand in der Bevölkerung von „Sophia" formiert. An der Protestkundgebung auf dem Pausenhof hatten sich auch Abgeordnete beteiligt.

W 2 Podiumsdiskussion mit Bundestagsabgeordneten

Ladet die Bundestagsabgeordneten der verschiedenen Parteien aus eurem Wahlkreis zu einer Podiumsdiskussion an eure Schule ein.
Überlegt euch gemeinsam, welche Fragen ihr mit den Abgeordneten diskutieren wollt, wer von euch die Moderation übernimmt, wie ihr für die Podiumsdiskussion Werbung machen wollt, wie ihr das Publikum in die Diskussion einbindet, etc.

Die Bedeutung der Massenmedien

Ob Nachrichtenseiten im Internet, Nachrichtensendungen im Fernsehen, Neuigkeiten über das Radio – wir alle werden stets über das aktuelle Geschehen in Politik und Gesellschaft auf dem Laufenden gehalten. Aus der täglichen Flut von Nachrichten wählen wir aus, was uns gerade interessiert und sprechen häufig mit anderen Menschen darüber.

Die Berichterstattungen der Massenmedien sowie unsere Gespräche und zuweilen Diskussionen über aktuelle Ereignisse sind für unsere Demokratie sehr wichtig. Denn zum einen bilden wir uns so eigene Meinungen. Zum anderen berichten die Massenmedien auch wieder über Debatten und Stimmungslagen in unserer Gesellschaft. Politikerinnen und Politiker bekommen dadurch mit, wie sich öffentliche Meinungen entwickeln und bemerken, dass ihr Handeln ständig kritisch beobachtet und kommentiert wird.

Um sachlich und möglichst unabhängig informieren zu können, müssen Journalistinnen und Journalisten frei von staatlichen Zwängen arbeiten können. Eine solche Pressefreiheit ist nicht jedem Land gewährleistet. Außerdem gibt es Menschen, die vor allem im Internet gezielt unsachliche und unwahre Nachrichten verbreiten, um die öffentliche Meinung in ihrem Sinne zu beeinflussen.

Aus welchen Massenmedien informierst du dich über das aktuelle Geschehen? Wie versuchst du seriöse Informationen von unseriösen Meldungen der Medien zu unterscheiden?

in unserer Demokratie

1. Wie werden wir informiert? – Darstellungen in den Massenmedien

Die Entstehung und Auswahl von Nachrichten

In aller Welt passiert jeden Tag so viel, dass die Massenmedien gezwungen sind auszuwählen, worüber sie berichten bzw. welche Ereignisse sie hingegen nicht berücksichtigen. Doch wer entscheidet nach welchen Gesichtspunkten, was z. B. in einer Zeitung stehen soll, und woher kommen diese Nachrichten?

M 1 Welche Schlagzeile schafft es in die Zeitung?

Arbeitsweise einer Nachrichtenagentur am Beispiel der dpa (Deutsche Presseagentur)			
Ereignisse aus:	**Büros und Journalisten:**	**Zentrale:**	**Kunden:**
▸ Politik ▸ Wirtschaft ▸ Kultur ▸ Sport ▸ Wissenschaft ▸ Gesellschaft	in mehr als 100 Ländern, ca. 50 Büros in Deutschland	redaktionelle Kontrolle und Weiterverarbeitung in fünf Sprachen	▸ international ▸ national ▸ regional

In der Redaktionssitzung eines mittelgroßen Zeitungsverlages aus Offenburg sitzen die Chefredakteurin, ein weiterer Redakteur und zwei Journalistinnen zusammen. Sie haben Nachrichtenmeldungen aus aller Welt vor sich, die von verschiedenen Nachrichtenagenturen zusammengetragen wurden. Zeitungen und andere Massenmedien können solche Meldungen von den Nachrichtenagenturen kaufen und dann selbst veröffentlichen. Ziel der Redaktionssitzung ist es, gemeinsam zu überlegen, welche der folgenden Nachrichten in die morgen erscheinende Ausgabe der Zeitung noch aufgenommen werden sollen. Der Großteil dieser Ausgabe ist schon mit eigenen Artikeln von Journalistinnen und Journalisten des Verlages sowie mit Beiträgen, die bereits von Nachrichtenagenturen übernommen wurden, gefüllt. Für fünf Meldungen ist jedoch noch Platz vorhanden.

(1) Klimawandel: Ganze Teile Südeuropas werden in einigen Jahrzehnten zu Wüsten

(2) Kritik am Trainer von Borussia Dortmund wird nach erneuter Niederlage lauter

(3) Bundestag lehnt Erhöhung der Renten ab

(4) Ärzte warnen! Wattestäbchen schaden den Ohren!

(5) Offenburg: Jugendliche schlagen 13-jährigen Jungen und rauben ihn aus

(6) Südsudan: 17 Tote bei erneuten Kämpfen zwischen den Dinka und den Nuer

(7) Vorsicht im Netz! Virus legt weltweit massenhaft Computer lahm!

(8) Hungersnot im Niger weitet sich aus – Hilfsorganisationen rechnen mit Tausenden Toten

(9) Bischkek/Kirgisistan: Kurios! Mann beißt Hund!

(10) USA erhöhen Einführzölle für deutsche Automobile

(11) Junge Erfinder aus Offenburg: Schüler erringen bei „Jugend forscht" den zweiten Platz

M 2 Nach welchen Kriterien werden Nachrichten ausgewählt?

Bedeutung	Ist die Nachricht für eine große Zahl von Personen wichtig? Hat sie eine hohe politische, wirtschaftliche oder kulturelle Bedeutung?
Aktualität	Ist das Thema der Nachricht aktuell? Wird mit der Nachricht über Neues und/oder Überraschendes berichtet?
Nähe	Geht es um eine Nachricht in räumlicher Nähe zu den Empfängerinnen/Empfängern? Wird über etwas berichtet, an dem Menschen aus Deutschland beteiligt sind?
Personen	Wird über Prominente und/oder einflussreiche Personen berichtet?
Kontroversität	Ist das Thema so kontrovers, dass in der Gesellschaft darüber gestritten wird?
Emotionen	Geht es um ein Thema, dass bei den Empfängerinnen/Empfängern der Nachricht möglicherweise Emotionen freisetzt? Wird über Gewalt, Kriminalität oder Sexualität berichtet?
Folgen	Beinhaltet die Nachricht Folgen, die für viele Menschen negativ bzw. positiv sind? Wird über etwas berichtet, das von vielen Menschen als besonderer Misserfolg/Schaden bzw. Erfolg/Nutzen betrachtet wird?
Bilder	Gibt es zu der Nachricht Bilder, mit denen das Thema aufmerksamkeitssteigernd dargestellt werden kann bzw. lassen sich entsprechende Bilder dazu finden?
Themenvertrautheit	Geht es um ein Thema, das den Empfängerinnen/Empfängern der Nachricht bekannt ist und mit dem sie bereits vertraut sind?
Themensetzung	Kann das Massenmedium mit der Nachricht unter den Empfängerinnen/Empfängern ein Thema verbreiteten, das neu ist oder wieder als neu wahrgenommen wird? Wird das Thema in Gesellschaft und Politik wahrscheinlich diskutiert werden?

M 3 Wie kommen Journalistinnen und Journalisten an Informationen?

1
Sie berichten aus entfernten Städten, Regionen, Ländern und recherchieren dort. Als Augenzeugen vor Ort liefern sie Nachrichten und Hintergrundinformationen.

2
Von ihr spricht man, wenn Journalistinnen/Journalisten, häufig auch verdeckt, nach Informationen suchen, die vor der Öffentlichkeit geheim gehalten werden sollen.

3
Sie findet mehrmals wöchentlich in Berlin statt. Politikerinnen/Politiker und Sprecherinnen/Sprecher der Bundesregierung beantworten Fragen von über 900 Journalistinnen/Journalisten, die an ihr teilnehmen können.

4
Sie sind Abteilungen von staatlichen Behörden, Parteien, Verbänden, Stiftungen, Wirtschaftsunternehmen oder sonstigen Einrichtungen, deren Hauptaufgabe es ist, Informationen für Journalistinnen/Journalisten bereitzustellen.

5
Sie sind „Nachrichtensammler" und verkaufen ihre Meldungen weiter. Zu den bekanntesten zählen Reuters, Deutsche Presse-Agentur (dpa), Associate Press (AP) und Agence France-Presse (AFP). Ihre Informationen erhalten sie sowohl durch eigene Recherchen als auch durch die Zusammenarbeit mit unterschiedlichen Partnern.

6
Davon wird gesprochen, wenn Journalistinnen/Journalisten in Dokumenten gezielt nach Informationen suchen. Diese Recherchen erfolgen oft über das Internet. Dabei werden frei verfügbare Seiten, zahlungspflichtige Dienste und zunehmend auch soziale Netzwerke genutzt.

7
Dabei handelt es sich um Treffen – oft in Restaurants oder Cafés – zwischen Politikerinnen/Politikern und Journalistinnen/Journalisten zum Zwecke eines gegenseitigen Austausches.

8
Sie findet statt, wenn Journalistinnen/Journalisten geheime Informationen von einer Person übernehmen, die zu diesen Zugang hatte und die Informationen veröffentlicht hat, obwohl sie als vertraulich eingestuft waren.

Lösungsbegriffe: Hintergrundgespräche – Informationsübernahme von Whistleblowern – Pressestellen – Investigative Recherche – Bundespressekonferenz – Material-Recherche – Korrespondentinnen/Korrespondenten – Nachrichtenagenturen

M 4 Auswahl und Verbreitung von Nachrichten

Auf dem Weg von einem Ereignis bis zur Veröffentlichung werden Nachrichten zumeist mehrfach gesiebt und bearbeitet. Wichtige Filter bilden dabei unter anderem die Journalistinnen und Journalisten. Doch sie sind nicht die einzigen, die Nachrichten auswählen und verbreiten.

Nachrichten werden ausgewählt und verbreitet:

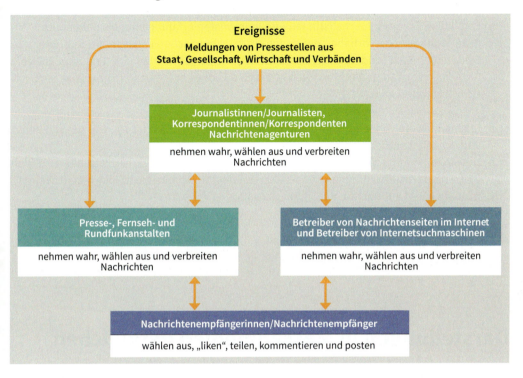

1. **a)** Beschreibe mithilfe von M1 (S. 146) die Funktion und Arbeitsweise einer Nachrichtenagentur.
   b) Versetze dich in die Situation der Redaktionskonferenz aus M1 (S. 146). Bestimme fünf Nachrichtenmeldungen, die deiner Meinung nach besonders wichtig sind und daher noch in die morgige Ausgabe aufgenommen werden sollten. Begründe deine Auswahl und vergleiche sie mit der einer Partnerin/eines Partners.

2. **a)** Arbeitet zu zweit. Erklärt euch die Kriterien für die Auswahl von Nachrichten aus M2 (S. 147) gegenseitig anhand von selbst überlegten Beispielen.
   b) Erläutere zu deiner Auswahl der einzelnen Schlagzeilen aus M1 (S. 146), welche der Kriterien aus M2 (S. 147) du berücksichtigt hast.
   c) Ordne die Nachrichtenmeldungen aus M1 (S. 146) den Kriterien aus M2 (S. 147) zu. Beachte, dass auch Mehrfachzuordnungen möglich sind.

EINSTEIGEN

3. **a)** Ordne den Informationsquellen von Journalistinnen/Journalisten in M3 (S. 147f.) die Lösungsbegriffe (S. 148) passend zu.
   b) Unterteile die Informationsquellen (M3, S. 147f.) nach „Informationen aus erster Hand" und „Informationen aus zweiter Hand". Begründe, welcher der beiden Bereiche für Journalistinnen/Journalisten in der Regel zuverlässigere Informationen liefert.
   c) Führt auf der Grundlage von M1 (S. 146) und M3 (S. 147f.) zu zweit Gründe dafür an, dass in Medienberichten häufig nur „Informationen aus zweiter Hand" verwendet werden.

4. Tauscht euch in der Klasse darüber aus, von welchen Fällen von Whistleblowing (M3, S. 147f.) ihr schon einmal etwas mitbekommen habt und wie diese verlaufen sind.

WEITER-ARBEITEN

VERTIEFEN

5. a) Beschreibe anhand von M 4 (S. 148 f.) und Info 1 (S. 158) in eigenen Worten, wer an der Verbreitung und Auswahl von Nachrichten beteiligt ist.
   b) Ein fiktives Ereignis: Journalistinnen und Journalisten erfahren vom bis dahin noch geheim gehaltenen Vorhaben der baden-württembergischen Landesregierung, die Schulzeit an Real- und Gemeinschaftsschulen um ein Jahr verlängern. Erläutere auf der Grundlage von M 4 (S. 148 f.) zu zweit, wie sich aus diesem fiktiven Ereignis eine Nachricht verbreiten kann.

6. a) Erkläre mithilfe von M 4 (S. 148 f.) die Aussage: „Massenmedien filtern, was wir von der Wirklichkeit wahrnehmen."
   b) Unsere Rolle muss nicht nur auf das Lesen, Sehen und Hören Nachrichten begrenzt bleiben. Erläutert zu zweit anhand von selbst überlegten Beispielen, welche Möglichkeiten wir haben, um auf Nachrichten zu reagieren.

▲ 1, 2, 3a, 5a, 6b   ▼ 1b, 2, 3, 4, 5b, 6   ▲▼▲ 1b, 2a, 3a, 3c, 4, 5, 6

Darstellungen in Massenmedien vergleichen

Es ist nicht egal, durch welche Medien man sich informiert. Kurze Radionachrichten oder ausführliche Dokumentation? News-App auf dem Smartphone oder gedruckter Artikel in einer Zeitung? Obwohl auf den ersten Blick über ähnliche Inhalte informiert wird, sind Umfang und Ausführlichkeit – und oft auch Auswahl der Inhalte sowie die Glaubwürdigkeit durchaus unterschiedlich.

M 5 Ein Interview mit einer Reporterin

Sandra Sperber wurde 1986 geboren, sie ist in Nürnberg aufgewachsen. 2006 begann sie bei SPIEGEL TV in Berlin. Seit November 2009 ist sie Videoredakteurin bei SPIEGEL ONLINE. Zwischen 2011 und 2015 war sie für SPIEGEL ONLINE als Videoreporterin in Washington D.C. Seit Juli 2015 ist sie Reporterin für SPIEGEL ONLINE in Berlin.

Frage: Wie würden sie unseren Schülerinnen und Schülern ihre Arbeit als Journalistin beschreiben?
Sandra Sperber: Als Reporterin produziere ich Videos für SPIEGEL ONLINE. Das bedeutet, dass ich in meiner Redaktion Themen vorschlage, Gesprächspartner suche und überlege, wie man eine Geschichte am besten mit bewegten Bildern erzählen kann. Dann geht es auf den Dreh: Wir arbeiten dabei meist in Zweierteams. Das heißt, einer kümmert sich um die Technik (Drehen und Schneiden), der andere ist Reporter. Als Reporterin stelle ich dem Interviewpartner Fragen und wähle anschließend aus, welche seiner Antworten ins Video geschnitten werden. Außerdem schreibe ich die Texttafeln oder die Sprechertexte, die dem Zuschauer erklären, worum es in dem Video geht.
Das Tolle an dem Job: Ich treffe die unterschiedlichsten Menschen, kann alle möglichen Fragen stellen und bin oft vor Ort, wenn wichtige Ereignisse passieren. Zum Beispiel war ich während der Flüchtlingskrise mehrfach auf der griechischen Insel Lesbos, wo viele Migranten in Booten ankamen, und habe außerdem an der deutschen Grenze gedreht.

Frage: Wer bezahlt ihre Arbeit als Journalistin? Gibt es damit verbunden den Versuch der Einflussnahme auf die Berichterstattung?
Sandra Sperber: SPIEGEL ONLINE finanziert sich überwiegend durch Werbung. Das kann beispielsweise ein Banner neben einem Text sein oder ein 30-sekündiger Clip vor einem Video. Die Werbekunden können vorgeben, in welchem Themenbereich ihre Anzeige erscheinen soll. Also z. B. mit einem Artikel über Politik oder Wissenschaft. Aber sie haben keinen Einfluss darauf, ob es in dem Text um eine Bundestagsdebatte oder eine Landtagswahl geht – und vor allem nicht darauf, was in dem Text steht. Als Redakteurin habe ich keinen Kontakt zu Werbekunden.
Frage: ... aber berichtet wird nur, wofür sich die Leser, Zuschauer, Kunden interessieren?
Sandra Sperber: Wir haben den Anspruch unsere User immer über die wichtigsten Themen auf dem Laufenden zu halten. Manche News interessieren die Leser brennend, andere Themen finden weniger Zuspruch, sind aber dennoch relevant und deshalb berichten wir darüber.
Als Journalistin frage ich mich immer, wie kann ich das Thema spannend aufbereiten? Was ist daran für unsere User interessant? Denn natürlich möchte ich möglichst viele Zuschauer für meine Videos gewinnen.
Neben den wichtigsten Nachrichten gibt es bei SPIEGEL ONLINE auch viele Texte und Videos über sogenannte Servicethemen (z. B. Was kann ich tun, damit mein Smartphone-Akku länger hält?) und Geschichten, die durchaus unterhaltsam sein können oder einfach nur spannend zu lesen sind. Dabei richten wir uns natürlich nach den Interessen unserer Nutzer.
Frage: Smartphone und ständige Verfügbarkeit des Internets haben die Arbeit von Journalisten verändert?
Sandra Sperber: Oh ja! Die Nachrichten sind „rasanter" geworden. Das heißt, sie gelangen viel schneller zum Leser. Früher hat man seine News abends aus den Fernsehnachrichten bekommen oder morgens in der Zeitung gelesen. Durch Push-Nachrichten, soziale Netzwerke und ständig aktualisierte Nachrichtenseiten wie SPIEGEL ONLINE erfahren viele Leser deutlich schneller, wenn etwas Wichtiges passiert. Für mich als Videojournalistin ist das Smartphone zum Produktionsmittel geworden. Drehen, scheiden, veröffentlichen – wenn es schnell gehen muss, kann ich das alles auf dem Handy.
Frage: Heute kann praktisch jeder alles im Internet veröffentlichen. Wie kann der Leser oder Zuschauer die Zuverlässigkeit von Veröffentlichungen einschätzen?
Sandra Sperber: Vor allem wenn Nachrichten zu sensationell klingen, sollte man immer prüfen, wer da veröffentlicht. Eine bekannte, vertrauenswürdige Quelle wie z. B. ein großes Verlagshaus oder ein Sender? Oder eine Einzelperson, Partei oder eine Meinungsseite, die mit der Veröffentlichung ein politisches Ziel verfolgt? Stehen in dem Text nur Behauptungen oder sind die Quellen nachvollziehbar?
Frage: Traditionelle Medien wie gedruckte Tageszeitungen und Magazine gibt es ja nach wie vor. Worin sehen sie die Unterschiede zu den neueren Medien und Formaten?
Sandra Sperber: Digitale Medien bieten mir als Macherin größtmögliche Freiheit: Lässt sich eine Geschichte besser als Text oder als Video erzählen? Kann eine Fotostrecke dem Leser am besten die Situation vermitteln? Oder vielleicht eine multimediale Kombination aus allen drei Formen?
Diese Möglichkeiten hat ein gedrucktes Medium nicht. Und gerade wenn es um die tagesaktuelle Vermittlung von Nachrichten geht, haben Onlinemedien den traditionellen Publikationen den Rang abgelaufen. Ständig entstehen im Netz neue journalistische Formen wie z. B. sogenannte Listicles [das sind Artikel in Aufzählungsform, z. B. „Die vier wichtigsten Beschlüsse der Klimakonferenz"] oder Nachrichten-Bots, die per Messenger mit Lesern chatten. Gerade unter jungen Leuten haben es die gedruckten Medien deshalb immer schwerer neue

Abonnenten zu finden – wo es doch online viele kostenlose Angebote gibt. Dennoch gibt es auch noch immer viele Leser, die lieber auf Papier statt auf einem Display lesen und der guten alten Zeitung die Treue halten.

EINSTEIGEN

1. a) In M5 (S. 150 ff.) gibt die Reporterin Auskunft, nach welchen Gesichtspunkten ausgewählt wird, worüber berichtet werden soll. Fasse die Antworten in eigenen Worten zusammen.
   b) Beschreibt zu zweit ausgehend von M5 (S. 150 ff.), wie Massenmedien mit Themen umgehen können, die viele Menschen erst einmal nur wenig interessieren, von Journalistinnen und Journalisten aber für so wichtig gehalten werden, dass darüber berichtet werden soll.

WEITERARBEITEN

2. Erläutert auf der Grundlage von M5 (S. 150 ff.) zu zweit:
   a) Wie hat sich die Arbeit von Journalistinnen und Journalisten durch die ständige Verfügbarkeit des Internets verändert?
   b) Was bedeutet die Aussage der Reporterin, dass die Nachrichten „rasanter" geworden seien?
   c) Journalistische Angebote sind für Internetnutzerinnen und -nutzer oft kostenlos. Wer bezahlt aber dafür?
   d) Wie wird im Falle der Reporterin versucht auszuschließen, dass auf ihre Berichterstattung Einfluss von außen genommen wird?

3. Das Internet bietet jeder und jedem die Möglichkeit, Nachrichten zu veröffentlichen. Arbeite aus M5 (S. 150 ff.) Tipps heraus, um die Qualität von Nachrichten einzuschätzen? Notiere Stichworte.

VERTIEFEN

4. a) Führt in der Klasse eine Befragung durch, welche Nachrichtensendungen zu Hause geschaut werden. Notiert die Ergebnisse an der Tafel.
   b) Recherchiert in Kleingruppen die Internet-Angebote dieser Nachrichtensendungen und vergleicht sie (siehe Arbeitstechnik „Informationen im Internet recherchieren", S. 344 f.).
   c) Überprüft, ob ihr Nachrichtenmeldungen findet, die auf einzelnen Nachrichtenseiten nicht auftauchen. Notiert sie und erläutert, warum das so sein könnte (siehe auch M2, S. 147 und Info 1, S. 158).

▲ 1a, 2, 3, 4   ▲▼ 1b, 2, 3, 4, 5a   ▲▼▲ 2, 3, 4

Fehlinformationen und Manipulation in Massenmedien

Falschmeldungen gibt es immer wieder. Oft entstehen sie durch journalistische Fehler oder dadurch, dass sich eine als zuverlässig eingeschätzte Quelle doch als unzuverlässig herausstellt. Meistens werden sie kurze Zeit später richtiggestellt. Aber es gibt auch Fälle, in denen falsche Tatsachen in den Massenmedien verbreitet werden, um damit Bevölkerungsgruppen zu beeinflussen oder schlicht Geld zu verdienen. Doch was kann man tun, um die Zuverlässigkeit einer Nachricht einzuschätzen? Und wie und mit welchen Mitteln werden sogenannte „Fake News" verbreitet?

M 6 Auf den Blickwinkel kommt es an

Nach der Präsentation der Kriminalstatistik des Jahres 2016 für das Stadtgebiet München berichteten u. a. zwei große Münchner Tageszeitungen über das Thema auf ihren Titelseiten – allerdings mit unterschiedlichen Schlagzeilen.

So titelte eine Münchner Tageszeitung:

> **Die sicherste Großstadt Deutschlands**
>
> In München ist die Zahl der Straftaten um zwölf Prozent gegenüber dem Vorjahr gesunken – auch wenn das vor allem mit einem besonderen statistischen Effekt zu tun hat. Eine Zunahme der Delikte verzeichnete die Polizei bei Einbrüchen, Sexualdelikten und Gewaltverbrechen.

Auf dem Titelblatt eines Münchner Boulevardblattes erschien folgende Meldung:

Was ist nun richtig und was ist falsch?
Beide Schlagzeilen mit ihrem jeweils gewählten Ausschnitt aus der Statistik stimmen. Bei der Präsentation seiner Kriminalstatistik für das Jahr 2016 bilanzierte der Münchner Polizeipräsident, dass die 128 141 Straftaten im Stadtgebiet einen Rückgang von 12 % gegenüber dem Vor-
5 jahr bedeuten. Und damit bleibt München die sicherste Millionenstadt in Deutschland.
In dieser Gesamtzahl sind allerdings Straftaten in Bezug auf Asyl und Aufenthalt berücksichtigt. Die ausländerrechtlichen Delikte sanken jedoch im Vergleich zu 2015 um 57,7 %. Die Statistik, um diese Straftaten bereinigt, weist einen Anstieg der Straftaten um 6 % aus, worauf auch im Schlagzeilenuntertitel der Tageszeitung hingewiesen wird.
10 Den ebenfalls in der Kriminalstatistik genannten Anstieg der Einbrüche um 9 % sowie von Sexualverbrechen um 7,7 % nutzt die Boulevardzeitung als alleinigen Aspekt für ihre Titelschlagzeile, um München als „immer gefährlicher" auszuweisen.

M 7 Fake News

Gezielte Propaganda? „Fake News" in den Medien
„Fake News" müssen als Begriff inzwischen für so ziemlich alles herhalten – auch als Beschimpfung für klassische Fehler, die Journalisten schon immer unterlaufen sind. […]

Unterscheidung „Fake News" und Falschmeldung
Die Abgrenzung zu „Fake News" fällt viel einfacher, wenn als Synonym „Propaganda" taugt: Viele Geschichten mit einem Fünkchen Wahrheit, oft aber nur bei Nebensachen, werden instrumentalisiert und in eine eigene Geschichte verpackt, um politisch Stimmung zu machen. Ein solcher gezielter Mix aus Fakten und Fiktion war der Fall „Lisa": Das russlanddeutsche Mädchen war tatsächlich verschwunden, aber nie von Flüchtlingen vergewaltigt worden – anders als etwa russische Medien trotz gegenteiliger deutscher Polizei-Hinweise berichtet haben. Dennoch gingen deutschlandweit tausende Menschen auf die Straße, vor allem gegen die Flüchtlingspolitik der Regierung.

Strafanzeige gegen „Fake News"-Ersteller
Noch perfider werden „Fake News", wenn sie klassische Medienmarken missbrauchen. Das hat wiederum die Grünen-Politikerin Renate Künast erlebt. Eine „Fake News" legte ihr ein frei erfundenes Zitat in den Mund, versehen mit der vermeintlichen Quelle „Süddeutsche Zeitung". Auch hier war – wie bei vielen erfundenen oder aufgebauschten Berichten über Kriminalität von Flüchtlingen – das Ziel: Ängste schüren und Protest auslösen mit vorsätzlich erfundenen und geschickt in sozialen Netzwerken platzierten Geschichten.

Aus: Bouhs, Daniel: Gezielte Propaganda? „Fake News" in den Medien, online: http://www.ndr.de/fernsehen/sendungen/zapp/Gezielte-Propaganda-Fake-News-in-Medien-,fakenews118.html [zuletzt: 18.03.2017]

M 8 Wie erkennt man Fake News?

[…]
Portale, die Meldungen überprüfen
Auf dem Portal Mimikama.at lassen sich zum Beispiel Fehlermeldungen überprüfen. […] Über eine „Hoax-Search" – Hoax heißt übersetzt Falschmeldung – können wie in einer Suchmaschine Stichworte eingegeben werden, um eine Nachricht zu checken. Bei Donald Trump reicht nur die Eingabe des Namens aus, um als ersten Treffer die Falschmeldung mit dem angeblichen Zitat von ihm zu finden.
Ähnlich geartet überprüft die Hoax-Map, ob Meldungen über Asylsuchende falsch sind. In einer Deutschlandkarte sammelte das Portal bisher 435 Falschmeldungen, die deutschlandweit im Internet von Medien veröffentlicht kursierten. Dem Projekt können Berichte zugeschickt werden, die dann die Verantwortlichen des Portals verifizieren.

BILDblog schaut sich seit 2004 Meldungen aus deutschen Medien an und schreibt darüber, wenn Persönlichkeitsrechte verletzt oder falsche Aussagen getätigt wurden. Besonders häufig wird hierbei die Bild-Zeitung kritisiert, aber auch andere Medienhäuser sowie Fernsehsendungen stehen regelmäßig unter Beobachtung. [...]

Eigene Recherche mithilfe von Google
Doch auch der Leser kann mit wenig Aufwand selbst überprüfen, ob er eine Falschmeldung liest. Ein kritischer Blick auf Nachrichten allgemein ist hierbei Voraussetzung. Allein die Frage nach der Quelle ist entscheidend: Wer ist der Autor? Gibt es das Online-Portal überhaupt? Medien nennen häufig eine Quelle, verlinken auf die Seiten, auf denen sie ihre Informationen gefunden haben. Oder sie zitieren andere, seriöse Quellen wie zum Beispiel Interviewpartner, andere Medien, die bekannt sind, Nachrichtenagenturen oder sie nennen die Ur-Quelle, die die Information zuerst genannt hat. Falls eine Quellenangabe komplett fehlt, ist kritisches Lesen der Information geboten.
Aber auch, wer die Überschrift eines Berichts googelt, findet sehr schnell heraus, ob die Meldung wahr oder falsch ist. Denn wenn bis zu 30 Blogs oder Foren alle dasselbe „exklusiv" vermelden, sollte die Information mit Vorsicht zu genießen sein. Haben die Portale voneinander abgeschrieben? Diese Frage sollte sich der Leser bei einer kritischen Meldung, die einem Gerücht nahekommt, immer stellen. Auch, wenn etablierte Medien gar nicht über eine Nachricht berichten, sollte dies zum Nachdenken anregen.
Manchmal recherchieren Medien allerdings noch, ob eine Meldung aus den sozialen Netzwerken auch wahr ist – sie berichten dann zeitverzögert, doch die Nachricht ist dann mithilfe journalistischer Standards überprüft worden. [...]
Oft werden auch Bilder als Wahrheit in den sozialen Medien empfunden, obwohl dies nicht so sein muss. Die kritische Frage: „Sehe ich auch das auf dem Bild, was im Text dazu angegeben wird?", ist entscheidend. Hierbei hilft unter anderem die Bilder-Rückwärtssuche von Google weiter. Neben der Suchzeile bei Google gibt es ein Kamerasymbol. Klickt man dieses an, kann man ein Bild bei Google hochladen. Die Suche spuckt ähnliche Bilder, Websites, auf denen das Bild enthalten ist, oder andere Größen des gesuchten Bildes aus – vorausgesetzt natürlich, das Foto ist irgendwann einmal online erschienen. Falls ja, lassen sich so Fakes schnell identifizieren. [...]

Aus: Freundorfer, Katharina: Wie erkennt man Fake-News?, in: Stuttgarter Nachrichten vom 15.12.2016, online: http://www.stuttgarter-nachrichten.de/inhalt.fehlinformationen-in-sozialen-medien-wie-erkennt-man-fake-news.c167ef71-f7c1-4be5-a059-fcfc1696f26c.html [zuletzt: 17.03.2017]

M 9 Bilder können lügen

M10 Bilder können die Wahrheit sagen

Das rechte Bild zeigt das Publikum bei der Vereidigung von Barack Obama als US-Präsident im Jahr 2009, das linke ist 2017 bei der Vereidigung von Donald Trump entstanden. Allerdings behauptete Donald Trump kurze Zeit später, dass das Publikum bei seiner Vereidigung das größte aller Zeiten gewesen sei und ließ mitteilen, dass die Fotos absichtlich gefälscht wurden und auch zu unterschiedlichen Zeiten während der Veranstaltungen aufgenommen wurden.

M11 Wie Filterblasen funktionieren

Tim Ehlers vom Magazin „KATAPULT" befragte den Wissenschaftler Jürgen Geuter zum Begriff „Filterblase.

Gleichschaltung durch die Filterblase
[…]
[**Ehlers:**] 2011 prägte der Amerikaner Eli Pariser den Begriff der „Filterblase". Können Sie kurz beschreiben, was Pariser damit gemeint hat?
[**Geuter:**] Unter der Filterblase versteht Pariser, dass sich Menschen im Internet und auf den Plattformen, auf denen sie sich bewegen, wie Facebook, oder auch bezüglich der Medien, die sie konsumieren, eine Art Blase um sich herum aufbauen. Darin fühlen sie sich wohl, weil sie in der Blase nur noch Meinungen zulassen und wahrnehmen, die der eigenen entsprechen.
Das kann damit zu tun haben, dass man beispielsweise auf Facebook nur mit Menschen befreundet ist, die die gleiche Meinung haben wie man selbst. Das kann ebenfalls damit zu tun haben, dass man nur Medien konsumiert, die die gleiche Meinung vertreten wie man selbst. Bezogen auf Facebook bedeutet das, dass ein Benutzer oder eine Benutzerin immer bestimmte Inhalte „liked" und der Algorithmus deshalb entscheidet, dieser Person mehr Inhalte dieser Art zu zeigen. Das kann dazu führen, dass man nur noch Dinge sieht, die der eigenen Meinung entsprechen, und den Rest der Welt ausklammert. Die Wahrnehmung der Welt, die nur noch auf das Ich bezogen ist und auf das, was mir gefällt, nennt Pariser die Filterblase.
[…]

Aus: Geuter, Jürgen / Ehlers, Tim: Gleichschaltung durch die Filterblase, ein Interview mit Jürgen Geuter, in: Katapult, Magazin für Kartografik und Sozialwissenschaft vom 12.10.2016, online: http://katapult-magazin.de/de/artikel/artikel/fulltext/gleichschaltung-durch-die-filterblase/ [zuletzt: 23.06.2018]

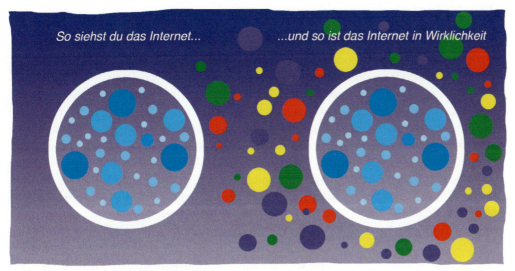

Die Darstellung zeigt, wie es zu einer Filterblase kommen kann. Der Nutzer wählt selbst aus, welche Medien er liest und er markiert (Like!) Inhalte, die ihn interessieren. Dadurch sinkt die Wahrscheinlichkeit, dass er andere Inhalte und Nachrichten überhaupt zu sehen bekommt.

1. **a)** M 6 (S. 153) zeigt einen Fall, wie zwei Medien verschieden über einen Vorgang berichten. Vergleiche die jeweiligen Darstellungsformen der Texte und benenne inhaltliche Unterschiede in der Berichterstattung.
   b) Überlegt zu zweit, wie die unterschiedlichen Berichterstattungen die Meinungen von Leserinnen und Lesern jeweils beeinflussen können.

EINSTEIGEN

2. Erarbeite mithilfe von M 7 (S. 154) schriftlich die folgenden Begriffe: (1) Propaganda, (2) Falschmeldung, (3) Fake News.

3. Wie erkennt man Fake News? Erstellt zu zweit mithilfe von M 8 (S. 154 f.) eine Liste mit Tipps für die Überprüfung von Fake News.

WEITER-ARBEITEN

4. **a)** Beschreibt zu zweit die Fotos in M 9 (S. 155) und M 10 (S. 156) und vergleicht sie jeweils.
   b) Erläutert wie Medien mit Fotos bei den Betrachterinnen und Betrachtern völlig unterschiedliche Wahrnehmungen von Sachverhalten erzeugen können.

5. **a)** Erkläre auf der Basis von M 11 (S. 156 f.) und Info 1 (S. 158), wie eine Filterblase funktioniert und welche Probleme für die Meinungsbildung und die Beschaffung von Informationen dadurch entstehen können.
   b) Bist auch du in einer Filterblase? Überprüfe kritisch, woher du Informationen über die Welt und was in ihr geschieht beziehst.
   c) Erstellt zu dritt Tipps, was man tun kann, um nicht in Filterblasen zu geraten.

VERTIEFEN

▲ 1, 2, 3, 4   ▼ 1, 2, 3, 4, 5a, 5b   ▲▼▲ 1, 3, 4, 5

Info 1 **Verbreitung von Nachrichten und Darstellungen in Massenmedien**

Lediglich ein Bruchteil der Informationen, auf die die → **Massenmedien** zurückgreifen können, kommt bei den Mediennutzerinnen und Mediennutzern an. Aus der immens großen Zahl an Ereignissen, die täglich geschehen, werden Meldungen herausgefiltert, die veröffentlicht werden sollen. Über welche Ereignisse in welcher Form berichtet werden soll, entscheiden in der Regel zunächst **Journalistinnen** und **Journalisten**. Sie wählen Meldungen nach bestimmten **Nachrichtenwertkriterien** aus und bereiten Nachrichten für Presse-, Rundfunk- und Fernsehanstalten sowie Nachrichtenseiten im Internet auf. Einige Journalistinnen und Journalisten arbeiten auch für **Nachrichtenagenturen**. Solche Agenturen, wie z. B. dpa, Reuters und AFP, sind darauf spezialisiert Nachrichten aus aller Welt zu sammeln und diese an unterschiedliche Medien zu verkaufen.

Einen weiteren **Filter bei der Nachrichtenverbreitung** stellen die Nutzerinnen und Nutzer der Massenmedien dar. Sie wählen aus, über welche Medien sie sich informieren und welche Medieninhalte sie konsumieren. Darüber hinaus können die Nutzerinnen und Nutzer von Medien, insbesondere über das Internet, aber auch selbst Nachrichten verbreiten, indem sie Nachrichtenmeldungen „liken", teilen und kommentieren oder sogar selbst Nachrichteninhalte posten. Die Massenmedien erfüllen durch ihre Nachrichtenberichterstattungen wichtige Funktionen für unsere Demokratie. Einerseits informieren sie die Bürgerinnen und Bürger über das aktuelle Geschehen und ermöglichen diesen ein eigenes politisches Urteil (**Informationsfunktion**). Andererseits bringen sie den Politikerinnen und Politikern gesellschaftliche Stimmungslagen, die sogenannte → **Öffentliche Meinung**, nahe. Zudem kontrollieren Massenmedien die politischen Machthaberinnen und Machthaber und Institutionen durch ihre häufig kritischen Nachrichtenberichte (**Kontroll- und Kritikfunktion**).

Um ihre Funktionen für die Demokratie zu erfüllen, müssen Journalistinnen und Journalisten sachlich und ausgewogen berichten. Dabei kann es gelegentlich auch zu Fehlern kommen. Solche **Falschmeldungen** werden von seriösen Medien in aller Regel jedoch schnell bemerkt und richtiggestellt. Unseriöse Medien verbreiten hingegen gezielte Falschmeldungen, sogenannte → **Fake News**. Damit wird versucht, die öffentliche Meinung im Sinne bestimmter politischer oder wirtschaftlicher Ziele zu manipulieren. Für Mediennutzerinnen und Mediennutzer ist es deshalb wichtig, die Herkunft und Glaubwürdigkeit einer Nachricht im Zweifelsfall überprüfen zu können.

Eine weitere Form der **Manipulation** gesellschaftlicher Stimmungslagen geht von Suchmaschinen und sozialen Netzwerken im Internet aus. Die automatisierte Erfassung von Nutzerdaten kann dazu führen, dass Internetnutzerinnen und Internetnutzer nur noch Berichte und Nachrichten angeboten bekommen und wahrnehmen, die in einer bestimmten Art und Weise politische oder ideologische Tendenzen haben. Man spricht in diesen Zusammenhang von einer **Filterblase**. Wen man sich in einer Filterblase befindet, bekommt man nur noch winzige Ausschnitte der Medienberichterstattung mit. Andere Informationen, die dazu beitragen könnten, eigene Meinungen zu überdenken und den **Wahrheitsgehalt von Nachrichtenmeldungen** zu hinterfragen, kommen in der Filterblase gar nicht mehr an. Mediennutzerinnen und Internetnutzer können hier gegensteuern, indem sie bewusst auf vielfältige Informationsquellen zurückgreifen und Medienberichte grundsätzlich kritisch wahrnehmen.

2. Freie Information für freie Bürgerinnen und Bürger! – Die Bedeutung von Presse-, Meinungs- und Informationsfreiheit

Die Bedeutung der Meinungs- und Pressefreiheit für die Demokratie

Personen aus Politik, Wirtschaft und dem öffentlichen Leben sind oft gar nicht begeistert, wenn in den Medien kritisch über ihre Person, ihre Arbeit, ihre Parteien oder Produkte berichtet wird. Nicht selten wird dann versucht, die Berichterstattung zu beeinflussen. Damit das nicht geschieht, ist die Meinungs- und Pressefreiheit in Artikel 5 unseres Grundgesetzes verankert.

M 12 Die Situation der Pressefreiheit weltweit

Die Organisation Reporter ohne Grenzen, die sich weltweit für die Rechte von Journalistinnen und Journalisten stark macht, veröffentlicht jährlich einen Bericht zur Lage der Pressefreiheit. Die nachfolgende Karte verdeutlicht, dass es weltweit keineswegs selbstverständlich ist, dass Journalistinnen und Journalisten ungehindert ihrer Arbeit nachgehen können.

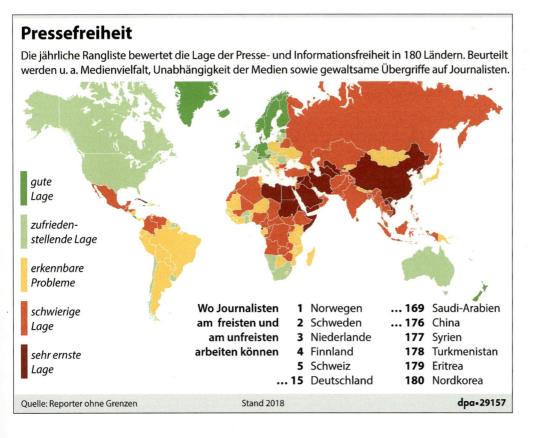

Quelle: Reporter ohne Grenzen — Stand 2018 — dpa·29157

M 13 Die Meinungs- und Pressefreiheit im Grundgesetz

Artikel 5 Grundgesetz
(1) Jeder hat das Recht, seine Meinung in Wort, Schrift und Bild frei zu äußern und zu verbreiten und sich aus allgemein zugänglichen Quellen ungehindert zu unterrichten. Die Pressefreiheit und die Freiheit der Berichterstattung durch Rundfunk und Film werden gewährleistet. Eine Zensur findet nicht statt.
(2) Diese Rechte finden ihre Schranken in den Vorschriften der allgemeinen Gesetze, den gesetzlichen Bestimmungen zum Schutze der Jugend und in dem Recht der persönlichen Ehre. [...]

Aus: Grundgesetz für die Bundesrepublik Deutschland in der Fassung vom 23.05.1949, zuletzt geändert am 13.07.2017.

M 14 Prozess gegen Pressefotograf

Immer wieder kommt es vor Gericht zu Prozessen gegen Pressefotografen, die nach dem sogenannten Paparazzi-Paragrafen verstoßen haben und damit die Persönlichkeitsrechte abgebildeter Personen verletzt haben sollen.
Ein solcher Fall wird seit Kurzem vor dem Amtsgericht einer Kleinstadt in Baden-Württemberg verhandelt: Der Fotograf einer lokalen Tageszeitung hatte im Frühjahr Bilder eines Carport-Brandes auf einem privaten Grundstück gemacht. Als die Fotos online gingen, erstattete der Hauseigentümer, ein ehemaliges Ratsmitglied der Stadt, Anzeige gegen den Fotografen, weil er sich durch die Bilder in seinem höchstpersönlichen Lebensbereich verletzt fühlte. Der Fotograf soll 3 000 € Strafe zahlen.
Der Verteidiger des Fotografen argumentiert dagegen: Es ginge der Presse ausschließlich um die Aufklärung der Öffentlichkeit über Unfälle, Brände und andere Katastrophen, keinesfalls aber um irgendeine Selbstbefriedigung seitens der Presse. Er habe diesen Fall auch mit erfahrenen Richtern an Oberlandesgerichten diskutiert, sie zeigten sich unverständlich gegenüber der Anzeige.
Das Besondere an diesem Fall ist auch, dass der klagenden Hausbesitzer den Fotografen während der Aufnahmen gar nicht wahrgenommen hatte. Erst durch die online-Veröffentlichung der des Berichtes und der Fotos war er darauf aufmerksam geworden und hatte Anzeige erstattet, weil er auf einem der Bilder zu erkennen war.
Der Anwalt des Fotografen erklärte, das Bild sei schließlich sofort entfernt worden und als ehemaliger Politiker wisse der Hauseigentümer schließlich um die Arbeit und die Bedeutung der Presse. Der Fotograf habe ganz einfach seine Arbeit gemacht und für das Bild den üblichen Betrag von 20,00 € von der Tageszeitung erhalten. Der Verteidiger plädiert auf Freispruch oder Einstellung des Verfahrens und kündigt an, die nächste Instanz anzurufen, falls das Amtsgericht ein anderes Urteil gegen den Fotografen fällen sollte.

M15 George W. Bush verteidigt die Pressefreiheit

- Der frühere US-Präsident George W. Bush verteidigt die Pressefreiheit in den USA.
- Medien würden Menschen zur Verantwortung ziehen, die ihre Macht missbrauchen, sagt Bush in einem Interview.
- Es ist ein deutlicher Widerspruch zum amtierenden US-Präsidenten Donald Trump, der Medien als „Feinde des Volkes" bezeichnet hat.

In deutlicher Abgrenzung zu Donald Trump hat George W. Bush die Medien als unverzichtbaren Bestandteil der Demokratie hervorgehoben. „Wir brauchen sie, um Leute wie mich zur Verantwortung zu ziehen", sagte der frühere US-Präsident dem US-Sender NBC.
„Macht kann sehr süchtig machen, und sie kann sehr zerstörerisch sein. Es ist wichtig, dass Medien Menschen zur Verantwortung ziehen, die ihre Macht missbrauchen – sei es hier oder anderswo", sagte Bush.

„Wir alle brauchen Antworten"
Der seit 20. Januar amtierende US-Präsident Donald Trump hat den Medien in den USA den Krieg erklärt. Zuletzt nannte er sie sogar „Feinde des Volkes". Er reagiert oft aggressiv auf kritische Journalistenfragen, ihm unangenehme Medienberichte, etwa über Verbindungen seines Wahlkampfteams zur russischen Regierung, nennt er Falschmeldungen („Fake News"). Bush sagte, es gebe offene Fragen zu den Kontakten von Trumps Mitarbeitern nach Moskau. „Diese Fragen müssen beantwortet werden. Wir alle brauchen Antworten." Der Vorsitzende des Geheimdienstausschusses im Senat, Richard Burr (Republikaner, North Carolina), müsse entscheiden, ob sich ein Sonderermittler mit dem Fall befassen soll.
Bush lag während seiner Amtszeit zwischen 2001 und 2009 selbst häufig im Streit mit den amerikanischen Medien. Wegen der Irak-Invasion 2003, die mit falschen Behauptungen begründet wurde, ist er bis heute umstritten. Der Presse scheint Bush jedoch nicht zu grollen: „Es ist ziemlich schwierig, anderen zu sagen, sie brauchten eine unabhängige, freie Presse, wenn wir selbst nicht bereit sind, eine solche zu akzeptieren."

Aus: George Bush verteidigt die Pressefreiheit, in: Süddeutsche Zeitung vom 28.02.2017, online: http://www.sueddeutsche.de/politik/usa-george-w-bush-verteidigt-die-pressefreiheit-1.3398563 [zuletzt: 12.12.2017]

M16 Pressefreiheit in Deutschland

Ausgewählte Übergriffe auf Journalisten 2015

21.01.2015, Leipzig: Journalisten bespuckt und geschlagen
Bei einer LEGIDA-Demonstration [d. h. einer Demonstration von Anhängern der Organisation „Leipziger Europäer gegen die Islamisierung des Abendlandes"] in Leipzig kommt es zu massiven Übergriffen auf Journalisten.
Medienberichten zufolge werden mehrere Medienvertreter beschimpft, bespuckt und geschlagen und ihre Ausrüstung beschädigt. Laut Leipziger Volkszeitung soll sich eine Gruppe von ca. 50 LEGIDA-Anhängern auf die vor dem Demonstrationszug laufenden Journalisten gestürzt haben. Auch LEGIDA-Ordner sollen Journalisten bedrängt haben.

30.01.2015, Leipzig: Polizist schlägt Kameramann ins Gesicht
Während ein Journalist bei einer LEGIDA-Demonstration in Leipzig einen Polizeieinsatz filmt, schlägt ihm ein Polizist die Kamera weg. Dann geht der Polizist auf ihn los und schlägt

ihm ins Gesicht. Mehrere Polizisten zerren den Reporter zu einem Einsatzwagen, ihm wird Widerstand gegen die Staatsgewalt und versuchte Körperverletzung vorgeworfen. Mit dem Versuch, seine Kamera zu beschlagnahmen, scheiterte die Polizei.

09.03.2015, Dortmund: Journalist auf Nazi-Demo mit Steinen beworfen
Ein Journalist wird am Rande einer Neonazi-Kundgebung in Dortmund mit Steinen beworfen und verletzt. Wenige Wochen zuvor hatten Rechtsextreme gefälschte Todesanzeigen über ihn verbreitet und ihn bedroht.

28.09.2015, Dresden: Zeitungsjournalisten getreten und geschlagen
Bei einer PEGIDA-Demonstration [d. h. einer Demonstration der Organisation „Patriotische Europäer gegen die Islamisierung des Abendlands"] in Dresden wird ein MDR-Reporter getreten und ein Journalist der Dresdener Neuen Nachrichten ins Gesicht geschlagen. Die Täter tauchen in der johlenden Menge unter.
[...]

Aus: Reporter ohne Grenzen e. V.: Übergriffe auf Journalisten 2015/16, ausgewählte Beispiele, online: https://www.reporter-ohne-grenzen.de/fileadmin/Redaktion/Presse/Downloads/Ranglisten/Rangliste_2016/Uebergriffe_auf_Journalisten_2015-16_-_Ausgewaehlte_Beispiele.pdf [zuletzt: 17.03.2018]

M 17 CSU wollte Berichterstattung verhindern

Strepp spricht nicht mehr für die CSU
Hans-Michael Strepp zieht die Konsequenzen aus dem Vorwurf, er habe beim ZDF Einfluss nehmen wollen. Er ließ sich von seinen Aufgaben als CSU-Pressesprecher entbinden.
[...] Strepp zieht damit die Konsequenzen aus den Vorwürfen, er habe versucht, Einfluss auf die Berichterstattung des ZDF zu nehmen. Jetzt wurden Details aus Strepps Anruf bei der heute-Redaktion bekannt. Das ZDF zitierte den Redakteur, der das Telefonat mit Strepp führte, wie folgt: „Er fragte, ob wir wüssten, dass weder die ARD noch Phoenix über den SPD-Landesparteitag berichten würden. Er sei informiert, dass wir einen Beitrag planten. [...]"
ZDF-Chefredakteur Peter Frey sagte, der Anruf sei „eindeutig gewesen". Strepp habe auf verschiedenen Wegen versucht, die Berichterstattung des Senders zu beeinflussen. Er müsse nun die Frage beantworten, warum und mit welcher Intention er direkt in der Redaktion angerufen habe, sagte Frey. „Als Chefredakteur bin ich jedenfalls mit der Reaktion der Kollegen sehr zufrieden: Wir senden, was wir senden, egal wer anruft."
[...]

SMS ging auch an die ARD
Bei der ARD hat sich Strepp offenbar ebenfalls gemeldet: Der Leiter des ARD-Hauptstadtstudios, Ulrich Deppendorf, bestätigte, einer der drei vom Bayerischen Rundfunk (BR) entsandten Hauptstadtkorrespondenten habe eine SMS von Strepp erhalten. [...]

Aus: ©ZEIT ONLINE, sk (www.zeit.de) vom: 25.10.2012 „Strepp spricht nicht mehr für die CSU" online: https://www.zeit.de/politik/deutschland/2012-10/strepp-csu-einflussnahme-entlassung [zuletzt: 24.04.2017]

M 18 Feinde der Pressefreiheit

[...]
OMAR AL BASHIR, Präsident Sudans:
Allein in den vergangenen sechs Jahren hat al Bashir 165 Mal ganze Zeitungsausgaben konfisziert und 139 Journalisten verhaftet oder verfolgt. Der Bürgerkrieg in Darfur und der Internationale Haftbefehl gegen al Bashir sind Tabuthemen.
[...]

RECEP TAYYIP ERDOGAN, Präsident der Türkei:
Seit dem Putsch vom 15. Juli wurden 124 Medienhäuser geschlossen und über 200 Journalisten verhaftet. Erdogan wirft seinen Kritikern vor, Terroristen zu unterstützen und fordert die Wiedereinführung der Todesstrafe.
[...]

LOS ZETAS, mexikanisches Drogenkartell:
Die Gewalt der Drogenkartelle hat in Mexiko ein Klima der Angst erzeugt, in dem die Medien sich selbst zensieren. Dutzende Journalisten, die über die Kartelle berichteten, wurden entführt und getötet.
[...]

XI JINPING, Präsident der Volksrepublik China:
In China sitzen derzeit mehr als 100 Journalisten und Blogger im Gefängnis. So viel wie nirgends sonst auf der Welt. Das Internet ist stark zensiert. Unabhängige Journalisten werden eingeschüchtert, bedroht, zu Geständnissen gezwungen und zu jahrelangen Haftstrafen verurteilt.

Aus: Schaible, Jonas/Moscovici, Benjamin: Die 35 größten Feinde der Pressefreiheit, online: http://www.tagesspiegel.de/politik/reporter-ohne-grenzen-die-35-groessten-feinde-der-pressefreiheit/14784464.html [zuletzt: 26.04.2017]

EINSTEIGEN

1. Ist die Pressefreiheit weltweit garantiert? Wählt zu zweit ein Land aus M 12 (S. 159) aus und recherchiert online, welche Einschränkungen der Pressefreiheit in diesem Land bestehen (siehe Arbeitstechnik „Informationen im Internet recherchieren", S. 344 f.).

2. Warum ist Pressefreiheit ein Recht, das alle Menschen haben sollten? Begründe mithilfe der Arbeitstechnik „Gesetzestexte lesen und verstehen" (S. 343) auf der Basis von M 13 (S. 160) und mithilfe von Info 2 (S. 164).

3. Das Grundgesetz gewährt der Presse einerseits große Freiheit. In Artikel 5 (2) zeigt es aber auch Grenzen auf. Wende Artikel 5 (2) auf den Fall M 14 (S. 160) an. Hat der Fotograf dagegen verstoßen? Begründe.

WEITER-ARBEITEN

4. Der ehemalige US-Präsident George W. Bush (M 15, S. 161) verteidigt die Pressefreiheit. Arbeite seine Gründe heraus.

5. Die ausgewählten Angriffe auf Journalistinnen und Journalisten in Deutschland (M 16, S. 161 f.) zeigen, dass die freie Berichterstattung auch in Deutschland eingeschränkt sein kann. Arbeite heraus, welche Kräfte in den genannten Fällen jeweils gegen Journalistinnen und Journalisten vorgegangen sind.

6. a) Fasse die in M 17 (S. 162) geschilderten Vorgänge in eigenen Worten zusammen.
   b) Nenne Gründe warum der Anruf eines CSU-Parteisprechers bei Fernsehanstalten mit dem Wunsch, nicht über die SPD zu berichten, für große Aufregung sorgt (M 17, S. 162).

VERTIEFEN

7. Recherchiere ausgehend von M 18 (S. 162 f.) im Internet zu einem der „Feinde der Pressefreiheit" (siehe Arbeitstechnik „Informationen im Internet recherchieren", S. 344 f.). Stelle der Klasse die Person in einem Kurzvortrag vor. Berücksichtige dabei vor allem, was der Person in Bezug auf die Pressefreiheit vorgeworfen wird.

8. Überlegt in Kleingruppen:
   – Was kann der Staat dafür tun, dass die Berichterstattung der Presse frei und ohne Einschränkungen bleibt?
   – Was kann jede und jeder von uns dafür tun?

▲ 1, 2, 3, 4, 5, 6   ▲▽ 1, 2, 3, 4, 5, 6, 7   ▲▽▲ 1, 2, 3, 4, 5, 6b, 7, 8

Info 2 — Die Bedeutung von Presse- Meinungs- und Informationsfreiheit

Die **Presse-, Meinungs- und Informationsfreiheit** ist geschichtlich betrachtet als Gegensatz zur → **Zensur** zu verstehen. Schon in der Antike wurden unliebsame Schriften zensiert, indem sie verboten und verbrannt wurden. Im 17. Jahrhundert wurde in England zum ersten Mal ein Gesetz verabschiedet, dass die Zensur verbot.
1789 wurde in den Vereinigten Staaten von Amerika der 1. Zusatzartikel zur Verfassung der Vereinigten Staaten eingeführt. Er soll bis heute für jede Bürgerin und jeden Bürger der USA uneingeschränkte Meinungs- und Pressefreiheit gewährleisten und garantieren, dass der Staat sich nicht in die Freiheit der Rede und der Presse einmischt.
Seit dieser Zeit hat sich die Pressefreiheit immer mehr zu einem allgemein anerkannten Grundprinzip demokratischer Rechtsstaaten entwickelt und wurde in immer mehr Staaten eingeführt. 1948 wurde die Presse- und Informationsfreiheit auch als Menschenrecht in die → **Allgemeine Erklärung der Menschenrechte** aufgenommen. Dennoch ist die Pressefreiheit ein stets umkämpftes Recht. Immer wieder versuchen Regierungen, Gegner und Kritiker daran zu hindern, ihre Meinung zu veröffentlichen.
In Deutschland regelt → **Grundgesetz** Art. 5, dass „jeder das Recht [hat], seine Meinung in Wort, Schrift und Bild frei zu äußern und zu verbreiten". Dieses Recht endet nur da, wo die Persönlichkeitsrechte anderer verletzt werden oder wo z. B. strafbare Handlungen durch die Veröffentlichung begangen werden. So dürfen Journalistinnen und Journalisten beispielsweise nicht über Details des Privatlebens von Personen berichten, die damit nicht einverstanden sind.

Das Wechselverhältnis zwischen Massenmedien und Politik

Die Massenmedien haben großen Einfluss darauf, worüber in der Politik sowie in unserer Gesellschaft gesprochen und diskutiert wird. Doch auch Politikerinnen und Politiker nutzen die Massenmedien, um sich selbst und ihre Positionen öffentlich ins Gespräch zu bringen. Wie können die Massenmedien Einfluss auf Öffentlichkeit und Politik nehmen? Und wie gehen Politikerinnen und Politiker im Umgang mit den Massenmedien vor?

M19 Politikerinnen und Politiker in den Massenmedien

1. Polit-Talkshow von Maybrit Illner am 23.03.2017 in Berlin zum Thema „Türken in Deutschland – Spaltet Erdogan das Land?"

2. Der ehemalige US-Präsident George W. Bush bei einer Ansprache zum Zweiten Irakkrieg am 01.05.2003

3. Vladimir Putin nach seiner Wiederwahl zum russischen Präsidenten am 7. Mai 2018 bei der Zeremonie zur Ableistung des Amtseides im Palast des Kremls in Moskau

4. Donald Trump twittert über Nord Korea und nennt den koreanischen Machthaber Kim Jong Un „Little Rocket Man" (kleiner Raketenmann).

5. Bundeskanzlerin Angela Merkel im Sommerinterview der ARD 2016

6. Der ehemalige Bundesverteidigungsminister Karl-Theodor zu Guttenberg (CSU) bei einem Besuch deutscher Bundeswehrsoldaten am 29.08.2010 nahe Kundus

M20 Einflussmöglichkeiten von Politikern auf die Massenmedien – Beispiele

a) Politikerinnen/Politiker präsentieren sich und ihre Informationen. Sie posten Inhalte und kommentieren aktuelles Geschehen. Journalistinnen/Journalisten können bei der Erstellung von Beiträgen auch auf diese Medien zurückgreifen.

b) Politikerinnen/Politiker beantworten in einem persönlichen Gespräch Fragen von Journalistinnen/Journalisten. Das komplette Gespräch oder einige Kernaussagen werden veröffentlicht und häufig von weiteren Medien aufgegriffen.

c) Politikerinnen/Politiker nehmen die Einladung zu diesem Fernsehformat häufig an, um zu einem Thema ihren Standpunkt in der Diskussion mit Gesprächspartnerinnen/Gesprächspartnern publikumswirksam zu vertreten. Die Massenmedien berichten rückblickend über diese Sendungen.

I. Pressekonferenz
II. Auftritte und Reden
III. Interviews
IV. Talkshows
V. Pressemitteilungen
VI. Soziale Netzwerke

d) Politikerinnen/Politiker werden zu einer wichtigen Veranstaltung eingeladen und können sich dort präsentieren. Häufig sprechen sie dort auch zu einem bedeutenden Thema. Das Gesagte wird von den Massenmedien in Teilen oder komplett veröffentlicht.

e) Die Bundesregierung, die Bundestagsfraktionen, die Parteien und andere politische Akteurinnen/Akteure haben eigene Pressestellen, die den Massenmedien diese vorgefertigten Mitteilungen anbieten.

f) Politikerinnen/Politiker stehen Journalistinnen/Journalisten bei dieser Veranstaltung Rede und Antwort.

Verändert und erweitert, nach: Reeb, Hans-Joachim: Formen der Inszenierung für die politische Berichterstattung, in: Wochenschau-Verlag (Hrsg.): Politik und Wirtschaft unterrichten, Themenheft Medien, Mai/Juni 2013, S. 61.

M21 Einflüsse der Massenmedien auf Öffentlichkeit und Politik – einige Beispiele

Einflussnahme	Beispiel
Agenda Setting: Medien wählen aus, was veröffentlicht wird. Sie betreiben „Agenda Setting", d.h. Themensetzung. Sie bestimmen maßgeblich, welche Themen in den Medienberichten aktuell auf der Agenda (Tagesordnung) stehen.	Die Medien berichten an erster Stelle über eine Erhöhung der Diäten von Bundestagsabgeordneten. Über eine geplante Steuersenkung berichten sie nur kurz und an wenig prominenter Stelle.
Framing: Medien können in ihren Berichten bestimmte Teilaspekte eines Themas in den Vordergrund rücken und andere Teilaspekte ausklammern. Für die Leser, Zuschauer und Zuhörer verengen sie damit die Sichtweisen auf ein Thema und legen bestimmte Interpretationen nahe.	Medien berichten zum Thema Jugendkriminalität über einen Anstieg der Gewaltdelikte. Dass die Jugendkriminalität insgesamt gesunken ist, wird nicht oder nur als Randnotiz erwähnt.
Titelgebung und der Bilder: Viele Medienkonsumentinnen und -konsumenten betrachten bzw. lesen nur Bilder bzw. Titel von Beiträgen. Massenmedien können durch Titelgebung und Bildauswahl beeinflussen, was den Medienkonsumentinnen und -konsumenten in Erinnerung bleibt.	Zu einem Parteitag formuliert eine Zeitung die Schlagzeile: „Parteitag überschattet von Protesten". Auf einem Bild sieht man Protestierende vor einem Gebäude. Über die Geschehnisse und Inhalte der Parteiveranstaltung selbst wird nur im Artikel berichtet.
„Spielregeln": Massenmedien können für ihre Formate, wie z. B. Talkshows und Interviews, bestimmte „Spielregeln" (beispielsweise Rededauer, Art der Fragestellung, zusätzliche Beiträge, Auswahl von Bildmaterial) festlegen.	In einer Talkshow wird ein Video eingespielt, in dem eine anwesende Ministerin kritisiert wird. Die Ministerin äußert sich kurz dazu, dann wird sie vom Moderator unterbrochen und ein anderer Talkshow-Gast zum Reden aufgefordert.

M22 Abstand, bitte!? – Zum Verhältnis von Journalisten und Politikern

Es ist ein ständiger Grenzgang: ohne Nähe keine Information, ohne Distanz keine Objektivität

Es geht [...] um Nähe zur Macht. Journalisten dürfen blöderweise nie dabei sein, wenn Politik entsteht – wenn es hinter verschlossenen Türen entscheidend oder intim wird [...]. Tagt ein Kabinett oder ein Parteivorstand, ist man auf Indiskretionen angewiesen. Schon ist man in der Zwickmühle: Man achtet still die, die nichts rauslassen. Aber man braucht die, die quatschen. Und dann ist sofort wieder Distanz gefordert: Es empfiehlt sich, jede Information erst mal mit Skepsis zu betrachten – etwa wenn der Minister X kundtut, der Kollege Y sei bei Thema Z intellektuell ja wirklich völlig überfordert. [...]

Die Gewährung von Nähe kennt viele Spielformen: Besonders beliebt ist die Mitfahrt des Journalisten in der Limousine eines Politikers [...]. Der Journalist sollte sich [...] möglichst regelmäßig bewusst machen, dass die Zuwendung, die er erfährt, vielleicht gar nicht seinem überragenden persönlichen Charme geschuldet ist, sondern der Zeitung, für die er arbeitet. Argwöhnisch darf er auch werden, wenn ein Minister ständig versichert, wie unglaublich gut er die Textbeiträge des Reporters findet. Dann stellt sich die Frage: Schreibt der Reporter beim nächsten Mal auch wirklich, wie unglaublich schlecht er die Gesetzesvorlage des Ministers findet? Selbst wenn man eine Masche durchschaut, kann man ein klein wenig darauf hereinfallen. [...]

Klarkommen [...] müssen Journalisten auch mit Liebesentzug: Immer mehr Politiker richten sich lieber direkt über die sozialen Netzwerke an die Bürger. Werden wir eines Tages etwa gar nicht mehr gebraucht? [...] Es wäre schön, wenn wir bleiben dürften, neben anderen Gründen auch aus diesem: Die Nähe zur Politik öffnet den Zugang zu belastbaren Informationen, was Journalisten eben von reinen Verbreitern von Meinung und Spekulation unterscheidet. [...] Im besten Fall ist das Verhältnis von Journalisten und Politikern sportlich. Den einen ist mehrheitlich an der Wahrheit gelegen, den anderen wahrscheinlich an der Mehrheit. [...]

In „Hintergrundgesprächen" können sich Politiker nicht so leicht hinter Phrasen verstecken

Um sich möglichst friedlich zu begegnen, ist das sogenannte Hintergrundgespräch erfunden worden. [...] Ein Politiker lädt Journalisten ein, um sein Denken zu erläutern – „im Hintergrund", also auf Basis der Abmachung, dass er nicht damit zitiert wird. Im „Hintergrund" können sich Politiker nicht so leicht hinter Posen und Worthülsen verstecken; die Beobachtungen, die hier gemacht werden, sind unverzichtbar. Politiker reden dann manchmal wie ganz normale Leute, was man dann allerdings auf gar keinen Fall schreiben darf. [...] Die CDU-Generalsekretärin Annegret Kramp-Karrenbauer hat kürzlich gesagt, dass Politiker sich oft „um sich selbst drehen". Journalisten gehen ihnen allzu gern zur Hand. Dabei ist unsere Aufgabe der Blick hinter die Kulissen, die Offenlegung von Inszenierung. Und dazu braucht es diese Mischung aus Nähe und Distanz, dieses wirre Knäuel aus Interessen und Gefühlen, in dem sich jeder mal verheddert. Ein Journalist muss dabei sein, aber darf nicht dazugehören. Man sollte wissen, wohin Söder in den Urlaub fährt. Aber dann sollte man selbst in die ganz andere Richtung fahren.

Aus: Deininger, Roman: Politik und Journalismus – Abstand bitte, in: Süddeutsche Zeitung Online vom 24.07.2018, online: https://www.sueddeutsche.de/leben/politik-und-journalismus-abstand-bitte-1.4060905 [zuletzt: 29.07.2018]

PERLEN IM NETZ

https://www.zeit.de/video/2013-06/2478511822001/medienkritik-helmut-schmidt-ueber-sein-verhaeltnis-zu-journalisten

In diesem Video berichtet der ehemalige Bundeskanzler Helmut Schmidt (SPD) über seine Erfahrungen im Umgang mit Journalistinnen und Journalisten.

Die Bedeutung der Massenmedien in unserer Demokratie

M23 Wie sollten Massenmedien arbeiten?

Sollten Massenmedien …
a) Politikerinnen und Politiker nicht immer nur kritisieren, sondern auch mal loben?
b) sich bemühen, ihre Berichterstattung immer möglichst sachlich und objektiv zu halten?
c) keine Angst vor „Liebesentzug" der Politikerinnen und Politiker haben?
d) mehr über die Meinungen von Bürgerinnen und Bürgern berichten?
e) Gesetzesvorhaben kritisch kommentieren?
f) mehr mit Texten als mit Bildern arbeiten, da Bilder oft einseitige oder gar falsche Eindrücke erzeugen können?
g) auch über Themen berichten, die nur kleine Teile der Bevölkerung interessieren?
h) die Zuschauer, Zuhörer und Leser mehr unterhalten als informieren?
i) keine engen Kontakte mit Politikerinnen und Politikern pflegen?

EINSTEIGEN

1. a) Beschreibe die Bilder aus M19 (S. 165) einer Partnerin bzw. einem Partner.
   b) Tauscht euch zu zweit aus, wie die Medienauftritte der Politikerinnen und Politiker in M19 (S. 165) auf euch wirken. In welchen der gezeigten Situationen gelingt es den Personen eurer Meinung nach besonders gut, sich in Szene zu setzen? Begründet eure Auffassungen.

2. Ordne den Möglichkeiten, die Politikerinnen und Politiker haben, um sich für die politische Berichterstattung der Massenmedien zu inszenieren (M20, S. 166) die jeweils passende Erklärung zu.

WEITER-ARBEITEN

3. Erläutere welche Einflussmöglichkeiten auf die Medien (M20, S. 166) die Politikerinnen und Politiker in den in M19 (S. 165) abgebildeten Situationen jeweils genutzt haben.

4. a) Erkläre einer Partnerin bzw. einem Partner auf der Grundlage von M21 (S. 166) und Info 3 (S. 169) in eigenen Worten, wie die Massemedien großen Einfluss auf Öffentlichkeit und Politik nehmen können.
   b) Findet zu zweit weitere Beispiele für die in M21 (S. 166) angeführten Einflussmöglichkeiten der Massenmedien. Stellt eure Beispiele anschließend einem Partnertandem vor.

VERTIEFEN

5. a) Arbeite aus M22 (S. 167) heraus, bei welchen Gelegenheiten Journalistinnen und Journalisten nahen Kontakt mit Politikerinnen und Politikern haben.
   b) Erkläre auf der Grundlage von M22 (S. 167) des unter „Perlen im Netz" abrufbaren Videos (S. 167), aus welchen Gründen für politische Akteure und Journalistinnen bzw. Journalisten persönliche Kontakte miteinander wichtig sein können.
   c) Erörtert auf der Basis von M22 (S. 167) und Info 3 (S. 169) in Kleingruppen Vor- und Nachteile der Nähe zwischen Politikerinnen bzw. Politikern und Journalistinnen bzw. Journalisten.

6. a) Beurteile die in M23 (S. 168) angesprochenen Gesichtspunkte und begründe deine Auffassungen.
   b) Diskutiert in Vierergruppen die einzelnen Punkte aus M23 (S. 168).

7. Führt in der Klasse eine Amerikanische Debatte (siehe Unterrichtsmethode „Amerikanische Debatte", S. 338) zu der Frage durch: Wer hat größeren Einfluss auf die Meinungsbildung von Mediennutzerinnen und Mediennutzern – Politik oder Massenmedien?

▲ 1, 2, 3, 4a, 5a, 5b, 6a   ▲▽ 1b, 2, 3, 4, 5a, 5c, 6   ▲▽▲ 2, 3, 4b, 5a, 6b, 7

Das Wechselverhältnis zwischen Massenmedien und Politik

Info 3

Eine der wichtigsten Leistungen von Massenmedien ist die Herstellung von **Öffentlichkeit**. Indem sie Informationen vermitteln (**Informationsfunktion**), Beiträge zur Bildung leisten (**Bildungsfunktion**), über Missstände berichten und damit die politischen Akteure kritisieren und kontrollieren (**Kritik- und Kontrollfunktion**), machen sie eine Vielzahl von Themen und Positionen für alle Menschen sichtbar. Die Massenmedien tragen damit wesentlich zur Entstehung von Meinungsbildern in unserer Gesellschaft und in der Politik bei. Wenn viele Medien z. B. über einen neuen Kriegseinsatz der Bundeswehr berichten, werden sich sowohl in der Politik als auch in der Gesellschaft die meisten Menschen für oder gegen den Kriegseinsatz positionieren. Die Massenmedien wirken insofern sowohl an der Bildung von Meinungen jedes einzelnen Menschen, als auch an der Bildung der → **öffentlichen Meinung** mit.

Die Massenmedien transportierten jedoch nicht nur Meinungen, die von Personen aus Gesellschaft und Politik geäußert werden, sondern bringen auch eigene Meinungen mit ein.

Darüber hinaus haben sie hohen Einfluss auf die **Agenda**, d. h. Tagesordnung, der Themen, die aktuell in der Politik und Gesellschaft diskutiert werden. Durch die Auswahl von Nachrichten, über die sie berichten wollen, können die Massenmedien gezielt Themen in der Öffentlichkeit verbreiten. Diesen Vorgang der Themensetzung bezeichnet man als **Agenda Setting**. Neben dem Agenda Setting haben die Medien noch zahlreiche weitere Möglichkeiten, wie sie Einfluss auf die Politik und die öffentliche Meinung nehmen können. Dazu gehören z. B. das **Framing**, d. h. das zielgerichtete Hervorheben von ausgewählten Teilaspekten eines Themas, die Auswahl von Bildern und die Formulierung von Titeln und Texten.

Der Einfluss der Massenmedien auf die Politik ist jedoch keineswegs einseitig. Journalistinnen und Journalisten sind für ihre politischen Berichterstattungen darauf angewiesen, dass sie Informationen von Politikerinnen und Politikern sowie von **Pressestellen** politischer Einrichtungen erhalten. Sie pflegen daher z. B. bei politischen Veranstaltungen und in Hintergrundgesprächen persönliche Kontakte zu politischen Akteuren. In einem Wechselspiel zwischen persönlicher und professioneller Distanz versuchen die Journalistinnen und Journalisten an Informationen zu kommen, während die Politikerinnen und Politiker zugleich versuchen ihre Person und ihre Positionen in Medienberichten unterzubringen.

Wie groß die Einflüsse von Politik auf die Massenmedien und umgekehrt von den Medien auf die Politik sind, ist in der Wissenschaft umstritten. Die Position, dass die Politikerinnen und Politiker zunehmend von den Medien abhängig sind und die Massenmedien damit eigentlich mächtiger als die Politik sind, spiegelt sich in dem Begriff → **Mediendemokratie** wider. Gegen diese Position wird vor allem eingewandt, dass Politikerinnen bzw. Politiker die Massenmedien durch geschickte **Öffentlichkeitsarbeit**, sogenannte → **Public Relations**, auch so steuern können, dass sie oft in den Medien präsent sind und ihnen Medienberichte und -auftritte zugute kommen. Grundsätzlich gibt es zwischen Politik und Massenmedien zahlreiche Wechselverhältnisse, in unserer Demokratie kann der eine Bereich nicht ohne den anderen auskommen.

Kompetenztraining

Wissen

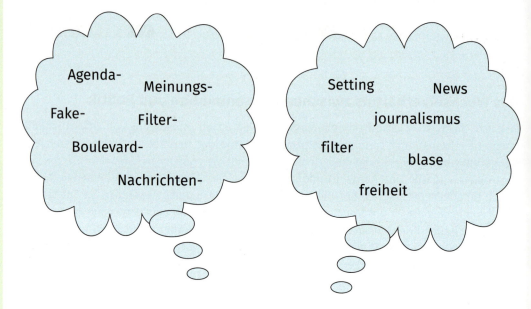

1. Die einzelnen Begriffselemente aus den beiden Wolken ergeben zusammen jeweils einen Fachbegriff zum Thema Massenmedien. Setze die Elemente passend zusammen und erkläre jeden der Fachbegriffe in wenigen Sätzen.

„Ohne freie Presse kann es keine Demokratie geben. Pressefreiheit ist da besonders wichtig, wo sie wehtut. Kein Land der Welt kann sich ohne freie Berichterstattung zum Besseren entwickeln."

Sigmar Gabriel, Parteivorsitzender der SPD 2009–2017, zum Tag der Pressefreiheit am 03. Mai 2016, online: https://www.rnz.de/politik/hintergrund_artikel,-Hintergrund-Politik-mehr-Zitate-von-Bundestagsmitgliedern-zur-Pressefreiheit-_arid,189073.html [zuletzt: 14.10.2019]

2. Erläutere die Bedeutung von Pressefreiheit für die Demokratie auf der Grundlage des Zitats.
   Führe dazu passende Beispiele an.

ANALYSIEREN

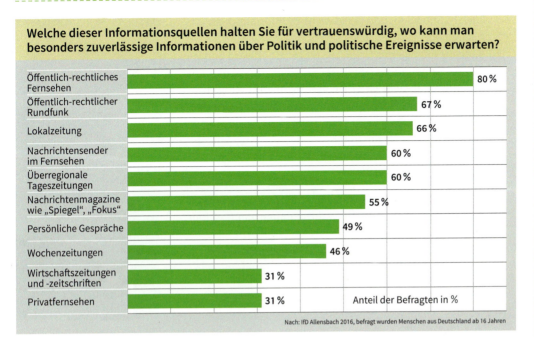

Welche dieser Informationsquellen halten Sie für vertrauenswürdig, wo kann man besonders zuverlässige Informationen über Politik und politische Ereignisse erwarten?

- Öffentlich-rechtliches Fernsehen: 80 %
- Öffentlich-rechtlicher Rundfunk: 67 %
- Lokalzeitung: 66 %
- Nachrichtensender im Fernsehen: 60 %
- Überregionale Tageszeitungen: 60 %
- Nachrichtenmagazine wie „Spiegel", „Fokus": 55 %
- Persönliche Gespräche: 49 %
- Wochenzeitungen: 46 %
- Wirtschaftszeitungen und -zeitschriften: 31 %
- Privatfernsehen: 31 %

Anteil der Befragten in %

Nach: IfD Allensbach 2016, befragt wurden Menschen aus Deutschland ab 16 Jahren

1. a) Analysiere das Diagramm und werte es aus.
   b) Nenne mögliche Gründe für die Unterschiede hinsichtlich der Einschätzungen zur Vertrauenswürdigkeit des Öffentlich-rechtlichen Fernsehens gegenüber dem Privatfernsehen.

URTEILEN

1. a) Interpretiere die Karikatur.
   b) Formuliere zur dargestellten Situation schriftlich ein eigenes Urteil.

URTEILEN

2. a) Recherchiere im Internet den Fall des Whistleblowers Edward Snowden, und fasse wichtige Informationen zusammen.
b) Bilde dir ein eigenes Urteil zur Frage „Ist Edward Snowden ein Geheimnisverräter, der schwere Verbrechen begangen hat, oder ist er ein gewissenhafter Mensch, der sich um die Einhaltung von Bürgerrechten verdient gemacht hat?". Begründe dein Urteil unter Abwägung von Pro- und Kontra-Argumenten.

HANDELN

1. a) Fertigt in Kleingruppen Fotos an, die zeigen, wie unterschiedliche Aufnahmen die Wahrnehmung von Geschehnissen verändern können.
b) Erstellt mit den Fotos eine Informationsbroschüre zu Möglichkeiten der Beeinflussung von Wahrnehmungen und Meinungen durch Bilder.

ERARBEITEN

1. a) Recherchiert in Kleingruppen vier Nachrichtenberichte unterschiedlicher Medien (z. B. Ausdrucke von Internetseiten, Zeitungsartikel, Video- und Audiomitschnitte aus Fernsehen von Nachrichtensendungen) zu einem aktuellen politischen Thema.
b) Vergleicht die Aufmachung, Darstellung und Inhalte der Nachrichtenberichte.
c) Erarbeitet eine Übersicht zur Fragestellung: Welche Nachrichtenquellen sind empfehlenswert und warum?

Weiterdenken

W 1 Auf Sendung gehen – zu Besuch bei Radio StHörfunk

In unserer Medienlandschaft ist es wichtig, dass jede und jeder seine Meinung sagen und seine Interessen vertreten kann. Dafür gibt es vor allem im Internet viele Möglichkeiten.
In Baden-Württemberg gibt es auch eine Möglichkeit, an die man vielleicht zunächst nicht denkt: Freies Radio!
Sebastian, Jannik und Robin von der Schloss-Realschule in Gaildorf haben einen freien Radiosender besucht und sich dort erkundigt, was freies Radio ist und wie sie selbst auf Sendung gehen können.
Miro Ruff, der Mitarbeiter von Radio StHörfunk aus Schwäbisch Hall zeigt ihnen die Räume und Studios des Senders und beantwortet alle Fragen rund ums Thema Radio und über freie Radios.
Herr Ruff erklärt ihnen, dass die freien Radios nicht kommerziell arbeiten, sondern durch Rundfunkgebühren, Mitgliedsbeiträge und Spenden finanziert werden. Wichtig ist vor allem, dass das Programm von unterschiedlichen Gruppen und Menschen ehrenamtlich gestaltet wird.
Dadurch wollen die freien Radios eine Möglichkeit bieten, das Meinungsbild unserer Demokratie abzurunden. Ein Blick in das Programm von Radio StHörfunk zeigt, was gemeint ist: „Erst psychedelische Funk-Beats, dann Punk, danach ein Interview und schließlich albanische Klänge. [...] im Hintergrund läuft Hip-Hop. Während die neue Stunde harten Rock einläutet."
Miro Ruff lädt seine Besucher ein: „Wenn ihr Lust habt, könnt ihr euch jederzeit melden und eine eigene Sendung zu einem Thema eurer Wahl produzieren. Im Radio StHörfunk halten wir immer einen Sendeplatz für solche Projekte frei. StHörfleck ist der offene Sendeplatz unseres Radios. Das heißt: Hier können Gruppen, Vereine, Schulklassen, Projekte, Neumitglieder und Interessierte auf Sendung gehen."
Die drei überlegen. Jannik schlägt vor: „Eine Sendung über Mountainbiken und Downhill!" Oder doch lieber eine über Kameradrohnen? Sebastian könnte sich auch vorstellen, eine Sendung über neu angekommene Flüchtlinge zu machen. „Das ist alles möglich! Wir freuen uns über jeden Beitrag! Ihr könnt euch jederzeit melden," verabschiedet sie Miro Ruff.
Habt ihr auch Lust bekommen, auf Sendung zu gehen? Oder wenigstens mal reinzuhören? In Baden-Württemberg gibt es viele freie Radiosender. Erkundigt euch!

W 2 Plakate für die Meinungs- und Pressefreiheit

Meinungs- und Pressefreiheit sind nicht selbstverständlich. Das zeigt die schlimme Situation von Menschen in vielen Ländern der Erde, die für freie Meinungsäußerung und die Freiheit der Presse eintreten. Welche Folgen kann die Einschränkung der Meinung- und Pressefreiheit haben? Wie weit soll die Meinungsfreiheit, gerade auch im Internet, gehen? Wie wichtig ist euch Meinungs- und Pressefreiheit? Gestaltet dazu künstlerische Plakate. Die Ergebnisse eurer Arbeit könnt ihr am 3. Mai, dem Tag der Pressefreiheit, in eurer Schule ausstellen.

Aufgaben und Probleme des

Wer kümmert sich um mich, wenn ich krank werde? Wie werden meine Großeltern versorgt, wenn sie pflegebedürftig sind? Wird die Rente meiner Eltern für ein gutes Leben im Alter reichen? Wie können wir Armut in unserem Land bekämpfen? Oder anders gefragt: Was ist sozial? Was ist gerecht? Wieviel Hilfe des Staates muss sein?

Das sind Fragen, die für uns alle wichtig sind. Zugleich sind es Fragen, mit denen sich unsere Gesellschaft und natürlich die Politikerinnen und Politiker schon seit dem 19. Jahrhundert beschäftigen. Damals war in Deutschland eines der weltweit ersten staatlichen Sozialsysteme entwickelt worden. Begonnen hatte es zu dieser Zeit mit der Einführung der Kranken- und Unfallversicherung durch den damaligen Reichskanzler Otto von Bismarck. Heute gibt es in Deutschland einen umfassenden Sozialstaat, der auch im Grundgesetz verankert ist. Er bildet die Grundlage für sozialen Frieden in unserem Land, das heißt insbesondere, dass keine großen Verteilungskämpfe zwischen Armen und Reichen geführt werden.

Der Sozialstaat berührt viele Lebensbereiche – von der Hilfe bei Arbeitslosigkeit über die Rente oder die Pflegeversicherung bis hin zu staatlichen Leistungen wie Kindergeld oder Ausbildungsförderung. Die Sozialausgaben sind dementsprechend hoch. Daher wird es in Zukunft auch um die Frage gehen, wieviel Sozialstaat sich Deutschland leisten kann oder will.

Was macht Deutschland zu einem Sozialstaat? Welche Probleme des Sozialstaats sind dir bereits bekannt und was sollte der Sozialstaat deiner Meinung nach in Zukunft auf jeden Fall leisten?

Sozialstaats

1. Hilfe zur Selbsthilfe oder soziale Hängematte? – Das System der sozialen Sicherung in Deutschland

Absicherung wichtiger Risiken des Lebens

Wer in eine wirtschaftliche oder soziale Notlage gerät, kommt aus dieser oft erst einmal nicht aus eigener Kraft wieder heraus. In Deutschland bietet daher ein umfassendes Netz der sozialen Sicherung Hilfe und Unterstützung, wie z. B. im Falle von Arbeitslosigkeit. Diese soziale Sicherung wird durch das Grundgesetz garantiert. Deshalb bezeichnet man die Bundesrepublik auch als Sozialstaat. Doch wer wird wie unterstützt?

M 1 Wen unterstützt der Sozialstaat?

Hans-Peter K., 63 Jahre alt: Bis kurz vor seinem 60. Geburtstag hatte er als LKW-Fahrer in einem Baustofflager gearbeitet – bis die Firma pleite war und er seinen Job verlor. Um staatliche Unterstützung zu bekommen, musste er viele Formulare ausfüllen. Inzwischen hat er über 60 Bewerbungen geschrieben und lauter Absagen bekommen. „So alte Typen wie mich will keiner, vor allem nicht auf dem Bau." In zwei Jahren geht Hans-Peter K. in Rente, dann will er endlich wieder mal einen kleinen Urlaub machen.

Jonas Z. ist 18 Jahre alt und besucht eine Berufsfachschule. Dort will er in zwei Jahren seinen Abschluss zum Erzieher machen. Er wohnt noch bei seinen Eltern, die ihn aber nur mit einem kleinen Taschengeld unterstützen können. Sein Beratungslehrer hat ihn darauf aufmerksam gemacht, dass der Staat ihn bei seiner Ausbildung unterstützen kann.

Fabiola G. macht seit September eine Ausbildung zur Industriemechanikerin. Bei ihrer ersten Lohnabrechnung fällt ihr auf, dass einige Versicherungsbeiträge direkt abgezogen werden – zum Beispiel für die Kranken-, Renten- und Pflegeversicherung. Ihr Chef erklärt ihr, dass diese Versicherungen Pflicht sind und der Arbeitgeber die Sozialversicherungsbeiträge mit einigen Ausnahmen zur Hälfte bezahlt.

Carmen und Damian S. bekommen in wenigen Wochen ihr erstes Kind. Beide wollen sich die Betreuung teilen. Carmen möchte nach der Geburt ein halbes Jahr zuhause bleiben und dann in Teilzeit arbeiten, während ihr Mann Damian zwei Monate Elternzeit nimmt und dann in Vollzeit wieder arbeiten geht. Wenn ihr Kind eineinhalb Jahre alt ist, geht er in Teilzeit wie seine Frau. Dabei wird das Paar vom Staat mit Geldleistungen unterstützt.

Helga B. ist Rentnerin. Seit ihrer Ausbildung zur Lageristin war sie knapp vierzig Jahre bei einem Lebensmittelgroßhändler beschäftigt. Obwohl sie immer ihre Beiträge eingezahlt hat, reicht die Rente nur knapp, um den Lebensunterhalt zu bestreiten. Gerade die Miete kann sie davon bezahlen und das, was sie zum Leben braucht. Aber ihren Enkeln mal etwas zustecken und mal ein Eis kaufen, das ist schon zu viel.

M 2 Das System der sozialen Sicherung in Deutschland

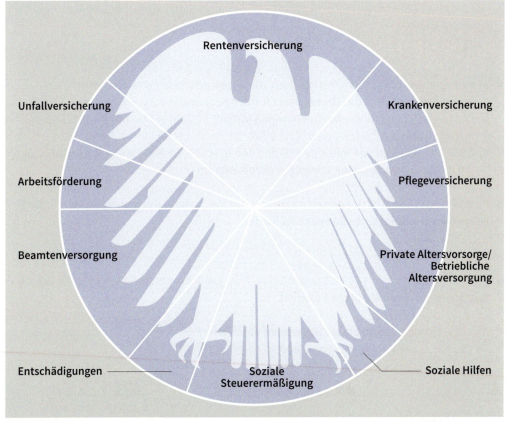

Nach: Deutsche Rentenversicherung Bund (Hrsg.): Unsere Sozialversicherung. Wissenswertes speziell für junge Leute. 45., überarb. Aufl., Berlin 2017, S. 2.

M 3 Auszug aus dem Grundgesetz für die Bundesrepublik Deutschland

Art. 1 (1): Die Würde des Menschen ist unantastbar. Sie zu achten und zu schützen ist Verpflichtung aller staatlichen Gewalt.
Art. 20 (1): Die Bundesrepublik Deutschland ist ein demokratischer und sozialer Bundesstaat.

Aus: Grundgesetz für die Bundesrepublik Deutschland vom 23.05.1949. Zuletzt geändert am 13.07.2017.

EINSTEIGEN

1. a) Führe an, was dir spontan zum Begriff „Sozialstaat" einfällt. Vergleiche deine Ergebnisse mit einer Mitschülerin/einem Mitschüler.
   b) Beschreibe zu den Fallbeispielen in M 1 (S. 176 f.) in eigenen Worten, in welchen Lebenssituationen die einzelnen Personen sich befinden.

2. a) Erkläre anhand von Info 1 (S. 179) die konkreten Aufgaben des Sozialstaats (M 2, S. 177) und ordne sie den Fallbeispielen in M 1 (S. 176 f.) zu.
   b) Erläutere zu den Fallbeispielen M 1 (S. 176 f.), wie sich durch die Leistungen des Sozialstaats die Situation der Betroffenen verändert hat.

3. Erläutere mithilfe von M 2 (S. 177) und Info 1 (S. 179), inwiefern sich die Leistungen des Sozialstaats unterscheiden. Welche zielen auf vor allem eine persönliche Absicherung ab? Welche hingegen eher auf einen Ausgleich im Sinne von mehr Gerechtigkeit innerhalb der Gesellschaft?

WEITERARBEITEN

4. a) Beschreibe mithilfe der Arbeitstechnik „Gesetzestexte lesen und verstehen" (S. 343) in eigenen Worten, was das Grundgesetz für den Sozialstaat vorschreibt (M 3, S. 178).
   b) Erkläre, welche Rolle die Menschenwürde (Artikel 1 GG) in M 3 (S. 178) diesem Zusammenhang spielt.
   c) Erkläre ausgehend von Info 1 (S. 179) und den in M 3 (S. 178) abgedruckten Artikeln, warum das Grundgesetz keine konkreten Hilfen enthält.

5. Beurteile, was vermutlich passieren würde, wenn die in den Fallbeispielen in M 1 (S. 176 f.) genannten Leistungen des Sozialstaats fehlten.

VERTIEFEN

6. Fasst mithilfe von Info 1 (S. 179) und M 2 (S. 177) zu zweit zusammen, nach welchen Gestaltungsprinzipien der Sozialstaat handelt.

7. Diskutiert in der Klasse, ob der Sozialstaat eher mehr oder weniger Leistungen anbieten sollte. Was spricht dafür, was dagegen?

▲ 1, 2, 3, 4a, 5, 6   ▲▼ 1a, 1b, 2, 3, 4a, 4b, 5, 6, 7   ▲▼▲ 2, 3, 4, 5, 6, 7

Das System der sozialen Sicherung in Deutschland

Info 1

Der → **Sozialstaat**, ist in der Bundesrepublik Deutschland so bedeutend, dass er sogar im → **Grundgesetz** verankert ist. In Artikel 20 GG heißt es dazu: „Die Bundesrepublik Deutschland ist ein demokratischer und sozialer Bundesstaat". Ebenso wie die → **Grundrechte** kann diese grundgesetzliche Festlegung nicht abgeschafft werden. Denn sie ist Teil des sogenannten Verfassungskerns, für den eine Ewigkeitsgarantie gilt. Was genau den „sozialen Bundesstaat" umfasst, lässt das Grundgesetz allerdings offen. Auch welche Institutionen und Leistungen des Sozialstaats enthalten sein sollen, ist im Grundgesetz nicht festgehalten. Das muss der Gesetzgeber im Bundestag, Bundesrat und in den Länderparlamenten festlegen.

Ein Urteil des Bundesverfassungsgerichts aus dem Jahr 1954 gibt allerdings eine entscheidende Richtungsweisung zur Ausgestaltung des Sozialstaats vor: In Artikel 1 des Grundgesetzes „Die Würde des Menschen ist unantastbar. Sie zu achten und zu schützen ist Verpflichtung aller staatlichen Gewalt." steckt der Anspruch jedes Menschen auf ein Leben über dem → **Existenzminimum**. Das muss der Staat also garantieren.

Der Gesetzgeber hat das Sozialsystem in Deutschland jedoch, teils aus geschichtlicher Tradition, teils wegen bestehender aktueller Probleme, immer weiterentwickelt. So ist ein ausgebautes **System der sozialen Sicherung und Gerechtigkeit** entstanden. Wichtigster Pfeiler dieses Systems ist die gesetzliche → **Sozialversicherung** mit ihren Zweigen der Kranken-, Renten-, Arbeitslosen-, Pflege- und Unfallversicherung. Sie hat die Aufgabe, soziale Risiken im Leben der Bürgerinnen und Bürger abzufedern.

Das **Prinzip der Solidarität** sorgt dafür, dass alle Versicherten in die Sozialversicherung einzahlen – egal, ob sie deren Leistungen gegenwärtig benötigen oder nicht (Pflichtversicherung). Das **Prinzip der Subsidiarität** besagt, dass staatliche Institutionen Bedürftige erst dann unterstützen sollen, wenn diese keine eigenen Möglichkeiten mehr haben, sich selbst zu helfen. Staatliche Leistungen sollen also zunächst die Hilfe zur Selbsthilfe anregen. Das heißt, dass grundsätzlich jeder zunächst selbst versuchen muss, aus eigener Kraft für seine soziale Sicherheit zu sorgen. So soll auch die Eigenverantwortlichkeit gestärkt werden. Mit dem **Prinzip der Äquivalenz** ist schließlich geregelt, dass sich Sozialversicherungsbeiträge und soziale Leistungen möglichst gleichwertig zueinander verhalten sollen. Wer z. B. mehr beitragspflichtiges Einkommen hat und lange in die Sozialversicherung eingezahlt hat, bekommt im Alter mehr Rente. In Notlagen, wie z. B. Arbeitsplatzverlust oder schweren Krankheiten, greift die Sozialversicherung und unterstützt den Betroffenen, weiterhin ein menschenwürdiges Leben zu führen. Der Sozialstaat soll aber auch dafür sorgen, dass es innerhalb der Gesellschaft nicht zu Verteilungskämpfen und Ausgrenzungen aufgrund sozialer Ungleichheit kommt. Dies ist der Aspekt der **sozialen Gerechtigkeit**. Wer viel verdient, muss beispielsweise auch mehr → **Sozialabgaben** und Steuern zahlen als diejenigen mit weniger Einkommen. Leistungen des Sozialstaats wie Kinder- oder Wohngeld sollen beispielsweise Familien unterstützen, die weniger Geld zum Leben haben. Insgesamt soll das für mehr soziale Gerechtigkeit und Stabilität im ganzen Land sorgen. Daran ist aber nicht nur der Staat beteiligt. Auch zahlreiche kirchliche und weitere gemeinnützige Verbände sowie Organisationen sind wichtige Akteure innerhalb des Sozialstaats.

Wer zahlt was und wie geht es mit dem Sozialstaat weiter?

Um die Leistungen des Sozialstaats zu finanzieren, gibt der Staat jedes Jahr viel Geld aus. Doch auch Unternehmen und Privathaushalte sind an der Finanzierung beteiligt. Wer zahlt was, welche Prinzipien stecken dahinter und wie kann der Sozialstaat weiterentwickelt werden?

M 4 Das Sozialbudget der Bundesrepublik Deutschland 2016

Sozialbudget – Umfang der Sozialleistungen in 2016 auf 918 Mrd. Euro gestiegen

Für soziale Leistungen wurden in Deutschland im vergangenen Jahr 918 Mrd. Euro ausgegeben. Das geht aus dem aktuellen Sozialbudget hervor, mit dem die Bundesregierung jährlich über den Umfang sowie die Struktur sämtlicher Sozialleistungen berichtet. Gegenüber 2015 haben sich die Sozialausgaben deutlich um + 3,7 Prozent bzw. + 33 Mrd. Euro erhöht. Im Verhältnis zum Bruttoinlandsprodukt, das im Berichtsjahr um + 3,3 Prozent stieg, ergibt sich daraus eine Sozialleistungsquote von 29,3 Prozent. Das Verhältnis von Sozialaufwand zu Wirtschaftskraft lag damit auch im Berichtsjahr wieder höher als im langjährigen Durchschnitt und auf dem höchsten Niveau seit 2010.

Das Sozialbudget in der Gliederung nach Institutionen knüpft unmittelbar an die bestehende Ordnung der sozialen Sicherung in der Bundesrepublik Deutschland an. Danach wird das soziale Netz hierzulande von insgesamt 29 Institutionen aufgespannt, von denen die nachfolgenden zwölf – gemessen am Ausgabenvolumen 2016 – die finanziell bedeutsamsten sind:

1. Gesetzliche Rentenversicherung: 293,3 Mrd. Euro,
2. Gesetzliche Krankenversicherung: 220,7 Mrd. Euro,
3. Beamtenpensionen: 55,2 Mrd. Euro,
4. Kindergeld und Familienleistungsausgleich: 44,2 Mrd. Euro,
5. Entgeltfortzahlung des Arbeitgebers (vor allem bei Krankheit): 43,3 Mrd. Euro,
6. Grundsicherung für Arbeitsuchende: 42,7 Mrd. Euro,
7. Sozialhilfe: 39,5 Mrd. Euro,
8. Kinder- und Jugendhilfe: 38,5 Mrd. Euro,
9. Soziale Pflegeversicherung: 29,6 Mrd. Euro,
10. Betriebliche Altersversorgung: 26,8 Mrd. Euro,
11. Gesetzliche Arbeitslosenversicherung: 26,7 Mrd. Euro,
12. Private Krankenversicherung: 23,9 Mrd. Euro.
[…]

Aus: Bundesvereinigung der Deutschen Arbeitgeberverbände (Hrsg.), Berlin 2017: Sozialbudget – Umfang der Sozialleistungen in 2016 auf 918 Mrd. Euro gestiegen, online: https://www.arbeitgeber.de/www/arbeitgeber.nsf/id/DE_Sozialbudget [zuletzt: 28.07.2018]

M 5 Finanzierung des Sozialbudgets der Bundesrepublik Deutschland

Aus folgenden Quellen werden die sozialstaatlichen Ausgaben finanziert:
- Staat gesamt: 40,7% (davon Bund: 21,3%, Länder: 9,1%, Gemeinden: 9,9%, Sozialversicherung: 0,4%)
- Unternehmen: 26,6%
- Private Haushalte: 31,1%
- Private Organisationen: 1,5%

Zahlen nach: Bundesministerium für Arbeit und Soziales (Hrsg.): Sozialbericht 2017, S. 252-253

M 6 Die Entwicklung der Ausgaben für den Sozialstaat

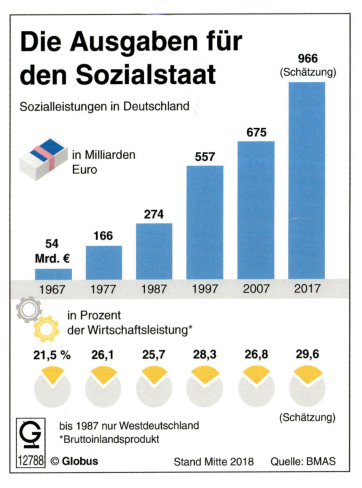

M 7 Was ist der Generationenvertrag?

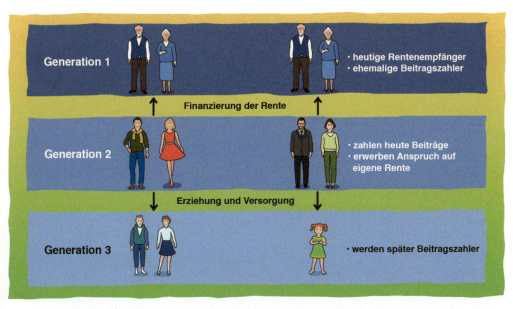

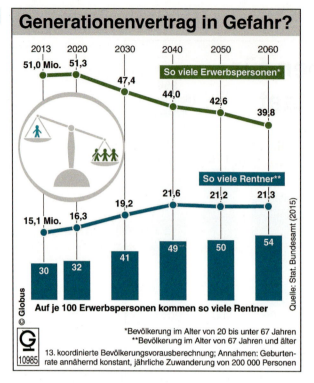

M 8 Generationenvertrag in Gefahr?

Auf je 100 Erwerbspersonen kommen so viele Rentner

*Bevölkerung im Alter von 20 bis unter 67 Jahren
**Bevölkerung im Alter von 67 Jahren und älter
13. koordinierte Bevölkerungsvorausberechnung; Annahmen: Geburtenrate annähernd konstant, jährliche Zuwanderung von 200 000 Personen

Quelle: Stat. Bundesamt (2015)

● PERLEN IM NETZ

www.bpb.de/izpb/214343/sozialpolitik-und-soziale-sicherung

Broschüre der Bundeszentrale für politische Bildung zum Thema Sozialpolitik

https://www.planet-schule.de/wissenspool/entscheide-dich/inhalt/hintergrund/wer-hilft-in-notlagen.html

Umfangreiche Informationen über Hintergründe und Leistungen des deutschen Sozialstaats

M 9 Generationenvertrag oder Generationenkonflikt?

1. Hilfe zur Selbsthilfe oder soziale Hängematte? – Das System der sozialen Sicherung in Deutschland

EINSTEIGEN

1. Beschreibe mithilfe von M 4 (S. 180), aus welchen Ausgaben sich das Sozialbudget in Deutschland zusammensetzt.

2. Benenne mithilfe von M 5 (S. 180) die Hauptzahler des Sozialbudgets der Bundesrepublik Deutschland.

WEITERARBEITEN

3. a) Beschreibe mithilfe der Arbeitstechnik „Diagramme beschreiben" (S. 338) die Entwicklung der Ausgaben für den Sozialstaat anhand von M 6 (S. 181).
   b) Begründe anschließend auf der Grundlage von M 4 (S. 180), warum der Anstieg zwischen 2007 und 2017 so stark gewesen war.

4. Gestalte mithilfe der Arbeitstechnik „Diagramme gestalten" (S. 184 ff.) ein Diagramm zum Sozialbudget 2016 (M 5, S. 180). Vergleicht eure Ergebnisse anschließend in Kleingruppen und beschreibt die Auffälligkeiten.

VERTIEFEN

5. Recherchiert mithilfe der Arbeitstechnik „Informationen im Internet recherchieren" (S. 344 f.) in Kleingruppen zum Thema „Gesetzliche Krankenversicherung" oder „Rentenversicherung"
   a) Stellt eure Ergebnisse mithilfe der Arbeitstechnik „Eine Concept-Map erstellen" (S. 51 ff.) dar. Beantwortet dabei die Fragen:
      – Welche Ziele hat die Versicherung?
      – Wen will sie unterstützen?
      – Wie wird sie finanziert?
      – Welche Akteure spielen eine Rolle?
   b) Vergleicht die Ergebnisse in der Klasse. Welche Unterschiede, welche Gemeinsamkeiten zwischen den Versicherungen fallen auf?

6. a) Verfasse auf Grundlage von M 7 (S. 181) einen Lexikoneintrag, der den Begriff Generationenvertrag erklärt.
   b) Vergleicht zu zweit die statistischen Daten aus M 6 (S. 181) und M 8 (S. 182). Erklärt anschließend die Überschrift von M 8 (S. 182) „Generationenvertrag in Gefahr?".
   c) Analysiere die Karikatur in M 9 (S. 182) mithilfe der Arbeitstechnik „Karikaturen analysieren", S. 345.

7. Führt in der Klasse eine Talkshow zur Frage durch: „Wie sollen die Renten in Zukunft finanziert werden?" (siehe Unterrichtsmethode „Talkshow", S. 115).

▲ 1, 2, 3, 4, 5, 6   ▲▼ 2, 3, 4, 5, 6   ▲▼▲ 2, 3, 4, 5, 6b, 7

| Arbeits-technik | **Diagramme gestalten** |

Diagramme sind grafische Darstellungen von Informationen. Sie sind vor allem dann sinnvoll, wenn es um viele Zahlen geht. Diagramme begegnen dir im Alltag häufig, z. B. in der Zeitung. Deshalb ist es wichtig, dass du, aufbauend auf der Arbeitstechnik „Diagramme beschreiben" (S. 330), nun auch Diagramme selbst erstellen kannst. Dabei musst du auf einiges achten. Im Folgenden erhältst du anhand eines Beispiels Hinweise, wie du beim Erstellen von Diagrammen am besten vorgehst.

Schritt 1: Was soll abgebildet werden? Welche Angaben sind der Quelle zu entnehmen?
Zunächst ist es wichtig, dass du dir genau überlegst, welche Angaben aus einer Quelle für dein Diagramm wichtig sind. Dazu musst du wissen, worauf dein Diagramm abzielt: Welche Informationen möchtest du mit deinem Diagramm vermitteln? Besonders wichtige Angaben kannst du in deiner Quelle farblich hervorheben oder auf einem Notizblatt sammeln.

Die Gesundheitsausgaben in Deutschland sind im Zeitraum der Jahre 2000 bis 2015 stark gestiegen. Während im Jahr 2000 noch 214,3 Milliarden Euro für Gesundheitsleistungen aufgewendet wurden, waren es fünf Jahre später bereits 242,4 Milliarden Euro. Weitere fünf Jahre später stiegen die Ausgaben auf 291,1 Milliarden Euro an, bevor sie 2015 344,2 Milliarden Euro umfassten. Entsprechend sind auch die Ausgaben pro Einwohner gestiegen, von 2.631 Euro im Jahr 2000 auf 4.213 Euro im Jahr 2015 (2005: 2.980 Euro, 2010: 3.626 Euro). Doch trotz dieser enormen Summen ist der Anteil an der Wirtschaftsleistung Deutschlands nur wenig gestiegen. Diese Quote ist in den Jahren zwischen 2000 und 2015 nur von 10,1 % (2000) auf 11,3 % gestiegen (2005: 10,5 %, 2010: 11,3 %).

Aus dem Text suchst du nun die Angaben und Zahlen heraus, die du darstellen willst und zwischen denen ein Zusammenhang besteht. Am besten gestaltest du dazu eine Tabelle. Liegen die Zahlen bereits in einer tabellarischen Übersicht vor, kannst Du diesen Schritt überspringen.

Jahr	Gesundheitsausgaben insgesamt in Milliarden Euro	je Einwohner in Euro	Anteil an der Wirtschaftsleistung in Prozent
2000	214,3	2.631	10,1
2005	242,4	2.980	10,5
2010	291,1	3.626	11,3
2015	344,2	4.213	11,3

Schritt 2: Eine passende Diagrammart auswählen
Anschließend geht es darum, eine Diagrammart auszuwählen. Es gibt unterschiedliche Arten von Diagrammen. Wichtig ist, dass dein Diagramm zu dem passt, was du abbilden möchtest. Die Zahlenwerte sollen leicht verständlich und schnell abgelesen werden können. Jede Diagrammart hat dabei unterschiedliche Vor- und Nachteile.

Diagramm	Vorteile	Nachteile
Kreisdiagramm	Der Kreis stellt immer 100 % dar, daher kann man über die Größe der „Kuchenstücke" gut erkennen, welcher Teil am größten ist, also den meisten Anteil hat.	Kann bei ähnlichen Werten schnell unübersichtlich werden, da die Werte dann schwer zu vergleichen sind. Mehrfachnennungen sind nicht möglich.
Balkendiagramm/ Säulendiagramm	Mehrfachnennungen sind möglich. Mehrere Zeitpunkte können dargestellt werden (es sollte aber nicht zu viele sein). Ähnliche Werte können leichter erkannt werden.	Innerhalb des Diagramms kann in kleinere Einheiten differenziert werden. Schwierige Wertezuordnung der x- und y-Achse. Es kann eine Restmenge (100 % minus x) geben, die unklar bleibt, weil es beim Balkendiagramm kein Ganzes gibt.
Liniendiagramm	Besonders gute Darstellung von (zeitlicher) Entwicklung möglich. Besondere Einschnitte sind gut zu erkennen. Kleinschrittige Darstellung ist möglich. Viele Informationen werden gesammelt dargestellt. Verschiedene Linien können einander gegenübergestellt werden. Einzelne Daten sind (oft) nicht auf einem Blick zu erschließen, sondern müssen genau gelesen werden.	Gefahr der Irreführung durch unterschiedliche Spannweiten zwischen x-Werten. Werteabstände werden oft nicht gleichmäßig gewählt (besonders fatal bei der y-Achse). Es gibt kein Ganzes.
Flächendiagramm – eine besondere Art des Liniendiagramms	Gute Beobachtung einer Entwicklung durch Farbgebung/Schraffur. Gesamtgröße, die entweder als oberste Fläche angelegt sein kann oder sich aus der Summe der Teilgrößen ergibt.	Wertevergleichbarkeit nur möglich, wenn sich die Werte nicht überschneiden (Farbgebung schwierig).

Im Beispiel geht es um die Entwicklung der Gesundheitsausgaben in Deutschland über einen Zeitraum von 15 Jahren hinweg. Zur deren Abbildung eignet sich ein Balkendiagramm, da hier mehrere Zeitpunkte dargestellt und auch kleinere Abweichungen gut erkannt werden sollen.

Schritt 3: Diagramm gestalten und beschriften

Nun gestaltest du das Diagramm entsprechend, indem du die Angaben aus der Tabelle in die von dir gewählte Diagrammart überträgst. Du kannst dein Diagramm entweder selbst zeichnen oder mit einem Computerprogramm erstellen. Die folgenden Tipps helfen dir in beiden Fällen:

- Formuliere eine prägnante Überschrift!
- Lege die wesentlichen Bestandteile deines Diagramms fest und beschrifte sie (z. B. Achsenmaßstäbe, Einheiten usw.)!
- Beschrifte dein Diagramm eindeutig und übersichtlich!
- Nimm nicht zu viele Details in dein Diagramm auf, sondern konzentriere dich auf das Wesentliche!
- Achte darauf, dass du die Angaben korrekt übernimmst!
- Beachte, dass Linien, Flächen, Schraffuren und Farben gut voneinander unterscheidbar sind!
- Gib unter deinem Diagramm immer eine Quelle an! Verwende nur seriöse Quellen!

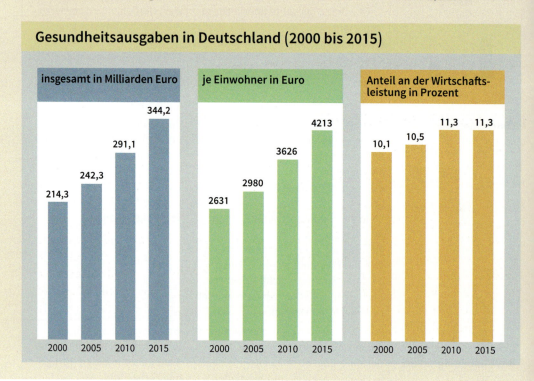

Gesundheitsausgaben in Deutschland (2000 bis 2015)

insgesamt in Milliarden Euro	je Einwohner in Euro	Anteil an der Wirtschaftsleistung in Prozent
2000: 214,3	2000: 2631	2000: 10,1
2005: 242,3	2005: 2980	2005: 10,5
2010: 291,1	2010: 3626	2010: 11,3
2015: 344,2	2015: 4213	2015: 11,3

Info 2 — Finanzierung der sozialen Sicherung

Die Leistungen des Sozialstaats sind in den vergangenen Jahrzehnten beständig gestiegen. Setzt man diese Ausgaben mit dem Gesamtwert aller Güter und Dienstleistungen in Beziehung, die in Deutschland in einem Jahr hergestellt und erbracht wurden (→ **Bruttosozialprodukt**), erhält man die sogenannte **Sozialleistungsquote**. Auch sie ist in den letzten Jahren beständig gestiegen. An der Finanzierung dieser enormen Summen ist aber nicht nur der Staat beteiligt. Ein besonderes Kennzeichen des deutschen Sozialstaates ist es, dass der Großteil der Bürgerinnen und Bürger einer **Versicherungspflicht** unterliegt, zum Beispiel in der Kranken- oder Rentenversicherung. Es werden also nicht alle Leistungen aus Steuergeldern bezahlt, sondern fast jede und jeder muss Beiträge dafür abführen. Darüber hinaus zählen zu den Errungenschaften des Sozialstaats auch Leistungen, die von den Arbeitgeberinnen und Arbeitgebern finanziert werden – wie zum Beispiel die betriebliche Altersvorsorge.

2. Arm in einem reichen Land? – Ursachen und Folgen von Armut in Deutschland

Armut – was heißt das eigentlich?

In Deutschland ist der Anteil der Menschen, die zum Beispiel nicht in der Lage sind, ihre Rechnungen zu bezahlen, ihre Wohnung zu beheizen oder eine Woche im Jahr in den Urlaub zu fahren, im Vergleich zu anderen Ländern eher gering. Jedoch steigt die Zahl derjenigen, die armutsgefährdet sind, und das oft, obwohl sie sogar Arbeit haben. Doch was heißt es überhaupt, arm zu sein? Was sind die Ursachen für Armut, was sind die Folgen von Armut?

M 10 Armut in Deutschland

Rebecca aus Deutschland
Rebecca ist gerade 10 geworden und wohnt mit ihrer Familie in einem Neubaublock am Stadtrand. Sie teilt sich mit ihren zwei Schwestern ein Zimmer. So sieht ihr Tag aus.

Wie der Tag beginnt
Ihren Vater kennt Rebecca nicht, der lebt in irgendeiner anderen Stadt. Rebecca steht morgens alleine auf. Ihre Mutter, die oft Spätschicht hat, schläft dann noch. Und die beiden Schwestern gehen irgendwie immer später zur Schule. Echt unfair. Rebecca nimmt sich nur schnell ein Toastbrot auf die Hand mit – mehr war auch gar nicht im Kühlschrank – und macht sich auf den Schulweg. Die Schule ist ziemlich anstrengend. In der Klasse, in die sie geht, ist es außerdem oft laut und man kann sich im Unterricht nicht so gut konzentrieren. Rebeccas Noten sind deswegen nicht so gut.
Nach der Schule braucht sie auch viel Zeit für ihre Hausaufgaben. Hilfe von ihrer Mutter bekommt sie nur selten. Außerdem hört man immer den Krach von den Nachbarn, die sich viel streiten.
Nach den Hausaufgaben spielt sie heute auf dem Spielplatz im Hof mit den Kindern aus der Nachbarschaft. Der ist zwar nicht so hübsch, aber etwas anderes gibt es ja nicht in der Nähe und Geld für einen Sportverein oder so hat Rebeccas Mutter leider nicht.

Kein Geld für die Klassenfahrt
Alle ihre Schulfreunde fahren bald auf Klassenfahrt. Rebecca kann leider nicht mitfahren. Ihre Mutter sagt, dass die Fahrt zu teuer ist. Darüber ist Rebecca natürlich traurig. Und manche Kinder in ihrer Klasse machen sich deswegen auch noch über sie lustig. Zum Abendbrot isst sie dann schnell noch eine Tiefkühl-Pizza und schaut fern. Leider bestimmen immer ihre Schwestern das Programm.
Manchmal ist am Ende des Monats nur noch so wenig Geld für Essen übrig, dass Rebecca sogar mit knurrendem Magen ins Bett muss. Dann schläft sie schlecht – und das macht den nächsten Tag auch nicht gerade leichter …

Aus: Redaktion kindersache: Rebecca aus Deutschland, Artikel auf der Homepage von kindersache.de vom 15.12.2009, online: https://www.kindersache.de/bereiche/wissen/politik/rebecca-aus-deutschland [zuletzt: 17.10.2019]

M11 Ursachen und Folgen von Armut

Personen ohne Berufsausbildung sind größeren Schwierigkeiten bei der Suche nach einem Arbeitsplatz – und somit einem höheren Risiko der Arbeitslosigkeit – ausgesetzt als solche mit Berufsausbildung.

Kinder können das Armutsrisiko von Familien aus zwei Gründen erhöhen. Erstens steigt der Bedarf des Haushalts an sich, zweitens nehmen auch die Betreuungsaufgaben mit steigender Kinderzahl zu.

Wenn sich die Eltern trennen oder scheiden lassen, hat das oft schwere wirtschaftliche Folgen, vor allem für den dann alleinerziehenden Elternteil.

Viele Menschen erhalten einen so geringen Lohn, dass sie selbst in Vollzeit nicht ihren Lebensunterhalt davon bestreiten können.

Überschuldung liegt vor, wenn Zahlungsverpflichtungen dauerhaft nicht erfüllt werden können. Verursacht durch den ökonomischen Druck, leiden Betroffene zusätzlich häufig unter sozialen und psychischen Belastungen.

Wer arbeitslos ist, kann seinen Lebensunterhalt nicht mehr aus eigener Kraft bestreiten. Aus welchem Grund auch immer die Arbeitslosigkeit eintritt – das Armutsrisiko steigt dadurch stark.

Menschen nicht-deutscher Herkunft sind häufig von Armut bedroht. Entweder finden sie keine Arbeit, erhalten nur einen Minimallohn oder haben überhaupt keine Arbeitserlaubnis.

Immer mehr alte Menschen können schon heute nicht mehr von ihrer Rente leben und sind deshalb auf Leistungen des Staates angewiesen.

M12 Armutsrisikoquote in Deutschland

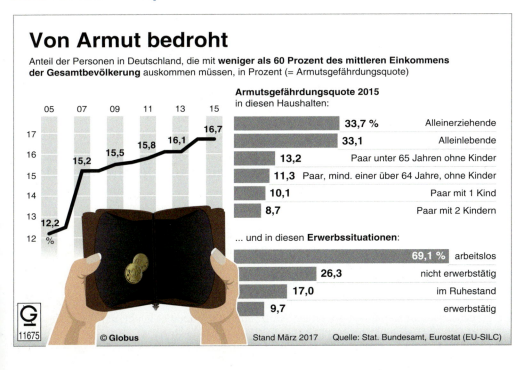

M 13 Aus dem Armuts- und Reichtumsbericht der Bundesregierung

... 7–8 Millionen Menschen, die ihr Existenzminium nur durch staatliche Leistungen erreichen können ...

... davon rund 6 Millionen Menschen, die Grundsicherung für Arbeitsuchende beziehen (darunter auch „Aufstocker", also Personen, die trotz Beschäftigung ein so geringes Einkommen erzielen, dass sie ergänzend finanzielle Leistungen vom Staat erhalten.) ...

Zahlen nach: Bundesregierung (Hrsg.): Lebenslagen in Deutschland. Der Fünfte Armuts- und Reichtumsbericht der Bundesregierung. Berlin 2017, S. VII

PERLEN IM NETZ

http://www.spiegel.de/wirtschaft/soziales/armut-in-deutschland-was-heisst-schon-arm-a-1088823.html

Ein Multimediaprojekt von SPIEGEL Online zum Thema „Armut in Deutschland"

http://www.spiegel.de/wirtschaft/armutsrechner-bin-ich-arm-a-1093182.html

Ein von SPIEGEL ONLINE angebotener, interaktiver Armuts-Rechner

M 14 Ein journalistischer Beitrag zum Armuts- und Reichtumsbericht der Bundesregierung

Berlin (dpa) - Die große Kluft zwischen Arm und Reich droht nach Einschätzung der Bundesregierung das Vertrauen vieler Menschen in die Demokratie in Deutschland zu untergraben. Es gebe eine „verfestigte Ungleichheit bei den Vermögen", sagte Sozialministerin Andrea Nahles (SPD) am Donnerstag in Berlin unter Berufung auf ihren neuen Armuts- und Reichtumsbericht.
[...]
„Die politische Beteiligung bis hin zur Teilnahme an Wahlen ist bei Menschen mit geringem Einkommen deutlich geringer und hat in den vergangenen Jahrzehnten stärker abgenommen als bei Personen mit höherem Einkommen und der Mittelschicht", heißt es in dem Bericht, den das Sozialministerium in die Abstimmung der Bundesregierung gegeben hat. So lag die Wahlbeteiligung bei der Bundestagswahl 2014 bei Beziehern von hohen Einkommen bei rund 85 Prozent - bei Geringverdienern waren es nur 71 Prozent. Zehn Jahre zuvor war diese Kluft mit einem Unterschied von 3 Prozentpunkten weit geringer.

Aus: wgr / © dpa

M 15 Ein kritischer Kommentar zum Armuts- und Reichtumsbericht der Bundesregierung

[...]
Kardinalproblem der Gesellschaft
Vielerorts gehören Menschen, die in Müllcontainern nach Pfandflaschen suchen, heute zum Stadtbild. In manchen Ballungsgebieten der Bundesrepublik gefährden drastisch steigende Mieten und Energiepreise sogar den Lebensstandard von Normalverdienern. Sie verstärken die Angst vieler Mittelschichtangehöriger vor dem sozialen Abstieg. Die zerrissene Republik bietet rechten Populisten einen günstigen Nährboden. Sie haben es leicht, nationale Nestwärme als Ersatz für soziale Kälte und kleinbürgerliche Existenzsorgen anzubieten.

Trotz zahlloser Statistiken und informativer Schaubilder enttäuscht der fünfte Armuts- und Reichtumsbericht all jene, die von ihm Handlungsempfehlungen für die Regierungsarbeit erwartet hatten. Denn er dokumentiert, dass die soziale Ungleichheit in Deutschland wächst, ohne dass die Entscheidungsträger des Staates dies als Kardinalproblem der Gesellschaft wahrzunehmen oder zu bekämpfen bereit sind.
Es fehlt nicht an statistischen Daten, sondern an politischen Taten!

Aus: Butterwegge, Christoph: Zensiert und geschönt, in: Zeit Online vom 12.04.2017, online: http://www.zeit.de/politik/deutschland/2017-04/armutsbericht-grosse-koalition-schoenung-kritik [zuletzt: 22.01.2019]

EINSTEIGEN

1. Versetze dich in die Lage von Rebecca (M 10, S. 187).
   a) Beschreibe Gefühle und Eindrücke, die dir durch den Kopf gehen.
   b) Beschreibe ihre Lebenssituation aus ihrer Sicht.

2. a) Notiere mindestens drei Gründe, warum man Rebecca und ihre Familie (M 10, S. 187) als arm bezeichnen kann.
   b) Arbeite heraus, welche Ursachen die Armut in Rebeccas Familie hat. Nutze dazu auch Info 3 (S. 192).
   c) Vergleiche deine Ergebnisse mit M 11 (S. 188 f.). Was fällt dir auf? Tausche dich mit einer Mitschülerin oder einem Mitschüler darüber aus.

WEITERARBEITEN

3. a) Finde für jeden Aspekt von M 11 (S. 188 f.) einen passenden Oberbegriff.
   b) Erstelle für zwei Ursachen aus M 11 (S. 188 f.) fiktive Kurzbiografien von Betroffenen. Stelle die Kurzbiografien anschließend einer Partnerin/einem Partner vor.
   c) Erörtert zu zweit, welche Hilfsmöglichkeiten es jeweils gäbe (siehe auch Info 1, S. 179).

4. a) Beschreibe das Diagramm M 12 (S. 189) mithilfe der Arbeitstechnik „Diagramme beschreiben" (S. 338) und erkläre die Auffälligkeiten.
   b) Erläutere auf der Basis von M 12 (S. 189), wie sich die Armutsrisikoquote in Deutschland verändert hat. Überlege dir mögliche Gründe für diese Entwicklung.

5. a) Formuliere mindestens drei Aussagen zu den Daten aus M 13 (S. 190).
   b) Überlegt gemeinsam in der Klasse, welche Folgen diese Entwicklungen für die Betroffenen und für die Gesellschaft insgesamt haben können.

VERTIEFEN

6. a) Analysiere mithilfe von M 11 (S. 188 f.), M 13 (S. 190) und M 14 (S. 190), welche Faktoren das Armutsrisiko beeinflussen.
   b) Formuliert in Vierergruppen mögliche Ansätze, wie der Staat hier gegensteuern kann. Stellt eure Ansätze anschließend in der Klasse vor.

7. a) Der Armutsforscher Christoph Butterwegge kritisiert in M 15 (S. 190 f.) die Maßnahmen der Bundesregierung. Arbeite heraus, vor welchen Folgen er warnt.
   b) Diskutiert in Vierergruppen über die Positionen, die Herr Butterwegge vertritt.

▲ 1, 2, 3   ▲▼ 2, 3, 4, 5, 7a   ▲▼▲ 1, 2, 3, 4, 5, 6, 7a, 7b

Info 3 **Armut in Deutschland**

In der reichen Industrienation Deutschland waren im Jahr 2014 16,7 Prozent der Bevölkerung armutsgefährdet. Die als armutsgefährdet Eingestuften hatten, nach der gängigen Definition von Armut, weniger als ungefähr 60 Prozent des mittleren Einkommens zur Verfügung. Mit dieser Berechnung wird die → **relative Armut** beschrieben, also im Vergleich zum Wohlstand der jeweiligen Gesellschaft. Für Alleinstehende liegt diese Armutsgrenze bei 987 Euro im Monat, für Familien mit zwei Kindern bei 2072 Euro. Armut hat aber nicht nur etwas mit Geld zu tun. Armut kann auch heißen, nicht an sozialen Aktivitäten teilnehmen zu können, zum Beispiel an Klassenfahrten, Kino- oder Theaterbesuchen.

Die **Ursachen von Armut** sind vielfältig. Manchmal reicht der niedrige Lohn nicht aus oder die Miete steigt immer weiter. So können persönliche und familiäre Probleme zu Armut führen. Auch Erwerbstätige können als armutsgefährdet gelten, wenn sie nämlich schlicht zu wenig verdienen. Denn Arbeit zu haben schützt nicht in jedem Fall vor geringem Einkommen. Als Folge dessen müssen viele Betroffene mehrere Jobs ausüben.

Menschen in **absoluter Armut** leben in existenzieller Not, haben keinen Zugang zu Nahrungsmitteln und Trinkwasser. Wissenschaftler sprechen hier oft von der sogenannten Ein-Dollar-Grenze. Demnach gilt als arm, wer weniger als diese Summe pro Tag zur Verfügung hat. Das kommt in Deutschland allerdings kaum vor.

Weltweit leben jedoch nach Angaben der UNO rund 1,2 Milliarden Menschen (Stand 2017) in absoluter Armut. Dazu kommen noch 800 Millionen Menschen, die von Armut bedroht sind. Zwar geht die Armut insgesamt zurück, aber die Ungleichheit wächst. So schätzt die UNO, dass fast 1,5 Milliarden Menschen unter sogenannter mehrdimensionaler Armut leiden. Das heißt, sie können sich weder auf eine funktionierende Gesundheitsversorgung, noch auf ein funktionierendes Bildungssystem verlassen. Klimawandel, Kriege oder Finanzkrisen verschärfen dieses Problem weiter.

3. Kann es überhaupt soziale Gerechtigkeit geben? – Herausforderungen für den Sozialstaat

Häufig wird der Verdienst eines Menschen daran bemessen, welche Leistung er für die Firma oder die Gesellschaft erbringt. Was aber, wenn schon die Startchancen der Menschen unterschiedlich verteilt sind? Was kann der Sozialstaat tun, um Gerechtigkeit herzustellen? Gibt es überhaupt „die Gerechtigkeit"?

M 16 Ist das gerecht? – Teil I

M 17 Ist das gerecht? – Teil II

M 18 Ansichten über Gerechtigkeit

Verena H., Sozialarbeiterin aus Mannheim: „Für mich ist gerecht, wenn jeder Mensch seine Lebenssituation aus eigener Kraft gestalten und verbessern kann. Konkret heißt das, alle Kinder sollen die gleichen Startbedingungen haben. Egal, ob sie aus einem Akademikerhaushalt oder aus einer Arbeiterfamilie kommen. Ich finde deshalb, der Staat sollte viel mehr Geld in die frühkindliche Bildung stecken und die Jugendarbeitslosigkeit bekämpfen."

Ömer Z., Bankkaufmann aus Backnang: „Ich bin der Meinung, jeder Mensch sollte genau das verdienen, was er leistet. Das gilt in der Arbeit genauso wie in der Gesellschaft. Wer sich bemüht und engagiert, soll belohnt werden. Das motiviert und gibt denjenigen eine Chance, die sich durch Qualifizierung und Bildung hochgearbeitet haben."

Wilhelm A., Frührentner aus Heidenheim: „Gerechtigkeit ist für mich, wenn der Staat die Grundbedürfnisse des Menschen deckt. Ich brauche nicht viel – aber seit meine Frau gestorben ist und ich nicht mehr arbeiten kann, lebe ich unterm Existenzminimum. Mal ins Theater gehen, ein Fußballspiel besuchen, das kann ich nicht immer. Aber genau das gehört für mich auch zum Leben dazu. Ohne die Hilfe des Staates ginge es nicht."

M 19 Formen von Gerechtigkeit

- Bedarfsgerechtigkeit
- Leistungsgerechtigkeit
- Verteilungsgerechtigkeit

M 20 Auszug aus dem Sozialgesetzbuch zum notwendigen Lebensunterhalt

„Der für die Gewährleistung des Existenzminimums notwendige Lebensunterhalt umfasst insbesondere Ernährung, Kleidung, Körperpflege, Hausrat, Haushaltsenergie [...], persönliche Bedürfnisse des täglichen Lebens sowie Unterkunft und Heizung. Zu den persönlichen Bedürfnissen des täglichen Lebens gehört in vertretbarem Umfang eine Teilhabe am sozialen und kulturellen Leben in der Gemeinschaft; dies gilt in besonderem Maß für Kinder und Jugendliche. Für Schülerinnen und Schüler umfasst der notwendige Lebensunterhalt auch die erforderlichen Hilfen für den Schulbesuch."

Aus: § 27a Sozialgesetzbuch (SGB); Notwendiger Lebensunterhalt, Regelbedarfe und Regelsätze; Zwölftes Buch (XII) – Sozialhilfe –, in der Fassung vom 27. Dezember 2003

M21 Unterschiedliche Vorstellungen zu sozialer Gerechtigkeit

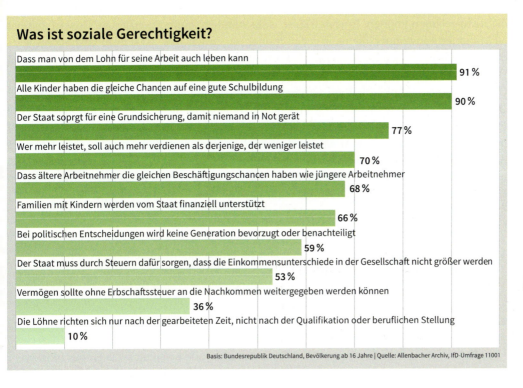

Was ist soziale Gerechtigkeit?

- Dass man von dem Lohn für seine Arbeit auch leben kann — 91 %
- Alle Kinder haben die gleiche Chancen auf eine gute Schulbildung — 90 %
- Der Staat soprgt für eine Grundsicherung, damit niemand in Not gerät — 77 %
- Wer mehr leistet, soll auch mehr verdienen als derjenige, der weniger leistet — 70 %
- Dass ältere Arbeitnehmer die gleichen Beschäftigungschancen haben wie jüngere Arbeitnehmer — 68 %
- Familien mit Kindern werden vom Staat finanziell unterstützt — 66 %
- Bei politischen Entscheidungen wird keine Generation bevorzugt oder benachteiligt — 59 %
- Der Staat muss durch Steuern dafür sorgen, dass die Einkommensunterschiede in der Gesellschaft nicht größer werden — 53 %
- Vermögen sollte ohne Erbschaftssteuer an die Nachkommen weitergegeben werden können — 36 %
- Die Löhne richten sich nur nach der gearbeiteten Zeit, nicht nach der Qualifikation oder beruflichen Stellung — 10 %

Basis: Bundesrepublik Deutschland, Bevölkerung ab 16 Jahre | Quelle: Allenbacher Archiv, IfD-Umfrage 11001

M22 Bedingungsloses Grundeinkommen – das Sozialsystem der Zukunft?

Ein völliges Gegenmodell zum bisherigen Sozialsystem stellt das sogenannte „Bedingungslose Grundeinkommen" (BGE) dar. Kein Staat der Welt hat es bislang auf breiter Ebene eingeführt, unter Experten und in der Bevölkerung ist es sehr umstritten. In der Schweiz gab es im Juni 2016 eine Volksabstimmung über eine monatliche Zahlung, die allerdings abgelehnt wurde. In Finnland wird hingegen ein Modell erprobt, nach dem jeder Bürgerin und jedem Bürger eine bedingungslose Monatspauschale an Einkommen zusteht. Das Grundeinkommen soll so hoch sein, dass der Lebensunterhalt gesichert und soziale Teilhabe möglich ist.

PRO

Mit dem bedingungslosen Grundeinkommen (BGE) können wir in Zukunft viele Probleme lösen. Fakt ist: Roboter und Computer übernehmen in den nächsten Jahrzehnten immer mehr Tätigkeiten – im Industriesektor, aber auch in der Dienstleistungsbranche. Es wird Millionen von Arbeitslosen geben oder nur noch kurze, befristete Verträge. Eine Familie kann man davon nicht ernähren, geschweige denn Vermögen aufbauen. Was wäre die Folge? Der Staat müsste all diese Bedürftigen unterstützen, mit unabsehbaren Folgen für den sozialen Frieden. Das BGE hingegen ist der Weg in eine gerechte Gesellschaft. Es gibt keine Trennung mehr zwischen den oberen Zehntausend in der Bevölkerung und den Hartz IV-Empfängerinnen und -Empfängern, weil jede und jeder monatlich die gleiche Summe Geld bekommt. Diejenigen, die keinen Job haben, können davon ihren Lebensunterhalt bestreiten und die Arbeitnehmerinnen und Arbeitnehmer bekommen das BGE als Zulage. Das bedeutet: Wenn die Wirtschaft qualifizierte Arbeitskräfte haben will, muss sie einfach etwas drauflegen. Ein weiterer Vorteil wäre, dass man sich die ganze Sozialbürokratie sparen und die freiwerdenden Gelder zum Beispiel in die Schulen investieren könnte.

PERLEN IM NETZ

http://www.swr.de/swr2/programm/sendungen/wissen/soziale-gerechtigkeit/-/id=660374/did=14724000/nid=660374/1blgap2/index.html

Ein Feature des SWR zum Thema „Soziale Gerechtigkeit. Ein Schlagwort mit Tradition"

KONTRA

Das bedingungslose Grundeinkommen ist nicht mehr als eine Idee von Sozialromantikern, die nicht rechnen können. In erster Linie ist es nämlich kaum finanzierbar. Unser Land hat 80 Millionen Einwohner, die dann jeden Monat, sagen wir mal, 1000 Euro bekommen würden. Das kostet im Jahr fast eine Billion Euro, also deutlich mehr das komplette Sozialbudget Deutschlands. Anreize, sich eine Arbeit zu suchen, hätten die Arbeitslosen dann keine mehr. Und wer keine Lust mehr hat auf seinen Job, schmeißt ihn einfach hin – der Staat zahlt's ja! Der Milliardär hingegen würde es wahrscheinlich nicht mal merken, wenn er monatlich 1000 Euro mehr auf dem Konto hätte. Gerecht wäre das auf keinen Fall. Außerdem geht es ja nicht nur um den Verdienst in der Arbeit, sondern auch um einen psychologischen Faktor: Wer zur Arbeit geht und eine Aufgabe hat, fühlt sich gebraucht. Man trifft Kollegen, tauscht sich aus, bleibt am Ball. Berufliche Weiterbildung, soziale Aufstiege, vielleicht sogar ein Unternehmen gründen – für all das wäre kein Anreiz mehr da – der Staat entlohnt mich ja.

EINSTEIGEN

1. a) Nenne Beispiele für Berufe zu den in M 16 (S. 193) genannten Wirtschaftszweigen.
   b) Überlegt zu zweit mögliche Gründe für die zum Teil erheblichen Lohnunterschiede, die in M 16 (S. 193) und M 17 (S. 193) dargestellt sind.

2. a) Ordne die Fallbeispiele aus M 18 (S. 194) mithilfe von Info 4 (S. 197) den unterschiedlichen Formen von Gerechtigkeit (M 19, S. 194) zu.
   b) Formuliere in eigenen Worten jeweils weitere sinnvolle Beispiele zu den einzelnen Formen von Gerechtigkeit (M 19, S. 194).
   c) Erläutere ausgehend von M 20 (S. 194), was mit „Teilhabe am sozialen Leben" gemeint ist (siehe Arbeitstechnik „Gesetzestexte lesen und verstehen", S. 343).

WEITER-ARBEITEN

3. a) Beurteile, ob die in M 20 (S. 194) genannten Punkte zur Gewährleistung des Existenzminimums deiner Meinung nach ausreichen, um ein Leben ohne Existenzängste zu führen.
   b) Vergleiche die einzelnen Posten für die Lebenshaltung (M 20, S. 194) mit den eigenen Ausgaben im Haushalt deiner Familie. Befrage dazu deine Eltern bzw. deine Erziehungsberechtigten. Was stellst du fest?

4. a) Vergleiche die in M 21 (S. 195) genannten Kriterien für soziale Gerechtigkeit mit deinen eigenen Vorstellungen. Wo stimmst du zu, was lehnst du ab?
   b) Vergleicht in Partnerarbeit eure Ergebnisse. Wo sind Übereinstimmungen, was überrascht euch?

VERTIEFEN

5. a) Erörtert anhand von M 22 (S. 195 f.) zu zweit die Vor- und Nachteile des bedingungslosen Grundeinkommens.
   b) Führt anschließend in der Klasse eine Talkshow (siehe „Unterrichtsmethode: Talkshow", S. 115) durch, in der die Vor- und Nachteile dieses Modells diskutiert werden.

▲ 1, 2, 3a   1, 2, 3b, 4   4, 5, 6, 7

Wie sorgt der Staat für soziale Gerechtigkeit?

Info 4

Der Sozialstaat kann nicht für absolute Gerechtigkeit sorgen. Denn zum einen gibt es sehr unterschiedliche Vorstellungen davon, was Gerechtigkeit bedeutet. Zum anderen kann der Sozialstaat nur eine möglichst hohe Gerechtigkeit anstreben, denn eine absolute Gerechtigkeit wird es in einer Gesellschaft, die aus Millionen von Bürgerinnen und Bürgern besteht, niemals geben. Der Sozialstaat kann aber schwächere, ältere oder erkrankte Menschen so unterstützen, dass sie weiterhin am gesellschaftlichen Leben teilnehmen können. Zur → **sozialen Gerechtigkeit** gehört auch, dass allen Menschen gleiche Chancen in der Bildung eingeräumt werden. Deswegen finanziert der Staat Kindertageseinrichtungen, Schulen und Hochschulen. Soziale Leistungen und Steuergesetze sollen zudem dafür sorgen, dass keine riesigen Unterschiede in Einkommen und Vermögen entstehen. Soziale Gerechtigkeit kann unterschiedlich definiert werden: Unter **Leistungsgerechtigkeit** versteht man, dass derjenige der mehr leistet, auch mehr verdienen soll. Unterschiedlich hohe Einkommen sind nach dieser Sicht nicht an sich ungerecht. Im Gegensatz dazu steht die **Bedarfsgerechtigkeit**. Danach kann eine Gesellschaft als gerecht bezeichnet werden, wenn die grundlegenden Bedürfnisse alle Mitglieder erfüllt sind, also das → **Existenzminimum**. Unter **Verteilungsgerechtigkeit** versteht man die Aufgabe des Staates, Einkommen und Vermögen möglichst gleich unter den Gesellschaftsmitgliedern zu verteilen. Daran wird jedoch kritisiert, dass diese Gleichverteilung keine Anreize schaffe, sich in Ausbildung und Beruf besonders zu engagieren.

Mit Hilfe der Instrumente der sozialen Sicherung werden die größten Lebensrisiken (Arbeitslosigkeit, Unfall, Krankheiten, Pflegebedürftigkeit) abgesichert, damit zumindest ein Leben über dem Existenzminimum möglich ist.

Die Regelungen zum Arbeitslosengeld, aber auch der früheren Arbeitslosenhilfe und der früheren Sozialhilfe wurden in den Jahren 2003 bis 2005 durch die sogenannten Hartz-Gesetze schrittweise verändert. Benannt nach dem damaligen Personalchef des VW-Konzerns, Peter Hartz, bilden sie die Grundlage der bis heute umstrittenen „Agenda 2010". Die damalige Bundesregierung unter Bundeskanzler Gerhard Schröder (SPD) wollte mit diesem politischen Programm eine effizientere Arbeitsvermittlung erreichen und die Arbeitslosenzahlen langfristig verringern. Beim Arbeitslosengeld gibt es zwei Varianten:

- **Arbeitslosengeld I** wird aus Beiträgen der Arbeitslosenversicherung gezahlt, die Arbeitnehmer und Arbeitgeber gleichermaßen finanzieren. Es wird meist für die Dauer von einem Jahr gezahlt, nachdem man arbeitslos geworden ist.
- **Arbeitslosengeld II** (auch **Hartz IV** genannt) sind Leistungen, um die sogenannte Grundsicherung zu gewährleisten. Damit werden Personen unterstützt, die ihren Lebensunterhalt nicht durch Einkommen oder Vermögen bestreiten können. Sie bekommen damit pauschal die Kosten für Ernährung, Kleidung, Haushaltsenergie (ohne Heizung und Warmwasser), Körperpflege, Hausrat, Bedürfnisse des täglichen Lebens sowie für die Teilnahme am kulturellen Leben.

Wohngeld ist ein Zuschuss zu den Wohnkosten für einkommensschwache Haushalte und wird von Bund und Ländern je zur Hälfte finanziert.

Kompetenztraining

WISSEN

1. In die drei folgenden Sätze haben sich Fehler eingeschlichen. Benenne diese Fehler und formuliere die Aussagen so, dass sie korrekt sind.
   I. Die Sozialleistungen sind in den letzten Jahren in Deutschland immer weiter gesunken.
   II. Der Sozialstaat muss verhindern, dass es innerhalb der Gesellschaft zu Verteilungskämpfen und Ausgrenzungen aufgrund sozialer Gleichheit kommt.
   III. In Deutschland werden alle Leistungen des Sozialstaats aus Steuergeldern bezahlt.

2. Übertrage das Kreuzworträtsel in dein Heft, fülle es aus und finde das Lösungswort.
   1. Der Sozialstaatsbegriff ist verankert im …
   2. Ein Prinzip der sozialen Sicherung, das gesellschaftlichen Zusammenhalt betont, ist die …
   3. Grundlage der umstrittenen Agenda 2010 waren die …
   4. Diese Pflicht besteht grundsätzlich für fast alle Arbeitnehmerinnen und Arbeitnehmer.
   5. Wer weniger als ungefähr 60 Prozent des mittleren Einkommens zur Verfügung hat, gilt als …
   6. Beschreibt das Prinzip, nach dem die Verteilung der Einkommen innerhalb einer Gesellschaft als gerecht gilt, wenn die Einkommen der Leistung der jeweiligen Gesellschaftsmitglieder entsprechen.
   7. Ein Teil der gesetzlichen Sozialversicherung für Menschen, die aufgrund körperlicher Einschränkungen dauerhaft versorgt werden müssen, ist die …
   8. Wenn es mehr Rentenempfänger als Beitragszahler gibt, gerät er in Gefahr.
   9. Beschreibt das Prinzip, gemäß dem jede Person gleiche Zugangschancen etwa zu Bildung, Teilhabe etc. haben sollte.
   10. Eine Leistung der Arbeitslosenversicherung ist das …
   11. Umfasst die notwendigsten Dinge, die man zum Leben braucht.

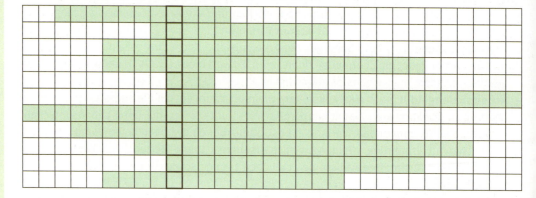

2. a) Entscheide dich für einen der folgenden Sachverhalte bzw. eine der Konflikt- und Problemlagen und erstelle einen Stichwortzettel mit den wichtigsten Schlagworten. Achte auf die Verwendung der richtigen Begriffe.
   b) Erkläre einer Mitschülerin/einem Mitschüler den gewählten Sachverhalt oder die jeweilige Problemlage mithilfe deines Stichwortzettels.

Relative Armut	Absolute Armut
Soziale Sicherung	Sozialer Ausgleich

ANALYSIEREN

Ideen gibt es genug – Kampf gegen Armut – Mehr Arbeit oder höhere Sozialleistungen? Streit über den richtigen Weg

Fast 200 000 Menschen haben die Petition inzwischen unterzeichnet, in der Gesundheitsminister Jens Spahn (CDU) aufgefordert wird, einen Monat lang von Hartz IV zu leben. Gestartet hatte sie eine alleinerziehende Mutter, nachdem der frisch gekürte Gesundheitsminister mit der Aussage, dass Hartz IV nicht Armut bedeute und jeder damit habe, was er zum Leben braucht, an die Öffentlichkeit gegangen war. Fast zeitgleich sorgte die Essener Tafel durch ihren kurzzeitigen Aufnahmestopp für Ausländer für Aufregung. Seitdem ebbt die Diskussion darüber, was Armut im Zeichen eines anhaltenden Wirtschaftsbooms bedeutet, nicht ab. Und mit dieser Debatte ist auch das System der Grundsicherung für Arbeitslose, das sogenannte Arbeitslosengeld II, besser bekannt als „Hartz IV", wieder in den Fokus gerückt.

Sanktionsfreie Mindestsicherung

Die Linke fordert schon seit Jahren dessen Abschaffung. In ihrem aktuellen Antrag (19/1687), der vergangene Woche in erster Lesung vom Bundestag beraten wurde, geht sie jedoch darüber hinaus. Sie verlangt einen umfassenden Maßnahmenplan zur Armutsbekämpfung. Dazu gehört: eine Anhebung des allgemeinen gesetzlichen Mindestlohns auf zwölf Euro, eine „sanktionsfreie Mindestsicherung" von monatlich 1.050 Euro, eine Zurückdrängung prekärer Beschäftigung, eine deutliche Erhöhung des Kindergeldes auf 328 Euro pro Kind und eine Anhebung des Rentenniveaus auf 53 Prozent. Zwar formuliert Die Linke in dem Antrag nicht plakativ, „Hartz IV muss weg". Aber die sanktionsfreie Mindestsicherung würde de facto darauf hinauslaufen. Kein Wunder also, dass in der Debatte die Frage „Hartz IV, ja oder nein?" im Mittelpunkt stand. Die Unionsfraktion lehnte eine Systemumkehr grundsätzlich ab: „Was dahinter steckt, ist eine Entkoppelung der Existenzsicherung vom Arbeitsmarkt. Letztlich bedarf es überhaupt keiner Bereitschaft mehr, einer zumutbaren Arbeit nachzugehen", befürchtete Stephan Stracke (CDU). Ziel müsse immer eine Integration in den Arbeitsmarkt sein und keine Daueralimentierung. Diese Strategie sei auch in den vergangenen Jahren gut aufgegangen, weshalb „wir als Union beim Kampf gegen Armut sehr erfolgreich sind", resümierte Stracke. Gleichwohl gebe es „sehr arbeitsferne" Menschen, die durch das Bundesprogramm „Soziale Teilhabe am Arbeitsmarkt" gefördert werden sollen, sagte er. Die FDP-Fraktion warf den Linken vor, mit dem „bedingungslosen Grundeinkommen" die Menschen „einfach nur ruhig stellen" zu wollen, obwohl dies in dem Antrag gar nicht gefordert wurde. Deutlicher als die Union diagnostizierte die FDP dennoch einen „sozialpolitischen Handlungsbedarf" und forderte Änderungen im System der Grundsicherung. So müssten endlich die Zuverdienstgrenzen erhöht werden und mehr Geld in die Betreuung der Arbeitslosen anstatt in die Verwaltung der Jobcenter gesteckt werden. Arbeitslose bräuchten endlich mehr Chancen auf Qualifizierung im ersten Arbeitsmarkt, betonte Pascal Kober (FDP).

Die Wohlstandsvernichter

Die AfD ging auf solche Details nicht ein, sondern spannte den Bogen über die Grenzen Deutschlands hinaus: „Reden wir mal Klartext: Der Hauptgrund für die zunehmende Armut in Deutschland ist die EU", stellte Martin Sichert (AfD) fest. Die Bundesregierung sei der „verlängerte Arm von Brüssel" und wenn sie aufhöre, „Menschen aus der ganzen Welt unsere Sozialleistungen zu gewähren", dann könnte auch die Armut hierzulande wirksam bekämpft werden, so Sichert. Er forderte unter anderem ein Ende der Nullzinspolitik und ein Ende des Euro, da beides jährlich Milliarden an Wohlstand vernichte. „Als ob die arme Rentnerin nur einen Cent mehr in der Tasche hätte, wenn Geflüchtete in Kriegsgebiete abgeschoben werden. Tatsache ist doch: Wir hatten schon viel zu niedrige Löhne und viel zu niedrige Renten, bevor die Geflüchteten gekommen sind", betonte dagegen die Chefin der Linkspartei, Katja

Kipping. Aber eine Gesellschaft, in der alle Menschen garantiert vor Armut geschützt sind, sei machbar. „Wir müssten nur den Mumm haben, Millionenerbschaften und Gewinne aus Finanzspekulationen stärker zu besteuern", sagte Kipping. Mit der Forderung nach einer solchen Umverteilung steht Die Linke jedoch ziemlich allein. So warf Daniela Kolbe (SPD) der Linken eine zu holzschnittartige Analyse vor. Man dürfe nicht so tun, als müsse man nur genug Geld in die Hand nehmen und dann sei das Problem gelöst. Dennoch räumte Kolbe Nachbesserungsbedarf bei der Grundsicherung ein, wie zum Beispiel beim Bildungs- und Teilhabepaket für Kinder oder bei der Grundsicherung im Alter, die die SPD um eine Grundrente ergänzen will. Ja, vielleicht müsse man auch mit einigen Prinzipien von Hartz IV brechen, diese Debatte werde die SPD noch führen, kündigte Kolbe an. Wolfgang Strengmann-Kuhn (Bündnis 90/Die Grünen) betonte, höhere Regelsätze und die Abschaffung von Sanktionen, die auch die Grünen befürworten, reichten nicht aus. Die Grundsicherung müsse vereinfacht und barrierefreier werden, Arbeitslose bräuchten mehr Rechte für eine „Vermittlung auf Augenhöhe" und ein sozialer Arbeitsmarkt sei nötig. Er plädierte dafür, für einzelne Gruppen Leistungen ohne Bedürftigkeitsprüfung einzuführen, wie zum Beispiel eine Garantierente oder die Kindergrundsicherung.

Aus: Heine, Claudia: Ideen gibt es genug. Kampf gegen Armut, in: Das Parlament (17) 2018, 23. April 2018, online: https://www.das-parlament.de/2018/17/innenpolitik/551396-551396 [zuletzt: 15.03.2019]

1. Arbeite heraus, welche unterschiedlichen Positionen die Parteien in der politischen Diskussion um die Grundsicherung einnehmen.

2. Stelle deine Ergebnisse vor und vergleiche sie mit denen eines Mitschülers/einer Mitschülerin.

3. Kannst du dich einer Meinung anschließen oder nicht? Begründe!

URTEILEN

1. a) Interpretiere die nachfolgende Karikatur.
   b) Formuliere dein eigenes Urteil zur dargestellten Problematik und begründe es ausführlich.

HANDELN

1. In vielen Städten laden zum Beispiel Kirchengemeinden regelmäßig zum Obdachlosenfrühstück oder ähnlichen Initiativen ein. Finde heraus, ob es dies in deinem Ort auch gibt. Besuche eine solche Veranstaltung und mache dir während deines Besuchs Notizen darüber. Führe Kurzinterviews mit den Helfern über ihre Aufgaben und Motivation sowie mit den Hilfsbedürftigen, etwa warum sie zum Frühstück kommen und wie sie in diese Situation geraten sind.

ERARBEITEN

Haushalte mit einem Nettoeinkommen …	Anzahl der Haushalte (in Tausend)
… unter 1 300 Euro	6 083
von 1 300 bis 1 700 Euro	3 391
von 1 700 bis 2 600 Euro	7 713
von 2 600 bis 3 600 Euro	6 670
von 3 600 bis 5 000 Euro	6 557
von 5 000 bis 18 000 Euro	6 967
Haushalte insgesamt	37 381

Quelle: Statistisches Bundesamt 2018

1. Gestalte aus den Daten ein passendes Diagramm, aus dem hervorgeht, wie die Haushaltsnettoeinkommen (also das Einkommen, das ein Haushalt wirklich zur Verfügung hat), in Deutschland verteilt sind. Erläutere, was dir dabei auffällt.

2. Recherchiere zwei Akteure, die in deiner Gemeinde sozialpolitisch aktiv sind (z. B. Wohlfahrtsverbände etc.). Erstelle Porträts dieser Akteure und ihres Engagements.

Weiterdenken

W 1 Fotodokumentation: Armut in unserer Stadt

Gestaltet eine Fotodokumentation über Armut in eurer Stadt. Ihr könntet zum Beispiel die Arbeit bei gemeinnützigen Hilfsorganisationen, etwa der Tafeln oder der Bahnhofsmission dokumentieren. Aber Vorsicht: Fotoaufnahmen sind nach aktuellem Datenschutzrecht personenbezogene Daten. Bevor ihr also jemanden fotografiert, müsst ihr unbedingt die Einwilligung der Betroffenen einholen.

W 2 Gegen Armut – für Gerechtigkeit

Schreibt ein Gedicht oder einen Rapsong gegen Armut oder für Gerechtigkeit. Anregungen findet ihr unter https://www.bundeswettbewerb-lyrix.de/

W3 Gegen Armut – für Gerechtigkeit

Führt in eure Schule eine Umfrage zur Frage „Was bedeutet soziale Gerechtigkeit für dich?" (siehe Arbeitstechnik „Durchführung einer Umfrage", S. 331)
Wertet anschließend eure Ergebnisse aus und präsentiert sie in eure Schule als Ausstellung, in Form eines Flyers oder als Artikel in der Schülerzeitung.
Ihr könnt die Präsentation eurer Umfrage auch mit der Fotodokumentation aus W1 kombinieren.

Zuwanderung nach Deutschland

Wie viele andere Länder in Westeuropa oder Nordamerika ist auch Deutschland ein Staat, in den Jahr für Jahr viele Menschen aus anderen Ländern einwandern, um hier zu leben und zu arbeiten. Während manche nur für eine kurze Zeit bleiben, zum Beispiel Studierende oder Arbeitende in der Landwirtschaft, leben andere schon seit Generationen hier und betrachten Deutschland als ihre Heimat.

Dabei sind die Gründe, wieso Menschen nach Deutschland kommen, sehr unterschiedlich. Manche flüchten vor Krieg und Elend oder werden verfolgt, andere kommen, um hier Geld zu verdienen und ein besseres Leben führen zu können. Die meisten dieser Menschen haben auch Familie und Verwandte in anderen Ländern, die dann häufig ebenfalls nach Deutschland kommen möchten.

Oft verläuft Einwanderung problemlos. Viele Menschen freuen sich über Zuwanderung und sehen sie als Vorteil, etwa weil es das tägliche Leben bereichert. Aber es gibt auch Menschen, die Angst vor zu vielen Zuwanderinnen und Zuwandern haben. Sie bangen um ihren Arbeitsplatz und fürchten, dass der Einfluss anderer Kulturen zu groß werden könnte.

Was denkst du über Zuwanderung nach Deutschland?

1. Wir leben in Deutschland – Gründe für die Zuwanderung

Einwanderinnen und Einwanderer und ihre Geschichten

Jedes Jahr kommen viele Menschen nach Deutschland, um hier zu leben. Dabei sind die Motive jeweils ganz verschiedene. Durch die Zuwanderung verändert sich auch die Gesellschaft, denn immer mehr Menschen aus unterschiedlichen Kulturen leben gemeinsam in Deutschland.

M 1 Darum bin ich in Deutschland

Penghui Yin, 23, China: „Ich bin letztes Jahr für mein Masterstudium aus Shanghai nach Freiburg gezogen. Die deutschen Universitäten haben einen sehr guten Ruf, deshalb wollte ich unbedingt nach Deutschland. Ob ich nach dem Studium hier bleiben will, weiß ich allerdings noch nicht."

Joaquin Alvarez, 26, Argentinien: „Vor zwei Jahren habe ich meine Frau, eine Deutsche, im Urlaub in Italien kennengelernt. Dieses Jahr haben wir geheiratet und werden in ihren Heimatort nahe Stuttgart ziehen. Ich bin gespannt auf das Leben dort, obwohl ich bisher noch kein Deutsch kann!"

Dr. Achoua Merei, 39, Syrien: „Meine Familie und ich kamen 2016 nach Mannheim, weil in unserem Heimatland ein schrecklicher Krieg tobt. Unser Haus wurde von einer Bombe getroffen, da wussten wir, dass wir nur noch weg wollen. Hier in Deutschland möchte ich so schnell wie möglich die Sprache lernen und wieder als Gynäkologin arbeiten."

Dembe Museveni, 48, Uganda: „Ich bin vor zehn Jahren als Flüchtling nach Deutschland gekommen, weil ich schwul bin. Homosexuelle werden in Uganda ins Gefängnis gesperrt, manchmal sogar umgebracht. Ich bin froh, dass ich in Deutschland leben darf. Hier fühle ich mich akzeptiert und habe mittlerweile eine erfolgreiche IT-Firma."

Jarek Konecki, 28, Litauen: „Ich bin vor kurzem nach Deutschland gekommen, weil ich hier in meinem Job als Systemelektroniker mehr als doppelt so viel verdiene wie in meiner alten Heimat. Meine Familie kommt aus einer sehr armen Gegend in Litauen, mit meinem Gehalt kann ich sie unterstützen."

M 2 Das Push-Pull-Modell der Migration

PUSH-Faktoren
- Arbeitslosigkeit
- materielle Armut
- schlechte Infrastruktur
- große soziale Ungerechtigkeit
- Krieg, Gewalt, Kriminalität
- Diktatur, Missachtung von Menschenrechten
- Umweltkatastrophen, Dürre, Überschwemmungen

PULL-Faktoren
- gute Wirtschaftslage
- relativ hohe Verdienstmöglichkeiten, soziale Grundsicherung
- gute Organisation von Verkehr, Bildung, Gesundheit etc.
- relativ gerechte Vermögensverteilung
- Frieden, Sicherheit, funktionierende Polizeiarbeit
- Demokratie, verankerte Grundrechte, Toleranz
- gemäßigtes Klima, kaum Natur- und Umweltkatastrophen
- realtiv leichte Einwanderung, Möglichkeit des Familiennachzugs

M 3 Gekommen, um zu bleiben – die Geschichte der „Gastarbeiter" in der Bundesrepublik Deutschland

Italien, die Heimat der ersten Gastarbeiter
Die ersten Gastarbeiter, die in Deutschland ankamen, stammten aus Italien, dem Traumreiseland der Deutschen. So fuhren die Deutschen nach Italien, um dort Urlaub zu machen, und die Italiener nach Deutschland, um dort zu arbeiten.

Ein komischer Begriff
Wobei der Begriff „Gastarbeiter" schon einmal unsinnig ist. Denn einen Gast würde man ja wohl kaum arbeiten lassen, oder? Im Jahr 1955 fuhr Ludwig Erhard – der damalige Minister

für Wirtschaft – nach Italien. Er wollte hier Arbeitskräfte „anwerben", so nannte man das. In Deutschland blühte die Wirtschaft. Man produzierte und verkaufte, konsumierte und kaufte fleißig alle möglichen Produkte. Denn nach dem Krieg musste ja das meiste erst wieder auf den Markt gebracht werden. Doch es fehlten Arbeiter, die die Waren, die sich so gut verkaufen ließen, herstellten. So musste man die Arbeiter von anderswo herholen. Italien war nicht so weit weg und den Italienern ging es wirtschaftlich nicht so gut wie den Deutschen. [...]

Doch die Gäste blieben

In Deutschland war man der Meinung, die Italiener könnten auch für ein bisschen weniger Geld arbeiten als die Deutschen, sie sollten froh sein, wenn sie überhaupt Geld verdienten. So jedenfalls dachten viele. Jedenfalls kam das Abkommen zustande und so sollten erst einmal 100 000 Gastarbeiter nach Deutschland kommen, nämlich als Gäste. Gäste kommen, aber sie gehen wieder, so dachte man sich das damals. Auch die Gäste wollten das so haben, Geld verdienen und damit dann zu Hause zu ein bisschen Wohlstand kommen. Weitere Abkommen folgten und es kamen immer mehr Arbeiter. Viele blieben länger als gedacht, gründeten ihre Familien in Deutschland und das Zurückgehen war gar nicht so einfach.

Die Gäste wurden oft übel beschimpft

Obwohl sie als Gäste kamen, wurden sie manchmal so gar nicht willkommen geheißen. Man bezeichnete sie als „Spaghettifresser". Das war ein ziemlich blödes Schimpfwort. Denn die italienischen Teigwaren, die manchmal als Spaghetti, manchmal als Rigatoni oder Tortellini daherkamen, das kannten die Deutschen so gar nicht. Und was man halt nicht so kennt, darüber macht man sich halt einfach erst einmal lustig. Bis in die 60er-Jahre gab es übrigens an manchen Gaststätten Schilder „Kein Zutritt für Italiener". Behandelt man so seine Gäste?

Gastarbeiter aus anderen Ländern rückten nach

Doch es sollte nicht bei den Gastarbeitern aus Italien bleiben. Immer mehr Leute wurden benötigt, um die viele Arbeit erledigen zu können. Anfang der 60er-Jahre kamen weitere Anwerbungsverträge zustande und die neuen Gastarbeiter reisten nun auch aus Spanien, aus Griechenland, Portugal, Jugoslawien oder der Türkei an. 1964 kam der einmillionste Gastarbeiter nach Deutschland. Mit der Zeit verschoben sich die Nationalitäten, so dass nicht mehr so viele Italiener mit der Zeit einreisten, sondern sehr viel mehr Gastarbeiter aus der Türkei.

Menschen aus anderen Kulturen

Während Italien vielen Deutschen zumindest als Urlaubsland vertraut war, so waren die Menschen, die oft aus den ärmsten Gegenden der Türkei kamen – z. B. aus Anatolien – und einer völlig anderen Kultur entstammten, den Deutschen völlig fremd. Sie übten eine andere Religion aus, waren meist Muslime, auch das etwas, was den Deutschen fremd war und oft genug geblieben ist. Umgekehrt kamen die deutschen Sitten und Gebräuche den Arbeitern aus so fernen Ländern wohl auch erst einmal eigenartig vor. So tauchten Probleme auf, die wir heute immer noch spüren und die wir immer noch nicht bewältigt haben. [...]

Aus: Die ersten Gastarbeiter, online: http://www.zeitklicks.de/brd/zeitklicks/zeit/alltag/wohnen-und-leben-1/die-ersten-gastarbeiter/ [zuletzt: 01.03.2017]

M 4 Mögliche Aufenthaltsformen in Deutschland und der EU

Einreise und Aufenthalt in Deutschland

Je nach Zweck des Aufenthalts von Ausländern aus Nicht-EU-Staaten unterscheidet das deutsche Aufenthaltsgesetz grundsätzlich* fünf Formen des Aufenthalts, sogenannte **Aufenthaltstitel**.

Visum	Aufenthaltserlaubnis	Niederlassungserlaubnis	Erlaubnis zum Daueraufenthalt – EU	Blaue Karte EU
befristet	**befristet**, kann verlängert werden	**unbefristet**, berechtigt zur Arbeit in Deutschland	**unbefristet**, berechtigt zur Arbeit in der EU	**befristet** auf 4 Jahre, berechtigt akademische Fachkräfte zur Arbeit
1. **Schengen-Visum** Für kurzfristigen Aufenthalt bei Besuchs- und Geschäftsreisen, gültig in allen Schengen-Staaten.	Für Menschen, die ... in Deutschland eine Ausbildung machen oder arbeiten möchten.	Für Menschen, die seit 5 Jahren die Aufenthaltserlaubnis besitzen und weitere Voraussetzungen erfüllen (u.a. eigenständiges Sichern des Lebensunterhaltes, ausreichende Deutschkenntnisse, keine Vorstrafen).	Siehe Niederlassungserlaubnis; mit Recht auf Weiterwanderung in einen anderen EU-Staat.	Für Menschen, die ein abgeschlossenes und anerkanntes Hochschulstudium sowie ein verbindliches Arbeitsplatzangebot bzw. einen Arbeitsvertrag haben.
2. **Nationales Visum** Für langfristigen Aufenthalt, z.B. im Studium. Bei der Ausländerbehörde in Deutschland ist eine Umwandlung in andere Aufenthaltstitel möglich.	aus völkerrechtlichen, humanitären oder politischen Gründen kommen (Flüchtlinge). besondere Aufenthaltsrechte haben, z.B. zurückkehrende ehemalige Deutsche.			

*Ausnahmen sind möglich

Quelle: BMI, Bamf, Auswärtiges Amt, Aufenthaltsgesetz Stand Oktober 2015 © **Globus** 10621

EINSTEIGEN

1. a) Lies die Portraits der fünf Personen in M 1 (S. 206 f.) und beschreibe, wieso sie jeweils ihre Heimat verlassen haben.
   b) Ordne dein Ergebnis einem oder mehreren der Push- oder Pull-Faktoren aus M 2 (S. 207) zu. Begründe deine Entscheidung mithilfe von Info 1 (S. 210).
   c) Erläutere für jede der Personen aus M 1 (S. 206 f.), ob sie wohl dauerhaft in Deutschland bleiben möchte oder nicht.

2. a) Lest den Artikel M 3 (S. 207 f.) und erarbeitet zu zweit, wieso die Bundesrepublik Deutschland in den 1950er- und 1960er-Jahren Arbeitskräfte angeworben hat.
   b) Beschreibe auf der Grundlage von M 3 (S. 207 f.), ob die „Gastarbeiter" sich willkommen gefühlt haben, und welche Probleme aufgetreten sind.

WEITERARBEITEN

3. Kannst du dir vorstellen, einmal in ein anderes Land auszuwandern? Schreibe hierzu einen kurzen Text, in dem du deine Gründe darstellst (vgl. M 2, S. 207) und begründest, in welchem Land du gerne leben möchtest.

4. a) Beschreibe in eigenen Worten, für welche Art von Aufenthalt die fünf Aufenthaltstitel in M 4 (S. 209) vorgeschrieben sind. Denke dir dabei zu jedem Aufenthaltstitel ein realistisches Beispiel aus.
   b) Ordne die Aufenthaltstitel danach, für welche Länder sie gelten. Recherchiere in diesem Zusammenhang auch im Internet, was mit „Schengen-Visum" gemeint ist (siehe Arbeitstechnik „Informationen im Internet recherchieren", S. 344 f.).
   c) Erkläre, welche Art von Aufenthaltstitel die in M 1 (S. 206 f.) dargestellten Personen jeweils wahrscheinlich haben.

VERTIEFEN

5. a) „Wir riefen Arbeitskräfte, und es kamen Menschen" – Beurteile diese Aussage des Autors Max Frisch aus dem Jahr 1965.
b) Erläutere mithilfe von M 3 (S. 207 f.), inwiefern die Verwendung des Begriffes „Gastarbeiter" problematisch ist.

6. Diskutiert mithilfe von M 3 (S. 207 f.) in der Klasse, ob sich die Situation für Menschen aus anderen Ländern seit den 1950er-Jahren verbessert hat. Denkt hierbei auch an Freundinnen und Freunde, Bekannte sowie an eure eigenen Erfahrungen.

▲ 1a, 1c, 2, 3, 5   ▼▲ 1, 2a, 3, 4a, 4c, 5, 6   ▲▼▲ 1a, 1b, 2b, 4, 5a, 6

Info 1 — Migration und Zuwanderung nach Deutschland

→ **Migration**, also das Abwandern in fremde Länder, hat viele Ursachen. Eine mögliche Erklärung hierfür liefert das sogenannte **Push-Pull-Modell**. Es geht davon aus, dass es Ursachen gibt, die Menschen dazu bewegen, das Land, in dem sie leben, zu verlassen. Diese Menschen werden bildlich gesprochen aus ihrem Land „gedrückt" (von englisch „push"). Die häufigsten Ursachen für das Verlassen eines Landes sind sozialer oder wirtschaftlicher Natur, also beispielsweise eine hohe Arbeitslosigkeit, große Armut oder hohe soziale Ungerechtigkeit. Daneben gibt es politische Gründe, etwa wenn Menschen in ihrem Land keine Grundrechte haben, oder ökologische Ursachen, zum Beispiel nach großen Natur- und Umweltkatastrophen. Auch der Klimawandel trägt dazu bei, dass immer mehr Menschen ihre Heimat verlassen müssen, etwa weil es in vielen Teilen Afrikas nicht mehr genug regnet. Daneben gibt es bestimmte Dinge, die Menschen aus anderen Ländern anlocken. Diese sind so attraktiv, dass sie sie geradezu anziehen (von englisch „pull"). Dabei möchten Menschen oft in Länder migrieren, die entweder ökonomisch sehr gut aufgestellt sind, also eine starke Wirtschaft und eine niedrige Arbeitslosigkeit haben, oder sie suchen politische Sicherheit, etwa Frieden und die Wahrung von Menschenrechten. Auch gesellschaftliche Gründe spielen eine Rolle, etwa ein funktionierendes Gesundheits- und Schulsystem. Neben diesem Erklärungsmodell existieren noch familiäre Gründe für eine Auswanderung, die sogenannte **Familienzusammenführung**. Das heißt, dass Menschen in ein bestimmtes Land auswandern, wenn dort bereits Familienmitglieder leben. Nimmt man alle Faktoren zusammen, so entsteht ein großes **Nord-Süd-Gefälle**: Es sind vor allem Menschen aus bestimmten Ländern in Afrika, Asien und Südamerika, die vornehmlich nach Australien, Nordamerika oder Westeuropa auswandern möchten. Während sich Australien, Kanada und die USA lange Zeit als Einwanderungsländer bezeichnet hatten, also Einwanderung als etwas Positives und Wichtiges betrachtet haben, tat sich Deutschland damit schwer. In jüngerer Zeit gibt es in all diesen Ländern sehr unterschiedliche Auffassungen zum Thema Einwanderung und politischen Streit darüber.

Die rechtlichen Bedingungen, wann ein Mensch legal in die Bundesrepublik Deutschland einreisen darf, hängen von seinem Heimatland und der geplanten Tätigkeit ab. Während Bürgerinnen und Bürger aus Ländern der Europäischen Union (EU) über **Freizügigkeit** verfügen, das heißt in jedem Land der EU leben und arbeiten dürfen, müssen Menschen aus anderen Ländern in der Regel über ein Visum, eine Aufenthalts- oder Arbeitserlaubnis verfügen, um nach Deutschland oder in die EU einzureisen.

Arbeitsmigration innerhalb der EU

Innerhalb der EU gilt die Freizügigkeit, das heißt Bürgerinnen und Bürger der Europäischen Union dürfen in jedem Mitgliedsland wohnen und arbeiten. Das eröffnet viele Chancen, führt stellenweise aber auch zu Problemen.

M 5 Junge Spanier in Deutschland – Wege aus der Arbeitslosigkeit

Das Essen seiner Mutter ist das einzige, was Manuel Froufe in Deutschland so richtig vermisst. „Ich denke nicht daran, zurückzukehren. Ich denke nicht an Spanien, schon gar nicht an die Arbeit dort", sagt der 26-Jährige. Seit Juni 2013 lebt Froufe in Heidelberg. Dort macht er eine Ausbildung bei einer Fassadenbaufirma, obwohl er in seiner Heimat Spanien schon fast 10 Jahre lang auf dem Bau gearbeitet hat. In Festanstellung? Fehlanzeige. Froufe schlug sich mit kurzfristigen Jobs herum, dann wurde er arbeitslos. 26 Prozent der Spanier im erwerbsfähigen Alter haben derzeit keine Arbeit, bei den 15- bis 24-Jährigen sind es ohne Studenten und Schüler sogar 54,6 Prozent. Einige von ihnen hoffen auf eine Zukunft hierzulande: Bis Ende 2013 kamen mehr als 188 Spanier allein nach Baden-Württemberg, um eine Ausbildung zu machen. Denn während die Südeuropäer mit der Arbeitslosigkeit kämpfen, fehlen in Deutschland Fachkräfte. […]

Kündigen oder erkundigen – kleine Sprachmissverständnisse im Alltag

Pablo Díaz profitiert ebenfalls von dem Interesse der Unternehmen an ausländischen Fachkräften: Er arbeitet mit Manuel Froufe in dem Heidelberger Betrieb. Die beiden Spanier lernten sich beim Intensivsprachkurs in der Heimat kennen, jetzt teilen sie eine Wohnung. „Wir sprechen viel Spanisch zusammen, aber unser Deutsch wird besser", erzählt der 25-Jährige. Wenn es trotz des Sprachkurses doch mal zu einem Missverständnis kommt, sorgt das im Betrieb für Heiterkeit. „Ein Kollege dachte, dass ich kündigen wollte", sagt Froufe. Dabei habe er sich nur „erkundigen" wollen. Díaz lacht.

Raúl González Gómez wirkt nachdenklich, als er von seiner Heimat erzählt. Der 24-Jährige kommt aus Sevilla, wo er eine Ausbildung machte. „Man findet Arbeit in Spanien, aber von der Bezahlung kann niemand leben", erzählt er. Vor eineinhalb Jahren stellte ihn ein Sanitär- und Heizungsbetrieb in Reichenbach an der Fils als Mitarbeiter an. „Ich hatte Glück, aber ewig werde ich hier nicht bleiben." Zu sehr fehlten die vertraute Sprache, die Freunde, die Familie. […]

Aus: wgr / © dpa

M 6 Arbeitsmigration innerhalb der EU – eine gute Sache?

Gehirne auf Wanderung

Hochqualifizierte Fachkräfte zieht es immer häufiger ins Ausland. Deutschland profitiert vom Braindrain, doch die Ungleichheit in der EU wächst.
BERLIN taz | Der Anteil Hochqualifizierter, also Menschen mit einem Universitätsabschluss, an der Arbeitsmigration in Europa ist in den vergangenen Jahren stark angestiegen.

Dies ist eines der zentralen Ergebnisse einer vergleichenden Länderstudie der SPD-nahen Friedrich-Ebert-Stiftung, […]. Im Zeitraum von 2008 bis 2013 erhöhte sich dieser Anteil von 27 auf 41 Prozent. Insbesondere aus den ost- und südeuropäischen Ländern suchen immer mehr Menschen mit einem Hochschulabschluss ihr Glück im Ausland.

„Brain Drain/Brain Gain" lautet die Studie […]. Der Titel deutet an, dass diese Entwicklung Verlierer und Gewinner hervorbringt. Den Wegzug von Talenten („Brain Drain") haben die Forscher in Lettland, Litauen, Polen, Ungarn, Spanien und Portugal untersucht. Ihnen gegenüber stehen jene Länder, die von dem Zuzug gut ausgebildeter Arbeitskräfte („Brain Gain") profitieren. Zu ihnen gehören etwa Deutschland und Großbritannien.

Es sind vor allem zwei Gründe, die Menschen dazu veranlassen, ihr Heimatland zu verlassen: […] die konstant hohen Arbeitslosenraten in vielen Ländern der Europäischen Union und das Lohngefälle zu den wirtschaftlich prosperierenden Staaten. Während in Südeuropa die Krise durchschlage, kann etwa Polens Arbeitsmarkt seit einiger Zeit nicht mit der verbesserten Ausbildung der jungen Generation mithalten. Auf der anderen Seite hat auch die verbesserte Anerkennung von Abschlüssen aus dem Ausland den Anreiz für Arbeitsmigration erhöht.

„Deutschland hat ein starkes Interesse, so viele hochqualifizierte Arbeiter wie möglich aufzunehmen", sagt die Autorin der Studie, Prof. Céline Teney von der Universität Bremen. Nur so lasse sich dem demografischen Wandel und dem Mangel an Fachkräften entgegenwirken. Insofern sei Deutschland der große Gewinner der europäischen Arbeitsmarktströme. […]

Am Ende der Nahrungskette steht dagegen ein Land wie Lettland. Seit dem Jahr 2000 sind mehr als 160 000 Menschen, etwa 12 Prozent der Bevölkerung, ausgewandert. Über die Hälfte ist unter 35 Jahre alt, viele sind hochqualifiziert. Aufgrund der anhaltenden Auswanderungswelle ist Lettland von einem Fachkräftemangel bedroht. […]

Besonders die Länderstudien zu Großbritannien und Polen weisen noch auf ein weiteres Problem hin. Viele Fachkräfte werden nicht entsprechend ihrer Qualifikation eingesetzt und entlohnt, sondern gehen einfachen Beschäftigungen nach. Auch für Deutschland sieht Teney ähnliche Probleme. So könne die starke Zuwanderung von ausländischen Fachkräften in einzelnen Bereichen der Wirtschaft zu Lohndumping führen. Insbesondere Gewerkschaften müssten diesbezüglich wachsam sein.

Aus: Peter, Eric (2015): Studie zu Arbeitsmigration in der EU: Gehirne auf Wanderung, in: taz vom 16.06.2015, online: https://taz.de/Studie-zu-Arbeitsmigration-in-der-EU/!5204128/ [zuletzt: 17.10.2019]

M 7 Zuwanderung aus der EU nach Deutschland

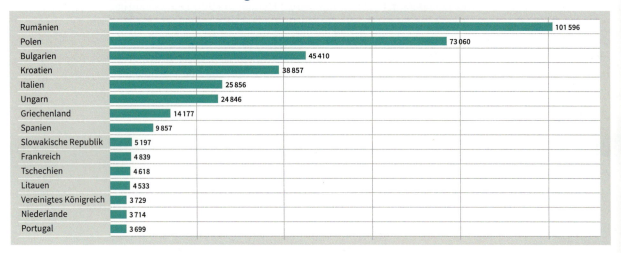

Quelle: Ausländerzentralregister, zitiert aus: Bundesamt für Migration und Flüchtlinge: Freizügigkeitsmonitoring: Migration von EU-Bürgern nach Deutschland. Jahresbericht 2015, S. 13. Grafik wurde der Quelle nachempfunden.

1. Wir leben in Deutschland – Gründe für die Zuwanderung

EINSTEIGEN

1. a) Lies den Artikel in M 5 (S. 211) und erkläre, weshalb Manuel Spanien verlassen hat und nach Deutschland gekommen ist. Erwähne hierbei auch Dinge, die du über den spanischen Arbeitsmarkt erfahren hast.
   b) Beschreibe, ob sich Manuel hier wohl fühlt. Was gefällt ihm, was vermisst er?

2. a) Definiert zu zweit die beiden Begriffe „brain drain" und „brain gain" aus M 6 (S. 211 f.).
   b) Arbeitet anschließend Gründe heraus, weshalb die Freizügigkeit innerhalb der EU auch Probleme mit sich bringt.
   c) Benennt, welche Länder eher Vorteile daraus ziehen, und welche eher mit den negativen Folgen zu kämpfen haben.
   d) Sammelt auf der Grundlage von M 6 (S. 211 f.) in der Klasse Probleme, mit denen Länder zu kämpfen haben, aus denen viele Fachkräfte auswandern.

WEITER-ARBEITEN

3. a) Arbeite aus M 7 (S. 212) heraus, aus welchen Ländern der EU die meisten Menschen nach Deutschland gekommen sind (siehe Arbeitstechnik „Diagramme beschreiben", S. 338).
   b) Die abgebildete Statistik in M 7 (S. 212) ist ein Saldo, also die Differenz aus Zu- und Abwanderung. Erörtere, welche Gründe es geben kann, dass Menschen wieder zurück in ihre alte Heimat ziehen.

4. a) Teilt die Klasse in Vierergruppen ein und analysiert die wirtschaftliche Situation jeweils eines der Länder aus M 7 (S. 212). Recherchiert hierfür im Internet mithilfe der Arbeitstechnik: „Informationen im Internet recherchieren" (S. 344 f.) zentrale wirtschaftliche Daten, wie etwa das Bruttoinlandsprodukt sowie die Arbeitslosenrate. Vergleicht die Ergebnisse anschließend mit den Daten der gesamten EU sowie von Deutschland.
   b) Überprüft anhand eurer Ergebnisse die These des „Brain Drain" aus M 6 (S. 211 f.). Welche eurer Rechercheergebnisse decken sich mit der aufgestellten These?
   c) Bewertet, ob es sich bei Manuel aus M 5 (S. 211) eher um ein typisches oder um ein untypisches Beispiel handelt.

VERTIEFEN

5. a) Beurteile zuerst für dich alleine, ob du die Arbeitnehmerfreizügigkeit innerhalb der EU für sinnvoll hältst. Gehe hierbei auch auf die Erkenntnisse aus M 5 (S. 211) und M 6 (S. 211 f.) ein. Tausche dich anschließend mit deiner Nachbarin/deinem Nachbarn aus und diskutiert anschließend in der Klasse.
   b) Sammelt in der Klasse Vorschläge, was die EU gegen den „Brain Drain" in manchen Ländern unternehmen könnte.

▲ 1, 2a, 2b, 2c, 3a, 4a   ▲▽ 1a, 2a, 2b, 2c, 3, 4a, 4b, 5   ▲▽▲ 1a, 2, 3b, 4, 5

2. Auf der Flucht – Das Schicksal von Flüchtlingen

Todesfalle Mittelmeer

Flüchtlinge sind Menschen, die ihre Heimat aufgrund von Krieg, Hungersnöten oder Verfolgung verlassen. Werden sie politisch verfolgt, haben sie das im Grundgesetz verankerte Recht, hier in der Bundesrepublik Deutschland Asyl zu beantragen. Doch für viele ist es schwer, Europa überhaupt erst zu erreichen.

M 8 Afrikanische Flüchtlinge in Deutschland und ihre Geschichten

Mamadou Safayiou Diallo (39) aus Guinea: „In Guinea hatte ich ein Café. Dort haben sich viele meiner Freunde getroffen. Eines Morgens kam das Militär zu mir nach Hause. Vor den Augen meiner achtjährigen Tochter haben sie mich mitgenommen. Man behauptete, ich hätte in meinem Café politische Versammlungen organisiert. Ich war acht Monate im Gefängnis. Ich wurde gefesselt und mit heißem Wasser verbrüht. An den Armen habe ich Narben davon. Ich dachte, ich sterbe im Gefängnis. Ein Freund von mir ist Arzt, er hat mir geholfen, nach Deutschland zu kommen. Meine Tochter musste ich bei meiner Mutter lassen. Ich wünsche mir, mit meiner Tochter in Deutschland zu leben. Ich könnte hier als Automechaniker arbeiten."[...]

Augustine Frimpong (18) aus Ghana: „Ich bin aus Ghana geflohen, weil mich meine eigenen Verwandten umbringen wollten. Mein Vater hat zwei Frauen, die Kinder der älteren wollten den Grundbesitz meines Vaters für sich behalten. Ich war ihnen im Wege. In Ghana gibt es niemanden, der mich beschützt. Ich bin mit dem Schiff von Libyen nach Sizilien gekommen. Von dort bin ich mit dem Zug nach München weitergefahren. Seit zwei Monaten lebe ich hier im Heim an der Vorgebirgsstraße. Hier habe ich auch Diallo kennengelernt, wir sind Freunde. Sonst kenne ich niemanden in Deutschland. Trotzdem möchte ich hier bleiben, hier arbeiten und Steuern zahlen. Ich habe Angst, nach Ghana zurückzugehen, dort bin ich nicht sicher."[...]

Fidelis Ehikhamhen (41) aus Nigeria: „Im Norden von Nigeria töten die islamische Terrorgruppe Boko Haram unschuldige Menschen, vor allem Christen. Ich habe in Nigeria für eine Firma gearbeitet, nebenbei war ich Missionar. Ich musste um mein Leben fürchten und bin geflohen. Zum Glück gab es Menschen, die mir geholfen haben. Ich lebe seit fünf Monaten im Heim an der Herkulesstraße. Es geht mir nicht gut, ich habe Hepatitis und Bluthochdruck – gerade war ich im Krankenhaus, um mir Medikamente zu holen. Ich weiß nicht, was die Zukunft bringt. Ich würde gerne in Deutschland arbeiten – ich halte es schlecht aus, einfach herumzusitzen und zu warten. Würden Sie das wollen? Das Leben im Heim ist erträglich, aber ein gutes Leben ist es nicht." [...]

Aus: Brandes, Tanja / Kreikebaum, Uli: Kölner Flüchtlinge erzählen ihre Geschichten, in: Kölner Stadtanzeiger vom 09.10.2014, online: http://www.ksta.de/koeln/--228078 [zuletzt: 04.02.2019]

M 9 Wege nach Europa

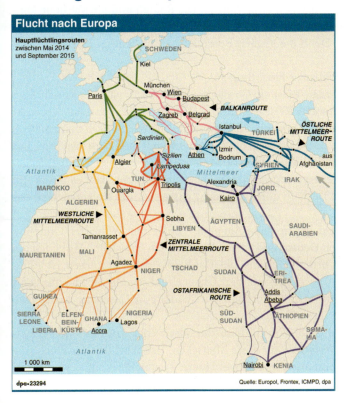

M 10 Das Geschäft der Schleuser

Viele Menschen, die Asyl beantragen wollen, haben bisher keine Möglichkeit, legal nach Europa einzureisen. Deshalb wenden sie sich an so genannte Schleuser. Diese versuchen sie meist auf dem Seeweg unbemerkt nach Europa zu schleusen – ein Geschäft, mit dem Millionen verdient werden, und bei dem jährlich tausende Flüchtlinge ums Leben kommen.

„Die Schleuser verkaufen Träume"
Menschenhandel als Dienstleistung: Der Schleuser ist Reiseführer, der Flüchtling sein Kunde. Im Interview mit ARD-Korrespondent Jan-Christoph Kitzler berichtet der Kriminologe Di Nicola, wie Menschenschmuggler Millionen verdienen – und wie Europa ihre Geschäfte fördert.

ARD: Wie groß ist das Ausmaß des Geschäftes, das die Schleuserbanden machen?
Andrea di Nicola: Es ist sehr schwer, eine Zahl zu nennen. Das betrifft Abermillionen von Menschen [...].
ARD: Es handelt sich also um ein sehr großes Geschäft...
Di Nicola: Das ist ein enormes Geschäft, die Vereinten Nationen haben das auf viele Milliarden Dollar geschätzt. Ein großer Schleuser [...] verdient sechs, sieben Millionen Euro im Jahr – nur einer! Das ist ein enormer Geldfluss, der aus Ländern kommt, die wirtschaftlich gesehen ohnehin schon im Elend stecken. [...]
ARD: Sie haben sich mit den Flüchtlingsströmen nach Europa beschäftigt. Was ist daran so besonders?
Di Nicola: Wir haben mit den Bossen in diesem Geschäft gesprochen, aber auch mit kleinen Schleusern, die die Organisationen, für die sie arbeiteten, gut kannten. [...] Die Losung heißt: Wir sind ehrliche Leute und verkaufen Träume. Und das machen sie, indem sie den ganzen

Tag, darüber nachdenken, wie sie die Grenzen unseres Europa verletzen. 24 Stunden am Tag suchen sie nach Wegen, die Schwachstellen auszunutzen. Die Routen und die Methode können sich dabei ständig ändern. Was konstant bleibt, ist ihre Art zu arbeiten und der Versuch, ungeschoren davon zu kommen. Denn die großen Bosse bleiben im Hintergrund und schicken die kleinen Fische vor. [...]

ARD: Wie sieht das Verhältnis Schleuser-Flüchtling aus?

Di Nicola: Der Schleuser würde sagen, es ist ein Geschäftsverhältnis. Er ist mein Kunde. Man kann sich das wie die größte kriminelle Reiseagentur der Welt vorstellen, und die Schleuser sind die Reiseführer. Ich organisiere Reisen, wie viel kannst du zahlen? Je nach deinen Möglichkeiten mache ich dir ein Angebot, da gibt es die Luxusreise und die Low-Cost-Tour. Die Flüchtlinge sind in den Augen der Schleuser eine Ware, die man aber möglichst unbeschadet lassen muss. Die Schleuser, mit denen wir gesprochen haben, sagten uns, dass es ihrem Ruf schade, wenn Menschen sterben. Deshalb dürfe das nicht passieren und sie versuchen, das zu verhindern.

Der Flüchtling sieht im Schleuser dagegen einen Agenten – und einen Wohltäter. Ohne ihn komme ich nicht nach Italien, nach Deutschland, nach England. Ich habe keine Wahl, ich bin ein Flüchtling, ich brauche ihn. Er bringt mich ans Ziel. Das Risiko, dabei zu sterben, ist inklusive. Aber er gibt mir die Chance. Dieses Konzept der „Chance" hat sowohl der Flüchtling als auch der Schleuser: Die Chance, mein Leben zu retten, die Chance gute Geschäfte zu machen.

ARD: Was zahlen Flüchtlinge für ihre „Chance"?

Di Nicola: Sie bezahlen sehr viel Geld! Von Afghanistan oder Syrien kostet die Reise zwischen 7000 und 10 000 Euro. Ein Vermögen für diese Menschen. Der Weg, den der Flüchtling bis zu seinem Ziel zurücklegt, kann auch sehr lange dauern – manchmal sind es Jahre! Es kann sein, dass er unterwegs anhalten, arbeiten, Geld verdienen muss, um dann die nächste Teilstrecke zu bezahlen. Es kann sein, dass sich seine ganze Familie verschuldet. Einige Schleuser kassieren erst am Ziel, nach dem Motto „zufrieden oder Geld zurück". Sie haben aber die Mittel, die Zahlung zu erzwingen. Es geht hier um sehr viel Geld.
[...]

_{Aus: Kitzler, Jan-Christoph: Aus dem Innenleben der Menschenschmuggler, in: Homepage tagesschau.de vom 04.04.2015, online: https://www.tagesschau.de/ausland/interview-schleuser-101.html [zuletzt: 04.02.2019]}

M 11 Sea Watch – aus privaten Spenden finanzierte Seerettung im Mittelmeer

2. Auf der Flucht – Das Schicksal von Flüchtlingen **217**

1. a) Lies die drei Geschichten der Flüchtlinge in M 8 (S. 214) und beschreibe, wieso die einzelnen Personen jeweils aus ihrer Heimat geflohen sind.
   b) Erläutere mithilfe von M 9 (S. 215), welche Länder sie auf ihren Fluchtwegen wahrscheinlich jeweils passiert haben.

EINSTEIGEN

2. Arbeite aus der Karte in M 9 (S. 215) heraus, weshalb die Wege der Flüchtlinge oft so schwierig und gefährlich sind, um nach Westeuropa zu gelangen.

3. a) Erkläre auf Basis des Interviews M 10 (S. 215 f.), wieso das Geschäft mit Flüchtlingen so gewinnbringend ist.
   b) Nimm schriftlich in einigen Sätzen Stellung zu der Aussage, dass das Verhältnis zwischen Schleuser und Flüchtlingen ein „Geschäftsverhältnis" sei. Was bedeutet das, und wie stehst du hierzu?
   c) Erarbeitet zu zweit Vorschläge, wie man das Geschäft der Schleuser eindämmen könnte. Nehmt dabei sowohl die Perspektive von Regierungen, als auch von Flüchtenden ein. Diskutiert anschließend eure Vorschläge in der Klasse.

WEITER-ARBEITEN

4. a) Betrachtet zu zweit die Fotos und das Logo in M 11 (S. 216) und beschreibt in wenigen Sätzen, was zu sehen ist. Tauscht euch im Anschluss darüber aus, was ihr beim Anblick solcher Fotos denkt. Versetzt euch hierbei auch in die abgebildeten Personen hinein.
   b) Die Szenen auf den Fotos in M 11 (S. 216) sind auf dem Mittelmeer aufgenommen worden. Stelle Bezüge zur Tätigkeit der Schleuser und zur Situation der Flüchtlinge her.
   c) Recherchiert in Kleingruppen im Internet Informationen zur Organisation *Sea Watch* (siehe Arbeitstechnik „Informationen im Internet recherchieren", S. 344 f.). Beantwortet dabei die unten stehenden Fragen. Schreibt anschließend einen Bericht über Sea Watch.
      – Wann wurde die Organisation gegründet?
      – Was ist ihr Ziel und wie finanziert sie sich?
      – Welche Vorschläge macht die Organisation, um die Situation der Flüchtlinge auf dem Mittelmeer zu verbessern?
      – Wie beurteilt ihr die Organisation? Was findet ihr gut, was kritisiert ihr möglicherweise?

5. a) Teilt eure Klasse in drei Gruppen ein und gestaltet jeweils ein Poster zu den Ländern Guinea und Nigeria und Ghana. Notiert dort die wichtigsten Informationen zu Gesellschaft, Geografie und Politik und recherchiert, wie dort jeweils die Situation der Menschenrechte ist (siehe Arbeitstechnik „Informationen im Internet recherchieren", S. 344 f.). Informationen findet ihr zum Beispiel auf der Homepage des Auswärtigen Amtes (www.auswaertiges-amt.de). Hängt die Poster anschließend im Klassenraum auf und stellt Vergleiche an.
   b) Schreibt eine Mail an die jeweilige deutsche Botschafterin oder den jeweiligen deutschen Botschafter und fragt, wie sie die menschenrechtliche Lage in den jeweiligen Ländern einschätzen. Fragt auch, ob sie Verständnis dafür haben, dass so viele Menschen ihr Land in Richtung Deutschland verlassen und was sie unternehmen, um diesen Menschen zu helfen.

VERTIEFEN

▲ 1, 2, 3a, 4a, 4c, 5a   ▲▽ 1a, 2, 3a, 3b, 4, 5   1a, 3, 4, 5

Der schwierige Weg zum Asyl

Jedes Jahr kommen viele Asylsuchende nach Deutschland, doch längst nicht alle dürfen bleiben. Dabei kam es in den letzten Jahren zu vielen Änderungen im Asylrecht und der Flüchtlingspolitik der Europäischen Union.

M 12 Erfolgsquoten im Asylverfahren

Die 10 stärksten Herkunftsländer nach Entscheidungen über Asylanträge im Jahr 2017	Entscheidungen über Asylanträge im Jahr 2017					
	insgesamt	davon Rechtsstellung als Flüchtling	darunter Anerkennung als Asylberechtigte (Art. 16a u. Fam. Asyl)	davon subsidiärer Schutz gemäß §4 Abs.1 AsylG	davon Abschiebungsverbot gem. §60 Abs. 5/7 AufenthG	Gesamt-schutzquote (%)
1 Afghanistan	115 537	17 932	100	6 892	26 345	44,3
2 Syrien, Arabische Republik	99 527	34 880	739	55 697	534	91,5
3 Irak	71 703	24 320	334	4 300	1 637	56,1
4 Iran, Islamische Republik	30 626	14 142	545	652	349	49,4
5 Nigeria	23 252	1 576	36	275	2 169	17,3
6 Eritrea	21 909	10 095	665	7 340	738	82,9
7 Somalia	18 746	4 906	19	4 329	2 167	60,8
8 Russische Föderation	17 436	779	184	438	371	9,1
9 Türkei	12 617	3 291	969	141	111	28,1
10 ungeklärt	11 329	2 633	64	2 710	388	50,6
Summe	422 682	114 554	3 655	92 774	34 799	57,3
Herkunftsländer gesamt	603 428	123 909	4 359	98 074	39 659	43,4

Nach: Bundesamt für Migration und Flüchtlinge: Asylgeschäftsstatistik für den Monat Dezember 2017, S. 2. Grafik wurde der Quelle nachempfunden.

M 13 Das Recht auf Asyl im Grundgesetz

Artikel 16a GG
(1) Politisch Verfolgte genießen Asylrecht.
2) Auf Absatz 1 kann sich nicht berufen, wer aus einem Mitgliedstaat der Europäischen Gemeinschaften oder aus einem anderen Drittstaat einreist, in dem die Anwendung des Abkommens über die Rechtsstellung der Flüchtlinge und der Konvention zum Schutze der Menschenrechte und Grundfreiheiten sichergestellt ist.
(3) Durch Gesetz, das der Zustimmung des Bundesrates bedarf, können Staaten bestimmt werden, bei denen auf Grund der Rechtslage, der Rechtsanwendung und der allgemeinen politischen Verhältnisse gewährleistet erscheint, dass dort weder politische Verfolgung noch unmenschliche oder erniedrigende Bestrafung oder Behandlung stattfindet. Es wird vermutet, dass ein Ausländer aus einem solchen Staat nicht verfolgt wird, solange er nicht Tatsachen vorträgt, die die Annahme begründen, dass er entgegen dieser Vermutung politisch verfolgt wird.

Aus: Grundgesetz für die Bundesrepublik Deutschland vom 23.05.1949, zuletzt geändert am 23.01.2014.

M14 Interview zur Flüchtlingspolitik

Der 17-jährige Stefan interessiert sich für sehr für Politik. Gerade in letzter Zeit häufen sich die Beiträge in den Nachrichten über Flüchtlinge, doch Stefan versteht die Zusammenhänge nicht. Es geht um verschiedene Abkommen, Verträge, Verfahren… da blickt doch keiner mehr durch! Zum Glück ist sein Bruder mit dem ehrenamtlichen Flüchtlingshelfer Moritz befreundet, mit dem Stefan ein Interview für seine Klasse führt.

Stefan: Hallo Moritz, schön dass du Zeit hast! Kannst du mir vielleicht ein paar Dinge über Flüchtlinge erklären? Bei den vielen Details blicke ich einfach nicht mehr durch…
Moritz: Ja klar, schieß' los!
Stefan: Ich habe gehört, dass 2015 und 2016 mehr als eine Millionen Flüchtlinge nach Deutschland gekommen sind. Müssen wir die denn alle aufnehmen?
Moritz: Das kommt ganz drauf an, weshalb die Flüchtlinge gekommen sind. Es gibt Menschen, die in ihrer Heimat verfolgt oder von Krieg bedroht werden. Diese Menschen bekommen normalerweise Asyl, dürfen also bleiben. Verlässt jemand sein Land aber, weil er dort nicht zufrieden ist oder hier mehr Geld verdienen möchte, dann darf er nicht bleiben und muss wieder gehen. Geht er nicht freiwillig, wird er abgeschoben, also mit Zwang außer Landes gebracht.
Stefan: Und wie wird das genau geprüft?
Moritz: Es gibt mit jedem Asylsuchenden Einzelgespräche und dann wird entschieden. Außerdem hat die Regierung sogenannte sichere Herkunftsländer definiert. Das sind Länder, von denen sie ausgeht, dass die dortige Lage sicher ist. Menschen aus diesen Ländern bekommen dann normalerweise kein Asyl.
Stefan: Wenn man so einfach Asyl beantragen kann, wieso gibt es dann immer wieder so viele Tote auf dem Mittelmeer?
Moritz: Das Problem ist, dass man Asyl nur in den Ländern selbst beantragen kann, also nicht etwa in einer Botschaft im Ausland. Das Komplizierte daran ist, dass Flüchtlinge in der Regel nicht legal nach Europa einreisen dürfen. Insofern versuchen sie, illegal über das Meer nach Europa zu gelangen.
Stefan: Was tut Deutschland dagegen?
Moritz: Da Deutschland wie jedes andere Mitgliedsland das Problem nicht alleine lösen kann, versucht die EU, eine gemeinsame Politik voranzubringen. Das ist eine Mischung aus Abschreckung und Offenheit. Einerseits kämpft die EU gegen Schlepperbanden und versucht, durch Entwicklungshilfe die Situationen in den Heimatländern der Flüchtlinge zu verbessern. Auf der anderen Seite werden die Grenzen gesichert, sodass nur wenige Flüchtlingen in der EU ankommen.
Stefan: Ich habe noch etwas von einem Vertrag mit der Türkei gehört?
Moritz: Ja, die EU hat einen Vertrag mit der Türkei geschlossen, da viele Flüchtlinge von der Türkei illegal nach Griechenland einreisen. Er sieht vor, dass die Türkei Geld dafür bekommt, die Grenze besser zu sichern, damit weniger Flüchtlinge nach Griechenland kommen. Dieser Pakt wird von vielen kritisiert, da der Eindruck erweckt wird, dass die EU anderen Ländern Geld gibt, um sich die Flüchtlinge vom Hals zu schaffen, anstatt ihnen zu helfen.
Stefan: Wieso auf einmal Griechenland? Ich dachte die meisten Flüchtlinge wollen nach Deutschland …

Moritz: Das ist aber nicht ohne weiteres möglich, denn es gibt ein Abkommen, das sogenannte Abkommen von Dublin. Es sieht vor, dass Flüchtlinge in der Regel nur dort Asyl beantragen dürfen, wo sie zum ersten Mal europäischen Boden betreten haben. Das sind normalerweise Länder wie Griechenland und Italien, da diese an der Außengrenze der EU liegen. Diese Länder wiederum halten dem Ansturm nicht Stand und möchten eine Änderung der Gesetze.
Stefan: Und wieso ändert man das dann nicht einfach?
Moritz: Das ist gar nicht so leicht, Stefan! Hierfür muss ein Kompromiss gefunden werden, dem alle EU-Mitglieder zustimmen. Nun gibt es Länder, die sich generell gegen die Aufnahme von Flüchtlingen aussprechen, und andere fordern dann mehr Geld von der EU. Du siehst, es ist kompliziert …
Stefan: Ja, verstehe. Zum Glück muss ich diese Entscheidungen nicht treffen! Aber interessant ist das schon.

M 15 Jetzt sollte das Problem gelöst sein!?

Zur Bekämpfung der Schleuser sowie zur Sicherung ihrer Außengrenzen hat die EU im Jahr 2016 einen Pakt mit der Türkei geschlossen. Gegen die Zahlung von Geld und die Gewährung bestimmter politischer Garantien, verpflichtet sich die Türkei, ihre Grenzen besser zu schützen, sodass keine illegalen Einwanderinnen und Einwanderer über die Türkei nach Europa kommen können. Doch ist die Situation der Flüchtlinge damit gelöst?

EINSTEIGEN

1. a) Lies die Statistik in M 12 (S. 218) und beschreibe in eigenen Worten, was darin abzulesen ist.
   b) Ordne die Tabelle M 12 (S. 218) so um, dass die Länder mit den meisten Anerkennungen im Asylverfahren oben stehen, die Länder mit den wenigsten unten.

2. a) Erschließe den Grundgesetzartikel in M 13 (S. 218) mithilfe der Arbeitstechnik „Gesetzestexte lesen und verstehen" (S. 343).
   b) Nenne die Einschränkungen, die das Grundgesetz beim Grundrecht auf Asyl vorsieht.

3. Lest euch zu zweit das Interview in M 14 (S. 219 f.) gegenseitig vor und bearbeitet anschließend folgende Arbeitsaufträge. Beachtet hierbei auch Info 2 (S. 223).
   a) Analysiert, was vorliegen muss, damit ein Asylantrag hohe Chancen auf Erfolg hat.
   b) Benennt die Maßnahmen der EU, um die Anzahl der Flüchtlinge zu reduzieren.
   c) Erarbeitet die Organisation der Verteilung der Flüchtlinge innerhalb der EU und benennt die daraus entstehenden Probleme.

4. Beurteile anhand der Tabelle M 12 (S. 218) und mithilfe von Info 2 (S. 223), weshalb Menschen aus einigen Kriegsgebieten einen nahezu hundertprozentigen Erfolg im Asylverfahren haben, während andere aus Ländern wie etwa Russland bei unter 10 % liegen.

WEITER-ARBEITEN

5. Interpretiere die Karikatur M 15 (S. 220) mithilfe der Arbeitstechnik „Karikaturen analysieren" (S. 345).

6. a) Erörtert zu zweit, was Moritz in M 14 (S. 219 f.) meint, wenn er davon spricht, dass die EU eine Politik der Abschreckung und Offenheit betreibe.
   b) Führt anschließend in der Klasse ein Streitgespräch mithilfe der Unterrichtsmethode „Streitgespräch" (S. 221 f.) durch, in welchem ihr die Flüchtlingspolitik der EU diskutiert. Sollte sie bei ihrer Politik bleiben, Flüchtlingen mehr helfen oder die Grenzsicherung vorantreiben?

VERTIEFEN

▲ 1, 2a, 3, 4, 6   ▲▽ 1, 2, 3, 6   ▲▽▲ 1b, 2, 3, 5, 6

Streitgespräch

Unterrichtsmethode

Wie bitte, Streit im Unterricht? Nein, nicht ganz! Bei einem Streitgespräch geht es nicht darum, dass man sich richtig zofft, sondern dass man eine polarisierende, also sehr lebhafte Diskussion mit vielen Argumenten und einander entgegengesetzten Positionen führt. Dabei wird die Klasse in verschiedene Gruppen eingeteilt, denen jeweils eine bestimmte Rolle zukommt. Es kann passieren und ist sogar erwünscht, dass man dabei auch unterschiedliche Rollen einnimmt und insofern Positionen vertreten muss, mit denen man eventuell persönlich nicht überstimmt. Das sorgt dafür, dass man sich auch in andere hineinversetzt und am Ende der Diskussion zu einer fundierten, also gut begründeten eigenen Meinung gelangt.

Phase 1: Organisation
Ein Streitgespräch muss gut vorbereitet werden. Zuerst einmal muss Klarheit über die Fragestellung herrschen: Über welches Thema soll „gestritten" werden? Danach werden insgesamt drei Personenkreise für das Streitgespräch gebildet:

- Erstens gibt es eine Gesprächsleiterin bzw. einen Gesprächsleiter. Diese Person diskutiert nicht aktiv mit, sondern ist dafür verantwortlich, dass alles fair verläuft. Sie achtet darauf, dass jede Gruppe ungefähr gleich lange spricht und niemand unterbrochen wird. Sie darf Gesprächsteilnehmerinnen bzw. Gesprächsteilnehmern das Wort entziehen und es anderen erteilen.
- Daneben gibt es zweitens Diskussionsgruppen, bei denen darauf zu achten ist, dass sie gleich groß sind.
- Und drittens gibt es die Beobachtenden. Sie beobachten das Streitgespräch genau und können am Ende ihre Eindrücke wiedergeben, welche Gesprächsteilnehmerinnen bzw. Gesprächsteilnehmer überzeugender argumentiert haben.

Wer in welche Gruppe kommt, kann ausgelost oder von der Lehrerin bzw. dem Lehrer bestimmt werden.

Phase 2: Vorbereitung

Sind die Diskussionsgruppen eingeteilt, werden für sie die Rollen ausgemacht. Je nachdem, welche Thematik zur Diskussion steht, können nun verschiedene Rollen ausgedacht werden. Zur Frage, ob Flüchtlinge etwa auch in einer Botschaft im Ausland Asyl beantragen können sollten, kann es die Gruppen „Regierungen" geben, „Flüchtlingsvertreterinnen und -vertreter", „Botschaftspersonal", „Hilfsorganisationen" und andere. Auf kleinen Zetteln notiert sich jede bzw. jeder anschließend Argumente oder Statements, die sie oder er während des Streitgesprächs vorbringen möchte. Zum Schluss ernennt jede Gruppe eine Sprecherin oder einen Sprecher, die bzw. der ein längeres Statement vorträgt, das die Meinung der Gruppe darlegt. Die Beobachtenden sprechen sich untereinander ab, was genau sie beobachten möchten und erstellen dazu Beobachtungsbögen, auf denen sie während des Streitgesprächs Stichpunkte notieren. Die Gesprächsleiterin bzw. der Gesprächsleiter überlegt sich vorab, wie das Streitgespräch ablaufen soll, wie lange es dauern soll und wie sie das Gespräch eröffnen sowie beenden will.

Phase 3: Das Streitgespräch

Das Streitgespräch beginnt, indem sich alle Gruppen in Position bringen. Die Diskussionsgruppen sitzen sich gegenüber, die Beobachtenden und die Gesprächsleiterin bzw. der Gesprächsleiter am Rand. Die Gesprächsleiterin bzw. der Gesprächsleiter begrüßt alle Anwesenden, stellt die verschiedenen Rollen vor und leitet mit der Diskussionsfrage das Streitgespräch ein. Sie bzw. er bestimmt auch, welche Gruppe zuerst sprechen darf. Daraufhin werden zuerst die jeweiligen Statements vorgetragen, bevor jede Gruppe abwechselnd ihre Argumente darlegen darf.

Phase 4: Auswertung

Nachdem alle Argumente vorgetragen wurden, erfolgt die Auswertung. Zuerst tragen die Beobachtenden ihre Eindrücke vor und schildern, welche Argumente sie besonders überzeugend fanden. Danach dürfen sich alle anderen äußern. Die Gesprächsteilnehmenden berichten z. B., wie sie sich in ihrer Rolle gefühlt haben und welche Gesprächsbeiträge sie besonders überzeugend fanden. Die Gesprächsleiterin bzw. der Gesprächsleiter schildert ebenfalls ihre bzw. seine Eindrücke von dem Streitgespräch und fasst zusammen, was bei einem nächsten Streitgespräch in der Klasse beibehalten oder auch verbessert werden sollte. Abschließend erfolgt, z. B. per Handzeichen, eine Abstimmung in der Klasse, wie sich die meisten zu der Diskussionsfrage des Streitgesprächs entscheiden.

Das Grundrecht auf Asyl

Info 2

Menschen, die in ihrem Heimatland verfolgt werden, haben das Recht, in einem anderen Land → **Asyl** zu betragen. Dieses in Artikel 16a des Grundgesetzes verankerte Recht trifft dann zu, wenn Menschen aufgrund ihrer Rasse, ihrer Religion, ihrer Nationalität, ihrer Sexualität, ihren politischen Überzeugungen oder ihrer Zugehörigkeit zu einer bestimmten Volksgruppe aus ihrem Land flüchten. Erreichen sie die deutsche Grenze, stellen sie in der Regel einen Antrag auf Asyl, der von den zuständigen Behörden intensiv geprüft wird. Bis eine Entscheidung gefallen ist, dürfen Flüchtlinge zwar im Land bleiben, unterliegen allerdings einer **Residenzpflicht**, das heißt sie dürfen sich nicht frei in Deutschland bewegen, sondern nur in einem bestimmten Kreis, einer Stadt oder einem Bundesland. Wird ihr Antrag positiv beschieden, erhalten sie weitreichende Rechte und sind in der Regel ausländischen Mitbürgerinnen und Mitbürgern gleichgestellt. Wird ihr Antrag allerdings abgelehnt, müssen sie das Land verlassen bzw. werden unter Ausübung von Zwang in ihr Herkunftsland abgeschoben, wenn sie dieser Aufforderung nicht nachkommen.

Um die Arbeit der Behörden zu erleichtern, existieren einige Regelungen. So gibt es **sichere Drittstaaten**, zu denen die EU-Mitglieder sowie Norwegen und die Schweiz gehören. Reisen Flüchtlinge aus diesen Ländern nach Deutschland ein, haben sie theoretisch keinen Anspruch auf ein deutsches Asylverfahren, sondern müssen in diesen Staaten ihren Antrag stellen. Die Praxis weicht von dieser theoretischen Regelung jedoch häufig ab. Außerdem existieren **sichere Herkunftsstaaten**, etwa viele osteuropäische Länder sowie einzelne Staaten in Afrika. Die deutsche Regierung geht davon aus, dass Menschen aus diesen Ländern keine Gefahr droht, weshalb deren Asylanträge in der Regel abgelehnt werden. Die Flüchtlingszahlen schwanken hierbei sehr und hängen von den aktuellen Krisen in der Welt ab. Während normalerweise in Deutschland jährlich nicht mehr als 100 000 Anträge auf Asyl gestellt werden, waren in den Jahren 1991 bis 1993 (Jugoslawien-Krieg) sowie 2014 bis 2016 (Syrien-Krieg) deutlich mehr Flüchtlinge in die Bundesrepublik Deutschland gekommen.

Insbesondere der Syrien-Krieg und die damit verbundenen hohen Flüchtlingszahlen hatten die Flüchtlingspolitik Deutschlands und der EU damals in eine Krise gestürzt. Die **Dublin-III-Verordnung** der EU schreibt zwar vor, dass Flüchtlinge ihren Antrag im ersten EU-Land stellen müssen, das sie betreten. Dies sind in der Regel Italien oder Griechenland, doch aufgrund der hohen Zahlen sind diese Länder damit überfordert. Bislang scheiterten alle Versuche, eine neue Regelung einzuführen am Widerstand verschiedener Mitgliedsländer der EU. Deutschland nimmt daher regelmäßig mehr Flüchtlinge auf, als es rechtlich eigentlich müsste.

3. Unser Land verändert sich! – Die Folgen der Zuwanderung für Deutschland

Zusammensetzung der Bevölkerung

Die Zuwanderung nach Deutschland macht sich in vielerlei Hinsicht bemerkbar. Doch wie genau ändert sich die Zusammensetzung der Bevölkerung dadurch, und was bedeutet das für Gesellschaft und Politik?

M 16 Menschen mit und ohne Migrationshintergrund

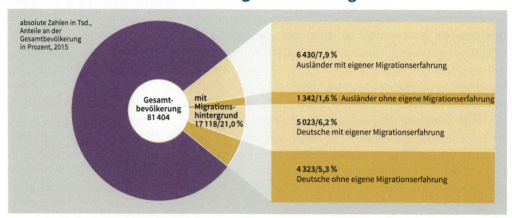

Nach: Bundeszentrale für politische Bildung (2016): Bevölkerung mit Migrationshintergrund I, aus: Statistisches Bundesamt Mikrozensus – Bevölkerung mit Migrationshintergrund 2015. Grafik wurde der Quelle nachempfunden.

M 17 Ausländerinnen und Ausländer in Deutschland

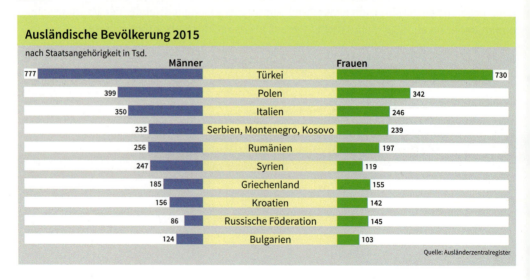

M 18 Ein Land schrumpft – eine fiktive Geschichte zur Zukunft Deutschlands

Deutschland streitet, wie viele Migranten es verkraftet. Doch was würde wohl geschehen, wenn plötzlich keine Einwanderer mehr kämen? Eine Reise ins Jahr 2033

An einem Freitag im Dezember 2020 vollzieht sich in Deutschland eine radikale Wende. Im Bundestag halten einige Abgeordnete noch letzte verzweifelte Reden. Vergeblich: Die Mehrheit der Abgeordneten stimmt für das Gesetz, das das Land auf Jahrzehnte hin verändern wird. „Einwanderungsneutral" soll Deutschland künftig sein. Von Januar 2021 an dürfen weiter Menschen ins Land kommen, aber nur noch so viele, wie es auch verlassen. Das Saldo der Einwanderer und Auswanderer soll fortan Null betragen: null zusätzliche Zuwanderung. [...]

Während die Folgen 2021 kaum spürbar sind, dreht sich der Trend schon im Sommer 2022. Das Statistische Bundesamt meldet „erstmals weniger sozialversicherungspflichtige Beschäftigte in Deutschland". Nicht nur die Zahl der Menschen, die arbeiten können, sinkt, sondern auch die Zahl jener, die es tatsächlich tun. Schon klagen einige Unternehmer darüber, nicht genug geeignete Mitarbeiter zu finden, auch unter den Arbeitslosen nicht. Zum ersten Mal seit Jahren sinken die Steuereinnahmen und mit ihnen die Beiträge für die Sozialversicherungen. Gleichzeitig steigen die Preise. Das Essen in Restaurants wird teurer, ebenso in Deutschland geerntetes Obst und Gemüse. Gastwirten und Bauern fehlen die Migranten, die zuvor für wenig Geld gekocht, serviert und geerntet haben. In der deutschen Bevölkerung finden sie dafür kaum Ersatz. Vor allem alte Menschen, die Hilfe benötigen, spüren plötzlich die Veränderung. Denn auch in der Pflege werden die Mitarbeiter knapp.

Die Rücklagen der Kranken- und Pflegeversicherungen schmelzen dahin. Gleichzeitig sinken die Einnahmen, weil weniger Menschen arbeiten. Erste Krankenkassen müssen die Beiträge erhöhen und der Staat muss immer mehr Steuergeld in die Kranken- und Pflegeversicherung stecken, um das Niveau der Versorgung zu halten. Fachleute warnen davor, dass dies nur der Beginn einer dramatischen Entwicklung ist. 2025 werden die ersten Babyboomer ins Rentenalter kommen. Dann wird die Zahl der Beitragszahler massiv sinken. [...]

Anfang 2024 meldet sich der Chef der Deutschen Rentenversicherung zu Wort. Er fordert eine Debatte über eine neue Verteilung der Lasten zwischen Jung und Alt. Weil zunehmend mehr Menschen in Rente gehen und die Beitragszahler weniger werden, müsse die Regierung entweder konsequent ein höheres Rentenalter durchsetzen, die Beiträge erhöhen oder die Renten senken. Letzteres gilt als politisch undenkbar, weshalb die Regierung erstmals die staatlichen Zuschüsse für die Rentenversicherung erhöht. Sie sind seit Langem schon der größte Posten im Haushalt.

2026 vermelden die Nachrichtenagenturen einen historischen Rekord: Erstmals liegt der Anteil der über 65-Jährigen bei mehr als 40 Prozent der Bevölkerung. Derweil kündigen erste Großunternehmen an, einen Teil ihrer Aktivitäten von Deutschland ins Ausland zu verlagern. Sie finden zu wenige Fachkräfte, die ihre Maschinen bedienen können. Die Regierung versucht mithilfe eines Fachkräfteprogramms gegenzusteuern, doch oft kommen die neuen Fachkräfte zu spät. Ende 2027 schrumpft nun auch die deutsche Wirtschaft. Das Bruttoinlandsprodukt sinkt, der technische Fortschritt fängt den Rückgang der Bevölkerung nicht mehr auf, die Zahl der Erwerbspersonen fällt um mehr als 340 000, die Wirtschaftsleistung

geht in den Keller. Die Regierung präsentiert Zahlen, die die Bevölkerung beruhigen soll: Die Pro-Kopf-Einkommen seien noch genauso hoch wie früher.
2033 ist ein symbolträchtiges Jahr. Erstmals ist die Mehrzahl der Deutschen über 65 Jahre alt, die Bevölkerung in Deutschland sinkt weiterhin.

Verändert nach: ©Philip Faigle und Karsten Polke-Majewski für ZEIT ONLINE (www.zeit.de) vom: 08.02.2015 „Ein Land schrumpft" online: https://www.zeit.de/wirtschaft/2015-02/zuwanderung-deutschland-ohne-migration-folgen [zuletzt: 04.02.2019]

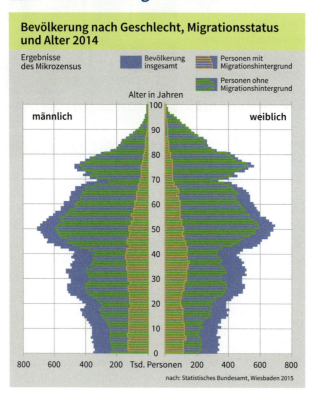

M 19 Zuwanderung und Alter

nach: Statistisches Bundesamt, Wiesbaden 2015

EINSTEIGEN

1. a) Beschreibe die Zusammensetzung der Bevölkerung in Deutschland auf Grundlage des Diagramms in M 16 (S. 224) (siehe Arbeitstechnik „Diagramme beschreiben", S. 338). Beantworte dabei auch die folgenden Fragen. Lies dir bei Unklarheiten Info 3 (S. 227) durch.
   – Wie viel Prozent der Bevölkerung Deutschlands haben einen Migrationshintergrund?
   – Wie viel Prozent hiervon sind Ausländerinnen und Ausländer, wie viel Deutsche?
   b) Erarbeitet zu zweit, was der Unterschied zwischen „mit eigener Migrationserfahrung" und „ohne eigene Migrationserfahrung" bedeutet.

2. Achtung: Ein bisschen Mathematik! Addiert die Zahlen der ausländischen Bevölkerung in M 17 (S. 224) für Männer und Frauen für die angegebenen Länder. Rechnet dann mithilfe von M 16 (S. 224) aus, wie viel Prozent aller Ausländerinnen und Ausländer aus den einzelnen Ländern kommen.
   Beispiel: Männer und Frauen aus der Türkei: 789 000 + 738 000 = 1 527 000
   1 527 000 : 7 772 000 = 0,196, d. h. 19,6 % aller Ausländerinnen und Ausländer stammen aus der Türkei.

3. Lies den Artikel in M 18 (S. 225 f.) und notiere in drei Sätzen, welche Probleme auf die Gesellschaft zukommen würden, wenn keine Zuwanderinnen und Zuwanderer mehr nach Deutschland kämen. Vergleicht eure Ergebnisse dann in Vierergruppen.

4. Analysiert die Grafik in M 19 (S. 226) mithilfe der Arbeitstechnik „Diagramme beschreiben" (S. 338). Beschreibt in eigenen Worten, was die Grafik aussagt und in welchem Altersbereich der größte Unterschied zwischen Menschen mit und ohne Migrationsgrund besteht.

5. a) Beschreibt, ob die Grafik in M 19 (S. 226) die Autoren des Artikels in M 18 (S. 225 f.) bestätigt oder nicht.
   b) Analysiert zu zweit, welche Auswirkungen eine Zunahme der Zuwanderung auf den Fachkräftemangel der Wirtschaft und das Problem der Rentenversicherung hat.
   c) Positioniere dich in einer fiktiven E-Mail an die Autoren, ob du ihnen zustimmst oder nicht. Kann Zuwanderung die Probleme der Zukunft lösen? Tausche dich dazu anschließend mit einer Mitschülerin oder einem Mitschüler aus.

WEITER-ARBEITEN

6. Führt in der Klasse eine Umfrage durch, wie bei euch die Verteilung zwischen Menschen mit und ohne Migrationshintergrund, Ausländerinnen und Ausländern ist. Erstellt mithilfe der Arbeitstechnik „Diagramme gestalten" (S. 184 ff.) zwei Grafiken, jeweils wie in M 16 (S. 224) und M 17 (S. 224). Überprüft im Anschluss, ob die Ergebnisse vergleichbar sind.

VERTIEFEN

▲ 1a, 3, 4, 6   ▲▽ 1a, 2, 3, 4, 5a, 5b   ▲▽▲ 1, 3, 4, 5, 6

Zusammensetzung der Bevölkerung

Info 3

Wenn man von Menschen spricht, die nach Deutschland zugewandert sind, dann ist es wichtig, zwischen **Menschen mit Migrationshintergrund** sowie **Ausländerinnen und Ausländern** zu unterscheiden. Während man von Ausländerinnen und Ausländern nur dann spricht, wenn diese Personen keine deutsche Staatsangehörigkeit haben, können Menschen mit Migrationshintergrund sowohl die deutsche, eine fremde oder mehrere Staatsangehörigkeiten besitzen. Dieser Begriff fasst somit alle Menschen zusammen, die entweder selbst zugewandert sind oder mindestens ein Elternteil mit nichtdeutscher Staatsangehörigkeit haben. In Deutschland haben etwa 20 % aller Menschen einen Migrationshintergrund, die meisten leben prozentual in Hamburg, Bremen und Baden-Württemberg. Die wenigsten Menschen mit Migrationshintergrund leben prozentual in den ostdeutschen Bundesländer.

Die Einwanderung nach Deutschland verändert die Zusammensetzung der Bevölkerung. Seit langem hat Deutschland eine der geringsten **Geburtenraten** innerhalb der Europäischen Union. Frauen, die in Deutschland leben, bekommen durchschnittlich betrachtet somit deutlich weniger Kinder als etwa Frauen in Irland oder Frankreich. Gleichzeitig werden die Menschen durch die gute medizinische Versorgung immer älter. Das durchschnittliche Alter der Bevölkerung steigt daher seit Jahren in Deutschland an, was zu Problemen für die Rentenversicherung führt, aber auch für die Kranken- und Pflegeversicherung. Da in der Regel eher junge Menschen auswandern, hat die Zuwanderung für Deutschland positive Aspekte für die sozialen Sicherungssysteme.

Zugewanderte Arbeitskräfte und Flüchtlinge auf dem Arbeitsmarkt

Über Zuwanderung wird in Politik und Gesellschaft kontrovers diskutiert. Dabei muss zwischen Arbeitsmigrantinnen/Arbeitsmigranten und Flüchtlingen unterschieden werden. Die Zuwanderung von qualifizierten Arbeitskräften nach Deutschland wird gezielt politisch gefördert. Flüchtlinge werden dagegen vor allem aus humanitären Gründen auf der Basis des Grundrechts auf Asyl aufgenommen. In Debatten um Zuwanderung stellen sich die Fragen: Welche Gruppen von Zuwanderern sollen in welcher Form Zugang zum Arbeitsmarkt erhalten? Welche Chancen und Probleme sind damit verbunden?

M20 Streitgespräch: Zuwanderung ja oder nein?

Die große Zahl an Menschen, die im Jahr 2015 und in den Folgejahren nach Deutschland geflüchtet waren, erhitzte die Gemüter. Es entstand eine generelle und kontrovers geführte Debatte über Zuwanderung in der Bevölkerung, die bis heute anhält. Auch bei Familie Steiner sorgt das Thema immer wieder für Diskussionen. So auch beim sonntäglichen Frühstück:

PERLEN IM NETZ

https://mediendienst-integration.de/integration/einstellungen.html

Der Mediendienst Integration fasst auf seiner Webseite zentrale Ergebnisse zur Einstellung der Bevölkerung in Deutschland zu Migration aus mehreren Studien zusammen.

https://www.fes.de/themenportal-flucht-migration-integration/umfrage-was-die-deutschen-ueber-migration-denken

Die im Jahr 2019 von der Friedrich-Ebert-Stiftung herausgegebene Studie „Das pragmatische Einwanderungsland. Was die Deutschen über Migration denken." gibt Aufschluss über in der Bevölkerung vorhandene Einstellungen zu Migration.

Vater Bernhard (46): „Wie viele Flüchtlinge wollen wir denn noch in Deutschland aufnehmen? Wir platzen doch jetzt schon allen Nähten. Wenn ich lese, dass z. B. in Berlin etwa ein Drittel der Einwohner einen Migrationshintergrund hat, also zugewandert ist – wo soll das denn noch hinführen ..."

Tochter Stefanie (19): „Also, erst einmal muss man klar unterscheiden zwischen Flüchtlingen und Zuwanderern, die als qualifizierte Arbeitskräfte kommen, das ist nämlich nicht dasselbe."

Vater Bernhard: „Und wo bitte ist der Unterschied?"

Sohn Moritz (16): „Nun, Flüchtlinge fliehen vor etwas, Krieg oder Verfolgung in ihren Heimatländern beispielsweise. Wenn sich die Lage in ihrer Heimat wieder verbessert, gehen sie auch wieder zurück. Migranten, also Zuwanderer, wollen bleiben, eine Zeitlang oder für immer."

Mutter Marina (43): „Ich finde ja auch, dass man den Flüchtlingen in ihrer Not helfen und Asyl geben muss. Aber es gibt inzwischen so viele Ausländer bei uns, irgendwann muss doch mal Schluss sein. Außerdem müssen sie doch alle versorgt und untergebracht werden. Sie sprechen doch kein Deutsch und können sich ihren Lebensunterhalt oft gar nicht selbst verdienen."

Vater Bernhard: „Genau, und das bezahlen alles wir mit unseren Steuern!"

Opa Reinhold (72): „Nun macht aber mal einen Punkt! Ich weiß noch, wie es war, als bei uns die Arbeitskräfte fehlten und die ersten Gastarbeiter aus Italien und später aus der Türkei kamen. Wir waren froh, und sie machten dann die Arbeit, die von uns keiner mehr machen wollte. Und so ist es doch größtenteils heute noch."

Tochter Stefanie: „So ist es zum Teil auch heute noch. Aber es kommen inzwischen ja auch gut ausgebildete Arbeitskräfte zu uns, die sich gut integrieren und hier qualifizierte Arbeit leisten ..."

Sohn Moritz: „... und die Überalterung in Deutschland abschwächen können. Wir werden als Gesellschaft nämlich immer älter."

Vater Bernhard: „Mag ja sein, aber ich bleibe dabei: Wir können nicht alle aufnehmen, die zu uns wollen. Außerdem: Immer wieder kommen Menschen illegal zu uns, die weder verfolgt oder bedroht sind. Sie kommen, weil sie sich hier ein gutes Leben versprechen. Und sie können nicht einmal umgehend wieder in ihre Heimatländer abgeschoben werden, weil sie z. B. keine Papiere haben und nicht registriert sind."

Tochter Stefanie: „Hier gebe ich Papa Recht: Die Abschiebeprozesse bei nicht anerkannten Asylsuchenden sind oft viel zu langwierig. Wenn dieser Prozess beschleunigt würde, kämen möglicherweise gar nicht mehr so viele nicht anerkannte Asylsuchende, weil sie wüssten, dass es kurzfristig wieder zurück in die Heimat ginge."

Sohn Moritz: „Genau. Das ist ein wichtiger Ansatz. Denn diese langen und häufig scheiternden Abschiebungen rufen Unmut in der Bevölkerung hervor, der sich dann oft ganz pauschal gegen „die Ausländer" richtet."

Tochter Stefanie: „Dennoch ist es so, dass laut einer Umfrage mehr als die Hälfte der deutschen Bevölkerung die Zuwanderung als Chance begreifen."

Mutter Marina: „Nun, wenn sich die, die hierher kommen, gut integrieren wollen, dürfte man die Zuwanderung auch als eine gute Sache sehen."

Sohn Moritz: „Stimmt, aber Integration ist keine Einbahnstraße: wir müssen sie auch zulassen und uns selbst ebenfalls um Integration bemühen Die Zuwanderung von qualifizierten Arbeitskräften und aus Not geflüchteten Menschen kann einige Probleme mit sich bringen, wir sollten uns aber immer darüber im Klaren sein, dass daraus auch große Chancen für unser gesellschaftlichen Zusammenleben und unsere Wirtschaft erwachsen."

M 21 Der deutsche Arbeitsmarkt braucht Zuwanderung

Der demografische Wandel wirkt sich auf den Arbeitsmarkt in Deutschland aus. Gemäß der 2019 erschienen Bertelsmann-Studie „Zuwanderung und Digitalisierung. Wie viel Migration aus Drittstaaten braucht der Arbeitsmarkt künftig?" nimmt aufgrund der zunehmenden Alterung der einheimischen Bevölkerung die Zahl der Arbeitskräfte ab. Selbst wenn die Geburtenrate wieder ansteigt, eine Rente mit 70 Jahren eingeführt wird und Männer und Frauen in Zukunft in gleichem Ausmaß beschäftigt wären, würde dies nicht ausreichen, um den Fachkräftebedarf zukünftig zu decken. Der deutsche Arbeitsmarkt benötigt laut der Studie bis zum Jahr 2060 eine jährliche Zuwanderung von mindestens 260 000 Menschen. Berechnungen haben ergeben, dass jährlich ca. 114 000 Menschen aus anderen EU-Staaten nach Deutschland einwandern werden. Um den Gesamtbedarf an Fachkräften zu decken, müssten demnach ca. 146 000 Menschen aus Drittstaaten zuwandern.

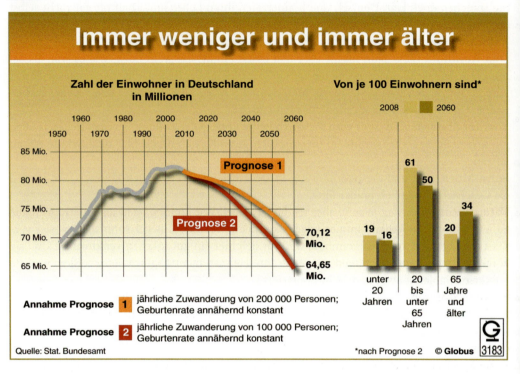

M 23 Migration ausländischer Arbeitskräfte nach Deutschland – das Fachkräfteeinwanderungsgesetz

Mit dem am 1. März 2020 neu in Kraft getretenen Fachkräfteeinwanderungsgesetz soll die Zuwanderung von qualifizieren Fachkräften aus Drittstaaten nach Deutschland gefördert werden. Wichtige Neuerungen dieses Gesetzes sind:

- **Ausweitung des Fachkräftebegriffs**

Fachkräfte im Sinne des Gesetzes sind neben Hochschulabsolventen nun auch Beschäftigte mit einer qualifizierten Berufsausbildung. Vor der Einreise der ausländischen Fachkraft wird der berufliche bzw. hochschulische Abschluss im sogenannten Anerkennungsverfahren auf seine Gleichwertigkeit zu deutschen Abschlüssen überprüft (Ausnahmen gibt es nur für IT-Spezialisten mit mindestens drei Jahren Berufserfahrung und einem Gehalt von mindestens 4.020 Euro pro Monat sowie im Rahmen von Vermittlungsabsprachen der Bundesagentur für Arbeit).

- **Verzicht auf eine Vorrangprüfung bei anerkannter Qualifikation und Arbeitsvertrag**

Die bisherige sogenannte Vorrangprüfung für die qualifizierte Beschäftigung entfällt in der Regel, sie gilt nur noch für den Zugang zur Berufsausbildung. Gegenüber der früheren Rechtslage muss damit nicht mehr vor jeder Einstellung einer qualifizierten Fachkraft aus einem Drittstaat überprüft werden, ob ein/e deutsche/r bzw. europäische/r Bewerber/in zur Verfügung steht. Im Falle einer Veränderung der Arbeitsmarktsituation kann die Vorrangprüfung gemäß dem Gesetz jedoch auch wieder eingeführt werden.

- **Wegfall der Begrenzung auf Mangelberufe bei qualifizierter Berufsausbildung**

Die bisherige Begrenzung der Einwanderungsmöglichkeit auf festgelegte Berufe, in denen ein großer Mangel an Bewerberinnen und Bewerbern besteht, entfällt.

- **Einreise zur Arbeitsplatzsuche**

Fachkräfte mit qualifizierter Berufsausbildung können zur Arbeitsplatzsuche einreisen. Sie erhalten eine Aufenthaltserlaubnis für bis zu sechs Monate.

- **Bessere Bleibeperspektiven**

Fachkräfte, die einen deutschen bzw. anerkannten Hochschulabschluss oder eine deutsche bzw. anerkannte Berufsausbildung nachweisen, haben eine Chance auf Bleiberecht, wenn sie bestimmte Voraussetzungen erfüllen: Sie müssen 18 Monate mindestens 35 Stunden pro Woche gearbeitet haben, ihren Lebensunterhalt durch ihren Verdienst selbst bestreiten, ihre Identität muss zweifelsfrei geklärt sein, sie dürfen nicht straffällig geworden sein und ihre Kinder müssen die Schule besuchen. Nach Erfüllung dieser Kriterien können sie eine gesicherte Beschäftigungsduldung über 30 Monate und anschließend das unbefristete Aufenthaltsrecht bekommen.

- **Voraussetzungen, die eine ausländische Fachkraft zur Einwanderung erfüllen muss**
  - Die Fachkraft muss eine für Deutschland anerkannte Qualifikation vorweisen.
  - Gute Deutschkenntnisse (mindestens Sprach-Niveau-B1) müssen nachgewiesen sein.
  - Die Fachkraft muss nachweisen, dass sie den Lebensunterhalt während der Jobsuche selbst bestreiten kann.
  - Krankenversicherung und Unterkunft müssen vorhanden sein.
  - Ein Arbeitsvertrag für eine sozialversicherungspflichtige Beschäftigung mit mindestens 35 Wochenarbeitsstunden muss geschlossen werden.
  - Während des Aufenthalts in Deutschland dürfen in der Regel keine Sozialleistungen über die vorgesehenen Sozialförderungen hinaus bezogen werden.

M24 Positionen zum Fachkräfteeinwanderungsgesetz

„Demografisch bedingte Engpässe kann man nur schwer durch Einwanderung ausgleichen, dazu ist die Alterungsdynamik zu stark. Das Fachkräfteeinwanderungsgesetz wird nicht genügend qualifizierte Arbeitskräfte nach Deutschland bringen."

„Die Bundesregierung schätzt, dass sich durch das neue Gesetz künftig 25 000 Fachkräfte pro Jahr aus dem nichteuropäischen Ausland rekrutieren lassen. Viele von ihnen möchten aber gar nicht dauerhaft einwandern, sondern Deutschland nach einiger Zeit wieder verlassen."

„Gerade für kleinere und mittelständische Unternehmen könnte die Möglichkeit, qualifizierte Arbeitskräfte aus Drittstaaten anzuwerben, wichtig sein."

„Die neue Möglichkeit, ohne Jobzusage für ein halbes Jahr herzukommen, um sich zu bewerben, wird viele neue qualifizierte Arbeitskräfte nach Deutschland ziehen."

„Der größte Knackpunkt ist die Anerkennung und Gleichwertigkeit von Berufsabschlüssen. Welches Drittland hat denn ein ähnliches Ausbildungssystem wie Deutschland?"

„Jobs, die für deutsche Arbeitskräfte nicht attraktiv sind, werden es für gut ausgebildete und mobile Fachkräfte aus dem Ausland auch nicht unbedingt sein."

„Mit dem Wegfallen der Vorrangprüfung und der Aufhebung der Begrenzung auf Mangelberufe fallen bisherige Hindernisse der Zuwanderung von qualifizierten Arbeitskräften weg."

„Das neue Fachkräftezuwanderungsgesetz birgt die Gefahr, dass einige Zugewanderte nach Ablauf der Fristen das Land nicht wieder verlassen, sondern illegal hier bleiben."

„Es gibt in der Gesellschaft Ängste, dass die Arbeitsmigrantinnen und -migranten Einheimischen die Arbeit wegnehmen."

„Ohne Vorrangprüfung könnte es zu Lohndumping kommen. Die zugewanderten Arbeitskräfte werden eher bereit sein, zu Niedriglöhnen und weiteren schlechten Bedingungen zu arbeiten als deutsche Arbeitskräfte."

„Bei dem neuen Gesetz geht es allein um die Bedürfnisse der Wirtschaft. Nicht um die von Arbeitsuchenden, erst recht nicht um menschenrechtliche Motive."

„Die Sozialsysteme werden von dem Gesetz profitieren: Mehr Berufstätige bedeuteten auch mehr Beiträge für Renten- und Sozialkasse."

„Die qualifizierten Arbeitsmigranten und -migrantinnen werden vor allem in die Großstädte ziehen, in denen es ohnehin schon Wohnungsnot, stark steigende Mieten und große Herausforderungen der Integration gibt. Das wird bestehende Probleme noch weiter verschärfen."

M25 Zugang von Flüchtlingen zum Arbeitsmarkt in Deutschland

Was bedeutet der aufenthaltsrechtliche Status?
Der Zugang von Flüchtlingen zum Arbeitsmarkt richtet sich nach ihrem aufenthaltsrechtlichen Status. In den ersten drei Monaten des Aufenthaltes, für die Zeit des Aufenthaltes in einer Erstaufnahmeeinrichtung und für Geduldete, die das Abschiebehindernis selber zu vertreten haben, besteht kein Zugang zum Arbeitsmarkt. Auch für Asylbewerber und Geduldete aus sogenannten „sicheren Herkunftsstaaten", d. h. Staaten, in denen ihnen bei ihrer Rückkehr voraussichtlich keine Verfolgung droht, besteht ein Arbeitsverbot.

Der Status des Aufenthalts von Flüchtlingen verändert sich mit der Zeit. Nach der Einreise gilt ein Ausländer, der um Asyl bittet, als Asylsuchender. Der geflüchtete Mensch erhält einen Ankunftsnachweis über seine Registrierung in der Aufnahmeeinrichtung und damit eine **Aufenthaltsgestattung**. Wenn der Flüchtling einen Asylantrag beim Bundesamt für Migration und Flüchtlinge (BAMF) gestellt hat, wird er zum Asyl**bewerber**, solange der Antrag geprüft wird.
Nach der Prüfung des Antrages gibt es zwei verschiedene Möglichkeiten:

1. Der Flüchtlinge erhält einen Asylantrag mit negativem Bescheid und muss aus Deutschland ausreisen bzw. es erfolgt eine **Abschiebung** ins Heimatland. Wenn die Abschiebung ausgesetzt wird (z. B. wegen Krieg im Heimatland, Krankheit, fehlenden Dokumenten), ist ein Flüchtling ein **Geduldeter**.
2. Der Flüchtling erhält einen Asylantrag mit einem positiven Bescheid und gilt als **Asylberechtigter**. Die Ausländerbehörde stellt dann eine **Aufenthaltserlaubnis** aus.

Wer darf arbeiten?
Asylbewerber und **Geduldete** haben den gleichen Zugang zum Arbeitsmarkt. Ab dem vierten Monat können sie in bestimmten Regionen Deutschlands eine Arbeit aufnehmen. Dazu benötigen sie eine Arbeitserlaubnis, die durch die lokale Ausländerbehörde erteilt wird. Außerdem prüft die Bundesagentur für Arbeit (BA) die Arbeitsbedingungen daraufhin, dass es zu keinen Benachteiligungen gegenüber inländischen Arbeitnehmerinnen und -nehmern kommt (des Weiteren gibt es in einigen Regionen Vorrangprüfungen). Ab dem 16. Monat können sie in ganz Deutschland arbeiten. Ab dem 49. Monat benötigen sie keine Zustimmung der Bundesagentur für Arbeit (BA) mehr, jedoch muss weiterhin die Ausländerbehörde zustimmen. Für Fachkräfte und bei Ausbildung gilt ein erleichterter Arbeitsmarktzugang.
Asylberechtigte und sogenannte **Kontingentflüchtlinge** sind Personen, die als politisch Verfolgte anerkannt sind. Sie haben einen unbeschränkten Zugang zum Arbeitsmarkt.

Welche berufsbildenden Maßnahmen für Flüchtlinge gibt es?
- **Integrationskurse und berufsbezogene Maßnahmen der Bundesagentur für Arbeit**
  Beispiel: verpflichtende Teilnahme an Integrationskursen, berufsbezogene Deutschsprachförderungskurse und Maßnahmen der Ausbildungsvorbereitung oder Durchführung einer Berufsausbildung für arbeits- bzw. ausbildungssuchend gemeldete Flüchtlinge

- **Programme des Europäischen Sozialfonds und des Arbeitsmarktprogrammes Flüchtlingsintegrationsmaßnahmen (FIM):**
Beispiel: Maßnahmen zur stufenweisen und nachhaltigen Integration in Arbeit und Ausbildung sowie Unterstützung bei der (Wieder-) Aufnahme einer Schulausbildung mit dem Ziel des Abschlusses; Beratung zur Anerkennung von Berufsabschlüssen, Durchführung von Qualifizierungen im Rahmen des Anerkennungsgesetzes

- **Recht auf Aufenthalt während einer Ausbildung und Weiterbeschäftigung:**
Geduldete erhalten für die Dauer der Berufsausbildung in einem staatlich anerkannten oder vergleichbar geregelten Ausbildungsberuf eine gesicherte Fortsetzung der Duldung, d. h. sie können in dieser Zeit nicht abgeschoben werden.

EINSTEIGEN

1. a) In dem Streitgespräch von Familie Steiner (M 20, S. 228 f.) vermischen sich Argumente zu den beiden Fragen „Zuwanderung von qualifizierten Arbeitskräften?" und „Zuwanderung von Flüchtlingen?". Arbeite die angeführten Argumente heraus und trage sie passend in die Tabelle ein.

Zuwanderung von qualifizierten Arbeitskräften?		Zuwanderung von Flüchtlingen?	
Pro	Kontra	Pro	Kontra

b) Sammelt in Vierergruppen weitere eigene Argumente zu den beiden Fragen und ergänzt sie in der Tabelle. Diskutiert die beiden Fragen in eurer Gruppe und notiert ein erstes Meinungsbild.

2. Tochter Stefanie merkt im Streitgespräch M 20 (S. 228, Z. 40-41) an, dass laut einer Umfrage mehr als die Hälfte der deutschen Bevölkerung die Zuwanderung als Chance begreifen würde.
Arbeitet in Kleingruppen. Überprüft die Behauptung von Stefanie mithilfe der unter Perlen im Netz (S. 228) angegebenen Internetlinks (siehe Arbeitstechnik „Informationen im Internet recherchieren", S. 344 f.). Arbeitet aus den Webseiten und Studien anschließend weitere zentrale Ergebnisse zu Einstellungen der deutschen Bevölkerung zu Migration heraus und stellt sie in der Klasse vor.

WEITERARBEITEN

3. a) Ein wichtiger Aspekt in Debatten um Zuwanderung ist die demografische Entwicklung in Deutschland. Beschreibe M 22 (S. 230) mithilfe der Arbeitstechnik „Diagramme beschreiben" (S. 338).
b) Erkläre einer Partnerin/einem Partner auf der Grundlage von M 21 (S. 229) in eigenen Worten, weshalb der deutsche Arbeitsmarkt auf die Zuwanderung von Arbeitskräf-

ten aus der EU und aus Drittstaaten angewiesen ist. Gehe dabei auch auf die Aspekte Geburtenrate, Rentenalter, Rentensicherung sowie Arbeitsausmaß von Männern und Frauen ein.

4. Arbeitet zu zweit. Versetzt euch ausgehend von M 23 (S. 230 f.) in die Rollen einer Fachkraft aus einem Drittstaat, die/der in Deutschland arbeiten möchte und dazu Fragen hat, sowie einer/eines Deutschen, welche/welcher der Fachkraft die Regelungen des Fachkräfteeinwanderungsgesetzes erklärt. Gestaltet zu dem Gespräch der beiden ein kurzes Rollenspiel und tragt es in der Klasse vor (siehe Unterrichtsmethode „Rollenspiel", S. 350).

5. Erörtere auf der Basis von M 24 (231 f.) und M 21 (S. 229) sowie durch eigene Überlegungen mögliche Chancen und Probleme des Fachkräfteeinwanderungsgesetzes. Beurteile anschließend, wie sinnvoll das Gesetz aus deiner Sicht ist, und diskutiere mit zwei Partnerinnen/Partnern.

VERTIEFEN

6. a) Erstellt zu zweit mithilfe von M 25 (S. 233 f.) ein Schaubild, das erklärt, unter welchen Voraussetzungen Flüchtlinge, abhängig von ihrem aufenthaltsrechtlichen Status, in Deutschland arbeiten dürfen.
   b) Erläutert ausgehend von M 25 (S. 233 f.) zu zweit anhand von selbstüberlegten Beispielen, welche berufsbildenden Maßnahmen für Flüchtlinge, abhängig von ihrem aufenthaltsrechtlichen Status, ihr aus welchen Gründen für besonders sinnvoll erachtet.
   c) Die Kosten für die flüchtlingsbezogene Ausgaben beliefen sich im Bundeshaushalt 2019 (Gesamthöhe der Ausgaben: 356,4 Milliarden Euro) auf 22,2 Milliarden Euro. Darin enthalten sind u. a.
   - rund sieben Milliarden Euro Fluchtursachenbekämpfung,
   - rund eine Milliarde Euro Asylverfahrenskosten,
   - rund drei Milliarden Euro Integrationsleistungen/Bildungsmaßnahmen,
   - rund vier Milliarden Euro Sozialleistungen nach Abschluss des Asylverfahrens,
   - rund sieben Milliarden für flüchtlingsspezifische Aufwendungen der Länder und Kommunen.

   Diskutiert in der Klasse, welche dieser Ausgaben ihr für am wichtigsten haltet und bei welchen Ausgaben aus eurer Sicht hingegen Einsparungen möglich wären.

7. a) Beurteile auf der Grundlage von M 20 (S. 228 f.), M 21 (S. 229), M 24 (S. 231 f.) und M 25 (S. 233 f.) schriftlich, ob die Zuwanderung nach Deutschland stärker gefördert oder stärker begrenzt werden sollte. Unterscheide dabei zwischen der Zuwanderung von qualifizierten Arbeitskräften aus Drittstaaten und der Zuwanderung von Flüchtlingen.
   b) Führt in der Klasse eine Fishbowl-Diskussion (siehe Unterrichtsmethode „Fishbowl", S. 347) zu den Fragen durch:
   - Sollte die Zuwanderung von qualifizierten Arbeitskräften aus Drittstaaten stärker gefördert werden oder nicht?
   - Sollte die Zuwanderung von Flüchtlingen eher erleichtert oder eher stärker begrenzt werden?

▲ 1a, 2, 3, 4, 5, 6a, 6b, 7   ▲▽ 1, 2, 3, 4, 5, 6, 7   ▽▲▲ 1, 2, 3, 5, 6b, 6c, 7

4. Alles ganz leicht, oder? – Die Herausforderung der Integration

Die Bedeutung von Integration

Wenn davon gesprochen wird, dass viele Menschen nach Deutschland auswandern, dann fällt oft der Begriff der Integration. Doch was heißt das eigentlich? Wie gehen wir mit neu zugewanderten Menschen um, und was dürfen wir von ihnen erwarten?

M 26 Für mich heißt Integration …

… dass sich alle Menschen hier Mühe geben, damit das Miteinander funktioniert, unabhängig davon, woher sie kommen. Scheitert Integration, kommt es zu sozialen Probleme, zu Gewalt und Ausgrenzung, das kann doch keiner wollen.

… dass sich auch Deutschland auf fremde Menschen einstellen und ihnen Hilfe anbieten muss, damit sie sich hier einleben und wohlfühlen können. Das gilt besonders im Bereich Arbeitsmarkt und Bildung. Denn wer die Sprache nicht beherrscht und keinen Job hat, wird sich hier auch nicht wohlfühlen.

… dass wir Fremden die gleichen Rechte und Pflichten zuteilen, damit sie sich nicht wie Menschen zweiter Klasse fühlen. Wenn Menschen das Gefühl haben, dass man sie nicht ernst nimmt, dann möchten sie sich auch nicht integrieren.

… dass sich Ausländer der deutschen Kultur hier anpassen müssen, schließlich kommen sie ja zu uns. Deshalb sehe ich zum Beispiel die Integration von Musliminnen und Muslimen als sehr schwierig an, denn Deutschland ist ein christliches Land.

… dass hier jeder so leben kann wie er möchte, solange er sich an die geltenden Gesetze hält. Ausländer müssen deshalb doch nicht ihre Kultur oder Religion aufgeben. Die Basis des Zusammenlebens in Deutschland ist unsere Verfassung, das Grundgesetz.

M 27 Sich integrieren, aber wie?

M 28 Muhterem Aras – erste türkischstämmige Landtagspräsidentin in Baden-Württemberg

SWP-INTERVIEW mit Landtagspräsidentin Muhterem Aras über ihre Ankunft in Deutschland und ihr Projekt einer Wertedebatte im Land.

SWP: Frau Aras, Sie sind 1978 als zwölfjähriges Gastarbeiterkind ohne
5 Deutschkenntnisse nach Filderstadt gekommen, die Mutter Analphabetin, der Vater Bauer. Wie war das damals für Ihre Eltern und für Sie?
Aras: Es war hart, aber auch eine große Chance. Meine Mutter hatte damals meinen Vater gedrängt, die Türkei zu verlassen. Mein Vater ist dann erst allein nach Deutschland gegangen und hat meine Mutter und uns fünf
10 Geschwister ein Jahr später nachgeholt.
SWP: Konnten Sie als Kind den Aufbruch Ihrer Eltern verstehen?
Aras: Meine Eltern haben uns gesagt, dass dieses Land uns mehr Perspektiven bietet als unsere Heimat, dass uns alle Möglichkeiten offenstehen, wenn wir uns anstrengen. Es hieß: Lernen, lernen, lernen – obwohl wir nicht einmal einen Schreibtisch
15 hatten. Meine Eltern aber haben alles in unsere Bildung gesteckt. Dafür und für ihre Weltoffenheit bin ich ihnen noch heute unendlich dankbar.
SWP: Wie sind Sie in Deutschland aufgenommen worden?
Aras: Ich wurde in die 5. Klasse einer Hauptschule eingeschult und erinnere mich noch gut, wie man mich in der ersten Mathestunde neben die blondgelockte Annette setzte. Wir sollten
20 eine Aufgabe bearbeiten, was mir auch gelang. Als die Lehrerin fragte, wer die Lösung an die Tafel schreiben wollte, nahm Annette meine Hand und streckte sie hoch. Also stand ich plötzlich vorne an der Tafel. Die Geschichte zeigt, wie gut wir aufgenommen wurden. Allerdings haben meine Eltern das auch zugelassen. Wir durften bei unseren deutschen Freunden auch mal Mittagessen, gemeinsam mit ihnen fernsehen, dort übernachten. Andere türkische
25 Familien sagten damals: Wie könnt ihr eure Tochter bei Deutschen übernachten lassen? Sie haben nicht verstanden, dass beide Seiten davon profitieren, wenn man ohne Vorurteile auf-

einander zugeht. Zur Wahrheit gehört aber auch: Mein Weg und der meiner Geschwister von der Hauptschule bis an die Universität war steiniger, als wir es je gedacht hätten.

SWP: Was sagen Sie Menschen mit türkischen Wurzeln, die heute noch Probleme damit haben, ihre Töchter am Schwimmunterricht oder einem Ausflug ins Schullandheim teilnehmen zu lassen?

Aras: Dass sie nicht erwarten dürfen, Offenheit und Freundschaft zu erfahren, wenn sie diese selbst nicht bereit sind zu geben. Auch allen Flüchtlingen sage ich das. Wir sollten hier keine falsch verstandene Toleranz üben, indem wir Ausnahmen von der Schulpflicht mit der Religionsfreiheit begründen. [...]

SWP: Sie sagen das auch im Hinblick auf die Menschen, die als Flüchtlinge neu in unser Land kommen?

Aras: Ja, auch sie müssen unsere Werte nicht nur anerkennen, sondern verinnerlichen. Deshalb ist es mir so wichtig, dass der Ausbau des islamischen Religionsunterrichts an deutschen Schulen, in deutscher Sprache und von hier ausgebildeten Islamwissenschaftlern schnell voranschreitet. Wir müssen uns beeilen, wenn wir eine Entwicklung verhindern wollen, die sich gegen unsere freie Gesellschaft wendet.

SWP: Sie starten in der nächsten Woche Ihre Diskussions- und Gesprächsreihe „Wertsachen". Was sind die Werte, die unsere Gesellschaft zusammenhalten?

Aras: Es sind die Werte unserer Verfassung, die sicher eine der besten Verfassungen der Welt ist: Menschenwürde, Meinungsfreiheit, Gleichberechtigung, Pluralität. All das hat unsere Gesellschaft starkgemacht, und das müssen wir wieder in den Mittelpunkt rücken. Wir leben in einer streitbaren Demokratie – und darauf sollten wir stolz sein. Ich will in den Vordergrund rücken, dass an diesen unseren Werten nicht zu rütteln ist. Wir müssen sie mit aller Kraft verteidigen. [...]

Aus: Berg, Antje/Muschel, Roland: SWP-Interview mit Landtagspräsidentin Muhterem Aras, in: Südwest Presse vom 21.01.2017, online: https://www.swp.de/politik/inland/landtagspraesidentin-aras-unsere-werte-mit-aller-kraft-verteidigen-23300675.html [zuletzt: 26.11.2019]

M 29 Interkulturelle Freundschaften – Gelebte Integration

Leyla (17) aus Berlin erzählt:
Anna und ich sind seit Jahren befreundet. Anna ist Deutsche und ich, Leyla, habe einen sogenannten türkischen Migrationshintergrund und kam als Zweijährige mit meinen Eltern aus der Türkei nach Berlin. Das ist für uns ganz normal, spielt für uns gar keine Rolle. Wir empfinden unsere verschiedene Herkunft nicht als etwas Trennendes sondern als eine Bereicherung. Wenn wir beispielsweise gemeinsam kochen, kochen wir was uns schmeckt: italienisch, türkisch, chinesisch, deutsch ... Bei Kleidung, Schmuck, aber auch beim Verhalten in der Familie, beim Umgang mit anderen Menschen lernen wir voneinander. Und dabei entwickeln sich fast von selbst Verständnis und Toleranz gegenüber der jeweils anderen Kultur. Das heißt aber nicht zwingend, dass wir alles gut finden.
Gerade hier in Berlin, einem Schmelztiegel unterschiedlicher Kulturen, gibt es an einigen Schulen Kinder und Jugendliche so vieler verschiedener Nationen, dass das „Fremdsein" nicht mehr empfunden wird. Vielmehr sind Jugendliche in ihrer Verschiedenheit gar nicht mehr verschieden, sondern gleich. So wie Anna und mir geht es auch anderen jungen Leuten: Da ist eine Polin mit einer Palästinenserin befreundet, ein Deutscher mit einem Russen und ein Türke mit einem Ukrainer. Klar, es gibt auch mal Streit und sogar gegenseitigen Hass, aber das sind eher Ausnahmen und hat nicht immer was mit der Nationalität zu tun. Die meisten Jugendlichen empfinden das Multikulturelle als etwas ganz Natürliches.

Erwachsene wie unsere Eltern tun sich manchmal damit schwerer, das habe ich beobachtet und auch in einer Studie gelesen. Bei ihnen sind Vorurteile mitunter noch tiefer verwurzelt und schwerer zu überwinden als bei Jugendlichen. Erwachsene kommen nicht so häufig und weniger intensiv in Kontakt mit Angehörigen anderer Kulturen. Als Folge davon erfahren sie
25 nichts oder nicht viel über oder von dem oder der „Anderen" und können ihre Vorurteile auch nicht revidieren. Dabei – so die Studie sinngemäß – sind stabile interkulturelle Beziehungen wichtig, um in einer multikulturellen Gesellschaft friedlich miteinander zu leben. Wenn man erst einmal durch eine längere Freundschaft den Zugang zu einem anderen Kulturkreis gefunden hat, nimmt allgemein die Fremdenfeindlichkeit ab.
30 Für Anna und mich ist das alles kein Problem: Wir sind füreinander nicht „die Deutsche" und nicht „die Türkin", wir sind Freundinnen.

EINSTEIGEN

1. a) Lies die verschiedenen Aussagen zu Integration in M 26 (S. 236) und ordne sie danach, ob sie eher Anforderungen an die Zugezogenen oder an die heimische Gesellschaft formulieren.
   b) Formuliere zu je einer Aussage einen Satz, warum du besonders zustimmst oder ablehnst.
   c) Schreibe selbst einen kurzen Text, der mit „Für mich heißt Integration …" beginnt. Vergleiche dein Ergebnis anschließend mit einer Mitschülerin oder einem Mitschüler, hinsichtlich eurer Vorstellung von Integration.

2. Analysiere die Karikatur in M 27 (S. 237) mithilfe der Arbeitstechnik „Karikaturen analysieren" (S. 345).

3. a) Lies das Interview mit Muhterem Aras in M 28 (S. 237 f.) und beantworte dabei folgende Fragen:
   – Warum ist ihre Familie nach Deutschland ausgewandert?
   – Wie hat sie ihre ersten Jahre hier erlebt?
   – Was sieht sie als besonders wichtig für ihre Karriere in Deutschland an?
   b) Arbeite zwei Argumente heraus, die Frau Aras in M 28 (S. 237 f.) in Bezug auf Integration für besonders wichtig hält.

WEITERARBEITEN

4. a) Lies den Artikel in M 29 (S. 238 f.) und beschreibe, was Leyla an ihrer interkulturellen Freundschaft mit Anna besonders findet.
   b) Erarbeite aus dem Text, weshalb die Autorin interkulturelle Freundschaft für die Gesellschaft als besonders wichtig ansieht.
   c) Erkläre den Satz „Vielmehr sind Jugendliche in ihrer Verschiedenheit gar nicht mehr verschieden, sondern gleich." Was bedeutet er für die Jugendlichen?

5. a) Erarbeite eine eigene Definition von Integration, in der du die Aussagen in M 26 (S. 236) und die Informationen in Info 4 (S. 247) berücksichtigst. Gehe dabei auf Anforderungen, sowohl für die aufnehmende Gesellschaft, als auch für die Zugewanderten ein.
   b) Lest einige Definitionen in der Klasse vor und diskutiert. Überprüft anschließend, ob ihr euch auf eine Definition einigen könnt, oder ob die Unterschiede hierfür zu groß sind.

6. Überlegt in Dreierteams, welcher Aussage aus M 26 (S. 236) die folgenden Personen wohl am ehesten zustimmen würden. Begründet eure Aussagen.
   – Der Karikaturist in M 27 (S. 237).
   – Muhterem Aras in M 28 (S. 237 f.)
   – Leyla und Anna in M 29 (S. 238 f.)

VERTIEFEN

7. a) Gehe in Gedanken deinen eigenen Freundeskreis durch und zähle, mit wie vielen ausländischen Freundinnen und Freunden oder solchen mit Migrationshintergrund du befreundet bist. Diskutiere mit einer Mitschülerin/einem Mitschüler, ob du Unterschiede zu anderen Freundinnen und Freunden feststellen kannst.
   b) Beschreibe eine Situation, in der dir eine interkulturelle Freundschaft entweder genutzt oder dich irritiert hat. Tauscht euch hierüber in Vierergruppen aus.

▲ 1, 2, 3a, 4a, 4b, 6, 7a   ▲▼ 1, 2, 3, 4a, 4b, 6, 7   ▲▼▲ 1, 2, 3b, 4b, 4c, 5, 6, 7

Wenn Integration scheitert

Integration gelingt vielerorts problemlos, doch es gibt auch negative Beispiele. Die Probleme betreffen uns alle, und eine Lösung zu finden ist nicht immer einfach.

M 30 Die skrupellosen Methoden Duisburgs gegen Roma

Seit Rumänen und Bulgaren die Türken verdrängen, wird Duisburg-Marxloh zunehmend zum Synonym für Armut und Kriminalität. Die Stadt geht dagegen vor – und setzt dabei ganze Familien auf die Straße.

Altbauten, auf der Straße spielen Kinder, und an vielen Stellen liegt Müll. Männer stehen in Gruppen beieinander an den Straßenecken. Die Henriettenstraße in Marxloh gehört sicher nicht zu den besten Adressen Duisburgs. Ein Mann in Bauarbeiterkleidung trägt Schutt aus einem Haus und wirft ihn in einen Container. Die Fassade wirkt frisch gestrichen, das Haus wird renoviert. Seinen Namen will er nicht nennen, aber er sei vor 35 Jahren aus der Türkei gekommen und habe seitdem immer in der Henriettenstraße gelebt. „Das war alles immer gut hier, bis die kamen. Seitdem geht es mit der Straße bergab." Die, das sind Zuwanderer aus Rumänien und Bulgarien, die meist der Volksgruppe der Roma angehören. Rund 13 000 sollen mittlerweile in Duisburg leben, aber so genau weiß das niemand. „In der Nummer sieben haben die den ganzen Hof versaut." Über 100 Liter Altöl holte die Stadt vor ein paar Wochen aus dem Abfluss raus, die Wasserschutzpolizei nahm die Ermittlungen auf. Gleich nebenan in der Hagedornstraße wurden zwei Häuser ganz geräumt. Es sei für die Mieter zu gefährlich gewesen. Stromkabel seien wild gelegt worden, sagt die Stadtverwaltung, es habe die Gefahr eines Brandes bestanden. […]

Duisburg hat eine Task Force eingerichtet
Und das ruft die Stadt auf den Plan: Mit einer eigenen Task Force geht sie gegen die Überbelegung vor, nutzt die Brandschutzverordnung und das Wohnungsaufsichtsgesetz, um gegen Vermieter vorzugehen, die, wie es Duisburgs Oberbürgermeister Sören Link (SPD) sieht, skrupellos ihre Mieter ausbeuten und gefährden. Zehn Häuser und vier Wohnungen wurden so in den vergangenen zwei Jahren für unbewohnbar erklärt. […]
„Mir haben die bulgarischen Familien erzählt, sie seien abends geräumt worden und hätten nicht gewusst, wohin", sagt Pater Oliver. Die Menschen hätten für zwei Nächte in eine Turnhalle ziehen können, das taten sie nicht. Noch nie, sagt Ordnungsdezernentin Lesmeister, habe eine Familie dieses Angebot angenommen.
[…] „Jeder Bürger, gleich welcher Nationalität, hat sich selbst um eine Wohnung zu bemühen. Wir leisten viel im Bereich der Integration und sind auch sehr erfolgreich, aber ein Wohnkonzept wollen und werden wir nicht haben."

Oberbürgermeister soll wenig Wert auf Integration legen
[…] Ein paar Kilometer weiter östlich, in Dortmund, arbeitet man anders. Auch dort gab es viele Probleme mit Schrottimmobilien, wohnten Zuwanderer aus Rumänien und Bulgarien in heruntergekommenen Häusern. Bis zu neun Menschen teilten sich eine Drei-Zimmer-Wohnung und zahlten zum Teil über 100 Euro für einen Matratzenplatz. Für die Vermieter war das ein lohnendes Geschäft. Doch die Stadt reagierte und räumte viele diese Häuser. Aber dabei blieb es nicht: Die städtische Wohnungsgesellschaft kaufte in der Nordstadt, dem Quartier, in dem die meisten Schrottimmobilien lagen, zahlreiche Häuser auf, renovierte und vermietete sie – auch an Zuwanderer aus Bulgarien. Viele Projekte kümmern sich dort um die Zuwanderer, auch eine Wohnungsvermittlung gibt es.

Aus: Laurin, Stefan: Die skrupellosen Methoden Duisburgs gegen Roma, in: Welt vom 23.10.2016, online: https://www.welt.de/regionales/nrw/article158954982/Die-skrupellosen-Methoden-Duisburgs-gegen-Roma.html [zuletzt: 05.02.2019]

M31 Stimmen

Alfred, 59, Gemeindepfarrer: „Was die Stadt Duisburg macht, ist einfach nur unmenschlich. Das sind Menschen, denen geholfen werden muss, weil sie sich hier nicht auskennen und die Sprache nicht sprechen. Zudem ist es ein Gebot der Menschlichkeit, jedem ein Dach über dem Kopf zu bieten."

Funda, 29, Angestellte in einem Modegeschäft: „Ich finde die Stadt Duisburg macht das genau richtig. Die vielen Roma machen doch nur Probleme und vergraulen auch noch unsere Kunden! Sollen sie doch wieder dahin, wo sie hergekommen sind."

Sergej, 16, Schüler: „Ich habe keine Probleme mit denen, sie halten sich zwar nicht an alle Regeln, aber wer macht das schon? Außerdem sind Bulgarien und Rumänien EU-Mitglieder, womit sie legal nach Deutschland kommen dürfen. Das hätte sich die Politik früher überlegen sollen!"

Elfriede, 94, Rentnerin: „Ich habe schon einmal erlebt, wie einzelne Gruppen von Menschen für alles verantwortlich gemacht und auf grausamste Weise verfolgt wurden, das will ich nicht noch einmal erleben! Es gibt doch überall solche und solche. Die Politik sollte mehr Integrationsangebote machen, etwa Sprachkurse. Wer die dann nicht wahrnimmt, der muss eben für sich selbst sorgen."

Tim, 24, Arbeitsloser: „Klar verstehe ich diese Menschen, wenn es einem schlecht geht, versucht man es eben woanders. Nur habe ich kein Verständnis für, dass viele nur hierher kommen, um Sozialleistungen zu bekommen. Da sollten wir Deutsche bevorzugt werden."

M32 Kommunale Integrationskonzepte – ANIMA – Ankommen in Mannheim

[…] Seit dem 01.01.2016 setzt die Stadt Mannheim gemeinsam mit dem Caritasverband Mannheim e.V., dem Diakonischen Werk der Evangelischen Kirche Mannheim und dem Paritätischen Wohlfahrtsverband das Kooperationsprojekt „ANIMA – Ankommen in Mannheim", ein bedarfsgerechtes Beratungsangebot für (südosteuropäische) Zuwanderer/innen in schwierigen sozialen Lagen, um. Das Projekt wird durch das Bundesministerium für Arbeit und Soziales und dem Europäischen Hilfsfonds für die am stärksten benachteiligten Personen (EHAP) gefördert. Es wurden insgesamt fünf ANIMA-Beratungsstellen bei den o.g. Projektpartnern eingerichtet.

Das ANIMA-Projekt ergänzt die […] kommunal organisierten Maßnahmen für die EU-Binnenzuwander/innen aus Bulgarien und Rumänien und befähigt die besonders von Armut und gesellschaftlicher Ausgrenzung bedrohte Personengruppe zu mehr sozialen Teilhabe. Mit dem ANIMA-Beratungsansatz wird kein paralleles Beratungsangebot zu bereits bestehenden Stellen geschaffen. Vielmehr hat ANIMA eine Mittlerfunktion, die auf der einen Seite die besonders benachteiligten Zuwanderer/innen erreicht und ihnen auf der anderen Seite Zugänge zu erforderlichen Unterstützungsangebote eröffnet. […]

Auf der Grundlage der bisher gemachten Erfahrungen ist die Erreichbarkeit der genannten Zielgruppe in vielen Fällen dadurch blockiert, dass zumindest ein Teil der Neuzuwanderer/innen zudem Opfer organisierter Ausbeutung sind, bei der die Unkenntnis und die fehlenden Sprachkenntnisse der Menschen ausgenutzt werden, um über zu bezahlende „Dienstleistungen", Vermittlung von überteuerten und schlecht ausgestatteten Unterkünften sowie prekäre Beschäftigungsverhältnisse Geld zu verdienen. Hierbei entstehen regelrechte Abhängigkeitsverhältnisse, die mangels Information über Alternativen bei den Betroffenen deren sozialer Abschottung Vorschub leisten.

ANIMA zielt ab auf die Schaffung eines Vertrauensverhältnisses und bietet Unterstützung und Stärkung, die eigene Lebenssituation weitestgehend eigenverantwortlich verändern zu wollen und zu können. […] Die Vermittlung in eine Sprachfördermaßnahme stellt ein wesentliches Beratungsziel dar, denn zu einer erfolgreichen Integration gehört der Erwerb deutscher Sprachkenntnisse.

Verändert nach: Homepage der Stadt Mannheim, online: https://www.mannheim.de/buerger-sein/anima-ankommen-mannheim [zuletzt: 05.02.2019]

4. Alles ganz leicht, oder? – Die Herausforderung der Integration

EINSTEIGEN

1. **a)** Beschreibe auf der Grundlage von M 30 (S. 240 f.) die Situation in Duisburg in eigenen Worten.
   b) Formuliert für jede der folgenden Gruppen die im Artikel M 30 (S. 240 f.) genannten Probleme sowie mögliche Lösungsvorschläge: (1) Zuwanderinnen und Zuwanderer aus Südosteuropa, (2) Anwohnerinnen und Anwohner sowie (3) Stadt Duisburg.

2. **a)** Lies die Stimmen von Einwohnerinnen und Einwohner in M 31 (S. 241 f.) und beschreibe in einigen Worten, wie sie zu den Roma stehen.
   b) Begründe, welcher Argumentation aus M 31 (S. 241 f.) du dich am ehesten anschließen kannst. Findest du keine überzeugende, so schreibe einen eigenen kleinen Text.
   c) Gibt es eine oder mehrere Stimmen, denen du dich überhaupt nicht anschließen kannst? Antworte auf die Person mit einem fiktiven Leserbrief und sage ihr deine Meinung. Tauscht euch zu euren Leserbriefen anschließend in Dreiergruppen aus.

WEITER-ARBEITEN

3. **a)** Recherchiert zu viert im Internet mithilfe der Arbeitstechnik „Informationen im Internet recherchieren" (S. 344 f.) zur Situation der Roma. Anlaufstellen sind zum Beispiel die Homepage des Zentralrats der Sinti und Roma in Deutschland. Geht dabei auf die Herkunft der Sinti und Roma ein, beschreibt ihre aktuelle Situation in Deutschland und nennt bestehende Probleme bei der Integration sowie thematisierte Lösungsvorschläge.
   b) Tragt eure Informationen in der Klasse zusammen und organisiert in der Schule hierüber einen Vortrag. Ladet, wenn möglich, Vertreterinnen und Vertreter aus der Politik ein und diskutiert im Anschluss mit ihnen darüber.

4. Seid ihr mit der harten Haltung der Stadt Duisburg aus M 30 (S. 240 f.) einverstanden? Gestaltet hierzu eine Positionslinie mithilfe der Unterrichtsmethode „Positionslinie" (S. 244).

5. **a)** Informiere dich in M 32 (S. 242) über das ANIMA-Projekt in Mannheim. Beschreibe, wo die Projektverantwortlichen die größten Probleme bei der Integration von südosteuropäischen Einwanderinnen und Einwanderern sehen und wie diese gelöst werden sollen.
   b) Beurteilt zu dritt, ob ein solches Angebot die Lage in Duisburg in M 30 (S. 240 f.) hätte verhindern können.
   c) Erarbeitet mindestens zwei praktische Vorschläge, was Kommunen für die Integration von südosteuropäischen Einwanderinnen und Einwanderern tun können. Sammelt im Anschluss gemeinsam in der Klasse alle Vorschläge an der Tafel.

VERTIEFEN

6. „Integration ist keine Einbahnstraße" – Interpretiere diesen Satz anhand eines von dir selbst ausgedachten Beispiels.

7. Recherchiert in Vierergruppen vor Ort, ob dort ein spezielles Konzept für die Integration südosteuropäischer Einwanderinnen und Einwanderer besteht. Falls ja, zieht anschließend einen Vergleich zum Mannheimer Konzept in M 32 (S. 242) und bewertet, welches Konzept euch mehr überzeugt.

 1, 2, 3, 4, 5a, 7    1b, 2b, 2c, 3, 4, 5, 7   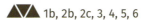 1b, 2b, 2c, 3, 4, 5, 6

Unterrichts- methode

Positionslinie

Bei einer Positionslinie geht es darum, dass ihr euch persönlich zu einer bestimmten Frage positioniert. Dabei dreht es sich insbesondere um solche Fragen, die man nicht so einfach mit einem klaren Ja oder einem klaren Nein beantworten kann. Oftmals gibt es bestimmte Argumente, die für eine Sache sprechen, aber gleichzeitig auch andere Argumente, die dagegen sprechen. Die Positionslinie hilft euch dabei, eure Meinung zu hinterfragen und zu festigen.

Phase 1: Vorbereitung der Positionslinie

Um eine Positionslinie zu erstellen, braucht ihr erst einmal Material: ein dickes, gut haftendes Klebeband, das auf den Boden des Klassenraums geklebt werden kann. Wahrscheinlich müsst ihr vor Beginn Stühle und Tische zur Seite räumen, damit ihr genügend Platz habt, denn das geklebte Band, die „Positionslinie", sollte so lange wie möglich sein. Dabei stellen beide Enden die beiden extremen Antwortmöglichkeiten dar. Lautet die Frage etwa, ob man strafrechtlich verurteilte Ausländerinnen und Ausländer schneller abschieben sollte, wäre das eine Ende *„ja, auf jeden Fall, auch bei kleinen Delikten"* und das andere *„nein, auf keinen Fall, unter keinen Umständen"*.

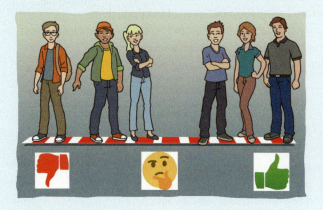

Phase 2: Fragestellung und Positionierung

Wird nun eine Frage gestellt, die mittels der Positionslinie bearbeitet werden soll, so erhält jede/r von euch etwa fünf Minuten Zeit, um sich eigene Gedanken zu machen und Argumente zu sammeln. Danach positioniert sich jede/r auf der Positionslinie, entsprechend ihrer bzw. seiner Meinung. Es gilt allerdings die Regel, dass sich niemand genau in die Mitte stellen darf. Grundsätzlich ist es zuerst einmal unwichtig, wie viele Personen sich auf der einen oder anderen Seite befinden oder ob die meisten eher am Rand oder eher zur Mitte hin stehen.

Phase 3: Festhalten der Argumente

In der nächsten Phase tragen einzelne Schülerinnen und Schüler ihre Position einschließlich ihrer Argumente vor. Es ist hilfreich, diese erste Positionierung von einzelnen Schülerinnen und Schülern schriftlich festzuhalten, um sie später vergleichen zu können.

Phase 4: Neupositionierung

Nach der Erarbeitung und der Diskussion der Fragestellung positionieren sich alle Schülerinnen und Schüler erneut auf der Positionslinie. Bei der Begründung ihrer Position sollten vor allem die Schülerinnen und Schüler zu Wort kommen, deren erste Positionierung in Phase 3 schriftlich festgehalten wurde. Es geht nicht zwingend darum, dass sich die Positionierung verändert hat, aber es sollte deutlich werden, dass durch die Bearbeitung und die Diskussion der Fragestellung sich die Qualität der Urteile verbessert hat. Dies kann man daran erkennen, dass z. B. neue Argumente in die Begründung eingebaut wurden oder bereits vorhandene Argumente ausgebaut wurden.

Staatsangehörigkeit in Deutschland

Die Bundesrepublik Deutschland hat, verglichen mit vielen anderen Staaten, ein verhältnismäßig strenges Staatsangehörigkeitsrecht. Das heißt, es ist für Zugezogene und deren Kinder nicht immer möglich, Deutsche/r zu werden. Während einige der Meinung sind, dass Menschen, die die deutsche Staatsangehörigkeit erlangen, leichter integriert werden können, sind andere strikt dagegen.

M 33 Integration über Staatsangehörigkeit?

Inga und Malte gehen beide in die 10. Klasse einer Konstanzer Gemeinschaftsschule. Sie haben vor kurzem im Fernsehen eine Debatte gesehen, in der es um die Frage der doppelten Staatsangehörigkeit ging. Das Thema interessiert die beiden sehr, doch sie haben unterschiedliche Meinungen hierzu.

Inga: Malte, ich fand es total schockierend zu hören, dass es Menschen gibt, die in Deutschland geboren sind, hier leben und trotzdem kein Anrecht auf die deutsche Staatsangehörigkeit haben. Da ist doch klar, dass sich diese Menschen nicht integrieren wollen.

Malte: Wieso denn? Diese Regelung trifft doch sowieso nur auf die allerwenigsten zu. Es ist doch so: Wenn ein Elternteil deutsch ist und du hier geboren bist, dann hast du die deutsche Staatsangehörigkeit automatisch. Wenn beide Elternteile eine andere Staatsangehörigkeit haben, dann wird überprüft, ob und wie lange sie bereits in Deutschland leben. Trifft das für mindestens ein Elternteil seit acht Jahren vor der Geburt zu, erhält das Kind automatisch auch die deutsche Staatsangehörigkeit und darf diese behalten, wenn es einen Großteil seiner Kindheit in Deutschland verbracht hat.

Inga: Es geht doch ums Grundsätzliche! Der Staat sagt dadurch manchen Menschen, die hier geboren sind, dass sie nicht dazugehören. Und wer sich hier nicht angenommen fühlt, der engagiert sich eben auch nicht. Außerdem darf man zum Beispiel nicht den Bundestag wählen. Stell dir mal vor, du bist in einem Land geboren, lebst und arbeitest dort, zahlst Steuern, darfst aber nicht die Geschicke des Landes mitbestimmen, das ist doch unfair. Die Staatsangehörigkeit ist mehr als nur ein Pass, sie steht dafür, dass Menschen sich zugehörig fühlen und verleiht bestimmte Rechte.

Malte: Außer dem Wahlrecht auf Bundes- und Landesebene hat man doch die meisten Rechte auch ohne die Staatsangehörigkeit. Zudem man braucht keinen deutschen Pass, um sich hier zu engagieren. Schau mal, wie viele es auf der anderen Seite gibt, die zwar einen deutschen Pass haben, aber sich nicht für unser Land interessieren. Sie gehen nicht wählen, üben keine ehrenamtliche Tätigkeit aus und verhalten sich auch sonst nicht wirklich sozial. Ich denke, dass das vor allem für Menschen mit doppelter Staatsangehörigkeit zutrifft – man kann sich eben nur einem Land zugehörig fühlen.

Inga: Nur weil es ein paar schlechte Beispiele gibt, heißt das nicht, dass die Idee falsch ist. Du siehst ja, dass es viele Ausländer gibt, die sich hier nicht integriert fühlen. Das hat, denke ich, auch mit der Staatsangehörigkeit zu tun. Wenn sie die doppelte Staatsangehörigkeit haben, dann heißt das eben, dass sie sich zwei Nationen zugehörig fühlen, ihrer alten und neuen Heimat. Ich finde das macht Sinn.

Malte: Also ich bleibe dabei, man kann sich nur einem Land zugehörig fühlen, entweder bin ich Deutscher, oder eben nicht. Und wer die deutsche Staatsangehörigkeit unbedingt möchte, kann sich ja auch einbürgern lassen, hier gibt es doch viele Möglichkeiten.

Inga: Tja, da werden wir uns wohl nicht mehr einig. Schade!

PERLEN IM NETZ

http://www.einbuergerungstest-online.eu/einbuergerungstest/bw/

Hier kannst du ausprobieren, ob du selbst den Einbürgerungstest bestehen würdest.

M 34 Deutsch, türkisch, oder beides?

EINSTEIGEN

1. a) Lies das Streitgespräch zwischen Inga und Malte in M 33 (S. 245) und arbeite heraus, was du über die deutsche Staatsangehörigkeit erfährst. Erkläre dabei einer Mitschülerin/einem Mitschüler, wann man bei Geburt Deutsche/r wird, und in welchem Fall nicht.
   b) Vervollständige deine Informationen mithilfe von Info 4 (S. 247) und erkläre dabei auch, was sich seit dem Jahr 2014 geändert hat.

2. Analysiere die Karikatur in M 34 (S. 246) mithilfe der Arbeitstechnik „Karikaturen analysieren" (S. 345).

WEITER-ARBEITEN

3. Recherchiert in Dreiergruppen im Internet mithilfe der Arbeitstechnik „Informationen im Internet recherchieren" (S. 344 f.), was Malte in M 33 (S. 245) meint, wenn er sagt, dass man sich auch einbürgern lassen könnte. Gestaltet gemeinsam eine Seite in eurem Heft, in dem ihr die Schritte vorstellt, die zur Einbürgerung führen.

VERTIEFEN

4. a) Beurteile, inwiefern die Staatsangehörigkeit einen Beitrag zur Integration leisten kann.
   b) Schreibe einen Kommentar, in welchem du zu Doppelpass und Optionspflicht Stellung nimmst. Lest anschließend einige Briefe in der Klasse vor und diskutiert.

▲ 1a, 2, 3   ▲▽ 1, 2, 3, 4   ▲▽▲ 1, 3, 4

Integration und Staatsangehörigkeit

Info 4

Wenn es um Zuwanderung nach Deutschland geht, dann stellt sich zwangsläufig die Frage der → **Integration**. Damit ist gemeint, dass die neu Zugewanderten in die Gesellschaft integriert werden sollen, also dass man ihnen die Möglichkeit gibt, sich hier einzuleben und Mitglied der Gesellschaft zu werden. Dabei herrscht jedoch keine Klarheit darüber, wie Integration genau auszusehen hat. Während bestimmte Gruppen davon ausgehen, dass die Zugewanderten hauptsächlich selbst dafür verantwortlich sind und sich Deutschland anpassen sollten, sagen andere, dass sich die aufnehmende Gesellschaft eher öffnen und Unterschiede akzeptieren sollte. Grundsätzlich herrscht jedoch Einigkeit darüber, dass man Einwanderinnen und Einwanderern Angebote unterbreiten sollte, um die deutsche Sprache zu erlernen, und dass man ihnen hilft, sich in Schule und Arbeitswelt einzufinden. Strittig ist jedoch immer wieder, inwieweit man eine Anpassung an die deutsche Kultur fördern soll. Diese Anpassung, auch **Assimilation** genannt, würde z. B. für viele Muslime bedeuten, dass sie auf bestimmte Dinge, etwa das Tragen eines Kopftuchs, verzichten müssten. Insgesamt funktioniert Integration an vielen Orten in Deutschland recht gut, es gibt teilweise jedoch auch große Probleme. So werden Zugewanderte oft in der Schule benachteiligt, es finden Ausgrenzungen statt, an manchen Orten ist auch Rassismus stark verbreitet.

Mit der Herausforderung der Integration geht auch die Frage der **Staatsangehörigkeit** einher. Deutschland hat im internationalen Vergleich ein strenges und relativ kompliziertes Staatsangehörigkeitsrecht. Dabei gelten zwei Prinzipien. Das **Abstammungsprinzip** besagt, dass ein Kind deutscher Eltern automatisch die deutsche Staatsangehörigkeit erwirbt. Dies trifft auch dann zu, wenn nur ein Elternteil Deutsche oder Deutscher ist. Gemäß dem zweiten Prinzip, dem **Geburtsortprinzip**, kann unter bestimmten Voraussetzungen aber auch ein Kind von zwei ausländischen Elternteilen die deutsche Staatsangehörigkeit erwerben. Dies ist der Fall, wenn mindestens eines der beiden Elternteile seit acht oder mehr Jahren in Deutschland lebt und hier unbeschränktes Bleiberecht hat. Wenn weder das Abstammungsprinzip, noch das Geburtsortprinzip zutrifft, besteht für Ausländer die Möglichkeit der **Einbürgerung**, falls die folgenden Voraussetzungen erfüllt sind: Aufenthalt in Deutschland seit mindestens acht Jahren, unbeschränktes Bleiberecht, Bekenntnis zur freiheitlich-demokratischen Grundordnung, keine Verurteilung wegen einer schweren Straftat, Fähigkeit zur Sorge für den eigenen Unterhalt und Aufgabe der bisherigen Staatsbürgerschaft.

In Diskussionen um Integration und Staatbürgerschaft geht es häufig auch um die **doppelte Staatsangehörigkeit**. Bis zum Jahr 2014 galt hierzu für Kinder ausländischer Eltern, die gemäß dem Geburtsortprinzip die deutsche Staatsangehörigkeit bekamen und zugleich eine weitere Staatsangehörigkeit hatten, die sogenannte Optionspflicht. Das bedeutete, dass sie sich bis spätestens zu ihrem 23. Lebensjahr entscheiden mussten, welche ihrer beiden Staatsangehörigkeiten sie behalten wollten, die andere musste aufgegeben werden. Seit Dezember 2014 dürfen in Deutschland geborene und aufgewachsene Kinder von Ausländern ihre doppelte Staatsangehörigkeit behalten, wenn sie bis zu ihrem 21. Lebensjahr mindestens acht Jahre in Deutschland gelebt haben oder hier mindestens sechs Jahre zur Schule gegangen sind und einen deutschen Schulabschluss erworben haben. Die aktuell gültige Regelung (Stand 2019) ist umstritten. Manche Politikerinnen und Politiker fordern die Abschaffung des „Doppelpasses", d. h. der doppelten Staatsangehörigkeit. Sie argumentieren, man könne sich nur einem Land verbunden fühlen. Andere hingegen sehen die deutsche Staatsangehörigkeit auch im Rahmen einer doppelten Staatsangehörigkeit als Instrument der Integration, da sie beispielsweise erlaubt, an Wahlen zum Bundestag teilzunehmen. Viele Menschen würden ansonsten von einer der wichtigsten Möglichkeiten der politischen Teilhabe im Land ausgeschlossen.

Kompetenztraining

WISSEN

1. Führe den Satz jeweils mit der richtigen Möglichkeit fort. Begründe jeweils, warum die beiden anderen Möglichkeiten falsch sind.

   Man spricht beim Thema Einwanderung oft von Push- und Pullfaktoren und meint damit …
   a) … die Quotenregelung der EU bei der Verteilung von Flüchtlingen.
   b) … die möglichen Gründe, die Menschen aus ihren Ländern ziehen oder Menschen in andere Länder treiben.
   c) … die verschiedenen Arten der Visa und Aufenthaltserlaubnisse.

   Die ausländischen Arbeiterinnen und Arbeiter, die in den 1950er- und 1960er-Jahren in die Bundesrepublik Deutschland gekommen waren, nannte man Gastarbeiter, weil …
   a) … sie in der ersten Zeit bei ihren deutschen Kolleginnen und Kollegen wohnten.
   b) … sie nur befristete Arbeitsverträge hatten.
   c) … die Politik nicht damit rechnete, dass sie für immer bleiben würden.

2. Bilde aus den angegebenen Stichworten jeweils einen sinnvollen Satz.
   a) Integration – Miteinander – Anpassung
   b) Zuwanderinnen und Zuwanderer – Fachkräftemangel – soziale Sicherungssysteme
   c) Schleuser – Türkei – Grenzsicherung

ANALYSIEREN

1. Analysiere das folgende Interview, indem du die zentralen Aussagen herausarbeitest und es in einen Zusammenhang mit deinem Wissen zum Thema Integration bringst.

Allein zwischen Tradition und wahrem Leben
Türkisch- und arabischstämmige Jugendliche stecken oft zwischen Missverständnissen fest, sagt Soziologe Aladin El-Mafaalani. Anerkennung finden sie nur bei ihren Peers.

ZEIT ONLINE: Herr El-Mafaalani, Sie haben muslimische Kinder und Jugendliche untersucht, die sich in Deutschland schwer integrieren. Welche Rolle spielt die Religion?
Aladin El-Mafaalani: Der Schwerpunkt unserer Untersuchung lag auf türkisch- und arabischstämmigen Jugendlichen. Der Islam bedeutet für sie ganz Unterschiedliches und hat meistens wenig Einfluss darauf, wie gut sich ein Kind in die Gesellschaft integrieren kann. Problematischer sind die Traditionen, die aus muslimisch geprägten Gesellschaften mit nach Deutschland gebracht wurden.
ZEIT ONLINE: Die Kultur bereitet also mehr Schwierigkeiten als die Religion?
El-Mafaalani: Es ist eine Mischung aus kulturellen und sozialen Faktoren. Manche Eltern schreiben ihren Kindern traditionelle Werte und Denkweisen aus den armen, ländlichen Regionen ihrer Heimatländer vor, die sich hier nicht mehr umsetzen lassen. Was die Kinder in der deutschen Schule erleben, steht im Gegensatz dazu. Beide Überzeugungen prallen aufeinander und die Jugendlichen werden mit diesem Konflikt alleine gelassen.
ZEIT ONLINE: Können Sie ein Beispiel nennen?

El-Mafaalani: [...] Zum Beispiel: Ein Vater, der mit seinem Kind schimpft, erwartet, dass das Kind schweigt und erträgt. Fragen sind immer rhetorisch und dürfen nicht beantwortet werden. Es macht gar nichts, wenn das Kind genervt guckt, aber es darf die Autoritätsperson nicht anschauen. Verhält sich dasselbe Kind aber einem deutschen Lehrer gegenüber genauso – es guckt genervt, schweigt, wenn es gefragt wird, schaut den Lehrer nicht an – findet der das Verhalten respektlos. Und das Kind versteht gar nicht, was die Lehrer von ihm wollen. [...]

ZEIT ONLINE: Was halten Sie vom Islamunterricht, wenn doch der Islam gar keine so große Rolle für die Integration spielt?

El-Mafaalani: Der würde gut tun, gar nicht wegen der inhaltlichen Dimension. Sondern weil er eine institutionelle Form der Anerkennung darstellt. Die Jugendlichen erleben oft, dass ihnen Dinge aufgestülpt werden: Mach unseren Religionsunterricht mit oder du hast eben frei. Fremdsprachen sind wichtig, sogar Chinesisch und Russisch, aber Türkisch und Arabisch werden nirgendwo angeboten. Auch die arabische Geschichte spielt keine Rolle. Antisemitismus und Diskriminierung werden nur im Rahmen des Holocaust besprochen, also in der Erinnerungskultur. Dass die Jugendlichen aktuell antisemitische Tendenzen zeigen, wird ebenso wenig im Unterricht behandelt wie die Islamophobie, unter der sie leiden. Ich bin ja selbst Lehrer: Mir ist noch kein Jugendlicher über den Weg gelaufen, der für Themen rund um kulturelle und religiöse Missverständnisse nicht zugänglich gewesen wäre. [...]

Aus: © Parvin Sadigh für ZEIT ONLINE (www.zeit.de) vom: 28.09.2011 „Allein zwischen Tradition und wahrem Leben" online: https://www.zeit.de/gesellschaft/familie/2011-09/migranten-jugendliche-bildung-integration/komplettansicht [zuletzt: 05.02.2019]

URTEILEN

1. Beurteile die beiden Aussagen, indem du den Personen eine fiktive Mail schreibst. Beschreibe hierin, ob ihre Aussagen stimmen und wie du hierzu persönlich stehst.

Hans, 63, Zimmerer: „Ich finde, Deutschland sollte nicht zu viele Ausländer aufnehmen, schließlich entstehen dadurch große Probleme für den Arbeitsmarkt. Deutschland hat Millionen Arbeitslose, die erst einmal vermittelt werden müssen. Zu viele Einwanderer belasten doch nur die sozialen Sicherungssysteme."

Tina, 23, Studentin: „Ich finde, dass jeder, der in Deutschland geboren ist, die deutsche Staatsangehörigkeit bekommen sollte. Das fördert die Integration und die betroffenen Menschen fühlen sich angenommen. Aktuell können sie sich hier kaum engagieren und sind von vielen Rechten ausgeschlossen, und eingebürgert zu werden ist doch fast unmöglich!"

HANDELN

1. a) Sei kreativ! Male oder zeichne ein Bild, das eine typische Situation zum Thema Integration darstellt.
   b) Stelle deine Zeichnung der Klasse vor und begründe, wieso die dargestellte Situation dir besonders wichtig ist.

ERARBEITEN

1. Interpretiere die Karikatur. Beschreibe dabei, um welche Thematik es geht, wie sich der Zeichner der Karikatur positioniert und verfasse einen eigenen Kommentar, wie du dazu stehst.

Weiterdenken

W 1 Ich packe …

Versetzt euch in folgende Situation: In Deutschland bricht plötzlich ein Bürgerkrieg aus, ein Armeegeneral hat die Macht übernommen und geht aggressiv gegen jeden vor, der sich gegen ihn und seine Gruppe auflehnt. Weil deine Eltern Mitglieder in einer demokratischen Partei sind, müssen sie so schnell wie möglich das Land verlassen – sie haben nur wenigste Stunden Zeit, bevor ihr alle abgeholt und in ein Gefängnis gesperrt werdet! Das einzige Land, das euch so schnell Asyl gegeben hat, sind die Seychellen, ein kleiner Inselstaat im tropischen Afrika …

In eurem Koffer ist neben Kleidung noch Platz für fünf persönliche Gegenstände. Überlege zuerst alleine, was du mitnehmen würdest. Tausche dich danach mit deiner Sitznachbarin/deinem Sitznachbarn aus und fertigt eine Liste an. Erstellt anschließend eine gemeinsame Liste an der Tafel, in der ihr alle Gegenstände notiert. Diskutiert anschließend darüber, aus welchen Gründen ihr euch für bestimmte Gegenstände entschieden habt.

W 2 Migration in der Gemeinde

Erkundet gemeinsam eure Gemeinde und geht den Spuren von Zuwanderinnen und Zuwanderern nach. Gibt es bestimmte Viertel, in denen besonders viele Menschen mit fremden Wurzeln leben?
Recherchiert vor Ort, was ihr über ihre Geschichten und ihr aktuelles Leben erfahren könnt. Macht Fotos oder führt Interviews, stöbert in Archiven oder fragt im Rathaus nach.
Gestaltet am Ende eine Präsentation, in der ihr eure Erkenntnisse zusammenfasst.

Das „Projekt Europa" – Die Europäische Union

Das „Projekt Europa" kann man nicht nur wegen des seit langem in Mitteleuropa herrschenden Friedens als grundsätzlich gelungen bezeichnen. Die Europäische Union (EU) kann darüber hinaus auf viele weitere Erfolge verweisen. So garantiert die EU uns allen eine Vielzahl von Chancen, Freiheiten, Rechten und Sicherheiten, die wir noch nicht so lange in Anspruch nehmen können. Sie sind uns aber heutzutage oftmals schon gar nicht mehr bewusst, weil sie uns selbstverständlich im Alltag begleiten.

Neben diesen positiven Aspekten sind die Mitgliedsstaaten der EU in den letzten Jahren jedoch auch immer wieder mit Krisen und großen Herausforderungen konfrontiert worden, so dass bei den Bürgerinnen und Bürgern teilweise Befürchtungen aufkommen, dass das „Projekt Europa" vielleicht Gefahr läuft zu scheitern.

Insofern ist und bleibt die Europäische Union ein offenes „Projekt", dessen Gelingen von der Akzeptanz, vom Willen und politischen Engagement aller Beteiligten lebt. Dabei sind die Bürgerinnen und Bürger der EU genauso gefordert wie die Politikerinnen und Politiker.

Was verbindest du mit der EU? Wie nimmst du die EU in deinem Alltag wahr und welche Meinung hast du über sie?

1. Was geht mich Europa an? – Geschichte und Alltag von Europa und der EU

Europa und die Europäische Union: Mythos, Symbole und Geschichte

Wenn es um die Europäische Union geht, werden die Begriffe „Europa" und „Europäische Union" oftmals synonym verwendet. Genaugenommen haben sie aber unterschiedliche Bedeutungen. Während der geografische Begriff „Europa" für den gesamten europäischen Kontinent steht, bezieht sich die politische Bezeichnung „Europäische Union" auf den Verbund der an ihr beteiligten europäischen Mitgliedsstaaten. Wie jeder europäische Nationalstaat haben auch Europa insgesamt und die EU eine Geschichte sowie Symbole, die immer wieder in der aktuellen politischen Diskussion auftauchen.

M 1 Der Mythos von Europa

In Phönikien, dem Gebiet der heutigen Staaten Israel, Libanon und Syrien, lebte einst Europa, die wunderschöne Tochter des Königs Agenor. Ihre Schönheit war weit über die Grenzen ihres Vaterlands hinaus bekannt. So kam es, dass sich der griechische Göttervater Zeus in sie verliebte und beschloss, sie zu erobern. Als sie sich eines Tages mit ihren Freundinnen wieder am Strand aufhielt, entstieg Zeus in Gestalt eines Stiers dem Meer. Langsam näherte er sich Europa und legte sich in den Sand. Die Prinzessin verlor schnell ihre anfängliche Angst vor dem Tier und stieg ihm sogar auf den Rücken. Da erhob sich der Stier und verschwand mit der jetzt vor Angst weinenden Prinzessin in den Fluten. Sehr viel später erreichten sie unbeschadet die Insel Kreta, wo sich Zeus in einen schönen jungen Mann verwandelte und Europa tröstete, indem er ihr versprach, dass der Kontinent, auf dem sie sich jetzt befinde, für immer ihren Namen tragen solle. Dem Mythos nach hatten Zeus und Europa drei Söhne, von denen einer, mit Namen Minos, angeblich eine der ersten europäischen Hochkulturen begründete.

M 2 Europaflagge und Europahymne

1955 gab der Europarat eine Erläuterung zur Symbolik der EU-Flagge ab. Danach stellen die vor dem blauen Himmel kreisförmig als Symbol der Einheit angeordneten goldenen Sterne die Völker Europas dar. Die Zahl der Sterne ist unveränderlich auf zwölf festgelegt und steht als Sinnbild für Vollkommenheit und Vollständigkeit. Ebenso wie die zwölf Tierkreiszeichen das gesamte Universum darstellen, verkörpern alle Nationen Europa. Dazu zählen auch die Nationen, die noch nicht teilnehmen können an der Errichtung einer Europäischen Union in Frieden und Einheit.

Über diese offizielle Erklärung hinaus gibt es noch weitere Erläuterungen, die in der Zwischenzeit auch in den offiziellen Beschreibungen von Institutionen der EU vorkommen. Danach steht die Zahl Zwölf für das Ergebnis aus „3 x 4", wobei die drei für die Dreifaltigkeit als christliches Symbol steht, während die vier die Himmelsrichtungen oder die vier Elemente Feuer, Wasser, Luft und Erde repräsentiert. Aber auch die zwölf Monate eines Jahres, die zwölf Stunden der Uhr oder die zwölf olympischen Götter werden in diesem Zusammenhang angeführt.

Die Melodie der Hymne der EU stammt aus der Neunten Symphonie, die Ludwig van Beethoven im Jahr 1823 als Vertonung der von Friedrich Schiller 1785 verfassten „Ode an die Freude" komponierte.

Die Hymne symbolisiert nicht nur die Europäische Union, sondern auch Europa im weiteren Sinne. Mit seiner „Ode an die Freude" brachte Schiller seine idealistische Vision zum Ausdruck, dass alle Menschen zu Brüdern werden – eine Vision, die Beethoven teilte.

1972 erklärte der Europarat Beethovens „Ode an die Freude" zu seiner Hymne. 1985 wurde sie von den EU-Staats- und -Regierungschefs als offizielle Hymne der Europäischen Union angenommen. Ohne Worte, nur in der universellen Sprache der Musik, bringt sie die europäischen Werte Freiheit, Frieden und Solidarität zum Ausdruck.

Die Europäische Hymne soll die Nationalhymnen der EU-Länder nicht ersetzen; sie steht vielmehr für die Werte, die diese Länder teilen. Die Hymne erklingt bei offiziellen Feierlichkeiten unter Beteiligung der Europäischen Union und üblicherweise bei allen Arten von Veranstaltungen mit europäischem Charakter.

Aus: Homepage der Europäischen Union: Die Hymne der Europäischen Union, online:
https://europa.eu/european-union/about-eu/symbols/anthem_de [zuletzt: 06.02.2019]

PERLEN IM NETZ
https://europa.eu/european-union/about-eu/symbols/anthem_de

Unter dieser Adresse findest du den Link und kannst du dir die Hymne anhören.

M 3 Die Entstehung der Europäischen Union

Die *Europäische Union (EU)* hat sich seit ihrem Beginn immer weiterentwickelt und verändert. Das Projekt eines gemeinsamen Europas hatte nach dem Ende des Zweiten Weltkriegs begonnen. Die ehemals kriegführenden Staaten, allen voran Deutschland als einstiger Kriegsverursacher und Frankreich, waren sich einig, dass auf europäischem Boden nie wieder ein Krieg stattfinden darf. Unter dem Motto „In Vielfalt geeint" sollten aus Feinden gleichberechtigte Partner und Verbündete werden, weshalb sie sich zur Zusammenarbeit entschlossen und das Ziel verfolgten eine gemeinsame europäische Union zu bilden.

Ein erster Schritt hin zu einem europäischen Verbund war im Jahr 1951 die sogenannte Montanunion zur gemeinansamen Kontrolle der Stahl- und Kohleproduktion, bestehend aus Deutschland, Frankreich, Italien und den Beneluxstaaten (Belgien, Niederlande, Luxemburg), aus der 1957 die Europäische *Wirtschaftsgemeinschaft (EWG)* hervorging. Durch die Angleichung der Wirtschaftspolitik sollte mehr Wirtschaftswachstum geschaffen und dadurch der Lebensstandard der Bevölkerung verbessert werden. Im Laufe der Jahre wurde die Kooperation mit anderen europäischen Ländern schrittweise intensiviert und ausgeweitet, so dass immer mehr Staaten an der Idee eines gemeinsamen Europas mitwirkten. 1967 wurde aus der EWG die *Europäische Gemeinschaft (EG)*. Mit dieser Umbenennung wurden zum einen die Zölle in den EWG-Mitgliedsstaaten abgeschafft, zum anderen wurde damit aber auch signalisiert, dass Europa mehr als nur eine Wirtschaftsgemeinschaft darstellt. 1993 trat der *Vertrag von Maastricht* in Kraft, der von zwölf europäischen Regierungschefs beschlossen wurde. Aus der Europäischen Gemeinschaft wurde damit die *Europäische Union (EU)*. Die beteiligten Länder vereinbarten vertraglich, ihre Zusammenarbeit, insbesondere in den Bereichen der Innen-, Justiz, Außen-, und Sicherheitspolitik, deutlich zu verstärken. Diese Entwicklung brachte viele Vorteile für die Bürgerinnen und Bürger der Europäischen Union mit sich, wie z. B. die Reisefreiheit innerhalb der EU, die im *Schengener Abkommen* geregelt wurde, oder die Einführung des *Euro* als gemeinsame europäische Währung anstelle der früheren nationalen Währungen eines jeden Einzelstaats.

Im Jahr 2004 kam es zur bisher größten Erweiterung der EU, bei der ihr vor allem osteuropäische Länder beitraten, weshalb in diesem Zusammenhang auch der Begriff *Osterweiterung* verwendet wird. Mit dem *Vertrag von Lissabon* im Jahr 2009 wurden die politischen Grundlagen der EU neu gestaltet und die Mitspracherechte der Bürgerinnen und Bürgern gestärkt. Im Jahr 2013 trat mit Kroatien das bisher letzte Land der Europäischen Union bei (Stand 2019).

Die geschichtliche Entwicklung hin zu Europäischen Union verlief jedoch nicht immer nur positiv. Insbesondere in den zurückliegenden Jahren kam es zu verstärkten und neuen Krisen, die bei der Weiterentwicklung des „Projekts Europa" große Probleme mit sich brachten. Neben der Finanzkrise im Jahr 2008 zählen dazu auch die Flüchtlingskrise 2015, eine vermehrte Zahl von Terroranschlägen in vielen Mitgliedsstaaten und die Volksabstimmung in Großbritannien 2016 über den Austritt des Staates aus der EU, den sogenannten „Brexit".

M 4 Beitritt … und Austritt

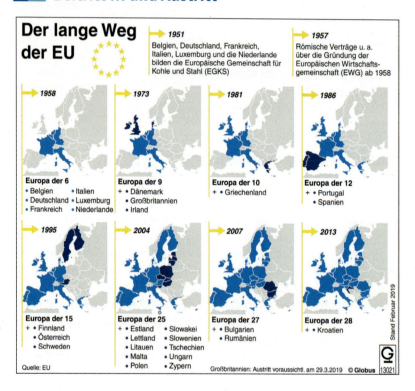

EINSTEIGEN

1. Fasse den Mythos der Namensgebung Europas (M1, S. 254) in wenigen Sätzen zusammen.

2. Stelle in einer Tabelle den offiziellen weitere mögliche Bedeutungen der EU-Flagge (M2, S. 254 f.) gegenüber.

3. Erstelle mithilfe von M3 (S. 255 f.) und M4 (S. 256) eine Tabelle mit folgenden Angaben: Jahreszahl; Mitgliedsstaaten der EU; Bezeichnung der Gemeinschaft; Merkmale der Gemeinschaft.

WEITER-ARBEITEN

4. Skizziere ausgehend von M4 (S. 256) eine Europakarte mit den aktuellen Mitgliedsstaaten.

5. Wie auf der 2-Euro-Münze in M1 (S. 254) begegnen uns Stier und Prinzessin in vielfältiger Weise. Nenne den Grund dafür und erläutere, woher diese beiden Symbole kommen.

6. Erkläre, warum nur Beethovens Vertonung der „Ode an die Freude" („Perlen im Netz", S. 255) zur Europahymne gewählt und auf den Text von Schiller verzichtet wurde (M2, S. 246 f.).

7. a) Recherchiere im Internet (siehe Arbeitstechnik „Informationen im Internet recherchieren", S. 344 f.) den Text der „Ode an die Freude" und stelle dar, wie darin der Gedanke eines geeinten Europas zum Ausdruck gebracht wird.
   b) Überlegt zu zweit weitere Vorschläge für eine europäische Hymne, die den Europagedanken zum Ausdruck bringt. Stellt sie anschließend einem anderen Zweierteam vor.

▲ 1, 2, 3, 5   ▲▼ 1, 3, 5, 6   ▲▽▲ 3, 4, 5, 7

VERTIEFEN

Wir und die Europäische Union

„Europäische Union? Klar kenne ich die, die ist aber für mich weit weg und hat mit meinem Alltag wenig zu tun!". Solche oder ähnliche Aussagen hört man immer wieder, wenn man die Frage stellt, ob Europapolitik einen unmittelbaren Einfluss auf den Alltag von EU-Bürgerinnen und EU-Bürgern hat. Schaut man aber genauer hin, wird man feststellen, dass von der EU schon sehr viele gesetzliche Regelungen vorgegeben werden, von denen wir oftmals in unserem Alltag profitieren, die hin und wieder aber auch Anlass für Kritik sind.

M 5 Die EU zu Gast bei Familie Jurop

Das Frühstücksei am Sonntagmorgen schmeckt allen in der Familie Jurop. Zwar muss es nicht unbedingt ein Bio-Ei sein, aber Eier aus Käfighaltung kommen auf keinen Fall in Frage. Da in den Ländern der EU eine einheitliche Eierkennzeichnung mit Hinweisen zur Herkunft, Haltung und Frische der Eier vorgeschrieben ist, kann beim Einkauf leicht entschieden werden, welches Ei auf den Tisch kommt.

Nicht nur für die weiblichen Mitglieder der Familie Jurop spielen Kosmetikartikel eine wichtige Rolle. Auch Vater Thomas und Sohn Bernhard benutzen Cremes und Seifen. Allen ist dabei wichtig, dass diese Produkte nicht mithilfe von Tierversuchen getestet wurden. Sie können vollkommen beruhigt sein, denn in der EU dürfen so hergestellte Kosmetikprodukte generell nicht verkauft werden.

Am Abend ruft Sohn Bernhard mit seinem Smartphone seinen Cousin an, der gerade ein Freiwilliges Soziales Jahr in Frankreich absolviert und viel zu berichten hat. Seit die EU die sogenannten Roaming-Gebühren bei Auslandsgesprächen immer weiter gesenkt und 2017 ganz abgeschafft hat, sind die Telefonkosten weitaus günstiger als früher.

Tochter Isoldes großer Traum ist es, sich nach einer Ausbildung zur Schreinerin in Italien als Restauratorin weiterzubilden. Wenn sie ihre Ausbildung erfolgreich abschließt, ist dies kein Problem, denn die meisten Berufsabschlüsse werden EU-weit anerkannt. Zudem ermöglicht ihr die in der EU bestehende Freizügigkeit, problemlos in jedem Mitgliedsstaat ihren Wohnsitz zu nehmen und zu arbeiten.

In der gesamten Familie hat niemand so richtig Lust, Mineralwasserkisten zu kaufen und vor allem zu schleppen – dennoch wollen alle Wasser. Das Problem löst sich fast von selbst, denn in der EU kann aufgrund einer Richtlinie, die vorgibt, dass Leitungswasser Trinkwasserqualität haben muss, zumeist bedenkenlos Wasser aus dem Hahn getrunken werden, egal ob in Mailand oder Madrid.

Mutter Svetlana möchte ihre frühere Schulfreundin besuchen, die seit langem in Griechenland lebt und arbeitet. Sie geht in ein Reisebüro, um sich nach einem günstigen Flug zu erkundigen. Seit die EU die nationalen Flugmonopole abgeschafft hat und die Fluggesellschaften nun frei entscheiden können, welche Routen sie fliegen, werden durch den sich daraus ergebenden Wettbewerb auch die Flugpreise günstiger.

Oma Elsa will ihr erspartes Geld möglichst gewinnbringend und gleichzeitig sicher auf einem Festgeldkonto anlegen. Mit Hilfe von Enkel Richard entscheidet sie sich für eine französische Bank. Dies ist problemlos möglich, da Banken aus den EU-Ländern ihre Dienste in der ganzen EU anbieten können und zudem die Spareinlagen EU-weit gesichert sind.

Vater Thomas arbeitet bei einer großen Maschinenbaufirma, die einen Großteil ihrer Maschinen im europäischen Ausland verkauft. Da es aufgrund des europäischen Binnenmarktes offene Grenzen und keine Zölle innerhalb der EU gibt, laufen die Geschäfte sehr gut, was sich wiederum positiv auf die Sicherheit der Arbeitsplätze in der Firma auswirkt.

Sollte Tochter Isolde während ihres zukünftigen Auslandsaufenthaltes krank werden, kann sie mit unkomplizierter ärztlicher Hilfe rechnen. Die von der EU eingeführte Europäische Versicherungskarte garantiert, dass jede EU-Bürgerin und jeder EU-Bürger in jedem EU-Land bei unvorhergesehenen Notfällen unbürokratisch behandelt wird.

M 6 Die vier Freiheiten des Binnenmarkts

Der Europäische Binnenmarkt

ist der gemeinsame Binnenmarkt der Mitgliedstaaten der Europäischen Union (EU). Er umfasst derzeit 28 Länder mit über 500 Mio. Einwohnern und einer Wirtschaftsleistung von 13 Billionen Euro.

Grundlagen sind die **vier Freiheiten**, die im Vertrag über die Arbeitsweise der Europäischen Union (AEU-Vertrag) festgelegt sind:

Freier Warenverkehr
Keine Zölle und mengenmäßigen Beschränkungen, Angleichung von Normen, freier Wettbewerb

Freier Dienstleistungsverkehr
Grenzüberschreitendes Angebot von Dienstleistungen wie Transport, Energie, Telekommunikation, Versicherungen, Handwerk, etc.

Freier Personenverkehr
Keine Grenzkontrollen, Niederlassungsfreiheit (Wohnort/Arbeitsplatz), Anerkennung von Berufs- und Schulabschlüssen

Freier Kapitalverkehr
Freie Geld- und Kapitalbewegungen, gemeinsamer Markt für Finanzdienstleistungen (Bankgeschäfte u. a.), Unternehmensbeteiligungen in der EU

Quelle: Europäische Kommission

M 7   Die letzten Tage der Glühbirne

Es naht der letzte Tag, an dem Glühbirnen verkauft werden dürfen. Die EU schickt jetzt auch die 25- und 40-Watt-Glühlampen in Rente. [...]
Der Glühlampenausstieg gilt als eine der unpopulärsten Entscheidungen der EU. Sie ist tatsächlich ungewöhnlich radikal. Das sei absurd, sagt der Medienjournalist Dietrich Leder „angesichts der Liberalität gegenüber Fahrzeugbesitzern, die weiterhin ihre überdimensionierten Kraftwagen sinnlos durch die Gegend bewegen können".
Wie angemessen der Glühlampenausstieg ist, darüber lässt sich trefflich streiten. Ausschlaggebend für den Schritt waren im Jahr 2008 klima- und energiepolitische Überlegungen.
2020 sollen jährlich laut Verordnung durch eben diese EU-weit 39 Terrawattstunden Energie eingespart werden. Das entspricht immerhin der Leistung von vier großen Kernkraftwerken im Dauerbetrieb. Unklar ist, ob die Einsparung erreicht werden wird.
Erfahrungen mit anderen Energiesparmaßnahmen zeigten, dass die Ziele wegen des sogenannten „Rebound-Effekts" häufig nicht erreicht wurden. Auch die oft diskutierte Quecksilberfrage wird in der Verordnung berücksichtigt. Weil viele Energiesparlampen ohne Recycling entsorgt würden, kämen in der EU 2,9 Tonnen Quecksilber in die Umwelt. Das soll trotz steigender Lampenzahl nicht mehr werden: durch weniger Quecksilber in jeder einzelnen Energiesparlampe und besseres Recycling.
[...] Bevor Glühlampen verboten wurden, versuchte man lange die Menschen von den modernen Energiesparlampen zu überzeugen. Kostet mehr, hält aber achtmal so lange und spart 80 Prozent Strom, lauteten die Argumente. Während ihrer Lebensdauer spart die Sparlampe Strom für 65 Euro ein, hieß es. Soweit die versprochene Haltbarkeit erreicht wird, stimmt das auch.
Was aber machen die Menschen mit den eingesparten 65 Euro? Zusätzliche Lampen einschrauben, denn Licht ist ja plötzlich so billig? Oder auf die hohe Kante legen für einen zusätzlichen Kurztrip nach Mallorca? All das verbraucht Energie.
Energieeffizienz ändert Kaufverhalten und Konsummuster, manches der erhofften Einsparung prallt zurück, die Forscher sprechen vom „Rebound-Effekt". Mehrere Studien konnten zeigen, dass die tatsächliche Einsparung oft deutlich niedriger ist als die erwartete. [...]

Aus: Gent, Martin/Dierkes, Matthis (WDR): Stufe vier des EU-Verbots, Die letzten Tage der Glühbirne, in: Homepage der tagesschau vom 30.08.2012, online: http://www.tagesschau.de/inland/gluehlampe104.html [zuletzt: 06.02.2019]

EINSTEIGEN

1. Fasse die in den Fällen in M 5 (S. 257 f.) genannten EU-Regelungen jeweils in einem Satz zusammen.
   Beispiel: Kennzeichnungspflicht für Eier in Bezug auf Herkunft, Haltung und Frische

2. Erstelle eine Reihenfolge der einzelnen EU-Regelungen aus M 5 (S. 257 f.) nach persönlicher Wichtigkeit für dich. Begründe deine Auswahl.

3. Erarbeite die Argumente der Befürworter und Gegner des Glühlampenverbots (M 7, S. 259) der EU aus dem Jahr 2012. Recherchiere anschließend im Internet, wie der heutige Stand dieser Thematik ist (siehe Arbeitstechnik „Informationen im Internet recherchieren", S. 344 f.).

WEITERARBEITEN

4. Fertige eine Tabelle nach folgendem Muster und ordne die Fälle aus M 5 (S. 257 f.) den in M 6 (S. 258) und Info 1 (S. 260 f.) genannten vier Freiheiten des Binnenmarkts zu.

	Freier Warenverkehr	Freier Personenverkehr	Freier Dienstleistungsverkehr	Freier Kapitalverkehr
Auslandsstudium		X		
...				

5. Zeige anhand einiger Fälle aus M 5 (S. 257 f.) mithilfe von Info 1 (S. 260 f.) auf, wie sich an diesen Fällen der Begriff „Supranationalität" zeigt.

VERTIEFEN

6. Verfolgt über einen bestimmten Zeitraum (z. B. zwei Wochen) die Berichterstattung über die EU in den Medien. Notiert euch dabei solche Meldungen, die einen Einfluss auf euren Alltag haben können. Stellt euch die Ergebnisse in Kleingruppen vor und vergleicht sie.

7. Überlegt in Partnerarbeit mithilfe von Info 1 (S. 260 f.) weitere mögliche Politikbereiche, die sich der Subsidiarität zuordnen lassen.

8. Verfasse mithilfe von M 5 (S. 257 f.), M 6 (S. 258) und Info 1 (S. 260 f.) einen Kurzvortrag für Schülerinnen und Schüler aus einer unteren Klassenstufe, in dem du erläuterst, welche Rolle die Europäische Union im Alltag von EU-Bürgerinnen und Bürger spielt.

9. Diskutiert auf der Grundlage von M 5 (S. 257 f.) und Info 1 (S. 260 f.) in der Klasse, inwiefern die EU dazu beiträgt, dass in Mitteleuropa eure Generation und die eurer Eltern in Frieden leben können.

▲ 1, 4, 8, 9   ▼ 1, 2, 5, 6, 9   ▲▼▲ 1, 3, 5, 6, 7, 9

Info 1 Grundlagen der Europäischen Union

Der → **Vertrag von Maastricht** im Jahr 1993 bedeutete die Gründung der **Europäischen Union**. In diesem Vertrag, der von damals zwölf Mitgliedsstaaten unterzeichnet wurde, sind wichtige Grundlagen der EU niedergeschrieben. Danach basiert die EU auf drei Säulen.

1. Die Europäische Gemeinschaft
Hier ist zunächst die Wirtschafts- und Währungsunion zu nennen. Damit ein Land daran teilnehmen und den Euro als Währung einführen kann, muss es verschiedene wirtschaftliche Bedingungen erfüllen, die sogenannten **Konvergenzkriterien**. Dazu zählen neben einer geringen Inflationsrate vor allem eine nicht zu hohe Staatsverschuldung und ein geringes Haushaltsdefizit. Ein weiterer wichtiger Punkt dieser Säule ist die Gründung des **europäischen Binnenmarkts** mit den vier Freiheiten:

- Der **freie Personenverkehr** gibt allen EU-Bürgerinnen und Bürgern das Recht, sich überall in der EU aufzuhalten und niederzulassen.
- Der **freie Dienstleistungsverkehr** ermöglicht es Unternehmen, wie z. B. Telekommunikationsunternehmen oder Energieversorgern, ihre Dienstleistungen im gesamten Binnenmarkt anzubieten.
- Der **freie Warenverkehr** sorgt dafür, dass Waren schnell und günstig innerhalb der EU transportiert werden können.
- Der **freie Kapitalverkehr** ermöglicht es z. B. problemlos Geldanlagen bei allen Banken des Binnenmarkts zu tätigen.

2. Gemeinsame Außen- und Sicherheitspolitik
Damit ist gemeint, dass die EU-Mitgliedsländer in außenpolitischen (z. B. bei Kriegseinsätzen) und sicherheitspolitischen Fragen (z. B. bei der Terrorismusbekämpfung) eine immer enger aufeinander abgestimmte Politik betreiben wollen.

3. Zusammenarbeit in der Innen- und Rechtspolitik
Ähnlich wie bei der gemeinsamen Außen- und Sicherheitspolitik geht es hier um eine engere Zusammenarbeit von Polizei und Justiz zur Bekämpfung der Kriminalität im EU-Raum. So wurde z. B. eine europäische Polizeibehörde (EuroPol) gegründet. Weiterhin sollen auch die europäischen Gesetze zunehmend vereinheitlicht werden.

Im → **Vertrag von Lissabon** wurden im Jahr 2009 die Mitbestimmungsrechte der Bürgerinnen und Bürger erweitert. Seither haben sie die Möglichkeit, z. B. durch Gründung einer Europäischen Bürgerinitiative, die EU-Politik mitzugestalten. Aber auch das Europäische Parlament wurde mit mehr Rechten ausgestattet. Ebenso müssen nun die nationalen Parlamente der EU-Staaten stärker bei Entscheidungen durch die EU berücksichtigt werden.
Damit die Zusammenarbeit auf europäischer Ebene auch funktionieren kann, basiert die EU auf dem Prinzip der **Supranationalität**. Damit ist gemeint, dass die EU-Mitgliedsländer zwar weiterhin bestehen bleiben sollen, aber einen Teil ihrer Souveränität und damit verbundenen Rechte an die EU abgeben, um gemeinsam für die gesamte EU gültige Regeln zu schaffen, die für alle gelten.
Ein anderes Prinzip der EU ist die **Subsidiarität**. Dieses besagt, dass die Mitgliedsstaaten ihre politischen Angelegenheiten selbstständig regeln und die EU nur dann aktiv wird, wenn dies allen Mitgliedsstaaten gleichermaßen dient. Ein Beispiel dafür ist die Bildungspolitik. Es macht z. B. keinen Sinn, EU-einheitlich zu regeln, was in den Schulen gelernt werden soll. Das können die einzelnen Staaten besser selbst festlegen. Andererseits ist es durchaus sinnvoll, gleiche Umweltstandards für alle EU-Staaten festzulegen, wie z. B. verbindliche Abgasnormen für Kraftfahrzeuge. Die Umweltproblematik ist ein grenzüberschreitendes Problem und betrifft alle Nationen gleichermaßen.

2. Wer bestimmt was in der EU? – Die Organe der EU und ihr Zusammenwirken bei der Gesetzgebung

Die europäischen Organe und ihre Aufgaben

Täglich informieren die Medien über die europäische Politik. Dabei geht es um das EU-Parlament, den Ministerrat, um die Kommissare und die Kommission, um Verträge und Klagen vor dem Europäischen Gerichtshof, so dass man mitunter das Gefühl bekommt, den Überblick zu verlieren. Betrachtet man aber die einzelnen Organe der EU und ihr Zusammenwirken einmal genau, so merkt man, dass die Zusammenhänge gar nicht so kompliziert sind.

M 8 Europäische Kommission & Co: Die Organe der Europäischen Union

Nachdem bei Familie Jurop die Erkenntnis gereift ist, dass die Europäische Union doch häufiger als angenommen in ihrem Alltag präsent ist, wird nun darüber diskutiert, welche Organe es in der EU gibt und welche Funktionen diese haben.

Mutter Svetlana: „Mein lieber Scholli. Schlag ich die Zeitung auf und lese einen Artikel über die EU, versteh ich oft nur Bahnhof, so kompliziert scheint mir das alles zu sein."

Sohn Bernhard: Ach, das muss nicht sein. Wenn man es erst mal verstanden hat, ist es sogar ziemlich einfach. Das gibt es zunächst das Europäische Parlament. Dort sitzen die gewählten Vertreterinnen und Vertreter aus den Mitgliedsstaaten der EU …

Mutter Svetlana: Ja, und wo ist dieses Parlament?

Tochter Isolde: Das Europäische Parlament arbeitet sozusagen an zwei Orten. In Brüssel beraten die Ausschüsse und in Straßburg tagt das Plenum, d. h. die Vollversammlung aller Abgeordneten.

Europäischer Parlament in Straßburg

Tochter Isolde: Die Aufgaben sind ziemlich vielfältig: In Zusammenarbeit mit dem Rat der Europäischen Union, der verkürzt nur „Ministerrat" genannt wird, prüft das Europäische Parlament im Rahmen des ordentlichen Gesetzgebungsverfahrens die Gesetzesvorschläge der Europäischen Kommission, macht Änderungsvorschläge, stimmt diesen zu oder lehnt sie ab. Weiterhin kontrolliert das Parlament die EU-Kommission und muss der Ernennung neuer Kommissionsmitglieder und der Kommissionspräsidentin bzw. des Kommissionspräsidenten zustimmen.
Verstößt die Kommission gegen die Gesetze, kann ihr das Parlament das Misstrauen aussprechen und sie zum Rücktritt zwingen. Gemeinsam mit dem Ministerrat ist das Parlament zudem für den Haushaltsplan der EU zuständig, d. h. es entscheidet mit, wofür wie viel Geld in der EU ausgegeben wird.

Oma Elsa: Und was beraten und tagen die da?

Sohn Bernhard: Halt, halt, halt. Eins nach dem anderen. Also: Die Europäische Kommission in Brüssel setzt sich zusammen aus dem EU-Kommissionspräsidenten sowie den EU-Kommissarinnen und EU-Kommissaren. Die einzelnen Kommissare sind dabei für verschiedene Politikbereiche zuständig. Nur die EU-Kommission hat das Recht, Vorschläge für EU-Rechtsvorschriften auszuarbeiten und diese dem Parlament und dem Ministerrat vorzulegen, dies wird als Initiativrecht bezeichnet. Werden diese Rechtsvorschriften verabschiedet, kümmert sich die Kommission um deren korrekte Ausführung in den EU-Staaten, weshalb die EU-Kommission auch als Exekutive bezeichnet wird. Gemeinsam mit dem Europäischen Gerichtshof kontrolliert sie auch die Einhaltung von Rechtsvorschriften und Verträgen in den Mitgliedsstaaten.

Mutter Svetlana: Okay, so weit, so gut. Und wie wird man Kommissarin bzw. Kommissar der EU?

Tochter Isolde: Die Kommissare werden alle fünf Jahre von den Regierungen der EU-Staaten bestimmt und vom Parlament bestätigt. Jeder Mitgliedstaat der EU entsendet eine Kommissarin bzw. einen Kommissar, wobei eine bzw. einer von ihnen als Präsidentin bzw. Präsident der Kommission eine Leitungsfunktion übernimmt.

Das Berlaymont-Gebäude der EU in Brüssel

Mutter Svetlana: Aha, und die aus der Kommission arbeiten sowohl mit dem Parlament und auch mit dem Ministerrat zusammen?

Justus-Lipsius-Gebäude, Rat der EU in Brüssel

Sohn Bernhard: So ist es. Der Ministerrat, dessen genaue Bezeichnung „Rat der Europäischen Union" lautet, und der sich in Brüssel und Luxemburg trifft, behandelt EU-Angelegenheiten. Dazu zählen in Zusammenarbeit mit dem EU-Parlament die Verabschiedung der EU-Rechtsvorschriften, die von der Kommission vorgelegt wurden sowie die Genehmigung des Haushaltsplans. Der Ministerrat ist auch zuständig für die Umsetzung der Gemeinsamen Außen- und Sicherheitspolitik entsprechend den Vorgaben des Europäischen Rates. Zudem schließt er internationale Abkommen zwischen der EU und anderen Staaten.

Vater Thomas: Soso, und welche Minister sitzen in diesem Ministerrat?

Sohn Bernhard: Das ist ganz von der Thematik abhängig. Je nachdem, welches Thema auf der Tagesordnung steht, setzt sich der Ministerrat aus den Fachministern der EU-Staaten zusammen. Wird über Umweltthemen verhandelt, treffen sich die Umweltminister, geht es um ein Thema aus dem Bereich der Wirtschaft, dann kommen die Wirtschaftsminister zusammen. Dabei wird alle sechs Monate der Ratsvorsitz von einem anderen Mitgliedsstaat übernommen.

Vater Thomas: Ach so, das heißt also, dass z. B. bei außenpolitischen Themen, sich die jeweiligen Außenministerinnen und Außenminister der EU-Staaten treffen, um unter anderem die Vorgaben des Europäischen Rats umzusetzen. Ist der Europäische Rat denn etwas anderes als der Ministerrat?

Sohn Bernhard: Klingt zwar ähnlich, ist aber doch eine andere Institution. Im Europäischen Rat sind die Staats- und Regierungschefs der EU-Staaten und die Präsidentin bzw. der Präsident der EU-Kommission vertreten. Er wird geleitet von der Präsidentin bzw. vom Präsident des Europäischen Rats, die bzw. der von den Ratsmitgliedern für zweieinhalb Jahre gewählt wird. Sitzungen des Europäischen Rates in Brüssel, die auch als „Gipfeltreffen" bezeichnet werden, finden mindestens zweimal pro Halbjahr statt. Dabei werden die allgemeinen Ziele der EU festgelegt und die anderen Organe aufgefordert, diese Ziele umzusetzen.

2. Wer bestimmt was in der EU? – Die Organe der EU und ihr Zusammenwirken bei der Gesetzgebung

Oma Elsa: Und was passiert eigentlich, wenn sich z. B. ein Land nicht an die europäischen Rechtsvorschriften hält?

Tochter Isolde: Dann kommt der Europäische Gerichtshof (EuGH) ins Spiel. Er ist für die Einhaltung von EU-Recht zuständig und entscheidet bei Streitigkeiten zwischen EU-Institutionen, zwischen Mitgliedsstaaten und der EU sowie auch bei Konflikten zwischen Unternehmen oder Privatpersonen und der EU. Er setzt sich aus 28 Richterinnen und Richtern zusammen, wobei jeder Mitgliedstaat eine Richterin oder einen Richter entsendet, die von den jeweiligen Regierungen ernannt werden.

PERLEN IM NETZ

http://www.tagesschau.de/multimedia/animation/wie-funktioniert-die-eu100.html

In dieser Animation werden zusammenfassend und anschaulich die EU-Organe vorgestellt.

Verwaltungsgebäudes des Gerichtshofs der Europäischen Gemeinschaft in Luxemburg

M 9 Schlagzeilen

Gipfel diskutiert die zukünftige EU-Außenpolitik

EU-Verordnung nicht ordnungsgemäß umgesetzt

EU-Kommission erwartet Genehmigung des Haushaltsplans

Ausbau der wirtschaftlichen Beziehungen zu Staaten außerhalb der EU soll vorangetrieben werden

Neue EU-Kommission wird heute bestätigt

EU klagt gegen deutsche Autobahnmaut

Ein Gipfel gegen „Willkommenskultur"

EINSTEIGEN

1. Erstelle mithilfe von M 8 (S. 262 ff.), „Perlen im Netz" (S. 265) und Info 2 (S. 271) eine tabellarische Übersicht zu den EU-Organen mit folgenden Angaben: Name der Institution, Sitz, Mitglieder, Aufgaben.

2. Recherchiert in Partnerarbeit im Internet (siehe „Arbeitstechnik: Informationen im Internet recherchieren", S. 344 f.) folgende Personen und stellt sie mit ihrem Aufgabengebiet kurz vor: Vorsitzende/r Ministerrat, EU-Parlamentspräsident/-in, Kommissionspräsident/-in, EU-Ratspräsident/-in, EZB-Präsident/-in.

3. Ordne die Schlagzeilen in M 9 (S. 265) jeweils den passenden EU-Organen aus M 8 (S. 262 ff.) zu. Begründe deine Entscheidung auch mit den Aufgaben und Zuständigkeiten der jeweiligen Organe.

WEITERARBEITEN

4. Ordne die Begriffe Initiative, Entscheidung, Ausführung, Kontrolle auf der Grundlage von M 8 (S. 262 ff.) einem EU-Organ oder mehreren EU- Organen zu und begründe deine Zuordnung.
Beispiel: Initiative: EU-Kommission, Begründung: Sie bringt Gesetzvorschläge ein.

5. Stellt mithilfe einer Internetrecherche (siehe „Arbeitstechnik: Informationen im Internet recherchieren", S. 344 f.) zu zweit eine EU-Kommissarin oder einen EU-Kommissar und ihren bzw. seinen Aufgabenbereich vor.

VERTIEFEN

6. Arbeite heraus, wie die Mitglieder der EU-Organe (M 8, S. 262 ff.) ihre Legitimation, d. h. ihre Berechtigung politisch zu handeln, erlangen (Wahl oder Ernennung).

7. Vergleiche die Verfassungsorgane der Bundesrepublik Deutschland (siehe Kapitel 2) mit den in diesem Unterkapitel aufgeführten Organen der EU (M 8, S. 262 ff.) unter der Fragestellung, wie die Mitglieder der jeweiligen Organe eingesetzt werden (Wahl, …).

8. Erstelle mithilfe der Arbeitstechnik „Ein Strukturmodell erstellen" (S. 267) und den Informationen aus diesem Unterkapitel (S. 262–271) ein Strukturmodell zum Zusammenwirken der EU-Organe.

▲ 1, 3, 4, 5, 8   ▲▼ 1, 2, 3, 4, 7, 8   ▲▼▲ 1, 2, 4, 6, 8

Ein Strukturmodell erstellen

Arbeitstechnik

Umfangreiche Sachverhalte, bei denen mehrere Beteiligte untereinander in Beziehung stehen, lassen sich mithilfe eines Strukturmodells übersichtlich anordnen. Durch diese visualisierende Darstellung erleichtern sie das Verständnis. Ein Strukturmodell ist somit eine auf das Wesentliche reduzierte, grafische Darstellung eines komplexen Sachverhalts mit mehreren untereinander agierenden Akteuren. Dabei werden Aufbau und Beziehungen der Akteure mithilfe von geometrischen Figuren (z. B. Kreise, Rechtecke, Pfeile) und deren stichwortartigen Beschriftung erläutert.

Schritt 1: Wie werden Inhalte eines Strukturmodells ausgewählt?

Dazu untersucht man den Ausgangstext bzw. die Ausgangstexte, aus dem oder denen ein Strukturmodell entstehen soll, nach den wichtigsten Akteuren und deren Aufgaben bzw. Beziehungen untereinander und schreibt sie heraus. In einem Text, z. B. über den Verlauf eines Gerichtsverfahrens, können dies die am Verfahren Beteiligten sein. Wenn es beispielsweise um die Darstellung des Aufbaus eines Unternehmens geht, werden die einzelnen Abteilungen eine wichtige Rolle spielen. Auch Beziehungen zwischen politischen Institutionen/Organen lassen sich in einem Strukturmodell darstellen, wie das folgende Beispiel zeigt.

In der Bundesrepublik gibt es fünf Verfassungsorgane: Den Bundestag, die Bundesregierung, den Bundespräsidenten, den Bundesrat und das Bundesverfassungsgericht. Der Bundestag wird von der wahlberechtigten Bevölkerung für vier Jahre gewählt. Der Bundeskanzler oder die Bundeskanzlerin wird vom Bundespräsidenten vorgeschlagen und vom Bundestag gewählt, der auch gleichzeitig die Regierung kontrolliert. Der Bundespräsident wird von der Bundesversammlung, die je zur Hälfte aus allen Mitgliedern des Bundestags und aus gesandten Mitgliedern der Länderparlamente besteht, für fünf Jahre gewählt. Die wahlberechtigte Bevölkerung wählt zudem die Landesparlamente der Bundesländer, die die jeweiligen Landesregierungen bilden, aus denen die Mitglieder des Bundesrats hervorgehen, die zusammen mit dem Bundestag die Richter am Bundesverfassungsgericht wählen. Darüber hinaus sind Bundestag und Bundesrat für die Gesetzgebung zuständig.

Schritt 2: Wie werden die Informationen in ein Strukturmodell übertragen?

Zur Erstellung eines Strukturmodells braucht man zu Beginn etwas Übung. Am besten man nimmt ein Konzeptblatt und verteilt darauf gleichmäßig die Akteure. Dann verbindet man die einzelnen Akteure, die untereinander in Beziehung stehen mit Linien oder Pfeilen. An die Linien oder Pfeile schreibt man dann die Art der Beziehung. Nun kann man erkennen, ob die Verbindungen übersichtlich gestaltet sind. Wenn nicht, verschiebt man die Akteure so lange, bis sich eine insgesamt übersichtliche Darstellung ergibt. Im Fall der Bundesorgane kann diese Darstellung so aussehen:

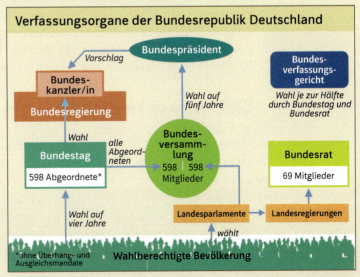

Der Gesetzgebungsprozess in der EU

Wie in den nationalen Parlamenten der einzelnen Mitgliedstaaten werden auch in der gesamten EU rechtliche Regeln erlassen, die dann für alle Mitgliedsstaaten gültig sind. Sie sind eine wichtige Voraussetzung für das Funktionieren der Gemeinschaft. Im Gegensatz zu den nationalen Gesetzgebungsverfahren, bei denen die Parlamente die entscheidende Rolle spielen, läuft der Gesetzgebungsprozess in der EU etwas anders ab.

M 10 Das Ordentliche Gesetzgebungsverfahren

95 % der EU-Rechtsvorschriften werden seit dem Vertrag von Lissabon nach dem sogenannten Mitentscheidungsverfahren erlassen, d.h., dass das EU-Parlament ein Mitspracherecht bei der Gesetzgebung hat. Die in der EU beschlossenen Gesetze haben zwei unterschiedliche Bezeichnungen: Wird eine Verordnung verabschiedet, muss diese sofort und unverändert in den Mitgliedsaaten umgesetzt werden. Für eine Richtlinie dagegen haben die Mitgliedsaaten einen bestimmten Zeitraum, diese in ein nationales Gesetz umzuwandeln. So basieren mehr als die Hälfte der Gesetze, die der Bundestag verabschiedet, auf EU-Richtlinien.

Im Gegensatz zur nationalen Gesetzgebung in der Bundesrepublik, wo sowohl Bundesregierung, Bundestag und Bundesrat einen Gesetzesentwurf einbringen können, kann in der EU nur von der EU-Kommission ein Gesetz vorgeschlagen werden, was als Initiativrecht bezeichnet wird. Oftmals wird sie dabei auf Ersuchen des Rates, des Europäischen Rates, des Parlaments oder auch durch eine europäische Bürgerinitiative tätig. Dieser Kommissions-Vorschlag wird zunächst den nationalen Parlamenten der Mitgliedsstaaten zur Stellungnahme vorgelegt. Auch Nichtregierungsorganisationen (z.B. Umweltverbände, Gewerkschaften) und Unternehmen haben die Möglichkeit dazu Stellung zu nehmen. Anschließend wird der Vorschlag an das Europäische Parlament und den Ministerrat (Rat der Europäischen Union) weitergeleitet. Das Parlament und der Ministerrat prüfen den Vorschlag unabhängig voneinander, wobei das Parlament Änderungswünsche einbringen kann. Sind sich Parlament und Ministerrat einig, wird die Rechtvorschrift erlassen. Bei Uneinigkeit dieser beiden Organe wird der Vorschlag in einem nächsten Schritt dem Vermittlungsausschuss vorgelegt, in dem in gleicher Anzahl Mitglieder des Ministerrats und des Parlaments vertreten sind. Die Kommission ist in einer Vermittlerrolle ebenfalls vertreten. Kommt es im Vermittlungsausschuss zu keiner Einigung, gilt der Rechtsvorschlag als abgelehnt und wird nicht erlassen. Bei einer Einigung geht der überarbeitete Vorschlag zurück in das Parlament und den Ministerrat, wo nochmals darüber abgestimmt wird. Stimmen beide Organe zu, wird die Rechtsvorschrift erlassen, bei einer Ablehnung durch eines der Organe wird die Rechtsvorschrift nicht erlassen.

M 11 Nur noch Elektrofahrzeuge in der EU? – ein noch fiktives Beispiel

> In Brüssel lehnt ___?___ den Änderungsvorschlag des Parlaments ab und fordert eine Einführung erst ab dem Jahr 2030.

> Umweltschützer befürworten diesen Vorschlag, fordern aber eine frühere Einführung dieser Rechtsvorschrift schon für das Jahr 2020. Vertreter der Automobilindustrie äußern sich kritisch. Sie sehen sich nicht in der Lage, in dem genannten Zeitraum einen Elektromotor zu entwickeln und fordern eine spätere Einführung im Jahr 2030.

2. Wer bestimmt was in der EU? – Die Organe der EU und ihr Zusammenwirken bei der Gesetzgebung

In Brüssel bringt ___?___ eine Gesetzesinitiative auf den Weg, wonach ab dem Jahr 2025 in der EU nur noch Fahrzeuge mit Elektromotor zugelassen werden dürfen, um die auch für den Klimawandel mitverantwortlichen Abgase von Kraftfahrzeugen zu reduzieren.

In Straßburg und in Brüssel stimmen ___?___ und ___?___ der im Vermittlungsausschuss erzielten Lösung zu. Die Rechtsvorschrift wird erlassen.

Das ___?___ in Straßburg ändert den Vorschlag und fordert eine Einführung schon ab dem Jahr 2020, da der Schadstoffausstoß so schnell wie möglich begrenzt werden soll.

Im ___?___, an dem Mitglieder von ___?___, ___?___ und ___?___ beteiligt sind, kommt es nach langen Diskussionen zu einer Einigung: Der ursprünglich von der ___?___ genannte Termin für das Jahr 2025 wird übernommen.

M 12 Lobbyismus und Gesetzgebung

Werden in der EU Rechtsvorschriften erlassen, geht es dabei oftmals auch um viel Geld. Wenn z.B. die EU beschließt, großflächige Warnhinweise auf den Zigarettenpackungen anbringen zu lassen, um auf die Gesundheitsrisiken des Rauchens hinzuweisen, bedeutet dies möglicherweise einen Gewinnrückgang für die Tabakindustrie. Dasselbe gilt auch für andere Wirtschaftszweige wie den Banken- und Versicherungssektor, Telekommunikationsunternehmen, Energiekonzerne, Autobauer und viele mehr. In diesen Bereichen können schon kleine Änderungen der Rechtsvorschriften die Unternehmen viel Geld kosten.
Aus diesem Grund sind neben kleineren Organisationen vor allem die großen Unternehmen in Brüssel und Straßburg mit einer Vielzahl von ihnen beauftragter Interessenvertreter vor Ort, um durch Lobbyismus Einfluss auf die Gesetzgebung zu nehmen. Dies ist grundsätzlich auch erlaubt, da alle von einer Rechtsvorschrift betroffenen Gruppen mit ihren Meinungen gehört werden sollten. Doch nicht immer ist die Art und Weise der Einflussnahme unumstritten, wie einige der folgenden Beispiele zeigen:

[…] 1. Die Instrumente sind vielfältig. Es geht los mit „Positionspapieren", die den Parlamentariern die Positionen der verschiedenen Interessengruppen nahebringen. […]

[…]. 2. Besonders beliebt ist die Strategie, Abgeordneten die Arbeit abzunehmen. Sie finden daher fertig formulierte Änderungsanträge für Gesetzesvorhaben in ihrem Postfach. Nicht wenige übernehmen sie. „Wenn ich abstimmen lasse", sagt der Umweltausschussvorsitzende Grotte, „sehe ich manchmal fünf wortgleiche Änderungsanträge." Parteifreund Leinen berichtet aus dem Gesetzgebungsprozess zu CO_2-Obergrenzen für Autos, dass den meisten klar ist, woher die Anträge kommen, weil sie sie auch selbst zugeschickt bekamen: „Ich wusste: Das ist der Porsche-Antrag, das der Mercedes-Antrag."

[…] 3. „Die Lobbyisten sind viel zielgerichteter geworden", sagt die CDU-Frau Gräßle, „die identifizieren die Leute, die sie brauchen, und bearbeiten sie ganz gezielt." […]

Kollegen haben Gräßle berichtet, dass Interessenvertreter sogar bei ihnen zuhause klingeln. Wenn sie nicht bei den Abgeordneten direkt landen können, werden Mitarbeiter und Assistenten eingeladen. „Viel hilft viel", sagt Inge Gräßle.

4. Importe aus den Hauptstädten

Viel vom Lobbyismus in den Brüsseler Entscheidungsprozessen kommt aber auch als Import aus Berlin und den anderen EU-Hauptstädten.
[...]
Bestes Beispiel dafür ist der Kampf um die CO_2-Grenzwerte für Neuwagen im vergangenen Jahr gewesen. In Brüssel war man sich kurz vor den Sommerferien [darüber einig geworden und dennoch] bekam die Kompromisslösung drei Tage später nicht die nötige Mehrheit in der Runde der 28 EU-Botschafter. Kanzlerin Angela Merkel persönlich hatte einige Regierungschefs angerufen und flugs eine Sperrminorität organisiert [d. h. ausreichend Kommissare und Parlamentsabgeordnete davon überzeugt, den Vorschlag über niedere CO_2 Grenzwerte abzulehnen] – nach nie dementierten Anrufen aus den Autokonzernzentralen in Stuttgart und München [im Kanzleramt], die sich schwer damit tun, bis zum Jahr 2020 4-Liter-Autos bauen zu müssen.

Aus: Ziedler, Christopher: Viel hilft viel – Lobbyismus in Brüssel, in: Deutschland & Europa, Heft 67, 2014, S. 54 ff.

EINSTEIGEN

1. Nenne mithilfe von M 10 (S. 268) und Info 2 (S. 271) die am Gesetzgebungsprozess der EU beteiligten Organe und deren jeweiligen Beitrag.

2. Erkläre mithilfe von M 10 (S. 268) die Begriffe Verordnung und Richtlinie.

WEITER-ARBEITEN

3. Stelle mithilfe von M 10 (S. 268) den Verlauf der Gesetzgebung in der EU in einem Strukturmodell dar (siehe Arbeitstechnik „Ein Strukturmodell erstellen", S. 267).

4. a) Ergänzt zu zweit auf einem Konzeptblatt mithilfe von M 10 (S. 268) und dem Ergebnis von Aufgabe 1 die fehlenden Begriffe in M 11 (S. 268 f.).
   b) Bringt die einzelnen Schritte in die richtige Reihenfolge und übernehmt das Ergebnis in euer Heft.

VERTIEFEN

5. a) Arbeitet in Partnerarbeit aus M 12 (S. 269 f.) mögliche Maßnahmen der Lobbyisten und mögliche Maßnahmen der Regierungen heraus und haltet diese schriftlich fest.
   b) Diskutiert diese Maßnahmen anschließend hinsichtlich der Fragestellung: Gerechtfertigter Lobbyismus oder ungerechtfertigte Beeinflussung?

6. „Diejenigen, die entscheiden, sind nicht gewählt, und diejenigen, die gewählt sind, haben nichts zu entscheiden." Beurteile, ob und inwieweit diese Aussage im Hinblick auf den Gesetzgebungsprozess in der EU zutrifft. Beziehe dabei auch die Informationen über die Zusammensetzung der EU-Organe aus dem vorigen Unterkapitel mit ein.

▲ 1, 2, 4, 5a, 6   ▲▼ 2, 3, 4, 5, 6   ▲▼▲ 2, 3, 5, 6

Die EU-Organe und ihre Zusammensetzung bei der Gesetzgebung

Info 2

In der Europäischen Union gibt es insgesamt sieben Organe:
1. das → **Europäische Parlament** in Straßburg und Brüssel,
2. die → **EU-Kommission** mit ihren Mitgliedern,
3. den → **Rat der Europäischen Union** (Ministerrat) mit den zuständigen Fachministern,
4. der → **Europäische Gerichtshof** (EuGH) in Luxemburg und
5. der → **Europäische Rat** mit den Staats- und Regierungschefs der Europäischen Union.

Außerdem übernehmen die folgenden Organe der EU wichtige Funktionen:
6. die **Europäische Zentralbank** (EZB) mit Sitz in Frankfurt/Main
   Deren Mitglieder sind die Vertreter der Zentralbanken der EU-Mitgliedsstaaten im Euro-Raum sowie die Präsidentin bzw. der Präsident der Zentralbank. Hauptaufgabe der EZB ist für Preisstabilität (als Grundlage für Wirtschaftswachstum) zu sorgen, d. h. darauf zu achten, dass immer so viel Geld im Umlauf ist, damit weder eine starke Inflation (idealerweise 2 %) noch eine Deflation, also ein Rückgang der Preise für Güter und Dienstleistungen, entstehen kann. Ihre Entscheidungen fällt die EZB vollkommen unabhängig von Regierungen und anderen EU-Institutionen.
7. der **Europäische Rechnungshof** mit Sitz in Luxemburg
   Seine Mitglieder aus je einem EU-Land werden vom Europäischen Parlament für sechs Jahre ernannt. Unabhängig von den anderen Organen kontrolliert er den Haushalt, d. h. die Einkünfte und ordnungsgemäßen Ausgaben in der EU. Seine Ergebnisse fasst er in einem Bericht zusammen und übermittelt ihn an die für den Haushalt zuständige Organe, das Europäisches Parlament und den Europäischen Rat (Ministerrat). Der Bericht dient diesen Organen als Grundlage für ihre Arbeit.

Ihre Legitimation, d. h. ihre Berechtigung für ihr politisches Handeln, beziehen die einzelnen Organe auf unterschiedliche Art und Weise. Während das Europäische Parlament direkt von der Bevölkerung gewählt wird, werden die Mitglieder aller anderen Organe durch die EU-Mitgliedsstaaten eingesetzt.

2016 wurde bereits ein Großteil der in den EU-Mitgliedsstaaten geltenden Gesetze nicht mehr von den nationalen Parlamenten beschlossen, sondern von der EU verabschiedet, um dann in nationales Recht in den EU-Staaten umgewandelt zu werden. Diese Übertragung von nationalen Gesetzgebungsbefugnissen an die EU-Organe ist von den Mitgliedsstaaten gewollt und gleichzeitig die Voraussetzung dafür, dass die Europäische Union überhaupt funktionieren kann. Von der EU beschlossene Gesetze heißen entweder **Verordnung** oder **Richtlinie**. Erstere muss sofort umgesetzt werden, für Zweitere haben die nationalen Parlamente einen bestimmten Zeitraum zur Umsetzung zur Verfügung. Eine Gesetzesinitiative kann in der EU nur von der EU-Kommission ausgehen. Diese leitet ihren Vorschlag zunächst an die nationalen Parlamente der Mitgliedsstaaten und an gesellschaftliche Gruppen, die von dieser Gesetzesinitiative betroffen sind, zur Stellungnahme weiter. Anschließend befassen sich das EU-Parlament und der Ministerrat mit dem Vorschlag. Sind sich beide über den Inhalt einig, wird die Rechtsvorschrift erlassen. Bei Uneinigkeit wird der Vermittlungsausschuss angerufen. Kommt es hier zu einer Einigung, wird das Gesetz ebenfalls erlassen, wenn nicht, dann kommt es auch zu keiner Rechtsvorschrift.

3. Haben wir in Europa auch was zu sagen? – Mitwirkungsmöglichkeiten von EU-Bürgerinnen und -Bürgern

Das Europaparlament

Logo des Europäischen Parlaments

Die politischen Entscheidungen der EU prägen nachhaltig unseren Alltag und das Zusammenleben innerhalb der EU. Deshalb ist nur konsequent, dass wir diese Politik auch mitgestalten. Hierfür bietet die Europäische Union verschiedene Mitwirkungsmöglichkeiten. Eine davon ist die Wahl zum Europaparlament.

M 13 Stichwort „Europawahlen"

Europawahlen: Seit 1979 finden alle fünf Jahre Europawahlen als allgemeine, freie, geheime und direkte Wahlen in den Mitgliedstaaten der EU statt. Wahlberechtigt sind alle EU-Bürgerinnen und Bürger ab 18 Jahren mit einer Ausnahme: In Österreich darf schon ab 16 gewählt werden. Im Europaparlament sitzen 751 Abgeordnete, die meisten von ihnen kommen aus Deutschland (96), während die kleinsten Staaten wie z. B. Malta und Luxemburg je sechs Parlamentarier stellen (Stand 2017). Dennoch werden kleinere Staaten leicht bevorzugt, da die Anzahl der Abgeordneten pro Einwohner höher liegt als in bevölkerungsreichen Mitgliedsländern. So vertritt ein deutscher Abgeordneter ungefähr 850 000 Menschen, ein irischer Abgeordneter 410 000 Menschen und ein Abgeordneter aus Luxemburg 83 000 Menschen.
Gewählt wird bei der Europawahl grundsätzlich nach dem Verhältniswahlrecht, so dass jede gültige Stimme zählt und die Sitze im Europaparlament abhängig von der erreichten Stimmenzahl vergeben werden. Allerdings gibt es verschiedene Ausgestaltungen dieses Wahlrechts.
Während in Deutschland und zwölf anderen EU-Ländern nur eine Stimme für eine Wahlliste mit einer unveränderbaren Reihenfolge von Kandidatinnen und Kandidaten einer Partei oder Wählervereinigung abgegeben werden kann, haben die Wahlberechtigten in einigen anderen EU-Ländern die Möglichkeit, entweder Kandidaten einzeln aus einer Liste oder auch Kandidaten von verschiedenen Parteien zu wählen.
Der Wahltermin erstreckt sich über einen Zeitraum von vier möglichen Tagen (Donnerstag bis Sonntag), so dass die Wahl in den EU-Staaten an unterschiedlichen Tagen stattfindet. Unterschiedlich ist auch die sogenannte Sperrklausel, die eine bestimmte Mindestanzahl von Stimmen vorschreibt, um überhaupt ins Parlament zu gelangen. In Deutschland liegt sie bei 0 %, in anderen Ländern bei bis zu maximal 5,8 %. Ebenso herrscht in einigen Ländern Wahlpflicht.

M14 Stimmzettel für die Wahl des Europäischen Parlaments

Stimmzettel
für die Wahl der Abgeordneten des Europäischen Parlaments am 26. Mai 2019 im Land Baden-Württemberg

Sie haben **1** Stimme ⊗

Bitte hier ankreuzen

1 CDU — Christlich Demokratische Union Deutschlands
- Liste für das Land Baden-Württemberg -
1 Rainer Wieland, MdEP, Rechtsanwalt, Gerlingen
2 Daniel Caspary, MdEP, techn. Dipl.-Volkswirt, Weingarten (Baden)
3 Dr. Andreas Schwab, MdEP, Villingen-Schwenningen
4 Norbert Lins, MdEP, Pfullendorf
5 Dr. Ingeborg Grässle, MdEP, Heidenheim an der Brenz
6 Apostolos Kelemidis, Unternehmer, Denkendorf
7 Moritz Oppelt, Regierungsrat in der Finanzverwaltung BW, Mannheim
8 Ruth Baumann, Prokuristin, Freiburg im Breisgau
9 Heide Pick, Unternehmerin, Jungingen
10 Sonja Grässle, Assistentin der Geschäftsleitung, Heiningen ○

2 SPD — Sozialdemokratische Partei Deutschlands
- Gemeinsame Liste für alle Länder -
1 Dr. Katarina Barley, MdB, Juristin, Schwelch (RP)
2 Udo Bullmann, Politikwissenschaftler, Gießen (HE)
3 Maria Noichl, Fachlehrerin, Hauswirtschaftsmeisterin, Rosenheim (BY)
4 Jens Geier, MdEP Essen (NW)
5 Delara Burkhardt, Soziologin, Angestellte, Siek (SH)
6 Bernd Lange MdEP, Burgdorf (NI)
7 Birgit Sippel MdEP, Arnsberg (NW)
8 Dr. Dietmar Köster, Professor für Soziologie, Wetter (Ruhr) (NW)
9 Gabriele Bischoff, Politikwissenschaftlerin, Gewerkschaftssekretärin, Berlin (BE)
10 Ismail Ertug, MdEP, Krankenkassen-Betriebswirt, Kummersbruck (BY) ○

3 GRÜNE — BÜNDNIS 90/DIE GRÜNEN
- Gemeinsame Liste für alle Länder -
1 Franziska Keller, MdEP, Berlin (BE)
2 Sven Giegold, Wirtschaftswissenschaftler, Düsseldorf (NW)
3 Theresa Reintke, Dipl.-Politologin, Marl (NW)
4 Reinhard Bütikofer, MdEP, Berlin (BE)
5 Dr. Hannah Neumann, freiberufl. Beraterin, Berlin (BE)
6 Martin Häusling, Biobauer, Bad Zwesten (HE)
7 Anna Cavazzini, Menschenrechtsreferentin, Berlin (BE)
8 Erik Marquardt, Fotograf, Berlin (BE)
9 Katrin Langensiepen Fremdsprachenassistentin, Hannover (NI)
10 Romeo Franz, Geschäftsführer, Altlußheim (BW) ○

4 AfD — Alternative für Deutschland
- Gemeinsame Liste für alle Länder -
1 Prof. Dr. Jörg Meuthen, Hochschullehrer, Politiker, Achern (BW)
2 Guido Reil, Steiger, Essen (NW)
3 Dr. Maximilian Krah, Rechtsanwalt Dresden (SN)
4 Lars Berg, MdL BW, Heidelberg (BW)
5 Bernhard Zimniok, Oberstleutnant a.D., München (BY)
6 Dr. Constantin Fest, Publizist, Berlin (BE)
7 Markus Buchheit, Angestellter, Pollenfeld (BY)
8 Christine Anderson, Hausfrau, Limburg a.d. Lahn (HE)
9 Dr. Sylvia Limmer, Dipl.-Biologin, Tierärztin, Presseck, (BY)
10 Prof. Dr. Gunnar Beck, Hochschuldozent, Barrister-at-Law für EU-Recht, Neuss (NW) ○

5 FDP — Freie Demokratische Partei
- Gemeinsame Liste für alle Länder -

M15 Die Zusammensetzung des Europaparlaments

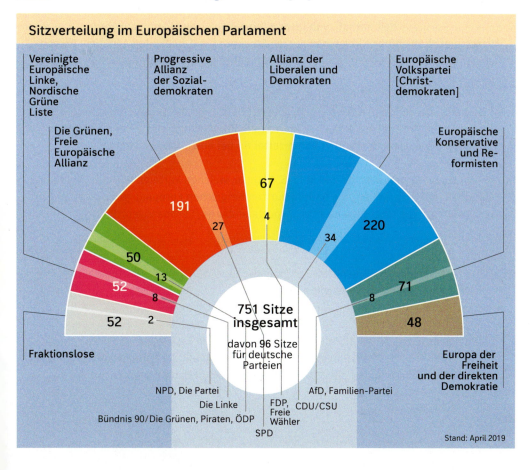

Sitzverteilung im Europäischen Parlament
Stand: April 2019

PERLEN IM NETZ
http://www.bpb.de/politik/wahlen/europawahl/

Hier werden wichtige Aspekte der Europawahl erläutert.

Nach der Wahl schließen sich die Parteien mit ähnlichen politischen Zielen aus den verschiedenen EU-Ländern zu Fraktionen zusammen, um ihre politischen Vorstellungen gemeinsam besser verwirklichen zu können. Angegeben sind die bisherigen Fraktionsbezeichnungen im Europäischen Parlament:

EVP	Fraktion der Europäischen Volkspartei
S & D	Fraktion der Progressiven Allianz der Sozialdemokraten
GRÜNE/EFA	Fraktion der Grünen/Europäische Freie Allianz
ALDE	Fraktion der Liberalen und Demokratischen Partei Europas
KVEL/NGL	Konföderale Fraktion der Vereinigten Europäischen Linken/Nordische Grüne Liste
EKR	Europäische Konservative und Reformisten

EINSTEIGEN

1. Nenne stichwortartig mithilfe von M 13 (S. 272) und den „Perlen im Netz" (S. 274) Gemeinsamkeiten und Unterschiede bei der Wahl zum Europäischen Parlament in den EU-Staaten.

2. Beschreibe den Stimmzettel zur Europawahl (M 14, S. 273) hinsichtlich der möglichen Stimmenzahl sowie den Kandidatinnen und Kandidaten und Parteien.

3. Erstelle mithilfe von M 15 (S. 273) eine Tabelle mit folgenden Angaben: (deutsche) Partei, Fraktionszugehörigkeit im EU-Parlament, Anzahl der Parlamentssitze.

WEITER-ARBEITEN

4. Erstellt in Partnerarbeit mithilfe von https://portal.eubw.eu./Europaabgeordnete zu einem Abgeordneten aus eurer Nähe einen kurzen Steckbrief mit folgenden Angaben: Persönliche Angaben, Parteizugehörigkeit, Fraktionszugehörigkeit im Europäischen Parlament, Arbeitsschwerpunkte.

5. a) Recherchiere im Internet nach einem Stimmzettel zur Bundestagswahl und vergleiche ihn mit dem Stimmzettel aus M 14 (S. 273), benenne Unterschiede sowie Gemeinsamkeiten.
   b) Begründe, welchem der beiden Stimmzettel du bei einer Wahl vorziehen würdest.

6. Stellt in Partnerarbeit mithilfe von M 15 (S. 273) dar, welchen Parteien in Deutschland und Fraktionen im EU-Parlament die baden-württembergischen Europaabgeordneten angehören. Nutze dazu die Internetseite https://portal.eubw.eu/Europaabgeordnete

VERTIEFEN

7. a) Beurteile mithilfe der Ergebnisse aus Aufgabe 1 die Wahl zum EU-Parlament unter Berücksichtigung folgender Gesichtspunkte:
   – unterschiedliche Wahlverfahren in den EU-Ländern
   – das EU-Wahlverfahren im Vergleich mit Bundestagswahlen
   – Bekanntheitsgrad von Politikerinnen/Politikern und Fraktionen im EU-Parlament
   b) Überlegt in Partnerarbeit mögliche Vorgehensweisen, um die Europawahl bürgernäher zu machen. Beziehst dabei die in Aufgabe 5a genannten Gesichtspunkte mit ein.

▲ 1, 2, 4, 5, 7a   ▲▽ 1, 2, 3, 4, 5, 7   ▲▽▲ 1, 2, 4, 5, 6, 7

Europäische Bürgerinitiative, Petition, Europäischer Bürgerbeauftragter

Nicht nur durch die Teilnahme an der Europawahl können die Bürgerinnen und Bürger der EU europäische Politik mitgestalten. Es gibt noch weitere Wege zu einer politischen Mitwirkung in der EU, wie die folgenden Möglichkeiten zeigen.

M 16 Die Europäische Bürgerinitiative: Theorie, Praxis und Probleme

Gute Idee, leider überverkauft

Bürgernäher sollte die Europäische Union werden. „Giving Citizens a Say" – den Bürgern eine Stimme geben, so bewirbt die Europäische Kommission das Instrument. Es geht um die Europäische Bürgerinitiative (EBI) und beim Start vor drei Jahren wurde sie noch als „neues Kapitel in der europäischen Demokratie" bejubelt.

51 Initiativen, drei davon erfolgreich
Drei Jahre später fällt die Bilanz folgendermaßen aus: Von insgesamt 51 Initiativen konnten nur drei genügend Unterstützer mobilisieren. [...]
Jeder Bürger kann seit 2012 eine Initiative bei der EU-Kommission registrieren.
[...] Wer diese geschafft hat, muss in den kommenden zwölf Monaten Unterschriften von einer Million Bürgern aus sieben EU-Mitgliedsstaaten sammeln. Damit nicht genug: Ab wann eine Unterschrift gültig ist, variiert von Mitgliedsland zu Mitgliedsland. In manchen braucht es dazu noch die Personalausweisnummer. [...]
[Ist die Anzahl von einer Million Unterstützern fristgerecht zustande gekommen, wird die Bürgerinitiative bei der Europäischen Kommission eingereicht, die sich damit befassen muss, ohne allerdings verpflichtet werden zu können, Rechtsvorschriften vorzuschlagen.]
[...] Erfolgreich – in dem Sinne, dass sich die EU-Kommission mit dem Anliegen befassen musste – waren in den vergangenen drei Jahren nur folgende Initiativen:

- **Wasser ist ein Menschenrecht – Right2Water:** Sie richtete sich gegen eine Privatisierung der europäischen Wasserversorgung. Ziel war es, das Menschenrecht auf Wasserversorgung und Abwasserversorgung in Europäisches Recht umzusetzen. Die Initiatoren sammelten 1 884 790 Unterschriften für ihr Anliegen und durften im Europäischen Parlament vorsprechen [...]. Die EU-Kommission war gezwungen, eine Stellungnahme zu der Initiative abzugeben. Mehr bewirkte sie aber auch nicht.

- **Initiative „One of us"** (zu deutsch: „Einer von uns"): Abtreibungsgegner forderten die EU-Kommission auf, die Finanzierung sämtlicher Aktivitäten zu stoppen, die zur Tötung von Embryonen führen können. Dazu zählten sie auch die finanzielle Unterstützung von Schwangerschafts-Abbrüchen. Insgesamt sammelten sie innerhalb eines Jahres 1 897 588 Unterschriften. Die EU-Kommission lehnte den Antrag in einer Stellungnahme ab, es kam zu keinem Gesetzgebungsverfahren.

Noch im Prozess [Stand: 2017] ist folgende Initiative, die auch ausreichend Stimmen gesammelt hat:

- **Stop Vivisection, stoppt Tierversuche:** Tierschutzorganisationen aus ganz Europa fordern die Kommission dazu auf, die Tierversuchsrichtlinie komplett zu überarbeiten. Die EU-Kommission wird die Organisatoren bald nach Brüssel einladen, damit sie ihr Anliegen vortragen können. Außerdem wird es eine öffentliche Anhörung im EU-Parlament geben.

Privatpersonen haben kaum Chancen
Die Beispiele offenbaren die Schwächen der Europäischen Bürgerinitiative: Sie kann ein sinnvolles Anliegen haben, sie kann aber auch von dubiosen Aktivisten eingesetzt werden. Die Initiative „One of Us" unterstützten auch fundamental-christliche Abtreibungsgegner und selbsternannte Lebensschützer[...]. Sie verweigern der schwangeren Frau jegliches Selbstbestimmungsrecht. [...]
[...] Hinter den obigen Beispielen stehen Organisationen, die Kampagnen-Erfahrung haben. Im Fall von Right2Water sogar ein bestehendes europaweites Netzwerk, nämlich der Europäische Gewerkschaftsverband des öffentlichen Dienstgewerbes, zu dem in Deutschland Verdi gehört. [...]

Aus: Haimerl, Kathrin: Europäische Bürgerinitiative. Gute Idee, leider überverkauft. In: Süddeutsche Zeitung vom 12.04.2015, online: http://www.sueddeutsche.de/politik/europaeische-buergerinitiative-gute-idee-leider-ueberverkauft-1.2425978 [zuletzt: 07.02.2019]

M 17 Petitionen

Protest gegen TTIP (Transatlantic Trade and Investment Partnership) vor dem Hauptsitz der Europäischen Kommission in Brüssel am 07.10.2015.
Eine von mehr als drei Millionen Menschen unterzeichnete Petition gegen das EU-US-Handelsabkommen wurde von Wiktor Dabkowski an die Europäische Kommission übergeben.

In den Mitgliedsländern der EU hat jede Bürgerin und jeder Bürger das Recht, allein oder auch mit weiteren Personen eine Petition, d. h. eine Beschwerde oder Bitte, direkt an das Europäische Parlament zu richten. Durch eine solche Eingabe wird das Parlament aufgefordert, in einer bestimmten Angelegenheit aktiv zu werden. Voraussetzung ist, dass die Petition einen Bezug zu den Aktivitäten der Europäischen Union hat. Petitionen können sich auf Themen wie Umweltschutz, Gleichbehandlung von Männern und Frauen, Anerkennung von beruflichen Qualifikationen, Angleichung von Gesetzen in der EU (z. B. Steuergesetze), Verbraucherschutz und vieles mehr beziehen. Spezielles Fachwissen ist bei der Einreichung einer Petition nicht notwendig. Petitionen müssen entweder über den Postweg oder elektronisch auf der Seite **https://petiport.secure.europarl.europa.eu/petitions/de/home** eingereicht werden. Hier besteht auch die Möglichkeit, bereits eingereichte Petitionen zu unterstützen. Das Europäische Parlament kann zwar nicht selbst Veränderungen in den die Petition betreffenden Angelegenheiten in die Wege leiten, aber es hat die Möglichkeit, die Angelegenheit öffentlich zu machen und somit Druck auf die zuständigen Organe und Mitgliedsländer der EU auszuüben, damit diese entsprechende Maßnahmen ergreifen. Allerdings ist die Prüfung einer Petition durch das Parlament aufgrund der vielen Amtssprachen in der EU sehr zeitaufwändig.

M18 Europäischer Bürgerbeauftragter

Der europäische Bürgerbeauftragte ist keine Partizipationsmöglichkeit im klassischen Sinne. Dennoch kümmert er sich um die Bedürfnisse der EU-Bevölkerung.

Emily O'Reilly, Bürgerbeauftrage der EU

Die Europäische Bürgerbeauftragte

Ihr Ansprechpartner für Beschwerden:

Die Europäische Bürgerbeauftragte ist in ihrem Amt unabhängig, unparteilich und darf weder von Regierungen noch von Organisationen Weisungen entgegennehmen.

Welches sind die Aufgaben des/der Bürgerbeauftragten?

Die Aufgaben des/der Bürgerbeauftragten bestehen darin, Beschwerden, die sich gegen Missstände in der Verwaltungstätigkeit der EU-Institutionen richten, entgegenzunehmen und zu untersuchen. Solche Missstände können z. B. sein:

- ungerechte Behandlung,
- Diskriminierung
- Machtmissbrauch,
- Nichterteilung oder Verweigerung von Auskünften,
- vermeidbare Verzögerungen,
- fehlerhaftes Verhalten.

Nicht zuständig ist der/die Bürgerbeauftragte für nationale oder regionale Belange.

Wer kann sich an die Bürgerbeauftragte wenden?

Eingereicht werden können die Beschwerden von allen Unionsbürgerinnen und -Bürgern sowie von natürlichen und juristischen Personen mit Wohnort oder Sitz in einem EU-Land.

Wie verläuft eine Beschwerde?

Geht eine Beschwerde ein, genügt oft schon, dass die/der Bürgerbeauftragte die betroffene Institution über den Missstand in Kenntnis setzt, um Abhilfe zu schaffen. Oder er/sie versucht eine gütliche Einigung zwischen dem Beschwerdeführer und der jeweiligen Stelle. Gelingt auch dies nicht, kann der/die Bürgerbeauftragte eine Empfehlung zur Lösung aussprechen und für den Fall, dass seine/ihre Empfehlung abgelehnt wird, einen Sonderbericht dem EU-Parlament vorlegen.

Unter der folgenden Intenetadresse ist ein Leitfaden zur Einrichung einer Beschwerde zu finden:

https://www.ombudsman.europa.eu/de/easv2read/de

EINSTEIGEN

1. Beschreibe stichwortartig den Ablauf und die Bedingungen einer Europäischen Bürgerinitiative (EBI) mithilfe von M 16 (S. 275).

2. a) Fasse mithilfe von M 17 (S. 276) in einem Satz zusammen, was eine Petition ist.
   b) Nenne die Vor- und Nachteile einer Petition.

3. Erstellt in Partnerarbeit mithilfe von M 18 (S. 277) ein Interview mit Fragen und Antworten, in welchem die wichtigsten Informationen zur Arbeit des Europäischen Bürgerbeauftragten enthalten sind.

WEITERARBEITEN

4. a) Beschreibe kurz den Inhalt, den aktuellen Stand und auch die Problematik der in M 16 (S. 275) aufgeführten Bürgerinitiativen „Wasser ist ein Menschenrecht" und „Einer von uns".
   b) Zähle mögliche Gründe auf, warum nur drei von 51 Europäischen Bürgerinitiativen (M 16, S. 275) die nötige Anzahl von Unterstützern erreichten.
   c) Nenne ausgehend von den in M 16 (S. 275) genannten Informationen Kritikpunkte an der Europäischen Bürgerinitiative.

5. Recherchiert zu zweit mithilfe einer Suchmaschine oder der Seite www.stopvivisection.eu/de/content/why-stop-vivisection den Verlauf und aktuellen Stand der in M 16 (S. 275) genannten Initiative gegen Tierversuche.

VERTIEFEN

6. Europawahl (M 13, S. 272 f.) Europäische Bürgerinitiative (M 16, S. 275) und Petition (M 17, S. 276) bieten den Bürgerinnen und Bürgern Möglichkeiten, sich an der europäischen Politik zu beteiligen. Ordne mithilfe von Info 3 (S. 279) diese Möglichkeiten dem repräsentativen und plebiszitären Demokratiemodell zu.

7. Überlege zunächst alleine, dann in Partnerarbeit ein Thema für eine Petition an das EU-Parlament. Formuliert sie aus und beachtet dabei die Kriterien, die bei einer Petition (siehe M 17, S. 268) berücksichtigt werden müssen.

8. Beurteilt in Partnerarbeit die in diesem Kapitel genannten Partizipationsmöglichkeiten (M 13 S. 272 f., M 16, S. 275 und M 17, S. 276) nach ihrem Einfluss auf die Europapolitik. Geht dabei auch auf mögliche Vor- und Nachteile der einzelnen Beteiligungsmöglichkeiten ein.

9. Überlegt in Kleingruppenarbeit, wie die Mitwirkungsmöglichkeiten auf europäischer Ebene erweitert werden müssten, damit man von einer Bürgerbeteiligung im Sinne der plebiszitären Demokratie (Info 3, S. 279) sprechen könnte.

▲ 1, 2, 4b, 5, 7   ▲▼ 1, 2, 3, 4, 7, 8   ▲▼▲ 1, 2, 3, 4, 5, 6, 9

Partizipationsmöglichkeiten von EU-Bürgerinnen und -Bürgern

Info 3

Die Europäische Union bietet ihren Bürgerinnen und Bürgern verschiedene Möglichkeiten, um sich in die europäische Politik einzubringen und sie mitzugestalten. Alle fünf Jahre finden **Europawahlen** statt. Damit hierbei keine Wählerstimmen unberücksichtigt bleiben, wird in allen Mitgliedsländern grundsätzlich nach dem Verhältniswahlverfahren gewählt. Wahlberechtigt sind alle EU-Bürgerinnen und EU-Bürger ab 18 Jahren (Ausnahme Österreich, ab 16 Jahren), egal, in welchem Mitgliedsland sie ihren Wohnsitz haben. Im Europaparlament sitzen 751 Abgeordnete aus 28 Mitgliedsstaaten (Stand 2018). Die Anzahl der Abgeordneten pro Land ist dabei abhängig von der Einwohnerzahl: Je größer die Einwohnerzahl, desto mehr Abgeordnete. Um ins Europaparlament zu gelangen, muss eine Partei in manchen Ländern eine Sperrklausel von maximal 5,8 % überwinden. Manche Länder, wie z. B. Deutschland, haben aber auch keine oder eine niedere Sperrklausel.

Durch eine **europäische Bürgerinitiative** wird die EU-Kommission aufgefordert einen Rechtsakt, also ein europäisches Gesetz zu erlassen. Eine solche Initiative muss von mindestens einer Million Menschen aus sieben der 28 Mitgliedsstaaten unterstützt werden. Die Initiatoren bilden dazu einen Bürgerausschuss, der wiederum aus mindestens sieben Personen aus sieben EU-Staaten bestehen muss. Anschließend registrieren sie ihre Initiative auf einem Internetportal bei der EU-Kommission, wo sie dann von anderen EU-Bürgerinnen und EU-Bürgern, die wahlberechtigt sind, innerhalb eines Jahres unterstützt werden kann. Kommt die Mindeststimmenzahl zustande, haben die Organisatoren der Initiative die Möglichkeit, ihr Anliegen der Kommission und dem Parlament vorzustellen. Die Kommission veröffentlicht daraufhin eine Antwort, wie sie mit dem Anliegen der Bürgerinitiative weiter verfährt. Allerdings ist sie nicht verpflichtet, aufgrund der Initiative ein Gesetz vorzuschlagen.

Eine Petition an das Europäische Parlament kann entweder eine Einzelperson oder eine Gruppe oder Organisation einreichen. Durch eine **Petition** wird das Parlament aufgefordert, sich mit einer Angelegenheit zu befassen oder eine andere Institution aufzufordern, sich dieser Angelegenheit anzunehmen. So kann das Parlament aufgrund einer Petition z. B. die Kommission auffordern eine Gesetzesinitiative zu starten.

Der **europäische Bürgerbeauftragte** ist zuständig für Beschwerden und Probleme von EU-Bürgerinnen und Bürgern mit europäischen Institutionen. Bei seiner Tätigkeit ist er unabhängig und an keine Weisungen gebunden. Oft genügt es, dass der Bürgerbeauftragte die betreffende Stelle über den Missstand informiert, damit das Problem gelöst wird. Gelingt dies nicht, wird versucht eine Kompromisslösung zu erzielen.

Alle Mitwirkungsmöglichkeiten, sei es auf Gemeinde-, Landes-, Bundes- oder EU-Ebene, lassen sich entweder dem Modell der **plebiszitären Demokratie** oder dem Modell der **repräsentativen Demokratie** zuordnen. Unter plebiszitärer Demokratie versteht man dabei eine Form von Demokratie, in der das Volk direkt über politische Entscheidungen abstimmt, während in der repräsentativen Demokratie vom Volk gewählte Repräsentanten (Abgeordnete) die Entscheidungen treffen.

4. Jugendarbeitslosigkeit – eine Herausforderung der EU

Nicht immer läuft alles rund im „Projekt Europa". In den letzten Jahren musste sich die Europäische Union immer wieder mit Krisen auseinandersetzen, so dass in Zukunft sowohl die Politik als auch die Bevölkerung weiterhin vor anspruchsvollen Herausforderungen stehen werden. Eine davon ist dabei die Bekämpfung der Jugendarbeitslosigkeit, die in manchen Mitgliedsstaaten gravierende Folgen für die Betroffenen und die Gesellschaft hat.

M 19 Arbeitslose Jugend in der EU – Die Situation

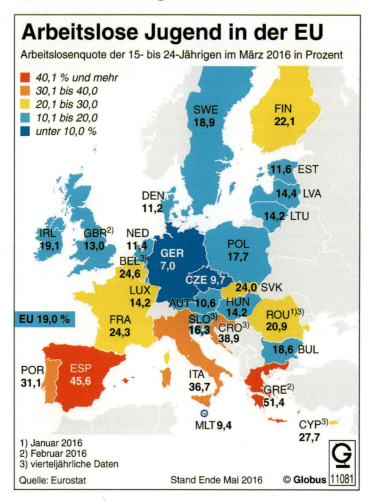

Anmerkung: Bei der Darstellung der Jugendarbeitslosigkeit in der EU ist zu beachten, dass darin auch die Jugendlichen aufgeführt sind, die eine Schule besuchen oder studieren und dadurch nicht dem Arbeitsmarkt zur Verfügung stehen. So betrachtet ist die Arbeitslosenquote in manchen Staaten zwar noch immer sehr hoch, aber nicht so hoch, wie die statistischen Zahlen vermitteln.

M20 Vasili aus Griechenland

„Ich bin Vasili und wohne hier in der Hauptstadt Athen. Kommendes Jahr werde ich 16 Jahre alt und meinen Schulabschluss machen. Wie es danach weitergeht, weiß ich noch nicht. Ich würde gerne eine Ausbildung beginnen, doch ich werde wohl
5 trotz eines ordentlichen Abschlusszeugnisses keine Ausbildungsstelle finden, weil es keine gibt. Aber ich bin kein Einzelfall. So wie mir geht es sehr vielen Jugendlichen in ganz Griechenland und auch anderen Ländern der EU wie Spanien oder Italien.
10 Obwohl wir bereit und motiviert sind zu arbeiten, bekommen wir kaum eine Chance. Keine Perspektive zu haben, ist sehr frustrierend. Das dem so ist, liegt daran, dass sich nahezu unsere gesamte Wirtschaft in der Rezession, also im Abschwung befindet. Die Gründe dafür sind vielfältig und nicht immer
15 leicht zu durchschauen: Man spricht von einer Bankenkrise, die sich zur Wirtschaftskrise ausgeweitet hat und auch von einer verfehlten Strukturpolitik in den Krisenstaaten. Wie auch immer: Hier sollte die EU dringend etwas unternehmen."

Griechen protestieren vor Parlament gegen wirtschaftliche Sparmaßnahmen der Regierung.

M21 Arbeitslose Jugend in der EU – Die Hintergründe

Die hohe Jugendarbeitslosigkeit, vor allem in den südeuropäischen Mitgliedsländern der EU, ist, vereinfacht gesagt, nach Ansicht vieler Experten auf die Banken- und Finanzkrise (äußere Faktoren) in Verbindung mit der Strukturpolitik (d. h. die wirtschaftspolitischen Maßnahmen zur Gestaltung der Struktur der Volkswirtschaft eines Staats) in den betroffenen Staaten (in-
5 nere Faktoren) zurückzuführen. Dabei wird je nach Sichtweise des Betrachters mal der eine oder andere der beiden Aspekte in den Mittelpunkt gerückt.

Die Banken- und Finanzkrise wird zur Eurokrise

Im Jahr 2008 standen viele europäische Großbanken wegen hochriskanten Spekulationsgeschäften kurz vor der Pleite. Da aber Banken für eine funktionierende Wirtschaft unbedingt
10 notwendig sind, weil sich sonst z.B. Unternehmen keine Kredite für Investitionen besorgen könnten, mussten die EU-Staaten eingreifen und ihre Banken finanziell unterstützen. Dazu wurden teilweise enorme Geldmengen aufgebracht, so dass einige Staaten selbst in eine finanzielle Notsituation gerieten und Unterstützung brauchten. Aus diesem Grund wurde von der EU der ESM (Europäischer Stabilitätsmechanismus) eingeführt. Dabei stellen die EU-
15 Mitgliedsländer je nach Größe und Wirtschaftskraft Finanzmittel zur Verfügung, die dann im Bedarfsfall den betroffenen Staaten als zinsgünstige Kredite weitergeleitet werden, damit diese finanziell wieder auf die Beine kommen. Mit diesen Krediten sind allerdings Reformen und vor allem Sparmaßnahmen für die betroffenen Länder verknüpft. So müssen die Staatsausgaben gekürzt werden, was auch zur Folge hat, dass die betroffenen Staaten sehr viel
20 weniger Investitionen tätigen konnten, was wiederum dazu führt, dass z.B. weniger Arbeits- und Ausbildungsplätze entstehen können.

Strukturpolitik in den Krisenstaaten

Diese Finanz- und Bankenkrise traf vor allem EU-Länder mit Problemen in der Strukturpolitik mit voller Wucht. Mangelnde Qualität in der Berufsausbildung, unzureichende Infrastruktur und fehlgeleitete staatliche Investitionen führten zu einer Beschleunigung der Krise, mit der Folge, dass viele Firmen und staatliche Institutionen Sparmaßnahmen ergreifen mussten, weshalb vor allem Jugendliche entweder gar nicht eingestellt oder schnell entlassen wurden. Auch die Haushaltspolitik mancher Staaten trug zu einer Verschärfung der Krise bei, weil sie mehr Geld ausgaben, als durch Steuern eingenommen wurde, was zu einer hohen Staatsverschuldung führte.

Weiterhin haben die betroffenen Länder einen unverhältnismäßig großen Staatsapparat, in dem zu viele Staatsbeamte beschäftigt sind und bezahlt werden müssen, während gleichzeitig dieser Staatsapparat sehr ineffizient arbeitet. So funktioniert oftmals die Finanzverwaltung nur unzureichend, was zu verbreiteter Steuervermeidung und dadurch geringeren Steuereinnahmen für den Staat führt.

M 22 So oder so? Thesen

Ein Problem wie Jugendarbeitslosigkeit ist für die Betroffenen sicher bitter. Da dies aber nicht alle Mitgliedsstaaten der EU betrifft, sollte diese Herausforderung auch von den betreffenden Staaten selbst gelöst werden.

Dadurch, dass die EU ein einheitlicher Wirtschaftsraum und eine Wertegemeinschaft ist, in dem alle beteiligten Staaten über den Euro hinaus auf vielfältige Weise miteinander verbunden sind und voneinander profitieren, sollte das Thema Jugendarbeitslosigkeit auch als eine gesamteuropäische Herausforderung betrachtet werden. Es ist eine Frage der Solidarität mit Schwächeren.

Der Sparzwang für die EU-Krisenstaaten hat zur Folge, dass die betroffenen Staaten kein Geld für Konjunkturmaßnahmen ausgeben können. Somit können auch keine Ausbildungs- und Arbeitsplätze entstehen, was sich wiederum auf den Staatshaushalt negativ auswirkt, weil geringen Steuereinnahmen steigenden Ausgaben für beispielsweise Arbeitslose gegenüberstehen. Deshalb sollte neben der sicher notwendigen Reform des Staatsapparats auch Geld für Investitionen in Konjunkturprogramme zum wirtschaftlichen Aufschwung bereitgestellt werden.

Wer mehr ausgibt, als er hat, hat auch die Konsequenzen zu tragen. Dies gilt für Privatpersonen und Staaten gleichermaßen. Deshalb ist es richtig, dass die verschuldeten EU-Länder zum Sparen bewegt werden, bis der Staat reformiert ist und sich die Staatsausgaben den Einnahmen angenähert haben. Erst dann sollte der Staat wieder Geld für Konjunkturprogramme ausgeben.

Staat und Wirtschaft sind, wie die Namen schon sagen, zwei verschiedene Bereiche. Insofern betrifft eine Wirtschaftskrise auch nur die Unternehmen, Banken, Geschäftsleute usw., also die Privatwirtschaft und nicht den Staat. So gesehen sind auch sie allein dafür zuständig, diese Krise zu lösen.

Staat und Wirtschaft sind heutzutage so eng miteinander verflochten, dass eine Wirtschaftskrise nur von beiden gemeinsam gelöst werden kann. Ein Staat kann ohne die Steuereinnahmen von Arbeitnehmern und Unternehmen genauso wenig funktionieren und seinen Aufgaben nachkommen, wie anderseits die Unternehmen und Arbeitnehmer den gesetzlichen Schutz und die gesetzlichen Rahmenbedingungen des Staates benötigen.

M23 Arbeitslose Jugend in der EU – Lösungsansätze

„Genügend Geld ist da"

In Europa sind immer noch 5,1 Millionen Jugendliche ohne Arbeit. Warum ist das so? Und was lässt sich dagegen tun? Fragen an die Ökonomin Brigitte Unger.

DIE ZEIT: Sie warnen vor den Gefahren der Jugendarbeitslosigkeit. Warum?
Brigitte Unger: Wenn Jugendliche erst einmal langzeitarbeitslos sind, dann sind sie in den Arbeitsmarkt kaum mehr integrierbar. So entsteht eine verlorene Generation. Damit meine ich konkret, dass ein Jugendlicher, der heute nicht lernt, dass man morgens aufstehen muss, zur Arbeit geht und abends wieder nach Hause kommt, sondern der zwei Jahre lang schlapp herumhängt, langfristig teurer wird als die sofortige Bereitstellung eines Ausbildungsplatzes. Passives Abwarten kostet Europa laut Eurofound jährlich 153 Milliarden Euro an Produktivitätsverlust. […]
ZEIT: Am schlechtesten steht es um die Jugendlichen in Süd- und Osteuropa. […] Gibt es eine Erklärung dafür?
Unger: Der Süden Europas hat ein grundsätzliches Strukturproblem, das bereits vor der Finanzkrise bestand, obschon die Arbeitslosenzahlen deutlich unter den heutigen lagen. Mangelnde Ausbildungsplätze, mangelnde Infrastruktur, mangelnde Investitionen. Zu diesem großen Paket an Problemen ist die starke Austeritätspolitik, die Sparpolitik, hinzugekommen. Was für Deutschland noch möglich war – gerade in Krisen sparen zu müssen – war für die Südeuropäer ein unmögliches Programm, weil es ans Eingemachte ging, an die Grundnahrungsmittel und die medizinische Versorgung, an die Bezahlung der Lehrer. Die Einsparungen haben die Nachfrage nach Gütern gedrosselt und die Arbeitslosigkeit im Süden in die Höhe getrieben.

ZEIT: Nun stellt allerdings der Europäische Sozialfonds seit 2013 jährlich zehn Milliarden Euro zur Umsetzung der Jugendgarantie bereit, die jedem Jugendlichen unter 25 Jahren innerhalb von vier Monaten eine Arbeit, ein Praktikum oder eine Ausbildung zusichert. Weitere sechs Milliarden Euro sind für die Jugendbeschäftigungsinitiative eingeplant, die Regionen mit mehr als 25 Prozent Jugendarbeitslosenquote zugutekommen sollen. Reicht das nicht aus?
Unger: Geld ist vorhanden, aber trotzdem greifen all diese Initiativen nicht, weil Länder erst dann von der EU Geld bekommen, wenn sie Strukturpläne vorlegen. Von den Milliardenbeträgen sind nur kleine Millionenbeträge ausgeschöpft worden. Das ist ein Armutszeugnis für die EU.
[…]
ZEIT: Woran fehlt es?
Unger: In der EU verfolgt man unterschiedliche Ansätze. Im Augenblick wird der Juncker-Plan und damit die Privatwirtschaft gefördert. Ich bin überzeugt, dass man parallel dazu auch den öffentlichen Sektor stärken muss. Die Länder, die kaputtgespart wurden, brauchen Zeit, ihre Strukturen aufzubauen. Lohnkürzungen müssen zurückgenommen und soziale Leistungen aufgestockt werden, damit Menschen mehr Einkommen erzielen. Das können sie dann ausgeben, um die Wirtschaft zu beleben, was auch Arbeits- und Ausbildungsplätze für Jugendliche schafft. In diesem Sinn kann ich den griechischen Ministerpräsidenten Tsipras verstehen, wenn er weg vom Sparkurs, wieder hin zu einem Kurs der Investitionen drängt.

[...]
ZEIT: [...] Investitionen für die Jugendlichen Süd- und Osteuropas mögen Deutsche, Niederländer, Österreicher befürchten lassen, weitere Gelder für andere zu schultern. Wie ist das den Ländern Nordeuropas zu vermitteln?

Unger: [...] Wenn es gelingt, den Süden zu sanieren, bekommt der Norden wieder kaufkräftiges Potenzial, das neue Absatzmärkte möglich macht. Es ist ja kein Geschenk auf ewig, sondern eine unmittelbare Hilfe, um langfristig vom Süden Wirtschaftskaufkraft zurückzubekommen. [...]

Aus: © Sibylle Trost, Berlin: „Genügend Geld ist da", DIE ZEIT 20/2015, online:: http://www.zeit.de/2015/20/jugendarbeitslosigkeit-europa-ausbildung-finanzkrise [zuletzt: 19.05.2017]

EINSTEIGEN

1. a) Benenne auf der Grundlage von M 19 (S. 280) Staaten mit besonders hoher Jugendarbeitslosigkeit in der EU.
   b) Erstelle mithilfe der Arbeitstechnik „Diagramme gestalten" (S. 184 ff.) ein Balkendiagramm über die Jugendarbeitslosigkeit in Europa.

2. a) Beschreibe die Situation von Jugendlichen wie Vasili (M 20, S. 281) in eigenen Worten.
   b) Erarbeitet in Partnerarbeit, welche möglichen Folgen diese Situation für die betroffenen Jugendlichen jetzt und in der Zukunft haben kann.

3. a) Stelle mithilfe von M 21 (S. 281f.) die durch die Banken- und Finanzkrise hervorgerufenen Ursachen der hohen Jugendarbeitslosigkeit in einem Flussdiagramm (siehe Arbeitstechnik „Diagramme gestalten", S. 184 ff.) dar.
   b) Nenne weitere Ursachen, die möglicherweise auf die Strukturpolitik der Krisenländer zurückzuführen sind.

WEITERARBEITEN

4. Erarbeitet in Kleingruppen, welche Folgen eine hohe Jugendarbeitslosigkeit für die betroffenen Staaten und Gesellschaften haben kann.

5. Versetze dich in die Situation von Vasili (M 20, S. 281) und überlege aus dessen Sicht mögliche Lösungen des Problems der Jugendarbeitslosigkeit.

6. Erarbeitet zu zweit das Zeitunginterview M 23 (S. 283 f.) unter folgenden Gesichtspunkten:
   – Langzeitfolgen von Jugendarbeitslosigkeit für die davon betroffenen Jugendlichen und Staaten
   – Erklärungsansätze für die Jugendarbeitslosigkeit
   – Lösungsansätze
   – der EU
   – der interviewten Ökonomin

7. Nimm mithilfe der Ergebnisse aus den Aufgaben 3 und 6 (S. 284) begründet Stellung zu den Thesen in M 22 (S. 282).

VERTIEFEN

8. **a)** Erörtert mithilfe der Ergebnisse aus den Aufgaben 3 und 6 (S. 284) in Partnerarbeit die in dem Zeitungsinterview M 23 (S. 283 f.) genannten Lösungsvorschläge. Beurteilt dabei, inwieweit sie euch sinnvoll erscheinen.
   b) Überlegt euch auf der Grundlage der von euch erarbeiteten Erkenntnisse weitere Lösungsmöglichkeiten. Tauscht euch anschließend darüber in der Klasse aus. Einigt euch auf drei von euren vorgestellten Lösungen.

9. Analysiere die Thematik Jugendarbeitslosigkeit in der EU mithilfe des vollständigen Politikzyklus (siehe Arbeitstechnik „Der erweiterte Politikzyklus", S. 124 ff.)

▲ 1a, 2, 3a, 4, 6, 7   ▲▼ 1b, 2b, 3, 4, 6, 7   ▲▼▲ 1b, 2b, 3, 5, 6, 7, 8, 9

Kompetenztraining

WISSEN

1. Ordne den Satzanfängen (1–7) die jeweils richtige Ergänzung (a–g) zu und übernimm die Antworten in dein Heft.
   1. Der Vermittlungsausschuss des Europäischen Parlaments tritt zusammen …
   2. Die EU-Kommission unterbreitet …
   3. Die EU-Kommissionsmitglieder werden von den nationalen Regierungen bestimmt und …
   4. Hauptaufgaben des EU-Parlaments sind …
   5. Im Ministerrat sitzen …
   6. Bei sogenannten „Gipfeltreffen" kommen …
   7. Bei Nichteinhaltung von EU-Rechtsvorschiften durch Mitgliedsstaaten …
   a. … dem Parlament und Ministerrat einen Gesetzesvorschlag.
   b. … vom EU-Parlament bestätigt.
   c. … wenn Unstimmigkeiten zwischen Ministerrat und Parlament bei Gesetzesvorschlägen bestehen.
   d. … die jeweiligen Fachminister der EU-Staaten.
   e. … die Kontrolle der EU-Kommission, die Prüfung von Gesetzesvorschlägen und die Aufstellung des Haushaltsplans für die EU.
   f. … die Staats- und Regierungschefs der EU Mitgliedsstaaten zusammen und legen die allgemeinen Ziele der EU fest.
   g. … die EU-Kommission das betreffende Land vor dem Europäischen Gerichtshof verklagen.

2. 1 aus 3 – Schreibe die richtige Antwort in dein Heft.
   1 Eine Richtlinie ist …
      a) eine Empfehlung der EU, an die sich die Staaten halten können.
      b) ein EU-Gesetz, das sofort in nationales Recht umgewandelt werden muss.
      c) ein EU-Gesetz, dessen Umwandlung in nationales Recht innerhalb einer bestimmten Frist erfolgen muss.
   2 Der Vertrag von Maastricht regelt …
      a) die Beziehungen zwischen den Beneluxstaaten Belgien und Niederlande.
      b) den Austritt von Großbritannien aus der EU.
      c) die Grundlagen der Europäischen Union.
   3 Für eine Europäische Bürgerinitiative benötigt man …
      a) 1 Million Unterschriften aus sieben EU-Ländern.
      b) 7 Millionen Unterschriften aus einem EU- Land.
      c) 10 Prozent der Unterschriften der gesamten EU-Bevölkerung.
   4 Supranationalität bedeutet …
      a) dass aus allen EU-Staaten eine Supernation entsteht.
      b) die Abgabe von einem Teil der nationalen Rechte an die EU zur Schaffung gemeinsamer europäischen Regeln.
      c) dass die EU-Staaten sich in gegenseitiger Konkurrenz überbieten wollen.
   5 Das Schengener Abkommen …
      a) ermöglicht uns in der EU ohne Grenzkontrollen zu reisen.
      b) legt fest, wann welcher EU-Staat Grenzkontrollen durchführen darf.
      c) welche Ausweispapiere bei einem Grenzübertritt in der EU mitzuführen sind.

3. Ordne zunächst schriftlich die Merkmale a–k den EU-Organen 1–6 zu und übernimm die Ergebnisse dann in dein Heft.

Was trifft auf wen zu?	1. EU-Parlament	2. Rat der Europäischen Union	3. Europäischer Rat	4. Europäischer Gerichtshof	5. EU-Kommission	6. Europäische Zentralbank
a) hat das Initiativrecht bei der Gesetzgebung						
b) wird von den EU-Bürgern gewählt						
c) kontrolliert die EU-Kommission						
d) berät gemeinsam mit dem Parlament Gesetzesvorschläge						
e) legt den Leitzins fest						
f) sorgt für die Ausführung von EU-Gesetzen						
g) legt die Leitlinien der EU-Politik fest						
h) setzt sich aus den jeweiligen Fachministern der EU-Staaten zusammen						
i) besteht aus den Regierungschefs der Mitgliedsstaaten						
j) die Mitglieder werden alle fünf Jahre von den EU-Regierungen bestimmt						
k) entscheidet bei Streitigkeiten zwischen EU-Staaten						

ANALYSIEREN

1. Analysiere die folgende Karikatur unter dem Gesichtspunkt Herausforderungen der EU.

URTEILEN

1. Im Folgenden findest du Vorschläge für Zukunft der Europäischen Union. Beurteile sie zunächst alleine, anschließend im Austausch mit einer Partnerin oder einem Partner. Begründet dabei eure Position.

Mitgliedsstaaten
- Die EU braucht noch mehr Mitgliedsstaaten. Je größer sie nämlich wird, umso stärker und einflussreicher wird sie in Politik und Wirtschaft.
- Der momentane Stand der EU- Mitgliedsstaaten sollte beibehalten werden, weil sonst zu viele unterschiedliche Interessen aufeinandertreffen, die alle unter einen Hut gebracht werden müssten.
- Die EU muss kleiner werden. Staaten, die kein Interesse an der EU haben oder sich nicht an die gemeinsamen Regeln halten wollen, sollten aus der EU austreten oder ausgeschlossen werden können.

Rechte
- Um effektiv handeln zu können, sollten noch mehr Entscheidungen für die Mitgliedsstaaten zentral von der EU getroffen und somit die Entscheidungsfreiheit der nationalen Regierungen eingeschränkt werden.
- Die Mitgliedsländer der EU haben im Rahmen der Supranationalität bereits genügend Rechte an die EU übertragen. Das reicht aus, denn auch die einzelnen Mitgliedsländer haben das Recht, ihre Angelegenheiten selbstständig zu regeln.
- Die EU muss im Sinne der Subsidiarität mehr Rechte an die einzelnen Mitgliedsstaaten zurückgeben und nur das gemeinsam regeln, worauf sich wirklich alle einigen können.

Außenpolitik
- Die EU braucht einen gemeinsamen europäischen Außenminister, der für die gesamte EU spricht, um damit den außenpolitischen Interessen der EU größeren Einfluss in der Weltpolitik zu verschaffen.
- Die EU hat schon einen „Außenbeauftragten", der aber Vorschläge nur dann umsetzen kann, wenn alle EU-Staaten damit einverstanden sind. Das ist ausreichend, denn kein Mitgliedsland sollte gezwungen werden, etwas zuzustimmen, was es nicht will.
- Die EU sollte die Außenpolitik den einzelnen Mitgliedstaaten ganz überlassen, denn jedes Mitgliedsland hat eigene politische Interessen.

Richtlinien und Verordnungen
- Richtlinien und Verordnungen sollten in der EU ausschließlich durch das EU-Parlament vorgeschlagen und erlassen werden, weil es von der Bevölkerung der EU gewählt wurde.
- Das bestehende Verfahren, wonach die Kommission Gesetze vorschlägt und das Parlament diesen entweder zustimmen oder sie ablehnen kann, sollte beibehalten werden, weil die Kommission weniger Mitglieder als das Parlament hat und deshalb effektiver arbeitet.
- Ganz wichtige Grundsatzentscheidungen sollten in der EU durch eine Volksabstimmung entschieden werden.

Sicherheit
- Europol ist die Strafverfolgungsbehörde der Europäischen Union mit Sitz in Den Haag. Ähnlich dem FBI in den USA, das in allen US-Bundestaaten das Recht hat, Kriminalität und Terrorismus zu bekämpfen, sollte auch Europol die Möglichkeit haben, in allen EU-Ländern auf diese Weise tätig zu werden.
- Es ist ausreichend, dass Europol den Informationsaustausch zwischen den nationalen Polizeibehörden fördert, um Kriminalität besser bekämpfen zu können.
- Kriminalitätsbekämpfung ist Sache jedes einzelnen EU-Mitgliedslands. Es kann nicht sein, dass übernationale Polizeibehörde sich in z. B. deutsche Angelegenheiten der Kriminalitätsbekämpfung einmischt.

Wirtschaftspolitik
- Im Rahmen der Wirtschaftspolitik ist es notwendig, einen europäischen Wirtschafts- und Finanzminister einzusetzen, der z. B. dafür sorgen kann, dass in der gesamten EU die gleichen Steuersätze für Privatpersonen und Unternehmen gelten.
- Die bisherige Regelung ist ausreichend. Die Fachminister der Mitgliedsländer setzen sich zusammen und versuchen schrittwiese und langsam die Steuerpolitik in der EU zu harmonisieren.
- Wie viele Steuern ein Staat von seinen Bürgerinnen und Bürgern und Unternehmen erhebt, ist alleine seine Angelegenheit.

Handeln

1. Erstellt einen Informationsflyer zur Europawahl. Geht dabei auf folgende Aspekte ein:
   - Was wird gewählt? Wann wird gewählt?
   - Wie läuft die Wahl ab?
   - Wie ist der Wahlzettel aufgebaut?
   - Wer darf wählen?
   - Wer steht zur Wahl?
   - Welche Besonderheiten gibt es bei der Europawahl?
   - …

Erarbeiten

1. Werte das Diagramm aus.

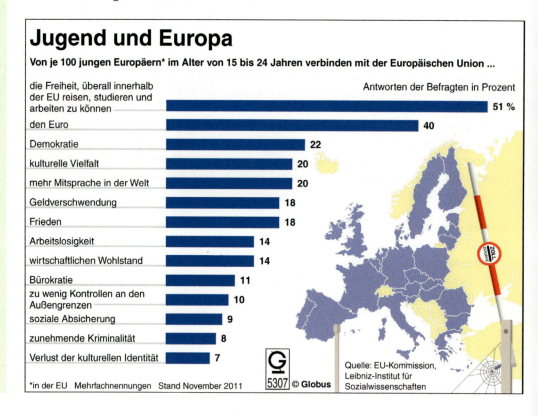

Weiterdenken

W 1 go4europe

Stellt in Partnerarbeit mithilfe der Seite **https://www.go4europe.de/** den Europäischen Freiwilligendienst für Schülerinnen und Schüler der Klasse 10 vor. Entscheidet selbst, wie diese Vorstellung aussehen soll: Präsentation, Plakat, Bericht in Schülerzeitung, …
Ziel soll sein, die notwendigen Informationen zu vermitteln und Interesse an dem Europäischen Freiwilligendienst zu wecken.

W 2 EU-Projekttag

Ihr könnt an eurer Schule einen „EU-Projekttag" veranstalten. Dazu meldet ihr euch über die unten stehende Webseite an. Anschließend bekommt ihr Material und Tipps zur Verfügung gestellt, um diesen Projekttag inhaltlich gestalten zu können. In einem dritten Schritt besuchen euch Politikerinnen oder Politiker, um mit euch euer Projekt zu besprechen und eure daraus entstandenen Fragen zu Europa zu diskutieren. Weitere Informationen gibt es auf dieser Seite:
https://www.bundesregierung.de/Webs/Breg/DE/Themen/Europa/EUProjekttag/_node.html

Friedenssicherung und Menschenrechte

Menschenrechte besitzt man allein deshalb, weil man ein Mensch ist. Menschenrechte gelten unabhängig vom Ort, an dem man gerade ist, unabhängig von der eigenen Nationalität, der Hautfarbe oder der Religion. Um den Menschenrechten entsprechendes Gewicht zu verleihen, hat die Generalversammlung der Vereinten Nationen am 10. Dezember 1948 „Die Allgemeine Erklärung der Menschenrechte" beschlossen.

Das war, genau wie die Gründung der Vereinten Nationen selbst, eine Reaktion auf die schrecklichen Gräueltaten im Ersten und Zweiten Weltkrieg. Beide Kriege hatten gezeigt, dass die Gesetze einzelner Staaten nicht ausreichen, um die Menschen ausreichend zu schützen. Für einen umfassenden Schutz der Menschenrechte setzen sich seitdem die Vereinten Nationen (engl.: United Nations Organization, kurz: UNO oder UN) ein.

Jedoch gibt es auch heute noch weltweit, also auch bei uns in Europa und in Deutschland, Verletzungen von Menschenrechten. Zudem finden wir an sehr vielen Orten der Welt kriegerische Auseinandersetzungen. Aber wer kann was tun, damit die Menschenrechte für alle Menschen auf der Welt Wirklichkeit werden?

> ALLE MENSCHEN SIND FREI UND GLEICH AN WÜRDE UND RECHTEN GEBOREN. SIE SIND MIT VERNUNFT UND GEWISSEN BEGABT UND SOLLEN EINANDER IM GEISTE DER BRÜDERLICHKEIT BEGEGNEN.
>
> ART. 1 DER ALLGEMEINEN ERKLÄRUNG DER MENSCHENRECHTE.

1. Frieden: mehr als die Abwesenheit von Krieg? – Verschiedene Friedens- und Kriegsbegriffe

Frieden: ein schwieriger Begriff

Eine Antwort auf die Frage „Was ist Frieden?" zu finden, ist nicht leicht. Reicht die Tatsache, dass wir in der Bundesrepublik Deutschland gerade keinen Krieg erleben aus, um von Frieden zu sprechen? Oder ist Frieden ein Ziel, das wir tatsächlich nie ganz erreichen, dem wir aber möglichst nahe kommen sollten?

M 1 Frieden – Was ist das?

„Es gibt keinen Weg zum Frieden, Frieden ist der Weg."
Mahatma Gandhi (1869–1948), indischer Rechtsanwalt, Politiker und Friedensaktivist

„Friede ist nicht Abwesenheit von Krieg. Friede ist eine Tugend, eine Geisteshaltung, eine Neigung zu Güte, Vertrauen und Gerechtigkeit."
Baruch de Spinoza (1632–1677), niederländischer Philosoph

„Ich habe nur einen Wunsch, weißt du. Es gibt nur eine Sache, die ich verwirklicht sehen will. Ich möchte, dass die Menschheit miteinander lebt – schwarz, weiß, chinesisch, jeder – das ist alles."
Bob Marley (1945–1981), Musiker

„Frieden ist nicht alles, aber alles ist nichts ohne Frieden."
Willy Brandt (1913–1992), Bundeskanzler der Bundesrepublik Deutschland von 1969 bis 1974

„Wirklicher Friede bedeutet auch wirtschaftliche Entwicklung und soziale Gerechtigkeit, bedeutet Schutz der Umwelt, bedeutet Demokratie, Vielfalt und Würde und vieles, vieles mehr."
Kofi Annan (1938–2018), Generalsekretär der Vereinten Nationen von 1997 bis 2006

„Wenn die Macht der Liebe über die Liebe zur Macht siegt, wird die Welt Frieden finden."
Jimi Hendrix (1942–1970), Musiker

„Ein wahrhaftiger Frieden ist nicht durch das Fehlen von Spannungen, sondern durch die Vorherrschaft der Gerechtigkeit ausgezeichnet."
Martin Luther King (1929–1968), US-Bürgerrechtler

M 2 Ein Symbol für den Frieden

Die Taube als Symbol für den Frieden, oft auch noch mit einem Olivenzweig im Schnabel, geht auf die Erzählung über die Sintflut in der Bibel zurück. Die Erzählung beginnt mit einer sehr starken Bestürzung Gottes über die Menschen aufgrund ihres Verhaltens. Die Erde ist voller Gewalt. Das gefällt Gott nicht, er will die Gewalt durch eine Sintflut auslöschen und den Menschen die Möglichkeit eines Neuanfangs geben. Noah baut im Auftrag Gottes ein Schiff, um seine Familie und die Landtiere vor der Sintflut zu retten. Als das Schiff dann auf dem Wasser treibt, schickt Noah eine Taube aus. Als diese mit einem Ölzweig im Schnabel zu Noah zurückkehrt, weiß Noah durch den Zweig, dass es trotz Sintflut noch Land gibt. Dies wird als Zeichen Gottes und Symbol für den Frieden verstanden.

M 3 Der Begriff „Frieden" in der Charta der Vereinten Nationen

Der Begriff „Frieden" wird in der Charta der Vereinten Nationen in vielfältiger Weise verwendet, ohne dass er an irgendeiner Stelle klar definiert ist. Im System des „klassischen" Völkerrechts wurde „Frieden" im 19. und zu Beginn des 20. Jahrhunderts überwiegend als bloße Abwesenheit von Krieg verstanden. Das Friedensverständnis der Vereinten Nationen geht über diesen engen Friedensbegriff hinaus und befürwortet eine umfassende Friedensvorstellung im Sinne eines globalen, dynamischen Prozesses, an dessen Ende soziale Gerechtigkeit, die Respektierung und Durchsetzung der Menschenrechte und gutnachbarliche Beziehungen zwischen allen Ländern gewährleistet sind. Die Charta verpflichtet alle Mitgliedstaaten daher nicht nur, auf die Androhung oder Ausübung von Gewalt zur Durchsetzung politischer Ziele zu verzichten, sondern fordert alle Staaten auf, ihre Konflikte mit friedlichen Mitteln zu lösen und die Zusammenarbeit in allen Bereichen zu entwickeln.

Aus: Auswärtiges Amt (Hrsg.): ABC der Vereinten Nationen, 9. Auflage 2017, Berlin 2013, S. 81-82

M 4 Hägar der Schreckliche

M 5 Positiver und negativer Frieden

[…] Es gibt viele Definitionen von Frieden. Sehr einflussreich ist das Verständnis Johan Galtungs, eines international renommierten, d. h. bedeutenden, norwegischen Wissenschaftlers, der zwischen positivem und negativem Frieden unterscheidet.
Negativer Frieden bedeutet, dass kein Krieg, kein gewaltsamer zwischenstaatlicher oder auch […] innerstaatlicher Konflikt herrscht.

PERLEN IM NETZ

www.frieden-fragen.de/

frieden-fragen.de bietet Antworten auf wichtige Fragen aus den Bereichen Krieg und Frieden, Streit und Gewalt in einer jugendgerechten Sprache.

Positiver Frieden bedeutet die Abwesenheit von Krieg oder gewaltsamen Konflikten, und zwar in einer Situation, in der Gleichheit und Gerechtigkeit herrschen und Entwicklung stattfindet.

Kennzeichnend für positiven Frieden ist somit die Verwirklichung von sozialer Gerechtigkeit auf hohem Niveau und ein Minimum an Gewalt.

Während manche glauben, dass Frieden herrscht, wenn ein Krieg zu Ende ist, ist dieser nach Galtungs Verständnis erst dann erreicht, wenn Häuser und Infrastruktur wieder aufgebaut und Strukturen entwickelt sind, die zu mehr sozialer Gerechtigkeit und Entwicklung für alle Menschen in den betroffenen Ländern führen.

[...]

Aus: Homepage von kompass, Materialien für die Menschenrechtsbildung, eine Internetseite des Vereins Humanrights.ch/MERS, online: http://kompass.humanrights.ch/cms/front_content.php?idcat=1943 [zuletzt: 11.02.2019]

EINSTEIGEN

1. Definiere, was „Frieden" für dich bedeutet. Denke dabei an verschiedene Ebenen: Frieden für dich, Frieden in deiner Familie, Frieden in deinem Land, Frieden weltweit.

2. a) Wähle ein Zitat aus M1 (S. 294) aus, das für dich den Begriff „Frieden" am treffendsten widerspiegelt. Begründe deine Auswahl.
   b) Tausche deine Begründung mit einer Partnerin/einem Partner aus, die/der ein anderes Zitat gewählt hat.

3. a) Die Taube mit dem Ölzweig im Schnabel wird oft als Symbol für den Frieden verwendet. Leite diese Bedeutung aus der Sintflut-Erzählung der Bibel (M2, S. 295) her.
   b) Recherchiere mithilfe der Arbeitstechnik „Informationen im Internet recherchieren" (S. 344 f.) die Bedeutung von zwei weiteren Friedenssymbolen (siehe Auftaktseite S. 293).

WEITER-ARBEITEN

4. Erläutere auf der Grundlage von M3 (S. 295) den Unterschied zwischen einem engen Friedensbegriff und einer umfassenden Friedensvorstellung.

5. Vergleiche deine in Aufgabe 1 formulierte Definition von „Frieden" mit den Definitionen von „Frieden" in den Materialien M1 (S. 294) und M3 (S. 295). Welche Gemeinsamkeiten, aber auch welche Unterschiede stellst du fest? Halte sie schriftlich fest.

VERTIEFEN

6. Erläutere den Comic (M4, S. 295). Die Arbeitstechnik „Karikaturen analysieren" (S. 345) kann dir dabei helfen.

7. Vergleiche auf der Grundlage von M5 (S. 295f.) und Info 1 (S. 301) die Konzepte des negativen und des positiven Friedens miteinander und arbeite die Unterschiede heraus.

▲ 1, 2, 3, 4, 5   ▲▼ 1, 2, 3, 4, 5, 6   ▲▲ 2, 4, 6, 7

Gerechte Kriege?

Kriege gibt es schon immer auf dieser Welt. Manche Menschen meinen, dass man zwischen „guten Kriegen" und „schlechten Kriegen" unterscheiden sollte. „Gute Kriege" seien solche, die notwendig seien und positive Ziele verfolgen würden. Man spricht dann auch oft von einem „gerechten Krieg". Aber kann es so etwas wie einen „gerechten Krieg" überhaupt geben?

M 6 Was ist Krieg?

Kriegsdefinition
In Anlehnung an den ungarischen Friedensforscher István Kende (1917–1988) definiert die AKUF Krieg als einen gewaltsamen Massenkonflikt, der alle folgenden Merkmale aufweist:
(a) an den Kämpfen sind zwei oder mehr bewaffnete Streitkräfte beteiligt, bei denen es sich mindestens auf einer Seite um reguläre Streitkräfte (Militär, paramilitärische Verbände, Polizeieinheiten) der Regierung handelt;
(b) auf beiden Seiten muss ein Mindestmaß an zentralgelenkter Organisation der Kriegführenden und des Kampfes gegeben sein, selbst wenn dies nicht mehr bedeutet als organisierte bewaffnete Verteidigung oder planmäßige Überfälle (Guerillaoperationen, Partisanenkrieg usw.);
(c) die bewaffneten Operationen ereignen sich mit einer gewissen Kontinuierlichkeit und nicht nur als gelegentliche, spontane Zusammenstöße, d. h. beide Seiten operieren nach einer planmäßigen Strategie, gleichgültig ob die Kämpfe auf dem Gebiet einer oder mehrerer Gesellschaften stattfinden und wie lange sie dauern.
Kriege werden als beendet angesehen, wenn die Kampfhandlungen dauerhaft, d. h. für den Zeitraum von mindestens einem Jahr, eingestellt bzw. nur unterhalb der AKUF-Kriegsdefinition fortgesetzt werden.
Als bewaffnete Konflikte werden gewaltsame Auseinandersetzungen bezeichnet, bei denen die Kriterien der Kriegsdefinition nicht in vollem Umfang erfüllt sind. In der Regel handelt es sich dabei um Fälle, in denen eine hinreichende Kontinuität der Kampfhandlungen nicht mehr oder auch noch nicht gegeben ist. [...]

Aus: AKUF (Hrsg.): Kriegsdefinition und Kriegstypologie, online: https://www.wiso.uni-hamburg.de/fachbereich-sowi/professuren/jakobeit/forschung/akuf/kriegsdefinition.html [zuletzt: 10.03.2017]

M 7 Kann man einen Krieg verhindern?

Lilly, fragte am 24. August 2016
„KANN MAN EINEN KRIEG VERHINDERN?"

[Antwort von frieden-fragen.de:]
Kriege passieren nicht einfach. Sie werden von Politikern und Anführern bestimmter Gruppen bewusst entschieden. Sie glauben, mit Gewalt eher ans Ziel zu gelangen als durch Verhandlungen.
Manche sagen, es gibt Kriege, weil Kulturen oder Religionen sehr verschieden sind und sich deshalb bekämpfen würden. Friedens- und Konfliktforscher sind jedoch der Meinung, dass die wirklichen Gründe für Kriege tiefer liegen. Wenn es zu Krieg kommt, geht es meistens um den Kampf um Macht, Einfluss, Reichtum oder Bodenschätze.
Konflikte um Macht, Reichtum oder Bodenschätze wird es immer geben. Die meisten Staaten wollen, dass es ihnen gut geht und dass sie großen Einfluss haben. Diese Konflikte müssen aber friedlich ausgetragen werden und dürfen nicht in Kriegen enden.

PERLEN IM NETZ

https://www.youtube.com/watch?v=tHHWV0FtFuI

Auf dem Youtube-Channel von Udo Lindenberg kann man sich das Originalvideo zu diesem Song anschauen.

Um Kriege zu verhindern, müssen die Menschen – die Politiker und Herrscher genauso wie die Bevölkerung – einsehen, dass Gewalt und Krieg keine legitimen Mittel sind, um Ziele zu erreichen.
[…]

Aus: Homepage frieden-frage.de der Berghof Foundation/Friedenspädagogik Tübingen, online: https://www.frieden-fragen.de/fragen/frage/1103.html [zuletzt: 12.02.2019]

M 8 Udo Lindenberg: Wozu sind Kriege da?

Keiner will sterben, das ist doch klar
wozu sind denn dann Kriege da?
Herr Präsident, du bist doch einer von diesen Herren
du musst das doch wissen
kannst du mir das mal erklären?
Keine Mutter will ihre Kinder verlieren
und keine Frau ihren Mann.
also warum müssen Soldaten losmarschieren
Um Menschen zu ermorden – mach mir das mal klar
wozu sind Kriege da?

Herr Präsident, ich bin jetzt zehn Jahre alt
und ich fürchte mich in diesem Atomraketenwald.
sag mir die Wahrheit, sag mir das jetzt
wofür wird mein Leben aufs Spiel gesetzt?
Und das Leben all der andern – sag mir mal warum
sie laden die Gewehre und bringen sich gegenseitig um
sie stehn sich gegenüber und könnten Freunde sein
doch bevor sie sich kennenlernen, schießen sie sich tot
Ich find das so bekloppt, warum muss das so sein?

Habt ihr alle Milliarden Menschen überall auf der Welt
gefragt, ob sie das so wollen
oder geht's da auch um Geld?
Viel Geld für die wenigen Bonzen,
die Panzer und Raketen bauen
und dann Gold und Brillanten kaufen
für ihre eleganten Frauen
oder geht's da nebenbei auch um so religiösen Mist
dass man sich nicht einig wird
welcher Gott nun der wahre ist?

Oder was gibt's da noch für Gründe
die ich genauso bescheuert find'
na ja, vielleicht kann ich's noch nicht verstehen
wozu Kriege nötig sind
ich bin wohl noch zu klein
ich bin ja noch ein Kind

Text & Musik: Udo Lindenberg, veröffentlicht am 5. Oktober 1981 als Single sowie auf dem Album Intensivstation im Jahr 1982, online: https://www.songtexte.com/songtext/udo-lindenberg/wozu-sind-kriege-da-13da7559.html [zuletzt: 12.02.2019]

M 9 Aktuelle Kriege und gewaltsame Konflikte

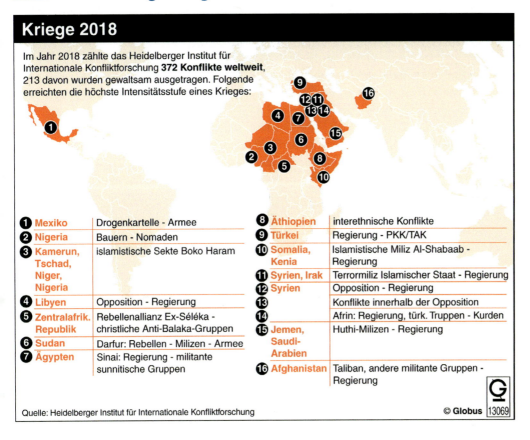

M 10 Gibt es auch gerechte Kriege?

[…]
Manche Menschen meinen, dass man zwischen guten und schlechten Kriegen unterscheiden soll.
Schlechte Kriege sind danach die, die zum Beispiel von einer Regierung geführt werden, um an der Macht zu bleiben. Dabei werden natürlich oft andere Menschen unterdrückt. Gute Kriege haben das Ziel, eine Unterdrückung von Menschen zu beseitigen und Freiheit zu schaffen.
Schon vor vielen hundert Jahren wurde die „Lehre vom gerechten Krieg" erfunden. Danach sollen Kriege dann gerecht sein, wenn es einen gerechten Grund gibt und es das Ziel ist, den Frieden wieder herzustellen. Krieg soll nur geführt werden, wenn es kein anderes Mittel mehr gibt. Das, was durch den Krieg zerstört wird, darf dabei nicht größer sein, als das, was geschützt werden soll. Krieg darf dabei nur mit Mitteln geführt werden, die nicht selbst Unrecht schaffen. Leider ist es aber so, dass auch in „gut gemeinten" Kriegen Menschen getötet und lebenswichtige Grundlagen zerstört werden.
[…]

Aus: Gugel, Günther: Themenwelt Krieg, Tübingen o. J., © Berghof Foundation Operations GmbH, online: https://www.frieden-fragen.de/fileadmin/user_upload/friedenfragen/redaktion/erwachsene/krieg/Themenwelt_Krieg.pdf [zuletzt: 12.02.2019]

EINSTEIGEN

1. a) Erkläre einer Partnerin/einem Partner den Begriff „Krieg" auf der Grundlage von M 6 (S. 297) in eigenen Worten.
   b) Erkläre den Unterschied zwischen „Krieg" und „bewaffneter Konflikt" auf der Grundlage von M 6 (S. 297) und Info 1 (S. 301).

2. Analysiere das Schaubild M 9 (S. 299) mithilfe der Arbeitstechnik „Diagramme beschreiben" (S. 330).

3. a) Hört euch das Lied von Udo Lindenberg (M 8, S. 298) im Internet an. Beschreibt, welche Gefühle das Lied bei euch auslöst. Achtet dabei besonders darauf, ob es einen Unterschied macht, ob das Kind oder Udo Lindenberg selbst singt.
   b) Das Lied (M 8, S. 298) erschien im Jahr 1981. Informiert euch mithilfe der Arbeitstechnik „Informationen im Internet recherchieren" (S. 344 f.) über die Entstehungszeit: Welche Kriege und Konflikte gab es damals in der Welt? Erklärt, warum das Lied in diese Zeit passt.
   c) Beurteilt, ob das Lied heute noch Aktualität besitzt. Begründet eure Auffassungen anhand von passenden Textseiten.

WEITERARBEITEN

4. Das Lied (M 8, S. 298) wendet sich an eine einzelne Person („Herr Präsident, ..."). Überlegt in Partnerarbeit, ob nur derjenige, der den Kriegsfall ausruft, für den Krieg und seine Folgen verantwortlich ist, oder wer außerdem auch für den Krieg und seine Folgen verantwortlich sein kann.

5. a) Gib in eigenen Worten wieder, was Lilly auf ihre Frage geantwortet wird, warum Kriege geführt werden (M 7, S. 297 f.).
   b) Bewertet diese Antwort (M 7, S. 297 f.) aus der Sicht von Lilly. Formuliert ggf. eine Ergänzung und/oder mögliche weitere Fragen.

VERTIEFEN

6. a) Diskutiert in Kleingruppen auf der Grundlage von M 10 (S. 299), ob es gerechte Kriege gibt.
   b) Interviewt Menschen in eurem Umfeld, ob es ihrer Meinung nach gerechte Kriege gibt. Sammelt möglichst viele unterschiedliche Argumente und tragt sie in einer Wandzeitung zusammen.

▲ 1a, 3a, 5a, 6   ▲▼ 1, 2, 3, 4, 5a, 6a   ▲▼▲ 1b, 2, 3, 4, 5, 6

Frieden – mehr als die Abwesenheit von Krieg?

Info 1

Frieden und Krieg sind zwei Begriffe, die eng miteinander zusammenhängen. Kriege gibt es, seit es Menschen auf dieser Erde gibt. Zum einen kann Krieg dazu dienen, die eigenen Ziele durchzusetzen. Dem Gegner werden dann bei einem Sieg die eigenen Vorstellungen aufgezwungen. Zum anderen wird Krieg zur Sicherung des eigenen Staates genutzt. Ein solcher Krieg endet mit der Unterwerfung bzw. der Vernichtung des Gegners. Lange Zeit galt Krieg als ein durchaus akzeptables Mittel zur Austragung von Streitigkeiten zwischen Staaten. Die beiden Weltkriege des 20. Jahrhunderts mit ihren großen Opferzahlen, den verübten Kriegsverbrechen sowie den Atombombenabwürfen über Japan im Jahr 1945 ächteten den Krieg als Mittel, d. h. dass es nicht mehr hingenommen wird, wenn jemand einen Krieg beginnt, um seine Vorstellungen durchzusetzen.

Nach den Vereinbarungen der → **Vereinten Nationen**, dem Zusammenschluss von fast allen Staaten auf der Erde zur Sicherung des Weltfriedens, sind deshalb nur Verteidigungskriege erlaubt. Man nennt dies das Recht zum Krieg. Dazu gehört aber auch ein sogenannter Präventivschlag. Darunter versteht man einen Angriff, der einem unmittelbar bevorstehenden Angriff des Gegners zuvorkommt. So ein Handeln wird wegen des bevorstehenden Angriffs als Verteidigung gewertet.

In den letzten Jahren fanden militärische Auseinandersetzungen immer seltener zwischen zwei eigenständigen Staaten statt. Immer häufiger kämpfen unterschiedliche Gruppen innerhalb eines Staates. Ein Grund dafür kann das Streben einzelner Bevölkerungsgruppen nach staatlicher Unabhängigkeit sein.

Häufig wird → **Frieden** als Gegenteil von Krieg gesehen. Frieden ist aber mehr als nur die Abwesenheit von Krieg. Daher unterscheidet man zwischen einem negativen Frieden, d. h. die Abwesenheit von direkter, physischer Gewalt und Bedrohung, und einem positiven Frieden, d. h. dass soziale Gerechtigkeit, relativer Wohlstand und ein ökologisches Gleichgewicht herrschen. Daher wird der Friede nicht nur durch Kriege bedroht, sondern auch durch Hunger, Armut, Arbeits- und Perspektivlosigkeit, durch das Bevölkerungswachstum, Vertreibung und Flucht oder den internationalen Terrorismus.

2. Die Todesreiter von Darfur – Ursachen, Verlauf und Folgen des kriegerischen Konflikts

Seit dem Jahr 2003 tobt im Sudan, im Nordosten Afrikas, ein bewaffneter Konflikt, der bis 2017 bereits 300 000 Menschen das Leben gekostet hat. Etwa 3 Millionen Menschen haben im Sudan bis 2017 ihre Heimat verloren und mussten fliehen. Wie entstand dieser Konflikt und welche Auswirkungen hat er auf die Menschen in der Region? Besteht Hoffnung auf Frieden und wie könnte eine Verbesserung der Situation erreicht werden?

M 11 Darfur, Hintergrundinformation

Darfur ist eine Region im Westen der Republik Sudan. Darfur grenzt an die Nachbarstaaten Libyen, Tschad, die Zentralafrikanische Republik und an den Südsudan.

Darfur ist mit über 500 000 km² etwa eineinhalb mal so groß wie Deutschland. Mit rund 8 Millionen Einwohnern ist Darfur im Vergleich zu Deutschland sehr dünn besiedelt. Die Landschaft Darfurs ist geprägt von einer Hochebene und dem Marra-Gebirge.

Der sogenannte „Darfur-Konflikt" ist eine kriegerische Auseinandersetzung und hält die Region seit 2003 in Unruhe. Nach UN-Angaben sind dort bis 2017 mindestens 300 000 Menschen ums Leben gekommen bzw. ermordet worden. Über 2,5 Mio. Menschen aus Darfur sind auf der Flucht vor dem Krieg und seinen Folgen.

Nach: https://de.wikipedia.org/wiki/Darfur [zuletzt 12.02.2019]

M 12 Karte des Sudans mit Darfur

M 13 Beginn des Konflikts

Die Region Darfur wird von vielen, vor allem arabischen und schwarzafrikanischen Völkern bewohnt. Es gibt über 30 Ethnien, die sich nach der Lebensweise in drei große Gruppen einteilen: *Baggara* – Rindernomaden, *Aballa* – Kamelnomaden, *Zurga* – Bauern und die Stadtbewohner. Zwischen diesen Völkern kommt es immer wieder zu Konflikten.

Dazu kommen aber auch wirtschaftliche, ökologische und machtpolitische Gründe, die den Konflikt immer wieder verstärken. Im Jahr 2000 tauchte in den Straßen von Sudans Hauptstadt Khartum das sogenannte „Black Book" („Schwarzbuch: Ungleichgewicht von Macht und Reichtum in Sudan") auf. Darin wird die wirtschaftliche und politische Unterdrückung der Bevölkerung Darfurs durch die Regierung verurteilt. Viele Einwohner aus der Region Darfur, vor allem junge Männer, begannen daraufhin Widerstand zu leisten und sich gegen die Regierung zu wehren. Der Widerstand war anfangs friedlich, ab dem Jahr 2003 aber zum größten Teil bewaffnet. Die Menschen aus Darfur wollten so für ihre Rechte kämpfen und eine Verbesserung ihrer wirtschaftlichen Situation erreichen.

Die Regierung wollte aber keine Zugeständnisse machen und unterdrückte die Bewohner Darfurs weiterhin. Sie begann den Widerstand blutig zu bekämpfen. Sie ließ Dörfer in Darfur aus
der Luft bombardieren. Außerdem begann die Regierung die Reitermiliz *Janjaweed* aufzubauen.

M14 Aktuelle Konfliktsituation

[...] Zu Beginn des Jahres 2018 fanden kaum bewaffnete Handlung zwischen den wichtigsten
Rebellengruppen und der sudanesischen Armee statt. Die Schnelle Eingreiftruppen (RSF) der
Regierung hat gegenüber verschiedenen Milizen mehrfach die Oberhand behalten und eine
Entwaffnungskampagne der Vereinten Nationen soll zu einer strukturellen Verbesserung der
Sicherheitslage sorgen. Seitens der sudanesischen Regierung und der wichtigsten Rebellen-
gruppen gelten derzeit einseitig verkündete Waffenstillstände. Gewalttätige Auseinander-
setzungen zwischen Nomaden und Ackerbauern sind jedoch an der Tagesordnung und überla-
gern sich mit anderweitig motivierten Kriegshandlungen.
Die relative Waffenruhe darf jedoch nicht darüber hinwegtäuschen, dass eine politische Lösung des Konfliktes in weiter Ferne liegt. Aktuell gibt es keinen Dialogprozess, an dem alle
Akteure beteiligt sind. Verschiedene Rebellengruppen, insbesondere das Justice and Equality
Movement (JEM) und mehrere Fraktionen des Sudan Liberation Movement/Army (SLM/A),
kämpfen weiterhin gegen die sudanesische Armee sowie gegen regierungsnahe Milizen, denen
schwere Menschenrechtsverletzungen gegen die Zivilbevölkerung vorgeworfen werden. [...]
Im Juni 2017 hat die UNO beschlossen, das Mandat der gemeinsamen Friedensmission von
UNO und Afrikanischer Union UNAMID strategisch neu auszurichten und die Mission zugleich wesentlich zu verkleinern. Das Vorgehen stößt insbesondere bei Verantwortlichen der
Afrikanischen Union (AU) auf Skepsis. Im gemeinsamen Berichten des UN-Generalsekretärs
und des Vorsitzenden der Kommission der Afrikanischen Union vom Januar und Februar 2018
wird dezidiert festgestellt, dass es sowohl bei der Umsetzung des Teilfriedens von Doha als
auch im laufenden Friedensprozess keinerlei Fortschritte und positive Entwicklungen gibt.
Abgesehen vom Rückgang der Auseinandersetzungen zwischen den Rebellengruppen und
Truppen der Regierung unterscheidet sich die aktuelle Konfliktsituation nur marginal von
der Lage des Jahres 2005: Es gibt keinen umfassenden Friedens- oder Dialogprozess, an dem
alle entscheidenden Akteure beteiligt sind. Durch die immer wieder eskalierende Gewalt geht
es der Zivilbevölkerung und den Binnenflüchtlingen heute bestenfalls graduell besser als vor
zehn Jahren. Politische Lösungsansätze werden sowohl durch die weitgehende Militarisie-
rung des Vorgehens der sudanesischen Zentralregierung als auch durch die Fragmentierung
der Rebellen und das verbreitete Banditentum erschwert. Die UNO meldete für das Jahr 2017
weiterhin über 200 000 Binnenflüchtlinge, über eine Million Menschen benötigen humanitäre
Hilfe, rund die Hälfte von ihnen lebt in Lagern.
Unter dem Strich haben sich die Voraussetzungen für eine politische Lösung des Konfliktes
trotz des Rückgangs kriegerischer Auseinandersetzungen insgesamt verschlechtert. Die sudanesische Regierung in Khartum ist intern gespalten und mit vielen großen politischen Herausforderungen konfrontiert. Die verschiedenen Rebellengruppen in Darfur sind ihrerseits
stark fragmentiert. Einige ihrer Führungsfiguren sind kaum an einem Verhandlungserfolg
interessiert, weil sie politisch und ökonomisch von der internationalen Unterstützung profitieren. Diese Dynamik zu durchbrechen, ist am ehesten der auch von der vom deutschen
Auswärtigen Amt unterstützten Initiative des African Union High Level Implementation Pa-
nel (AUHIP) unter Leitung des südafrikanischen Ex-Präsidenten Thabo Mbeki zuzutrauen,
die jedoch derzeit keine neuen Impulse zu geben vermag.
[...]

Aus: Öhm, Manfred: Sudan – Darfur, Bundeszentrale für politische Bildung, 17.03.2018, online: http://www.bpb.de/interna-
tionales/weltweit/innerstaatliche-konflikte/54699/sudan-darfur [zuletzt: 12.02.2019]

M 15 Janjaweed

Die Dschandschawid [...] (englische Transkription: *Janjaweed*) sind eine bewaffnete Miliz in der Region Darfur im westlichen Sudan. Die Gruppe besteht aus berittenen Kämpfern, die zum größten Teil aus Beduinen- bzw. nomadischen Gesellschaften stammen, d.h., es sind mehrheitlich Abbala (im Norden Darfurs nomadisch lebende Rizeigat-Gruppen). Der Name *Dschandschawid* (von arabisch: *dschinn* „Geist, Dämon", und möglicherweise dem ins Arabische entlehnten, englischen Wort *gun*, „Gewehr", sowie *dschawad* „Pferd") bedeutet sinngemäß „berittene Teufel" oder „Teufel auf Pferden".
Die Dschandschawid sprechen mehrheitlich arabisch als Muttersprache und sind Muslime. [...]
Die Dschandschawid begingen ebenso wie die Rebellen zahlreiche Menschenrechtsverletzungen an der sesshaften Zivilbevölkerung: Massenexekutionen, Vergewaltigungen, Vertreibungen, Zerstörung von Dörfern und Brunnen. Die sudanesische Regierung gab, wenn nötig, Luftunterstützung bei Angriffen auf Dörfer.
Sie gingen dabei mit einer Konsequenz vor, die von vielen Seiten den Vorwurf der ethnischen Säuberung bis hin zum Völkermord laut werden ließ. Bis zum Sommer 2004 waren schätzungsweise 30 000 bis 50 000 Menschen getötet worden, und mehr als eine Million waren auf der Flucht, teilweise auch in den benachbarten Tschad. Im Oktober 2006 gibt die Sudan Tribune die Zahl von 200 000 Toten – durch direkte Gewalt oder indirekt etwa durch Hunger – und zwei Millionen Vertriebenen an. [...]
Neben einer üblichen Wüstenkleidung aus langen Gewändern, die Schutz vor der Sonne bieten, sind die Dschwanschawid mit Sturmgewehren und Granatwerfern ausgerüstet. Unter den Gewändern getragene Seiten aus dem Koran sollen sie vor Kugeln schützen.

Aus: Wikipedia, Eintrag zum Begriff Dschandschawid, online: https://de.wikipedia.org/wiki/Dschandschawid [zuletzt: 04.11.2016]

M 16 Ursachen und Hintergründe

Als sich das Land Sudan in einem langwierigen Prozess in die neuen Staaten Sudan und Südsudan aufteilte, wurde die Region Darfur, die Teil des Sudans ist, von wichtigen Ressourcen abgetrennt. Darauf hin entschieden sich darfurische Organisationen 2003 für den bewaffneten Widerstand.
Auch innerhalb Darfurs gibt es viele Konflikte zwischen den unterschiedlichen Bevölkerungsgruppen. Beispielsweise werden durch lange Dürreperioden und den Klimawandel fruchtbare Gegenden weniger und das Zusammenleben von Nomaden und Ackerbauern wird immer schwieriger.
Die Regierung Sudans setzt nach wie vor Janjaweed gegen die Rebellen in Darfur ein. Sie gehen mit unvorstellbarer Brutalität gegen die Bevölkerung Darfurs vor. Sie brennen Dörfer nieder, vergewaltigen Frauen, ermorden wahllos jeden, der ihnen in die Quere kommt.

M 17 Ein Mädchen aus Darfur

Dieses Foto von Halima wurde am 8.11.2008 vom niederländischen Fotografen Ton Koene aufgenommen. Zu diesem Zeitpunkt war sie in einem Flüchtlingslager im Norden von Darfur. Ihre Familie musste ihre Heimat verlassen. Wir kennen die genauen Umstände ihrer Flucht nicht. Wir wissen nicht, was sie erlebt hat. Wir wissen auch nicht, wo sie heute ist. Ob sie noch am Leben ist, ob sie Opfer des Krieges in ihrer Region wurde, wie es ihr geht.

M 18 Kinderzeichnung aus Darfur

[Mitarbeiter der Menschenrechtsorganisation „Human Rights Watch" befragten den 13-jährigen Mahmoud*, was er gemalt hat:]

Human Rights Watch: What's happening here?

Mahmoud: These men in green are taking the women and the girls.

Human Rights Watch: What are they doing?

Mahmoud: They are forcing them to be wife.

Human Rights Watch: What's happening here?

Mahmoud: The houses are on fire.

Human Rights Watch: What's happening here?

Mahmoud: This is an Antonov. This is a helicopter. These here, at the bottom of the page, these are dead people.

[* Der Name wurde zum Schutz des Jungen geändert.]

Aus: Homepage von Human Rights Watch, New York 2005, online: https://www.hrw.org/legacy/photos/2005/darfur/drawings/13.htm [zuletzt: 12.02.2019]

M19 Darfur kommt nicht zur Ruhe

Zehntausende Menschen in Darfur auf der Flucht
Seit drei Wochen toben in der westsudanesischen Krisenregion wieder heftige Gefechte. Frauen und Kinder leiden besonders. UN-Mitarbeiter sprechen von der höchsten Zahl an Binnenflüchtlingen seit einem Jahrzehnt. [...]

Aus: Deutsche Welle vom 08.02.2016, online: https://www.dw.com/de/zehntausende-menschen-in-darfur-auf-der-flucht/a-19033693 [zuletzt: 12.02.2019]

Zahl der Flüchtlinge in Darfur steigt auf über 100 000
Herve Ladsous ist bei den Vereinten Nationen zuständig für die Friedenssicherung. Im Sicherheitsrat in New York zeichnete er ein düsteres Bild über die Lage in der westsudanesischen Krisenprovinz Darfur. ...]

Aus: Deutsche Welle vom 06.04.2016, online: https://www.dw.com/de/zahl-der-fl%C3%BCchtlinge-in-darfur-steigt-auf-%C3%BCber-100000/a-19170408 [zuletzt: 12.02.2019]

Massenvergewaltigung durch Armee in Darfur
Laut Recherchen von Human Rights Watch hat die sudanesische Armee in der Unruheregion Darfur mehr als 200 Frauen und Mädchen vergewaltigt. Die Regierung in Khartum solle aufhören, dies zu leugnen. [...]

Aus: Deutsche Welle vom 11.02.2015, online: https://www.dw.com/de/massenvergewaltigung-durch-armee-in-darfur/a-18250415 [zuletzt: 12.02.2019]

2. Die Todesreiter von Darfur – Ursachen, Verlauf und Folgen des kriegerischen Konflikts

EINSTEIGEN

1. Stelle aus M 11 bis M 14 (S. 302–303) die Konfliktsituation und den Verlauf des Darfur-Konflikts in einer Zeitleiste dar.

2. Benenne auf der Grundlage von M 13 bis M 15 (S. 302–304) die Konfliktparteien.

3. Stelle auf der Grundlage von M 13 und M 16 (S. 302–304) in einer Tabelle zusammen, welche Gründe die Konfliktparteien jeweils haben oder hatten, um zu den Waffen zu greifen.

WEITERARBEITEN

4. a) Auch das Mädchen aus Darfur (M 17, S. 305) hat den Konflikt miterlebt. Überlegt euch zu zweit, welche Fragen ihr an sie stellen würdet, um mehr über den Krieg und das Leben der Menschen in Darfur zu erfahren.
   b) Schreibe ihr einen Brief, in welchem du eure Ergebnisse aus Aufgabe 4a berücksichtigst.

5. a) M 18 (S. 305) zeigt die Zeichnung eines Jungen, der den Konflikt in Darfur selbst erlebt hat. Übersetze das kurze Interview.
   b) Deute die Zeichnung (M 18, S. 305). Halte in Stichworten fest, was der Junge, von dem die Zeichnung stammt, wahrscheinlich erlebt hat.

VERTIEFEN

6. a) Recherchiere, wie sich der Konflikt bis heute entwickelt hat bzw. ob es zu einer friedlichen Lösung gekommen ist.
   b) M 19 (S. 306) zeigt Schlagzeilen und kurze Pressemeldungen zum Darfur-Konflikt. Suche Schlagzeilen in Newsportalen, an denen du die aktuelle Lage in Darfur zeigen kannst. Gestalte ein Plakat.

7. Überlegt in Kleingruppen, ob und wie internationale Hilfe und Unterstützung das Leid der vom Krieg betroffenen Menschen lindern kann.

▲ 1, 2, 3, 5, 6   ▲▼ 1, 2, 3, 4, 5, 6, 7   ▲▼▲ 1, 3, 4, 5, 6, 7

3. Weltpolizist oder zahnloser Tiger? – Die Vereinten Nationen

Ziele und Grundsätze der Vereinten Nationen

Nach dem Schrecken des Zweiten Weltkrieges wurden die Vereinten Nationen (UNO) zur Sicherung des Weltfriedens und zur Förderung der internationalen Zusammenarbeit gegründet. Aber was genau verstehen die Vereinten Nationen unter diesen Zielen?

M 20 Skulptur vor dem Hauptquartier der Vereinten Nationen

M 21 Entstehung und Entwicklung der UNO

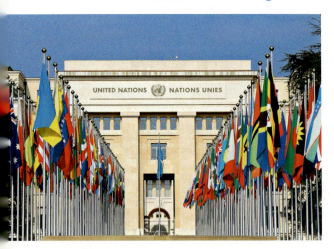

Das „Palais des Nations" in Genf ist der Sitz des europäischen Hauptquartiers der UNO.

[...]

Gründungsgedanken
Die Organisation der Vereinten Nationen (UNO, engl. United Nations Organization) wurde 1945 als „allgemeine internationale Organisation zur Aufrechterhaltung des Friedens und der Sicherheit" ins Leben gerufen. So formulierten die Regierungschefs der drei Großmächte der Antihitlerkoalition – CHURCHILL, ROOSEVELT und STALIN – die Zielsetzung der UNO auf der Krimkonferenz [1945].

Gründung
Im April 1945 versammelten sich die Vertreter von 51 Nationen als Gründungsmitglieder der UNO zur Konferenz von San Francisco. Am 26. Juni 1945 wurde dann die Gründungsurkunde, die Charta der Vereinten Nationen, unterschrieben. [...]
Zunächst wurden nur solche Staaten als UNO-Mitglieder aufgenommen, die an der Seite Großbritanniens, der Sowjetunion und der USA gegen Deutschland und Japan am Krieg teilgenommen hatten.

In der Folgezeit wuchs die Zahl der Mitgliedstaaten der UNO stark an. So wurde im Jahre 2002 die Schweiz als 200. Mitglied der UNO aufgenommen. [...]

Die UNO war also von vornerein nicht als Weltregierung gedacht. Ihr gesamtes Wirken beruht auf der unbedingten Anerkennung der Souveränität ihrer Mitgliedstaaten. Ihr und ihren Organen ist es laut Charta grundsätzlich untersagt, *„in Angelegenheiten einzugreifen, die im Wesentlichen innerhalb der innenpolitischen Zuständigkeit"* der Mitgliedstaaten liegen.
[...]

Aus: Homepage lernhelfer.de. Lernmaterialien von Duden. Bibliographisches Institut GmbH, online: https://www.lernhelfer.de/schuelerlexikon/politikwirtschaft/artikel/entstehung-und-entwicklung-der-uno [zuletzt: 12.02.2019]

M22 Ziele und Grundsätze der Vereinten Nationen (UNO)

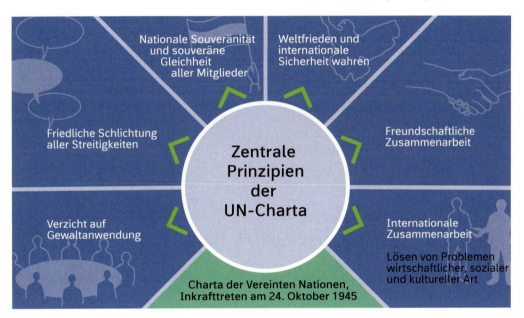

Charta der Vereinten Nationen, Inkrafttreten am 24. Oktober 1945

M23 Auszüge aus der Charta der Vereinten Nationen (UNO)

Artikel 1
Die Vereinten Nationen setzen sich folgende Ziele:
1. den Weltfrieden und die internationale Sicherheit zu wahren und zu diesem Zweck wirksame Kollektivmaßnahmen zu treffen, um Bedrohungen des Friedens zu verhüten und zu beseitigen, Angriffshandlungen und andere Friedensbrüche zu unterdrücken und internationale Streitigkeiten oder Situationen, die zu einem Friedensbruch führen könnten, durch friedliche Mittel nach den Grundsätzen der Gerechtigkeit und des Völkerrechts zu bereinigen oder beizulegen;
2. freundschaftliche, auf der Achtung vor dem Grundsatz der Gleichberechtigung und Selbstbestimmung der Völker beruhende Beziehungen zwischen den Nationen zu entwickeln und andere geeignete Maßnahmen zur Festigung des Weltfriedens zu treffen;
3. eine internationale Zusammenarbeit herbeizuführen, um internationale Probleme wirtschaftlicher, sozialer, kultureller und humanitärer Art zu lösen und die Achtung vor den Menschenrechten und Grundfreiheiten für alle ohne Unterschied der Rasse, des Geschlechts, der Sprache oder der Religion zu fördern und zu festigen;
[...]

Artikel 2

Die Organisation und ihre Mitglieder handeln im Verfolg der in Artikel 1 dargelegten Ziele nach folgenden Grundsätzen:

1. Die Organisation beruht auf dem Grundsatz der souveränen Gleichheit aller ihrer Mitglieder.
[…]
3. Alle Mitglieder legen ihre internationalen Streitigkeiten durch friedliche Mittel so bei, dass der Weltfriede, die internationale Sicherheit und die Gerechtigkeit nicht gefährdet werden.
4. Alle Mitglieder unterlassen in ihren internationalen Beziehungen jede gegen die territoriale Unversehrtheit oder die politische Unabhängigkeit eines Staates gerichtete oder sonst mit den Zielen der Vereinten Nationen unvereinbare Androhung oder Anwendung von Gewalt.
5. Alle Mitglieder leisten den Vereinten Nationen jeglichen Beistand bei jeder Maßnahme, welche die Organisation im Einklang mit dieser Charta ergreift; sie leisten einem Staat, gegen den die Organisation Vorbeugungs- oder Zwangsmaßnahmen ergreift, keinen Beistand.
[…]
7. Aus dieser Charta kann eine Befugnis der Vereinten Nationen zum Eingreifen in Angelegenheiten, die ihrem Wesen nach zur inneren Zuständigkeit eines Staates gehören, oder eine Verpflichtung der Mitglieder, solche Angelegenheiten einer Regelung auf Grund dieser Charta zu unterwerfen, nicht abgeleitet werden; die Anwendung von Zwangsmaßnahmen nach Kapitel VII wird durch diesen Grundsatz nicht berührt.

Aus: Homepage des Regionalen Informationszentrums der Vereinten Nationen für Westeuropa, online: https://www.unric.org/de/charta [zuletzt: 13.02.2019]

EINSTEIGEN

1. **a)** Tauscht euch in der Klasse darüber aus, in welchen Zusammenhängen ihr schon einmal etwas von der UNO mitbekommen habt.
   b) Überlegt zu zweit, was die Skulptur vor dem Hauptquartier der Vereinten Nationen (M 20, S. 308) über das Ziel der Vereinten Nationen (UNO) zum Ausdruck bringen möchte.

2. **a)** Erläutere mithilfe von M 21 (S. 308 f.), warum die Vereinten Nationen gegründet wurden.
   b) Beschreibe mithilfe von M 21 (S. 308 f.), wie sich die Vereinten Nationen entwickelt haben.

WEITER-ARBEITEN

3. Erläutere mithilfe von M 21 (S. 308 f.), warum man die Vereinten Nationen nicht als „Weltregierung" bezeichnen kann

VERTIEFEN

4. **a)** In M 22 (S. 309) sind die Ziele und Grundsätze der Vereinten Nationen grafisch dargestellt. Erkläre mithilfe von M 23 (S. 309 f.) die einzelnen Ziele und Grundsätze.
   b) Recherchiere mithilfe der Arbeitstechnik „Informationen im Internet recherchieren" (S. 344 f.) Beispiele für Maßnahmen der Vereinten Nationen, die zur Erreichung der Ziele dienen.

▲ 1, 2a, 4   1, 2, 3, 4   2, 3, 4

Die Organe der UNO

Die Vereinten Nationen (UNO) wollen den Weltfrieden sichern und die internationale Zusammenarbeit fördern. Doch wie versuchen die Vereinten Nationen (UNO) das zu erreichen? Welche Organe hat die UNO dazu eingerichtet? Und wie hängen diese zusammen?

M24 Die Generalversammlung der Vereinten Nationen

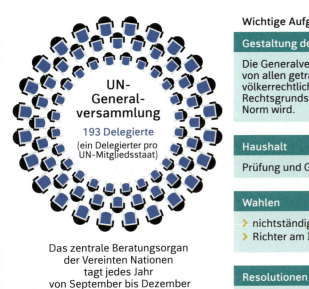

UN-Generalversammlung
193 Delegierte
(ein Delegierter pro UN-Mitgliedsstaat)

Das zentrale Beratungsorgan der Vereinten Nationen tagt jedes Jahr von September bis Dezember

Wichtige Aufgaben:

Gestaltung des Völkergewohnheitsrechts
Die Generalversammlung verständigt sich, welche von allen getragenen Überzeugungen neben den völkerrechtlichen Verträgen und den allgemeinen Rechtsgrundsätzen zur rechtsverbindlichen Norm wird.

Haushalt
Prüfung und Genehmigung

Wahlen
- nichtständige Mitglieder im UN-Sicherheitsrat
- Richter am Internationalen Gerichtshof

Resolutionen
Beschlüsse, die Bewertungen (z.B. Konfliktsituationen) und Forderungen (z.B. an Konfliktparteien enthalten, und Beschlüsse zu weltpolitischen Fragen (nicht verbindlich)

M25 Der UN-Generalsekretär

[...] Als Chef des UN-Sekretariates mit weltweit rund 44 000 Mitarbeitern (Stand Januar 2011) koordiniert der Generalsekretär die tägliche Arbeit der Vereinten Nationen, stellt den Haushaltsplan auf, nimmt an Sitzungen der UN-Hauptorgane teil (mit
5 Ausnahme des internationalen Gerichtshofs), erstattet diesen Bericht über die Arbeit der UN und unterstützt die Hauptorgane bei ihrer Arbeit – z.B. durch Studien oder Erledigung anderer ihm zugewiesener Aufgaben.
Neben diesen Funktionen aus dem Bereich der Verwaltung hat
10 der Generalsekretär als Repräsentant der Vereinten Nationen auch politischen Einfluss. Nach Artikel 99 der UN-Charta kann der Generalsekretär den Sicherheitsrat auf friedensgefährdende Angelegenheiten aufmerksam machen und so die Tagesordnung der Vereinten Nationen maßgeblich mitbestimmen. Als diploma-
15 tischer Vermittler in Konflikten kann der Generalsekretär auch

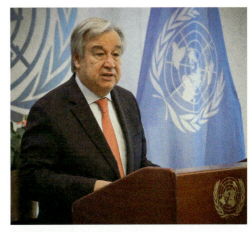

António Guterres (Portugal), UN-Generalsekretär seit 01.01.2017

Friedenspläne aufstellen oder vor Ort versuchen, die Konfliktparteien zu einer Einigung zu bewegen. [...]

Ernannt wird der UN-Generalsekretär auf Vorschlag des Sicherheitsrates für fünf Jahre von der Generalversammlung. Eine Wiederwahl ist möglich. Die Mehrheit der bisherigen Generalsekretäre kandidierte für eine zweite Amtszeit und wurde in ihrem Amt bestätigt. Bei der Auswahl von Kandidaten wird informell darauf geachtet, dass die wechselnden Amtsinhaber aus allen Kontinenten und geographischen Regionen der Erde stammen.

Der UN-Generalsekretär ist ausdrücklich nur den Vereinten Nationen verpflichtet, um eine Beeinflussung durch einzelne Mitgliedsstaaten auszuschließen. Er benötigt jedoch auch diplomatisches Geschick, da er für die Umsetzung seiner Ziele auf die Unterstützung der UN-Mitgliedsstaaten angewiesen ist und häufig widerstreitende Interessen berücksichtigen muss. Erfolg und Misserfolg bei der Arbeit des Generalsekretärs hängen daher auch eng von der Persönlichkeit, dem Charisma sowie dem Durchsetzungsvermögen der Person ab. [...]

Aus: Bundeszentrale für Politische Bildung vom 02.02.2011, online: http://www.bpb.de/internationales/weltweit/vereinte-nationen/48589/generalsekretaer [zuletzt: 13.02.2019]

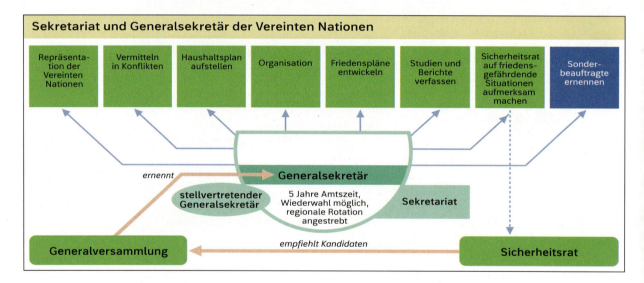

PERLEN IM NETZ

http://www.sowi-online.de/praxis/methode/un_sicherheitsrat_eine_wirksame_institution_zur_herstel-lung_friedens_ein_planspiel_aus.html

Hier findet ihr ein ausgearbeitetes Planspiel mit allen Unterlagen zu einem fiktiven Konflikt, der vor dem Sicherheitsrat der Vereinten Nationen verhandelt werden soll.

M26 Sicherheitsrat der Vereinten Nationen versagt in Syrien

[...]

New York. 21 Hilfsorganisationen haben dem Sicherheitsrat der Vereinten Nationen völliges Versagen in der Syrien-Krise vorgeworfen. Den UN sei es nicht gelungen, die Menschen in dem Land zu schützen, hieß es in dem am Donnerstag veröffentlichten Bericht „Failing Syria" (Versagen in Syrien) zum vierten Jahrestag des Beginns der Proteste (am 15.3.), die schließlich zum Bürgerkrieg führten.

Die 21 Gruppen – darunter Oxfam, World Vision, Pax Christi International, Save the Children und Handicap International – bewerteten ihren Syrien-Bericht als „katastrophales Zeugnis" für die Vereinte Nationen und die Konfliktparteien. Seit 2011 seien 220 000 Menschen getötet worden [Stand: März 2015].

Die Helfer werfen dem Sicherheitsrat vor, dass keine seiner drei Resolutionen etwas bewirkt habe. Statt geschützt zu werden, hätten die Syrer das blutigste Jahr des Konflikts erlebt. 76 000 Menschen seien getötet worden, mehr als ein Drittel der Toten der vierjährigen Gewalt. Die Zahl der kaum zu erreichenden Hilfebedürftigen habe sich trotz einer UN-Resolution auf 4,8 Millionen mehr als verdoppelt. 5,6 Millionen Kinder seien auf Hilfe von außen angewiesen, fast ein Drittel mehr als im Vorjahr.

„Die bittere Realität ist, dass der UN-Sicherheitsrat die UN-Resolutionen nicht umgesetzt hat. Das vergangene Jahr war das dunkelste seit Ausbruch dieses fürchterlichen Krieges", sagte Kathrin Wieland von Save the Children. Robert Lindner von Oxfam sagte: „Die Regierungen einflussreicher Staaten müssen endlich dafür sorgen, dass der Konflikt nicht weiter angeheizt
20 wird und dass die Nothilfemaßnahmen massiv ausgeweitet werden." Sie müssten den Druck auf die Konfliktparteien erhöhen.

Den Helfern von UN und anderen Hilfsorganisationen könnte auch noch das Geld ausgehen. Schon 2013 waren die UN-Hilfsmaßnahmen nur zu 71 Prozent finanziert, heißt es in dem Bericht. Im vergangenen Jahr seien es dann nur noch 57 Prozent gewesen. Derzeit seien 3,7
25 Millionen Flüchtlinge aus Syrien in den Nachbarländern. Den Prognosen der Helfer zufolge werden es Ende des Jahres 4,3 Millionen sein.

„Allein in den Camps entlang der türkisch-syrischen Grenze leben über 250 000 Flüchtlinge, die vollständig auf internationale Unterstützung angewiesen sind", erklärte das Welternährungsprogramm (WFP) dazu. „Die Lage in Syrien wird immer dramatischer, noch nie mussten
30 die Vereinten Nationen in einer Krise so viel Hilfe leisten." […]

Aus: Weltsicherheitsrat versagt in Syrien, online: http://www.handelsblatt.com/politik/international/kritik-an-der-uno-weltsicherheitsrat-versagt-in-syrien/11492670.html [zuletzt: 13.02.2019]

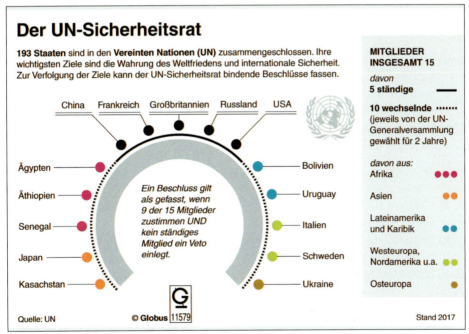

M 27

M 28 Gibt es Alternativen zu den Vereinten Nationen?

Die oft langwierigen Entscheidungsprozesse des Sicherheitsrates, vor allem aber die Abhängigkeit von Ländern wie China und Russland bei seinen Entscheidungen, haben in westlichen Ländern, insbesondere in den USA, zu einem Nachdenken über Alternativen zu den Vereinten Nationen geführt. Wenn – so die zugrundeliegende Annahme – die Demokratie
5 die zumindest tendenziell friedlichste und menschenwürdigste Staatsform darstellt, sollte ihren Vertretern auch eine eigenständige Legitimation für die Ergreifung friedenssichernder Maßnahmen bis hin zur militärischen Intervention zukommen. Seit der Jahrhundertwende werden […] Vorstellungen von einer „Liga der Demokratien" propagiert. Nach Ansicht ihrer Befürworter ist sie eine bessere Alternative zu den Vereinten Nationen, deren Staaten-

mehrheit im Lichte dieser Betrachtung von teils äußerst fragwürdigen Regimen regiert wird. [...] Allen denkbaren Alternativen zu den Vereinten Nationen ist gemeinsam, dass sie das Machtgefälle zwischen Arm und Reich oder Stark und Schwach weiter zementieren und die in den Vereinten Nationen ohnedies schon stark ausgeprägte Legitimationsproblematik in Bezug auf Entscheidungen von globaler Tragweite zusätzlich verschärfen würden. Der aus dem Gründungskontext der VN erklärliche Geburtsfehler, fünf Mächte durch eine herausgehobene Position zu privilegieren, würde so nicht nur nicht behoben, sondern dahingehend verschärft, als dass diese neuen Formate nicht einmal eine formale Zustimmung des großen Rests der Welt vorsehen. Dem Anliegen einer auf [...] Ausgleich basierenden Weltordnung können diese Konzepte daher nicht entsprechen – und wollen dies wahrscheinlich auch gar nicht. Sie bleiben allerdings die Antwort auf die Frage schuldig, wie denn die übergroße Mehrheit der Staaten davon überzeugt werden soll, sich der Führung durch selbsternannte globale Eliten zu unterwerfen.

Aus: Gareis, Sven Bernhard: Reform und Perspektiven der Weltorganisation, in: Informationen zur politischen Bildung Nr. 310: Vereinte Nationen, Bonn 2011, S. 55–57.

EINSTEIGEN

1. Beschreibe mithilfe von Info 2 (S. 315) das Schaubild M 24 (S. 311) hinsichtlich folgender Fragen:
   a) Wer sitzt in der Generalversammlung?
   b) Welche Aufgaben hat die Generalversammlung?

2. a) Arbeite aus M 26 (S. 312 f.) die Vorwürfe gegenüber dem Sicherheitsrat der Vereinten Nationen in Syrien heraus.
   b) Nenne mithilfe von Info 2 (S. 315) die Aufgaben des Sicherheitsrates der Vereinten Nationen, denen er im vorliegenden Fall (M 26, S. 312 f.) nicht nachgekommen ist.
   c) Beschreibe den Unterschied zwischen der Vollversammlung und dem Sicherheitsrat der Vereinten Nationen.

WEITER-ARBEITEN

3. a) Erläutere auf Grundlage von M 25 (S. 311 f.) die Aufgaben des Generalsekretärs der Vereinten Nationen.
   b) Recherchiere mithilfe der Arbeitstechnik „Informationen im Internet recherchieren" (S. 344 f.) wie der augenblickliche Generalsekretär der Vereinten Nationen heißt, seit wann er im Amt ist und welche inhaltlichen Arbeitsschwerpunkte er sich gewählt hat.

4. Erläutere auf der Grundlage von M 25 (S. 311 f.) und Info 2 (S. 315) wie der Generalsekretär der Vereinten Nationen gewählt wird.

5. a) Arbeite aus M 27 (S. 313) und Info 2 (S. 315) heraus, wie sich der Sicherheitsrat der Vereinten Nationen zusammensetzt. Gehe dabei auf den Unterschied zwischen ständigen und nicht ständigen Mitgliedern ein.
   b) Erkläre einer Partnerin/einem Partner mithilfe von M 27 (S. 313) und Info 2 (S. 315) wann ein Beschluss im Sicherheitsrat der Vereinten Nationen als gefasst gilt.

6. Recherchiere zwei Entscheidungen, die durch ein Veto im Sicherheitsrat der Vereinten Nationen nicht getroffen wurden. Bereite einen Kurzvortrag vor, in dem du auf die Interessen eingehst, die hinter der Blockadehaltung stecken. Vergleicht eure Kurzvorträge anschließend in Dreiergruppen.

7. M 28 (S. 313 f.) geht der Frage nach, ob es eine Alternative zu den Vereinten Nationen gibt. Fasse die Aussage des Textes und die Begründung in eigenen Worten zusammen.

VERTIEFEN

▲ 1, 2, 3, 4, 5a,   ▲▼ 1, 2, 3, 4, 5, 6   ▲▼▲ 1, 2, 3, 4, 5, 6, 7

Die Vereinten Nationen – Organe, Ziele, Aufgaben

Info 2

Die → **Vereinten Nationen** (engl.: United Nations Organization, kurz: UNO oder UN) sind ein Zusammenschluss der Staaten zur Sicherung des Weltfriedens und zur Förderung der internationalen Zusammenarbeit. Mit der Unterzeichnung der **Charta der Vereinten Nationen** wurden sie am 26. Juni 1945 durch 51 Staaten gegründet. Heute gehören fast alle Staaten der Welt den Vereinten Nationen an. Die Vereinten Nationen sind damit die einzige Einrichtung, die eine weltweite Akzeptanz für sich in Anspruch nehmen kann.

Laut Charta verfolgen die Vereinten Nationen die Ziele, den Weltfrieden zu wahren und die internationale Zusammenarbeit zu fördern, um wirtschaftliche, soziale, kulturelle und humanitäre Probleme zu lösen und der Achtung der Menschenrechte ohne Unterschied der Rasse, des Geschlechts, der Sprache oder der Religion Geltung zu verschaffen.

Zu den Hauptorganen der Vereinten Nationen zählen die **UN-Generalversammlung**, der → **UN-Sicherheitsrat**, der **Internationale Gerichtshof** und das Sekretariat, das durch den Generalsekretär geleitet wird. Daneben gibt es zahlreiche Spezial- und Sonderorganisationen, wie den UN-Menschenrechtsrat oder das UN-Kinderhilfswerk UNICEF.

Der **Generalversammlung gehören** alle Mitgliedsstaaten an. Es ist das zentrale Beratungsorgan. Die Generalversammlung kann **Resolutionen** verabschieden. Das sind Beschlüsse, die Bewertungen, z. B. zu Konfliktsituationen und Forderungen, z. B. an Konfliktparteien, enthalten. Allerdings kann die Generalversammlung nur völkerrechtlich unverbindliche Resolutionen erlassen, d. h. sie kann keine Beschlüsse fassen, die für alle Mitglieder der Vereinten Nationen bindend sind.

Der **Sicherheitsrat der Vereinten Nationen** setzt sich insgesamt aus 15 Mitgliedern zusammen. Die Atommächte USA, Frankreich, Großbritannien, Russland und China sind die **ständigen Mitglieder**. Die anderen zehn Plätze werden für zwei Jahre an sogenannte **nichtständige Mitglieder** vergeben. Dabei werden jedes Jahr fünf Staaten neu gewählt. Drei der nichtständigen zehn Mitglieder müssen aus Afrika stammen, je zwei aus Asien, Lateinamerika und Westeuropa sowie eines aus Osteuropa. Der Sicherheitsrat kann als einziges Gremium der Vereinten Nationen für alle Mitglieder bindende Beschlüsse fassen, d. h. dass sie sich an diese Beschlüsse halten müssen. Dabei besitzen die fünf ständigen Mitglieder ein **Vetorecht** (Veto kommt aus dem Lateinischen und heißt „Ich verbiete!"). Beschlüsse sind also nur dann gültig, wenn diese fünf ihnen zustimmen oder sich enthalten. Dies führt oft dazu, dass einzelne Veto-Mächte ein Aktivwerden der Vereinten Nationen verhindern.

Der **Generalsekretär** ist das Gesicht der Vereinten Nationen, denn er vertritt die Organisation nach außen. Außerdem ist er der Hauptverantwortliche für die Verwaltung der Vereinten Nationen. Er organisiert die Arbeit der einzelnen Organe der Vereinten Nationen und nimmt an den Sitzungen der Hauptorgane mit Ausnahme des Internationalen Gerichtshofs teil. Auf Vorschlag des Sicherheitsrats wird er von der Generalversammlung für fünf Jahre ernannt. Er kann wiedergewählt werden.

Resolutionen, Sanktionen oder Blauhelm-Einsätze – Welche Maßnahmen kann die UNO im Konfliktfall ergreifen?

Weltweit gibt es immer mehrere Kriege bzw. bewaffnete Auseinandersetzungen zugleich. Den Vereinten Nationen stehen verschiedene Möglichkeiten zur Verfügung, um sich in jedem Einzelfall eines Krieges bzw. bewaffneten Konflikts für die Wiederherstellung und Sicherung von Frieden einzusetzen. Doch welche Maßnahmen erscheinen geeignet und wie wirkungsvoll sind sie?

M 29 Was ist eine UN-Resolution?

In den Vereinten Nationen können unter anderem die Generalversammlung und der Sicherheitsrat sogenannte Resolutionen verabschieden. Eine Resolution ist ein Beschluss, der Bewertungen, z. B. von Konfliktsituationen, und Forderungen, z. B. an Konfliktparteien, enthält. Im ersten Teil der Resolution wird meistens an die Einhaltung der in der UN-Charta festgelegten Ziele zur Erreichung des Weltfriedens appelliert und auf andere Resolutionen verwiesen, die bereits verabschiedet wurden und mit der Lösung des Konflikts zusammenhängen. Der zweite Teil besteht aus Forderungen an die Konfliktparteien und der Androhung von Maßnahmen. Solche Maßnahmen können beispielsweise Sanktionen, d. h. Strafmaßnahmen, z. B. Einreiseverbote für Staatsangehörige der Konfliktparteien oder das Einfrieren von Geldern auf internationalen Konten, sein. Es kann aber auch ein Embargo beschlossen werden. Das bedeutet, dass keine Waren mehr in das Land exportiert oder aus dem Land importiert werden. Darüber hinaus kann der Sicherheitsrat der Vereinten Nationen friedenserhaltende Militäreinsätze beschließen. Sie stellen eine sehr weitreichende Maßnahme dar und kommen daher erst zur Anwendung, wenn andere Mittel nicht ausreichen. Diese bezeichnet man umgangssprachlich als Blauhelm-Einsätze, weil die UN-Soldaten hellblaue Helme tragen.

M 30

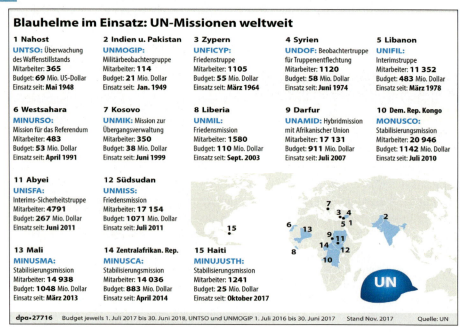

M31 Agenda für den Frieden

Die Agenda für den Frieden ist eine Reform der Friedenssicherung. Sie wurde 1992 vom damaligen Generalsekretär der Vereinten Nationen Boutros Gali veröffentlicht und besteht aus vier Handlungsebenen:

1. Vorbeugende Diplomatie

Ziele
- Entstehen von Streitigkeiten verhindern
- Ausbruch schwelender Konflikte verhindern
- ausgebrochene Konflikte schnell eingrenzen

Mittel
- diplomatische Gespräche/vertrauensbildende Maßnahmen
- Frühwarnsysteme (rechtzeitiger Hinweis auf Spannung
- formelle Tatsachenermittlung
- vorbeugender UN-Truppeneinsatz
- vorsorgliche Einrichtung entmilitarisierter Zonen

2. Friedensschaffung

Ziel
- nach Ausbruch eines Konfliktes die feindlichen Parteien zu einer Einigung zu bringen

Mittel
- *friedliche Mittel*: Vermittlung; Verhandlungen; Schiedsspruch; Entscheidung durch den Internationalen Gerichtshof
- *gewaltlose Sanktionen*: Wirtschafts- und Verkehrsblockaden; Abbruch der Beziehungen
- *Friedensdurchsetzung*: Speziell ausgebildete, ständig abrufbereite bewaffnete UN-Truppen
- *militärische Gewalt*: Zur Aufrechterhaltung/Wiederherstellung des Weltfriedens und der internationalen Sicherheit, wenn alle friedlichen Mittel versagen

3. Friedenssicherung

Ziele
- Lage in einer Konfliktzone zu entschärfen oder zu stabilisieren
- Einhaltung der Vereinbarungen zwischen den Konfliktparteien zu überwachen und durchzusetzen

Mittel
- Entsendung von Beobachtermissionen
- Einsatz von UN-Truppen zur:
  - Untersuchung von Grenzverletzungen
  - Grenzkontrolle
  - Beobachtung von Wahlen
  - Überwachung von Waffenstillstands- und Friedensvereinbarungen
  - Bildung einer Pufferzone zwischen gegnerischen Mächten
  - Wahrnehmung von Polizeiaufgaben
  - Sicherung humanitärer Maßnahmen; usw.
- umfassendes Konfliktmanagement

4. Friedenskonsolidierung

Ziele
- Konsolidierung des Friedens nach Beendigung eines Konflikts
- Konfliktparteien zum friedlichen Wiederaufbau anhalten

Mittel
- nach einem Konflikt innerhalb eines Landes:
  - Entwaffnung der feindlichen Parteien
  - Wiederherstellung der öffentlichen Ordnung
  - Einsammeln der Waffen
  - Repatriierung von Flüchtlingen
  - Ausbildung und Beratung von Sicherheitskräften
  - Wahlüberwachung
  - Schutz der Menschenrechte
  - Reform oder Neuaufbau staatlicher Institutionen
- nach einem internationalen Krieg:
  - gemeinsame Projekte, die der wirtschaftlichen und sozialen Entwicklung dienen und das gegenseitige Vertrauen stärken (Landwirtschaft, Energie- und Wasserwirtschaft, Verkehr usw.)
  - Abbau der Schranken zwischen Nationen durch Kulturaustausch, Reiseerleichterung und gemeinsame Jugend- und Bildungsprogramme

Gedenktafeln und Grabsteine für die über 8.000 Opfer des Massakers von Srebrenica

Unabhängigkeitsabkommens für Ost-Timor durch den ehemaligen UN-Generalsekretär Kofi Anan (Mitte), den damaligen Außenminister Indonesiens Ali Alatas (links) und den früheren Außenminister Portugals Jaime Gama am 5. Mai 1999

M32 Zwei Beispiele für UN-Missionen

Hoffnung und Desaster
Seit Gründung der Vereinten Nationen im Jahre 1948 sind immer wieder Friedenseinsätze geleistet worden. [...] Statt Frieden zu schaffen, endeten einige Einsätze allerdings in einem Debakel.
Hamburg – Das Versagen hat einen Namen: Srebrenica. Als im Juni 1995 Serben die ostbosnische Stadt eroberten und begannen, muslimische Männer und Jungen von ihren Frauen zu trennen und abzutransportieren, schauten die dort stationierten niederländischen Soldaten und Offiziere der Uno-Schutztruppe weitgehend tatenlos zu. Die Selektion von Srebrenica, das zur Schutzzone erklärt worden war, endete mit einer Massenhinrichtung. 8 000 muslimische Männer wurden bestialisch ermordet.
Für den Krieg in Bosnien wurde Srebrenica zum Symbol für unvorstellbare Gräuel, für die Uno steht der Namen für ein unvergleichliches Debakel. Seitdem lasten die Versäumnisse in Srebrenica auf der Uno wie ein Damokles-Schwert.
Nach dem Massaker startete die Nato ihre Luftangriffe, einige Monate später unterzeichnete Serbenführer Slobodan Milosevic das Friedensabkommen von Dayton.
[...]
Ein schwerer Kampf, wenn auch ein erfolgreicher, war die Befriedung Ost-Timors, das 1975 von Indonesien gewaltsam annektiert worden war. Nachdem die indonesischen Besatzer jahrelang Massaker an der überwiegend christlichen Bevölkerung verübt hatten, gelang es Eingreiftruppen der Uno 1999, die pro-indonesischen Milizen zurückzudrängen. Im Februar 2000 konnte die Einsatztruppe Interfet das Land an die Uno-Blauhelme zur Verwaltung übergeben. Nun befindet sich Osttimor auf dem Weg in die Unabhängigkeit – auch Dank des Einsatzes der Vereinten Nationen.

Aus: Kraske, Marion, in: Spiegel online vom 10.12.2001, online: http://www.spiegel.de/politik/ausland/uno-friedenseinsaetze-hoffnung-und-desaster-a-171640.html [zuletzt 13.02.2019]

EINSTEIGEN

1. a) Erkläre mit eigenen Worten, was eine UN-Resolution ist (M 29, S. 316).
   b) Erläutere den Unterschied zwischen Resolutionen der UN-Generalversammlung und des UN-Sicherheitsrates.

2. Erkläre den Begriff „Sanktionen" in M 29 (S. 316) und finde passende Beispiele für Sanktionen, die die Vereinten Nationen verhängen können.

WEITER-ARBEITEN

3. Erkläre einer Partnerin/einem Partner mithilfe von M 30 (S. 316), M 31 (S. 317) und Info 3 (S. 319) die unterschiedlichen Arten von Friedensmaßnahmen der Vereinten Nationen.

4. Suche Dir einen gegenwärtigen Einsatz von UN-Blauhelmen aus M 30 (S. 316) aus und recherchiere mithilfe der Arbeitstechnik „Informationen im Internet recherchieren" (S. 344 f.) die Ursachen des Konflikts, die Konfliktparteien sowie den aktuellen Stand. Halte deine Informationen in einem Steckbrief fest.

VERTIEFEN

5. Diskutiert auf der Grundlage von M 32 (S. 318) in der Klasse Chancen und Grenzen von Friedensmissionen der Vereinten Nationen.

▲ 1, 2, 3   ▲▼ 1, 2, 3, 4, 5   ▲▼▲ 1b, 3, 4, 5

Die Möglichkeiten der Vereinten Nationen im Konfliktfall

Info 3

Die → **Vereinten Nationen** sind keine Weltregierung. Sie können keine Gesetze erlassen. Allerdings haben sie andere Möglichkeiten zur internationalen Konfliktlösung und zur Friedenssicherung.
Jedoch kann nur der **UN-Sicherheitsrat** der Vereinten Nationen Zwangsmaßnahmen nach Kapitel VII der Charta der Vereinten Nationen gegen Staaten anordnen, die den Weltfrieden bedrohen. Solche Zwangsmaßnahmen reichen von nichtmilitärischen Strafen, sogenannten **Sanktionen**, z. B. in Form einer Wirtschafts- und Waffenblockade, bis zum Einsatz von Soldaten. Dabei können die Vereinten Nationen unterschiedliche Stufen wählen. Das reicht von einer vorbeugenden Diplomatie, dazu zählen intensive Gespräche, um Konflikte ganz zu verhindern oder bestehende Konflikte zu entschärfen, über vorbeugende Einsätze, also Einsätze von Soldaten, um den Ausbruch eines Konfliktes im Vorfeld zu verhindern, bis hin zu Friedensmaßnahmen. Diese lassen sich wiederum in **Friedensschaffung** (peace-making), **Friedenssicherung** (peace-keeping), **Friedensdurchsetzung** (peace-enforcement) und **Friedenskonsolidierung** (post-conflict peace-building) einteilen.
Als Friedensschaffung werden Einsätze der Vereinten Nationen vor Ort mit Zustimmung aller Konfliktbeteiligten durch Einsatz von durchweg leichtbewaffneten Soldaten, Wahlbeobachtern und Polizisten zur Überwachung und Durchführung von Waffenstillstands- und Friedensvereinbarungen bezeichnet. Als Friedenssicherung gelten Einsätze stärker bewaffneter Truppen der Vereinten Nationen. Als Friedensdurchsetzung sind Maßnahmen zur Friedenserzwingung durch militärische Gewalt zu sehen. Nach erfolgreicher Beendigung eines Konfliktes können Maßnahmen zur Friedenskonsolidierung ergriffen werden, die auf die Wiederherstellung bzw. Förderung staatlicher Strukturen zielen und geeignet sind, den Frieden zu festigen.

4. Nicht nur in andere Länder blicken… – Menschenrechte hier und anderswo

Die Allgemeine Erklärung der Menschenrechte

Erst mit der Verabschiedung der Allgemeinen Erklärung der Menschenrechte im Jahr 1948 wird allgemein international anerkannt, dass es angeborene Rechte gibt, die jeder Mensch besitzt. Das bedeutet aber nicht, dass diese Rechte auch tatsächlich überall auf dieser Welt geachtet und eingehalten werden. Gegenwärtig gibt es in fast allen Ländern dieser Erde gibt es Menschenrechtsverletzungen.

PERLEN IM NETZ

http://www.planet-wissen.de/geschichte/menschenrechte/geschichte_der_menschenrechte/index.html

Auf Planet-wissen.de findest du viele interessante Informationen über die Geschichte der Menschenrechte.

M33 Die 30 Artikel der Allgemeinen Erklärung der Menschenrechte

Die 30 universellen Rechte aller Menschen
„Allgemeine Erklärung der Menschenrechte" vom 10. Dezember 1948

- **Artikel 1** Alle Menschen sind frei und gleich an Würde und Rechten
- **Artikel 2** Verbot von Diskriminierung
- **Artikel 3** Recht auf Leben und Freiheit
- **Artikel 4** Verbot der Sklaverei
- **Artikel 5** Verbot der Folter
- **Artikel 6** Jeder hat Rechte, egal wo er ist
- **Artikel 7** Gleichheit vor dem Gesetz
- **Artikel 8** Anspruch auf Rechtsschutz
- **Artikel 9** Schutz vor willkürlicher Verhaftung und Ausweisung
- **Artikel 10** Anspruch auf ein gerechtes und öffentliches Verfahren
- **Artikel 11** Unschuldsvermutung
- **Artikel 12** Privatsphäre des Einzelnen
- **Artikel 13** Die Freiheit, sich frei zu bewegen
- **Artikel 14** Recht auf einen sicheren Ort zum Leben (Asylrecht)
- **Artikel 15** Recht auf Staatsangehörigkeit
- **Artikel 16** Ehe und Familie
- **Artikel 17** Recht auf Eigentum
- **Artikel 18** Gedanken-, Gewissens- und Religionsfreiheit
- **Artikel 19** Meinungs-, Informationsfreiheit
- **Artikel 20** Versammlungs-, Vereinigungsfreiheit
- **Artikel 21** Allgemeines und gleiches Wahlrecht
- **Artikel 22** Recht auf soziale Sicherheit
- **Artikel 23** Recht auf Arbeit, gleichen Lohn
- **Artikel 24** Recht auf Erholung und Freizeit
- **Artikel 25** Recht auf sicheren Lebensstandard
- **Artikel 26** Recht auf Bildung
- **Artikel 27** Recht auf Kultur, Schutz von Urheberrechten
- **Artikel 28** Anspruch auf Verwirklichung dieser 30 Rechte
- **Artikel 29** Eigene Verantwortung gegenüber der Gemeinschaft
- **Artikel 30** Schutz dieser Rechte und Freiheiten

Quelle: Vereinte Nationen, Amnesty International © Globus

M34 Menschenrechte

> Madhav arbeitet als Gastarbeiter in einem Wüstenstaat Tag und Nacht auf der Baustelle eines Fußballstadions. Er ist nicht vor der sengenden Hitze geschützt und erhält nur unzureichend sauberes Trinkwasser. Als Ausländer in dem Land darf sich Madhev weder gewerkschaftlich organisieren noch darf er protestieren oder streiken. Zugleich haben die Arbeitgeber seinen Reisepass einbehalten und verbieten ihm, das Land zu verlassen und in sein Heimatland zurückzukehren.

Olga ist Journalistin. Ein neues Gesetz in ihrem Land stellt – zum „Schutz des Ansehens der Republik" – die Weitergabe „falscher Informationen" ans Ausland und die „Diffamierung der Regierung" unter Strafe. Olga traut sich nicht mehr, die Regierung wegen offensichtlicher Korruption zu kritisieren, denn sie befürchtet eine hohe Geld- oder Haftstrafe bzw. den Verlust des Arbeitsplatzes. Einige ihrer Kollegen wurden schon entlassen.

Aufgrund des Baus eines Staudamms wurde Pablos Familie aus ihrem Haus und ihrem kleinen landwirtschaftlichen Betrieb gewaltsam vertrieben, ohne zuvor informiert zu werden. Auch erhalten sie weder einen Ersatz für Haus und Land noch eine angemessene Entschädigung. Pablos Familie verliert dadurch ihre Einkommens- und Lebensgrundlage. Ihre Beschwerde vor Gericht wird abgewiesen.

Xi Jinming und seine Kinder leben nahe einer Chemiefabrik, die giftige Abwässer in das Grundwasser sickern lässt. Sie leiden unter Hautausschlägen und Kopfschmerzen. Als Xi Jinming gemeinsam mit anderen Dorfbewohnern gegen die gesundheitsgefährdende Umweltverschmutzung protestiert, wird die Versammlung von der lokalen Polizei gewaltsam aufgelöst. Xi Jinming wird wegen Störung der öffentlichen Ordnung verhaftet und angeklagt.

Maria gehört in ihrem Land einer Minderheit an, die ihre eigene Kultur und Sprache pflegt. Diese Minderheit wird bei der Arbeits- und Wohnungssuche benachteiligt und auch im Bereich der Bildung diskriminiert. So muss Maria gemeinsam mit ihren Geschwistern und ihren Freundinnen eine Sonderschule besuchen. Ihren Berufswunsch, Tierärztin zu werden, muss Maria aufgeben.

Nora verfügt über keine gültige Aufenthaltserlaubnis im Land. Sie arbeitet „schwarz", ohne Versicherungs- und Gesundheitsschutz. Ihr Arbeitgeber zahlt ihr den ausstehenden Lohn, der ohnehin weit unter dem Mindestlohn liegt, nicht vollständig aus. Sie traut sich nicht, sich zu beschweren. Zugleich benötigt sie das Geld für Arztbesuche und Medikamente, denn sie verfügt über keine Krankenversicherung.

Aus: Landeszentrale für politische Bildung Baden-Württemberg (Hrsg.): Politik und Unterricht 3/4 – 2014, S. 23, Zeitschrift für die Praxis der politischen Bildung, Neckar-Verlag GmbH, Villingen-Schwenningen, online: http://www.politikundunterricht.de/3_4_14/menschenrechte.pdf [zuletzt: 13.02.2019]

EINSTEIGEN

1. a) Stellt euch vor, ihr gründet einen neuen Staat. Formuliert in Kleingruppen fünf grundlegende Rechte, die das Zusammenleben in eurem Staat regeln sollen.
   b) Vergleicht die von euch formulierten Rechte in Kleingruppen. Gibt es Rechte, die alle Gruppen vorsehen? Gibt es Rechte, die nur von einzelnen Gruppen aufgeschrieben wurden?
   c) Vergleicht die von euch formulierten Rechte mit den Rechten in der Allgemeinen Erklärung der Menschenrechte (M 33, S. 320). Lassen sich eure Rechte einzelnen Rechten in der Allgemeinen Erklärung der Menschenrechte zuordnen? Gibt es Recht, die in der Allgemeinen Erklärung der Menschenrechte so nicht auftauchen?

2. Stellt in Kleingruppen einzelne Menschenrechte aus M 33 (S. 320) in einem Standbild dar (siehe Unterrichtsmethode „Standbild", S. 352). Lasst eure Mitschülerinnen und Mitschüler raten, welches Menschenrecht ihr dargestellt habt.

3. Erstelle nach folgendem Muster eine Tabelle und ordne die Rechte in der Allgemeinen Erklärung der Menschenrechte darin ein.

Besonders wichtig im Schulalltag	Besonders wichtig für mich und meine Familie	Besonders wichtig, um meine Interessen in der Gesellschaft wahrnehmen zu können	Besonders wichtig, um mich frei zu fühlen	Besonders wichtig um mich sicher zu fühlen
…	…	…	…	…

WEITERARBEITEN

4. Analysiere die Fälle in M 34 (S. 320 f.) mithilfe der Übersicht über die Menschenrechtsartikel (M 33, S. 320) und Info 4 (S. 327): Welche Menschenrechte wurden verletzt, welche haben für die handelnden Personen eine besondere Bedeutung? Begründe deine Entscheidungen.

5. a) Recherchiere im Internet mithilfe der Arbeitstechnik „Informationen im Internet recherchieren" (S. 344 f.) Beispiele für Menschenrechtsverletzungen in Deutschland. Tragt eure Rechercheergebnisse anschließend in der Klasse zusammen.
   b) Diskutiert darüber, wie es um die Verwirklichung der Menschenrechte in Deutschland bestellt ist.

VERTIEFEN

6. Interpretiere die Karikatur M 35 (S. 321) mithilfe der Arbeitstechnik „Karikaturen analysieren" (S. 345).

▲ 1, 2, 3, 4, 5a   ▲▼ 1, 2, 3, 4, 5, 6   ▲▲ 2, 3, 4, 5, 6

Mehr als ein beschriebenes Blatt? UN-Menschenrechtsrat und Internationales Strafgericht

Ein Ziel der Vereinten Nationen ist es, der Achtung der Menschenrechte für alle Menschen, egal welcher Herkunft, Religion und welchen Geschlechts, Geltung zu verschaffen. Dafür gibt es neben der Generalversammlung und dem UN-Sicherheitsrat in den Vereinten Nationen ein besonderes Organ, das sich dafür engagiert: den UN-Menschenrechtsrat. Außerdem ist man mit der Errichtung eines Internationalen Strafgerichtshofs einen wichtigen Schritt bei der Bekämpfung von Kriegsverbrechen, Völkermord und Verbrechen gegangen.

M37 Menschenrechtsrat

[…] Der Menschenrechtsrat ist ein Nebenorgan der Generalversammlung. Er besteht aus 47 Mitgliedstaaten, die von der Generalversammlung mit absoluter Mehrheit (96 Stimmen) für drei Jahre gewählt werden: 13 Sitze für die afrikanischen, 13 für die asiatischen, 6 für die osteuropäischen, 8 für die lateinamerikanischen und karibischen und 7 für die westeuropäischen und anderen Staaten. Neben seinen regulären Sitzungen hält der Menschenrechtsrat Sondersitzungen zu Themen und Ländersituationen ab und ernennt dazu Sonderberichterstatterinnen und Sonderberichterstatter. In einem Allgemeinen Periodischen Überprüfungsverfahren wird regelmäßig die Menschenrechtssituation in allen 193 Mitgliedsstaaten der Vereinten Nationen begutachtet. Darüber hinaus existiert ein vertrauliches Untersuchungsverfahren für Fälle systematischer Menschenrechtsverletzungen. […]

Aus: Homepage des Deutschen Instituts für Menschenrechte, Berlin 2019, online: http://www.institut-fuer-menschenrechte.de/menschenrechtsinstrumente/vereinte-nationen/menschenrechtsrat/ [zuletzt: 14.02.2019]

M38 BILD online vom 4. Januar 2017

SAUDIS, CHINESEN, KUBANER, IRAKER, …
Warum sitzen DIE ab 2017 im Menschenrechtsrat der UN?

Es ist die moralische Bankrotterklärung einer Institution, die einer so noblen Idee verpflichtet sein sollte. Im Menschenrechtsrat der Vereinten Nationen sind ab 2017 wieder zahlreiche Länder vertreten, die zu den schlimmsten, unterdrückerischsten der Welt gehören.

Drei Jahre lang dürfen sie mitbestimmen, wie der Rat in zentralen Menschenrechtsfragen urteilt, welchen Themen er sich annimmt, um die Menschenrechte in der Welt zu schützen und zu verbreiten ...
- Eine kleine Auswahl der aktuellen Mitglieder: Saudi-Arabien (keine Pressefreiheit, Anstieg an Enthauptungen, Todesstrafe für Ehebruch, Homosexualität, Gotteslästerung, Amputationsstrafen), Venezuela (willkürliche Verhaftungen der gesamten Opposition, Folter, Hungerkatastrophe), China (Unterdrückung von Minderheiten, keine Pressefreiheit, Todesstrafe), Kongo (brutale Niederschlagung von demokratischen Protesten, Menschenrechtler inhaftiert und getötet, sexuelle Gewalt und Kindersoldaten), Burundi (Polizeigewalt gegen Proteste, Folter, sexuelle Gewalt, Beobachter befürchten Völkermord), Kuba (brutale Unterdrückung der Opposition, keine Pressefreiheit), Irak (regierungsnahe schiitische Milizen brandschatzen und begehen Massaker), Philippinen (Massenverhaftungen, brutaler Kampf gegen mutmaßliche Drogenhändler mit über 2100 Toten seit Juni), und viele mehr. [...]

Doch warum haben diese autoritär regierten Länder überhaupt ein Interesse an Menschenrechtsgremien? [...]

Dafür gebe es sowohl außen- als auch innenpolitische Gründe:
- Erstens wasche es international die eigene Weste rein, erklärt Neuer [Direktor der Organisation UN Watch]. „Ein kanadisches Magazin fragte jüngst den saudischen Botschafter, warum Kanada Rüstungsgüter an Saudi-Arabien verkaufen solle, wenn das Land im Jemen Zivilisten bombardiert und aushungert. Der Botschafter antwortete: 'Unser Land wurde gerade in den UN-Menschenrechtsrat gewählt.' Sie schmücken sich international mit diesen Posten wie mit falschen Abzeichen."
- Zweitens stärke es die eigene Diktatur, indem es die Opposition im Land völlig demoralisiert. „Stellen Sie sich vor, Sie sind der saudische Blogger Raif Badawi, verurteilt zu zehn Jahren Haft und tausend Peitschenhieben, weil er über Freiheit und Demokratie schrieb, sitzen in einer Zelle und lesen in einer Zeitung, dass Saudi-Arabien in den UN-Menschenrechtsrat gewählt wurde." Ein klares, entmutigendes Signal an alle Menschenrechtler im eigenen Land. [...]

Aus: Schippmann, Antje: SAUDIS, CHINESEN, KUBANER, IRAKER, ... Warum sitzen DIE ab 2017 im Menschenrechtsrat der UN? In: Bild online vom 04.01.2017, online: http://www.bild.de/politik/ausland/menschenrechte/despoten-im-un-menschenrechtsrat-49580702.bild.html [zuletzt: 14.02.2019]

M40 Das erste Urteil des Internationalen Strafgerichtshof

[...] Im Jahre 2012 erging das erste Urteil des ICC [International Criminal Court, d.h. Internationaler Strafgerichtshof]: Thomas Lubanga Dyilo wurde zu 14 Jahren Freiheitsstrafe wegen Rekrutierung von Kindersoldaten verurteilt. Die drei Richter hatten einstimmig festgestellt, dass Lubanga zwischen 2002 und 2003 Kinder unter 15 Jahren zwangsrekrutiert und in einem
5 Konflikt eingesetzt hat. Im Jahre 2014 wurde Germain Katanga zu 12 Jahren Freiheitsstrafe wegen Beihilfe zu Kriegsverbrechen und Verbrechen gegen die Menschlichkeit verurteilt. Katanga lieferte am 24. Februar 2003 in der Demokratischen Republik Kongo Waffen für ein Massaker im Dorf Bogoro (Distrikt Ituri), infolge dessen 200 Menschen getötet und zahlreiche Frauen vergewaltigt wurden. [...]

Aus: Homepage der Informationsplattform humanrights.ch, vom 31.01.2017, online: http://www.humanrights.ch/de/internationale-menschenrechte/strafgerichte/strafgerichtshof/ [zuletzt: 14.02.2019]

M41 Der internationale Strafgerichtshof und die negative Haltung der USA

Die Errichtung eines Internationalen Strafgerichtshofs ist ein Meilenstein bei der Bekämpfung von Kriegsverbrechen, Völkermord, Verbrechen gegen die Menschlichkeit und Verbrechen der Aggression – auch wenn noch lange nicht alle Staaten das dem Gerichtshof zugrunde liegende Rom-Statut ratifiziert haben. Zwar ist die Akzeptanz des Rom-Statuts mit der
5 Zahl der Ratifikationen (124 Staaten bis 21.11.2016) bemerkenswert hoch, aber immer noch weigern sich einige Länder, den Internationalen Strafgerichtshof anzuerkennen. Darunter befinden sich u. a. die USA, Russland und die Volksrepublik China. Gerade mächtige Staaten, wie die USA, verhindern durch ihre Haltung eine noch weitreichendere Anerkennung des Internationalen Strafgerichtshofs.
10 Die USA befürchten wegen ihrer weltweiten militärischen Präsenz, ihre Soldaten könnten vor den Internationalen Strafgerichtshof gezogen werden aufgrund von politisch motivierten Anklagen. [...]

Aus: Informationsangebot „UN-Menschenrechtsabkommen" der Praetor Intermedia UG, online: https://www.menschenrechtsabkommen.de/der-internationale-strafgerichtshof-und-die-negative-haltung-der-usa-195/ [zuletzt: 14.02.2019]

M42 Kritische Würdigung des Internationalen Strafgerichtshofs

Schon die Schaffung des Internationalen Strafgerichtshofs (ICC) an sich wird als großer Erfolg gewertet. Noch in den 1980er- und frühen 1990er-Jahren hätte kaum jemand geglaubt, dass sich die internationale Staatengemeinschaft so rasch zur Schaffung eines solchen Gerichts durchringen kann.
Der ICC stärkt den internationalen Menschenrechtsschutz und trägt zur wirksameren Durchsetzung des humanitären Völkerrechts bei, indem die gröbsten Verletzungen der Menschenrechte als Verbrechen gegen die Menschlichkeit und die gröbsten Verstöße gegen das humanitäre Völkerrecht auf internationaler Ebene strafrechtlich verfolgt werden können.
10 Allerdings gilt es zu bedenken, dass einige der mächtigsten Staaten wie die USA, Russland und China das Römer Statut nicht ratifiziert haben und damit die Kompetenz des Gerichts nicht anerkennen. [...]
Die fehlende Universalität der Gerichtsbarkeit muss als große Schwäche des Strafgerichtshofs gewertet werden. Verbrechen, die auf dem Gebiet eines Staates verübt werden, der nicht
15 Vertragspartei ist, fallen nicht in die Zuständigkeit des ICC, [...]
Als gutes Zeichen im Kampf gegen die Straflosigkeit kann die Tatsache gewertet werden, dass niemand wegen seiner amtlichen Funktion der strafrechtlichen Verantwortlichkeit enthoben

ist, [...]. Dies ist umso bedeutender, als dass die Verantwortung für die meisten Verbrechen gegen die Menschlichkeit, Völkermorde und Kriegsverbrechen bei hohen Amts- und Militärpersonen .liegt. [...]

Georgien wurde nun am 27. Januar 2016 als erster nicht-afrikanischer Staat Gegenstand einer offiziellen Ermittlung des Internationalen Strafgerichtshofs. Zudem hat die Chefanklägerin Bensouda Vorermittlungen zur Rolle britischer Soldaten im Irak sowie zu Foltervorwürfen gegen das amerikanische Militär in Afghanistan eingeleitet. Es wird sich zeigen, ob die Ausweitung der ICC-Arbeit auf andere Regionen dazu beitragen wird, die afrikanischen Kritiker zu besänftigen.

Der ICC mag damit zwar einige Schwachstellen haben. Angesichts des Fehlens von wirksamen nationalen Gerichten in etlichen Ländern bleibt der Gerichtshof jedoch in vielen Fällen nach wie vor der einzige Weg, Verantwortliche auch in hohen Regierungsämtern für ihre Taten zur Verantwortung zu ziehen. Er ist daher von der internationalen Bühne nicht mehr wegzudenken.

Aus: Homepage der Informationsplattform humanrights.ch, online: http://www.humanrights.ch/de/internationale-menschenrechte/strafgerichte/strafgerichtshof/ [zuletzt: 14.02.2019]

EINSTEIGEN

1. Beschreibe auf der Grundlage von M 36 (S. 323) und M 37 (S. 323) die Zusammensetzung und die Aufgaben des UN-Menschenrechtsrats.

2. Recherchiere im Internet mithilfe der Arbeitstechnik „Informationen im Internet recherchieren" (S. 344 f.), warum die Vorgängereinrichtung UN-Menschenrechtskommission durch den UN-Menschenrechtsrat ersetzt wurde.

WEITERARBEITEN

3. a) Beschreibe auf der Grundlage von M 39 (S. 324) und Info 4 (S. 327) den Aufbau und die Arbeit des Internationalen Strafgerichtshofs.
   b) M 40 (S. 325) liefert Informationen zu den ersten Urteilen des Internationalen Strafgerichtshofs. Arbeite die Besonderheiten und Auffälligkeiten der Urteile heraus.

4. Erläutere auf der Basis von M 38 (S. 323 f.) die Kritik am UN-Menschenrechtsrat.

5. Fasse auf der Grundlage von M 41 (S. 325) und M 42 (S. 325 f.) die Kritik am internationalen Strafgerichtshof zusammen.

VERTIEFEN

6. Vergleiche in Partnerarbeit den UN-Menschenrechtsrat mit dem Internationalen Strafgerichtshof: Wo seht ihr Unterschiede, wo Gemeinsamkeiten?

7. a) Beurteile, ob der UN-Menschenrechtsrat und der Internationaler Strafgerichtshof mehr als „ein beschriebenes Blatt" ist.
   b) Diskutiert in der Klasse, ob der UN-Menschenrechtsrat und der Internationaler Strafgerichtshof mehr als „ein beschriebenes Blatt" ist.

▼ 1, 3, 7   ▲▼ 1, 2, 3, 4, 5, 6, 7

Die Allgemeine Erklärung der Menschenrechte und Einrichtungen zum Schutz der Menschenrechte

Info 4

Kurz nach dem Zweiten Weltkrieg, der auf grausamste Weise gezeigt hat, was passieren kann, wenn die Menschenrechte missachtet werden, hat die Generalversammlung der Vereinten Nationen am 10. Dezember 1948 die → **Allgemeine Erklärung der Menschenrechte (AEMR)** verabschiedet. Dieser Tag gilt deshalb heute als **Internationaler Tag der Menschenrechte**.

Ab 1946 hatte eine Kommission unter der Leitung von Eleanor Roosevelt, der Frau des 1945 verstorbenen US-Präsidenten Franklin D. Roosevelt, an einer solchen Erklärung gearbeitet. Acht Länder enthielten sich bei der Verabschiedung 1948: Jugoslawien, Polen, Saudi-Arabien, Sowjetunion, Südafrika, Tschechoslowakei, Ukraine und Weißrussland. Alle anderen Länder stimmten mit Ja.

Die Allgemeine Erklärung der Menschenrechte ist kein völkerrechtlicher Vertrag, der verbindlich ist. Es handelt sich um eine Resolution der Vollversammlung der Vereinten Nationen, die im Gegensatz zu Resolutionen des UN-Sicherheitsrates keine verbindliche Wirkung hat. Inzwischen hat sie jedoch weltweit Anerkennung erfahren, so dass sie als Teil des Völkergewohnheitsrechts angesehen wird.

Die Menschenrechtserklärung besteht aus **30 Artikeln**. Ausgehend von der Tatsache, dass alle Menschen frei und gleich an Würde und Rechten geboren (Art 1 AEMR) und ohne Unterschied sind, etwa nach „Rasse *, Hautfarbe, Geschlecht, Sprache, Religion, politischer oder sonstiger Anschauung, nationaler oder sozialer Herkunft, Vermögen, Geburt oder sonstigem Stand (Art 2 AEMR), werden die anderen Rechte entfaltet.

Am 15. März 2006 wurde der → **Menschenrechtsrat** von den Vereinten Nationen eingerichtet. Es sollte einen Neubeginn der Arbeit der Vereinten Nationen für die Menschenrechte markieren. Sein Ziel ist es, zur Verbreitung der Menschenrechte weltweit beizutragen. Außerdem soll er Empfehlungen und Ratschläge geben, wie die Menschenrechte eingehalten werden können. Gegenüber der Generalversammlung der Vereinten Nationen soll er Vorschläge unterbreiten, wie der Schutz der Menschenrechte weiterentwickelt werden kann. Seine Wirksamkeit ist jedoch dadurch geschwächt, dass Staaten, in denen die Menschenrechte z. T. dramatisch missachtet werden, großen Einfluss im UN-Menschenrechtsrat haben.

Im Jahr 1998 wurde ein ständiger Internationaler Strafgerichtshof ins Leben gerufen. Er ist eine eigenständige internationale Institution, gehört also nicht zu den Vereinten Nationen. Aber der → **Internationale Gerichtshof** arbeitet eng mit den Vereinten Nationen zusammen. Er ist für die Verurteilung von Völkermord, Verbrechen gegen die Menschlichkeit und Kriegsverbrechen zuständig. Angeklagt werden einzelne Personen. Dies können aber nur Staatsangehörige von Staaten sein, die den Internationale Strafgerichtshof anerkennen. Zurzeit erkennen 124 Staaten ihn an. Auch wenn einige große Staaten ihm die Anerkennung verweigern, erhofft man sich, dass allein durch die Möglichkeit, dass sie durch den Internationalen Strafgerichtshof verurteilt werden könnten, von ihren Taten zurückschrecken. Im Jahr 2002 nahm der Internationale Strafgerichtshof seine Arbeit in Den Haag auf.

* **Anmerkung:** Dieser Begriff wird in deutschsprachigen Übersetzungen der Allgemeine Erklärung der Menschenrechte noch verwendet; er entspringt jedoch der menschenverachtenden Vorstellung, Menschen ließen sich – nach „Wertigkeit" in Rassen einteilen; eigentlich ist die Zugehörigkeit zu einer Nationalität gemeint.

Amnesty international – ein Anwalt der Menschenrechte

amnesty international (ai) ist neben weiteren Menschenrechtsorganisationen, wie u. a. Human Rights Watch (HRW) oder terre des hommes (tdh), ein Beispiel für eine Nichtregierungsorganisation (NGO: non governmental organization), die sich weltweit für die Einhaltung der Menschenrechte einsetzt.

M43 Aktionen von amnesty international

M44 Selbstdarstellung von ai auf ihrer Homepage

UNABHÄNGIG, INTERNATIONAL, DEMOKRATISCH

Die Stärke von Amnesty International liegt im freiwilligen Engagement seiner zahlreichen Mitglieder, Unterstützerinnen und Unterstützer unterschiedlicher Nationalitäten, Kulturen und Altersgruppen. Sie sind miteinander verbunden, um lokal wie global ihre Ziele zu erreichen. Gemeinsam setzen sie Mut, Kraft und Fantasie ein für eine Welt ohne Menschenrechtsverletzungen.

Unsere Aktionen werden möglich durch ein Netzwerk von Amnesty-Expertinnen und -Experten zu verschiedenen Ländern und unterschiedlichen Themen sowie ihren Kontakten zu Opfern von Menschenrechtsverletzungen und ihren Angehörigen, zu Ärztinnen und Ärzten, Anwältinnen und Anwälte, Journalistinnen und Journalisten – rund um den Globus.

Mit „Urgent Actions" (Eilaktionen), Briefen, Appellen, Pressearbeit, öffentlichkeitswirksamen Aktionen sowie Lobbyarbeit gegenüber Regierungen, Institutionen und Wirtschaftsunternehmen macht Amnesty International Druck für eine gerechtere Welt. Durch unsere Arbeit wollen wir Verzweiflung in Hoffnung und Mitgefühl in Handeln umwandeln. Jeder Mensch kann etwas tun und Veränderung bewirken.

Aus: Homepage von amnesty international Deutschland, online: https://www.amnesty.de/wie-wir-arbeiten [zuletzt: 14.02.2019]

M45 Einsatz für Menschenrechte beim Briefmarathon von ai

Schon 2014 und 2015 beteiligte sich unsere Schule [Gesamtschule Aurich-West] am Briefmarathon von Amnesty International. Es ist beeindruckend, wenn man sich klar macht, dass unsere Briefe mit dazu beigetragen haben, dass 5 Menschen, die unschuldig im Gefängnis waren, aus der Haft entlassen wurden, und dass die Regierung von Burkina Faso sich besser für den Schutz vor Zwangsverheiratung einsetzt.

Ermutigt von diesen Erfolgen beteiligte sich auch in diesem Jahr unsere Schule am Briefmarathon von Amnesty International.

Im Gesellschaftslehreunterricht und in Religionsstunden der oberen Jahrgänge setzten Lehrer und Lehrerinnen das Thema „Menschenrechte" aus Anlass des Briefmarathons auf die Tagesordnung.

Die Schülerinnen und Schüler erfuhren auch, für welche Menschen die weltweite Aktion von Amnesty International in diesem Jahr gestartet wurde: […]

Für Máxima Acuna, aus Peru, die sich für die Rechte auf Nahrung, Gesundheit und eine saubere Umwelt angesichts des zunehmenden Bergbaus in ihrer Region einsetzt. Die Kleinbäuerin und ihre Familie wurden von Sicherheitskräften immer wieder schikaniert und eingeschüchtert. 2011 schlugen Polizisten Máxima Acuña und ihre Tochter bewusstlos. Anfang 2016 vernichteten private Sicherheitskräfte die Kartoffelernte der Bäuerin. […]

Für Edward Snowden aus den USA, der die Überwachungs- und Spionagepraktiken des US-Geheimdienstes NSA bekannt machte. Dafür drohen ihm bis zu 30 Jahre Haft. Es liegt am Präsidenten, den Whistleblower zu begnadigen. […]

Für Bayram Mammadov und Giyas Ibrahimov aus Aserbaidschan.

Die beiden Studenten sprühten politische Slogans auf eine Statue des ehemaligen Präsidenten Aserbaidschans. Dafür könnten sie zwölf Jahre ins Gefängnis kommen.

Viele Schülerinnen und Schüler entschieden sich, selbst einen oder mehrere Appellbriefe zu schreiben, und so kamen 408 Briefe zusammen, die an Amnesty International weitergeleitet wurden.

Wir hoffen sehr, dass die Aktion auch in diesem Jahr Menschen zur Freiheit und zu ihren Rechten verhilft.

Aus: Homepage der Integrierten Gesamtschule Aurich-West, online: http://www.igsaurich.de/index.php/8-aktuelles-aus-dem-schulleben/613-einsatz-fuer-menschenrechte-beim-briefmarathon-von-amnesty-international [zuletzt: 10.03.2017]

M 46

M 47 Kritik an ai

Die Kritik, die an amnesty international geäußert wird, lässt sich in zwei Gruppen einteilen: Zum einen kritisieren Staaten die Arbeit von amnesty international. Beispielsweise werfen die Regierungen von China, Russland oder dem Kongo der Organisation vor, dass sie einseitig eingestellt gegenüber nicht westlichen Ländern sei. Außerdem wird kritisiert, dass amnesty international bei der Bewertung der Menschenrechtssituation die Sicherheitsbedürfnisse der Länder, z. B. bei der Bekämpfung von Rebellen, nicht genug berücksichtige. Aber auch die Regierungen der westlichen Staaten, wie zum Beispiel der USA oder Israels, kritisieren amnesty international. Die Kritik der Organisation am Gefangenenlager in der Guantanamo Bay oder an der israelischen Politik im Gazastreifen passt den westlichen Staaten nicht.

Auf der anderen Seite gibt es aber auch von verschiedensten Seiten inhaltliche Kritik an der Arbeit der Menschenrechtsorganisation. Teilweise wird bemängelt, dass sich die Arbeit von amnesty international zu sehr auf die Öffentlichkeitsarbeit konzentriere. Beim Ziel, Gelder und Mitglieder zu werben, würden, so die Kritiker, die Opfer der Menschenrechtsverletzungen außer Acht gelassen. Ebenso wird der Organisation vorgeworfen, dass die Mitglieder in ihrer überwiegenden Mehrheit aus den westlichen Ländern kommen und andere Nationen bisher nicht erreicht wurden.

M48 Weitere Menschenrechtsorganisationen

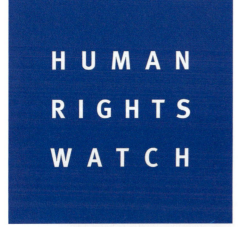

1. Die Bilder (M 43, S. 328) dokumentieren die Arbeit von amnesty international. Stelle mithilfe dieser Bilder dar, wie sich amnesty international für die Menschenrechte einsetzt.

2. a) Arbeite aus M 44 (S. 329) heraus, wer die Mitglieder von amnesty international sind, an wen sich die Arbeitet richtet und welche Mittel amnesty international einsetzt.
b) Recherchiert zu zweit im Internet auf der Homepage von amnesty international Deutschland konkrete Beispiele für die Mittel, die die Menschenrechtsorganisation einsetzt.

EINSTEIGEN

3. a) Erläutere die jährliche Briefaktion von amnesty international auf der Grundlage von M 45 (S. 329f.).
b) Arbeite aus M 45 (S. 329f.) heraus, warum sich die Gesamtschule Aurich-West an der Aktion beteiligt hat, und besprecht in der Klasse, ob es aus eurer Sicht lohnenswert ist, sich an der Aktion zu beteiligen.

WEITER-ARBEITEN

VERTIEFEN

4. Interpretiere die Karikatur M 46 (S. 330) mithilfe der Arbeitstechnik „Karikaturen analysieren" (S. 345).

5. Erläutere, wer warum an der Arbeit von amnesty international Kritik übt (M 47, S. 330).

6. Bewerte, was die einzelnen Aktionen von amnesty international (M 43, S. 328) bewirken können.

7. Wähle eine Menschenrechtsorganisation aus (M 48, S. 331) und erarbeite ein Informationsplakat über die Arbeit dieser Menschenrechtsorganisation.

8. Ladet eine Vertreterin bzw. einen Vertreter einer Menschenrechtsorganisation aus eurer Region ein und führt mit ihm eine Expertenbefragung (siehe Arbeitstechnik „Expertenbefragung", S. 342) durch.

▲ 1, 2a, 3a, 5, 7   ▲▽ 1, 2a, 3, 4, 5, 6, 7, 8   ▲▽▲ 2, 3, 4, 5, 6, 7, 8

Info 5 NGOs setzen sich für Menschenrechte ein

Nach einer Studie der Wissenschaftler Jost Stellmacher, Gert Sommer und Elmar Brähler sind weltweit ca. 90 Prozent der Menschen nicht in der Lage, drei oder mehr ihrer → **Menschenrechte** zu benennen. Wenn die Mehrheit der Menschen ihre Rechte nicht einmal kennt, wer wird sich dann für eine Bekanntmachung und einen Schutz der Menschenrechte einsetzen?

In der Bundesrepublik Deutschland haben sich im Jahr 1994 über 50 deutsche Nichtregierungsorganisationen, sogenannte → **NGOs** (Non Gouvernement Organizations) im **„Forum Menschenrechte"** zusammengeschlossen, um sich vor allem in der Bundesrepublik, aber auch weltweit für einen besseren Schutz der Menschenrechte einzusetzen. Dazu zählen z. B. Brot für die Welt, missio, Pro Asyl, das Nürnberger Menschenrechtszentrum, terre des hommes und amnesty international oder aber auch die parteinahen Stiftungen, wie z. B. Friedrich-Ebert-Stiftung, Friedrich-Naumann-Stiftung, Rosa-Luxemburg-Stiftung, Konrad-Adenauer-Stiftung oder Heinrich-Böll-Stiftung.

Viele NGOs haben ein sehr großes Informationsangebot in Form von Webseiten oder Broschüren. Dort dokumentieren sie Menschenrechtsverletzungen, erheben Forderungen und rufen zu öffentlicher Unterstützung auf. Darüber hinaus suchen das Gespräch mit verantwortlichen Politikerinnen und Politikern. Hierbei gehen sie ähnlich vor wie andere Verbände bzw. → **Interessengruppen**. Des Weiteren bieten sie Betroffenen vor Ort Hilfe an. Am meisten können NGOs in Menschenrechtsfragen etwas bewirken, wenn sie in ihrer Aktion öffentliche Unterstützung erfahren und ihr Anliegen in große Teile der Gesellschaft, vor allem über die Massenmedien, getragen wird. Denn dadurch wird denjenigen, die Menschenrechte verletzen, bewusst, dass sie beobachtet werden und gegebenenfalls mit Konsequenzen rechnen müssen. Aber auch für die Opfer von Menschenrechtsverletzungen ist dies ein Zeichen, dass sie nicht alleine sind und auf Unterstützung hoffen dürfen.

Kompetenztraining

WISSEN

1. Beende die Satzanfänge sinnvoll:
   a) Die Vereinten Nationen sind eine Organisation, die …
   b) Die Ziele der Vereinten Nationen sind …
   c) Der Sicherheitsrat der Vereinten Nationen besteht aus …
   d) Ein Beschluss im UN-Sicherheitsrat gilt als gefasst, wenn …
   e) Der Generalsekretär der Vereinten Nationen hat die Aufgabe …
   f) Die Allgemeine Erklärung der Menschenrechte beinhaltet …
   g) NGOs ist eine Abkürzung für …

2. a) Formuliere fünf Fragen, die sich auf die Inhalte dieses Kapitels beziehen.
   b) Suche eine Partnerin/einen Partner, der die Fragen beantwortet.

ANALYSIEREN

1. Bildet in der Klasse Vierergruppen und recherchiert im Internet einen aktuellen Konflikt. Geht dabei auf folgende Fragen ein:
   a) Welche Länder/Regionen sind beteiligt?
   b) Um was für eine Art Konflikt handelt es sich?
   c) Wer sind die beteiligten Konfliktparteien?
   d) Lässt sich die Ursache des Konflikts benennen?
   e) Wie lange dauert(e) der Konflikt?
   f) Wie viele Todesopfer gab es (bisher)?
   g) Lassen sich mögliche Folgen des Konfliktes absehen?
   h) Gibt es Versuche zur Lösung, bzw. zur Abmilderung des Konflikts? Wer engagiert sich hier wie?

URTEILEN

1. Interpretiere die Karikatur unter dem Aspekt, ob uns die Kriege, die weit von uns entfernt sind, etwas angehen. Begründe dein Urteil umfassend.

HANDELN

1. Stelle einen Aktionsplan zur Förderung der Menschenrechte an deiner Schule auf. Wähle dazu zuerst ein menschenrechtsrelevantes Thema (z. B. Kenntnisse über Menschenrechte; Menschenrechtsverletzungen in einem bestimmten Land, Menschenrechtsverletzungen in eurer Stadt) aus, das du an deiner Schule publik machen willst.

   Folgende Fragen können dir bei der Erstellung des Aktionsplans hilfreich sein:
   - Welches Menschenrecht will ich unterstützen/bekannt machen?
   - Wo kann ich die nötigen Informationen herbekommen?
   - Was ist das Ziel meiner Aktion?
   - Welche Schritte müssen dazu konkret unternommen werden?
   - Wie viel Zeit steht zur Verfügung?
   - Wer kann mich dabei unterstützen?

ERARBEITEN

1. Erstelle ein Porträt einer Persönlichkeit, die sich für die Menschenrechte einsetzt oder eingesetzt hat. Recherchiere dazu im Internet über das Leben der Person, ihre Lebensbedingungen und ihre Aktivitäten. Bereite die Informationen auf einem Plakat entsprechend auf.

   Shirin Ebadi – Nelson Mandela – Rigoberta Menchú – Wangari Maathai – Steve Biko – Tawakkol Karman – Ken Saro-Wiwa – Malala Yousafzai – Leymah Gbowee – Martin Luther King – Denis Mukwege

Nelson Mandela, führender Aktivist im Jahrzehnte andauernden Widerstand gegen die Apartheid; von 1994 bis 1999 der erste schwarze Präsident seines Landes Südafrika und Friedensnobelpreisträger 1993

Rigoberta Menchú, Menschenrechtsaktivistin aus Guatemala und Friedensnobelpreisträgerin 1992

Malala Yousafzai, Schülerin aus Pakistan und Friedensnobelpreisträgerin 2014

Martin Luther King, US-amerikanischer Bürgerrechtler und Friedensnobelpreisträger 1964

Weiterdenken

W 1 UN im Klassenzimmer

Die Deutsche Gesellschaft der Vereinten Nationen bietet zusammen mit dem Jungen UNO-Netzwerk ein Projekt „UN-im-Klassenzimmer" an.
In einer „Simulation des UN-Sicherheitsrats" simuliert ihr den Sitzungsablauf des UN-Sicherheitsrats. Ihr schlüpft in die Rolle von Diplomatinnen und Diplomaten und beratet über ein aktuelles Thema. Dabei erfahrt ihr, wie Verhandlungen in der internationalen Politik ablaufen. Das Ganze dauert etwa 90 Minuten, kann aber auch als Projekttag gestaltet werden.
Nähere Informationen findet ihr unter http://www.dgvn.de/junge-dgvn/un-im-klassenzimmer/

W 2 Ein Puzzle voller Menschenrechte

Erstellt einen Schattenriss und teilt ihn in 30 Teile.

Gestaltet je ein Teil zu einem der 30 Artikel der Allgemeinen Erklärung der Menschenrechte, die am 10. Dezember 1948 von der Generalversammlung der Vereinten Nationen beschlossen wurde.

Dazu könnt ihr malen, Fotos aus Zeitschriften ausschneiden oder eigene Fotos machen.

Notiert auf der Rückseite den entsprechenden Artikel im Wortlaut.

Stellt euren Schattenriss mit den Menschenrechten anschließend in der Schule aus, so dass man ihn von beiden Seiten sehen kann.

Arbeitstechnik

Bilder deuten

Bilder, Fotos, und Zeichnungen begegnen euch sehr oft in Schulbüchern, nicht nur in diesem. Sie sind wichtige Medien und vermitteln genauso Informationen und Wissen wie Texte auch. Doch wie „liest" man sie richtig?

Schritt 1: Was ist zu sehen?
Zuerst geht es darum, zu beschreiben, was zu sehen ist. Dabei ist es auch wichtig, auf Details zu achten. Versuche, dabei so neutral wie möglich zu bleiben, und beschränke dich nur auf das, was du wirklich sehen kannst.

Schritt 2: Was bedeutet das Gesehene?
Nun geht es darum, zu interpretieren, was dir das Bild oder die Zeichnung genau sagen möchte. Was ist das eigentliche Thema des Bildes bzw. der Zeichnung, welche Position nimmt die Zeichnerin/der Zeichner ein?

Schritt 3: Wie betrifft mich dieses Bild, wie stehe ich dazu?
Im letzten Schritt stellt sich die Frage nach dem eigenen Bezug. Welche eigenen Erfahrungen habe ich mit diesem Thema gemacht, war ich schon einmal in ähnlichen Situationen? Wie bewerte ich dieses Thema, welche eigene Meinung habe ich hierzu?

Der einfache Politikzyklus als Analyseinstrument

Arbeitstechnik

Was ist eigentlich Politik und wie kannst du Politik durchschauen? Dabei kann dir der einfache Politikzyklus helfen. Dieses Modell sieht Politik als endlose Kette von Versuchen, gesellschaftliche Probleme zu bewältigen. Nach dem Politikzyklus verläuft dies immer kreisförmig, deshalb Zyklus, in vier Phasen: Ausgehend von einem *Problem* (Phase 1) streiten sich politische Akteure darum, wie dieses Problem gelöst werden kann. Diese *Auseinandersetzung* (Phase 2) mündet in einer *Entscheidung* (Phase 3), die entsprechend umgesetzt wird. Die Entscheidung und die Umsetzung lösen *Bewertungen und Reaktionen* (Phase 4) aus. Dies führt oft zu neuen Problemen. Damit ist der Politikzyklus einmal durchlaufen und es schließt sich ein neuer Kreis (Zyklus) an.

Allerdings musst du dir immer bewusst sein, dass der Politikzyklus nur ein Modell ist. Der reale politische Prozess verläuft nicht immer so schön geordnet nacheinander in Phasen. Manchmal laufen die Phasen parallel oder überschneiden sich. Auch können einzelne Phasen wegfallen. Darüber hinaus geht es manchmal nicht darum, ein Problem sachlich zu lösen, sondern z. B. eher darum, die eigene Machtposition zu sichern.

Dennoch hilft dir der Politikzyklus, einen Überblick zum Ablauf politischer Prozesse zu verschaffen und diese einfacher zu verstehen. Du kannst dich damit eigenständig an die Analyse politischer Sachverhalte heranwagen.

Schritt 1: Problem erfassen
Zunächst geht es darum, das Problem genau zu erfassen. Dabei können dir entsprechende Leitfragen helfen, die du aus den jeweiligen Kategorien, d. h. Oberbegriffen, gewinnst:
- Was ist das Problem? Welche Aufgabe soll gelöst werden?
- Welches Ausmaß hat das Problem? Wie viele Menschen sind von dem Problem betroffen? Welche Menschen sind von dem Problem betroffen?

Schritt 2: Phase der Auseinandersetzung analysieren
Im zweiten Schritt schaust du dir die Phase der Auseinandersetzung genauer an.
- Wer ist an der Auseinandersetzung beteiligt?
- Welche Problemlösungen werden von wem vorgeschlagen?
- Welche Interessen verfolgen die Akteure?

Schritt 3: Entscheidung durchleuchten
Nachdem die Auseinandersetzung unterschiedlich lang gedauert hat, kommt es oft zu einer Entscheidung. Sie lässt sich mit folgenden Leitfragen besser begreifen:
- Welche Entscheidung wurde zur Lösung des Problems getroffen?
- Welche Folgen/Kosten/Nutzen entstehen aus der Entscheidung?

Schritt 4: Bewertung und Reaktionen analysieren
Nach der Entscheidung lassen die Bewertungen und Reaktionen oft nicht lange auf sich warten. Folgende Fragen können nützlich sein, sie zu analysieren und entsprechend einzuschätzen.
- Wem nützt das Ergebnis/die Entscheidung?
- Welche Reaktionen gibt es von wem auf die Entscheidung?

Arbeitstechnik

Diagramme beschreiben

Um bestimmte Informationen anzugeben, ist es manchmal besser, sie in einem Diagramm darzustellen statt sie in einem Text zu beschreiben. Dies gilt vor allem, wenn es um viele Zahlen geht. Dabei bedeutet „Diagramm" das Darstellen von Daten und Informationen in einer Abbildung. Im Folgenden wird dir an einem Beispiel gezeigt, wie du Diagramme richtig lesen und beschreiben kannst.

1. Schritt: Um was geht es, was wird abgebildet?

Zuerst ist es wichtig, zu erfahren, was genau abgebildet wird. Die Überschrift gibt hierbei das Thema vor, an den Rändern stehen die Details. Das Diagramm zeigt den eigentlichen Inhalt. Zunächst muss man schauen, um welchen Typ eines Diagrammes es sich handelt. Dies ist sehr wichtig, da man zu einem Thema viele verschiedene Diagramme erstellen kann, die alle etwas anderes aussagen. Neben einem *Kreisdiagramm* gibt es noch drei andere, weitverbreitete Typen von Diagrammen: Das *Balkendiagramm*, das *Flächendiagramm* und das *Liniendiagramm*. Je nachdem, was gezeigt werden soll, wird für Diagramme die Darstellungsform gewählt, die sich am besten eignet.

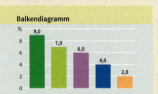
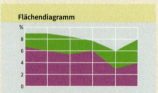
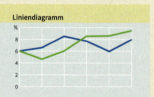

2. Schritt: Wie lese ich die Werte ab?

Ziel eines Diagramms ist es, dass man relativ einfach bestimmte Werte ablesen kann und sie nicht erst aufwendig aus einem Text herausarbeiten muss. Beim hier verwendeten Kreisdiagramm ist es wichtig, zu wissen, dass der ganze Kreis für 100% steht, also für die Summe aller Merkmale. Je größer ein markierter Teil ist, desto größer ist also der Anteil. Zum konkreten Ablesen eines Wertes schaut man sich nun die Details am Rand an: Jedem Merkmal wird eine Farbe zugewiesen, die im Kreis verwendet wird – so kann man den Wert des Merkmals leicht ablesen. Auch bei den anderen Diagrammtypen muss man die Werte genau ablesen und auf die Einheit achten.

3. Schritt: Problematik bestimmen

Jedes Diagramm steht für ein bestimmtes Thema. Wenn man dieses Thema erkannt hat, ist es wichtig, das Diagramm zu interpretieren, d. h. zu erklären, welche Aussagen sich aus den Daten ableiten lassen.

Durchführung einer Umfrage

Arbeitstechnik

Mit einer Umfrage, z. B. in eurer Schule oder etwa in der Fußgängerzone eures Heimatortes, könnt ihr euch ein Bild machen, wie die Menschen in eurer nächsten Umgebung über ein bestimmtes Thema denken.

Schritt 1: Vorbereitung

In der Vorbereitung müsst ihr überlegen, zu welcher zentralen Frage eure Umfrage ein Meinungsbild liefern soll. Dazu solltet ihr euch Gedanken machen, welche Fragen ihr denjenigen stellen wollt, die ihr befragt. Dabei ist es wichtig, dass ihr auf die Fragetechnik achtet. Auf geschlossene Fragen, wie z. B. „Finden Sie das Wetter heute schön?", erhaltet ihr nur ein Ja oder ein Nein als Antwort. Das macht die Auswertung nachher einfach. Wenn ihr eine offene Frage stellt, wie z. B. „Welche Art von Wetter bevorzugen Sie?", und ihr gebt keine Antwortmöglichkeiten vor, dann können die Antworten sehr vielfältig sein. Das kann die Auswertung am Ende schwierig machen. Macht euch auch Gedanken darüber, was ihr erfragen wollt: Sollen es Wissensfragen sein oder geht es euch eher um das Verständnis oder die Einstellungen?

In einem zweiten Schritt solltet ihr euch Gedanken machen, wie ihr die Umfrageergebnisse festhalten wollt: auf einem Fragebogen, mittels Notizen, stichwortartig protokollieren, …?
Und zuletzt solltet ihr euch vorher überlegen, wen ihr befragen wollt: Sind es eure Mitschülerinnen/Mitschüler oder Bürgerinnen/Bürger einer Stadt/eines Dorfes oder Nutzerinnen/Nutzer einer bestimmten Internetseite etc. Wenn ihr dies entschieden habt, bestimmt dies natürlich auch den Ort, wo ihr eure Umfrage durchführt. Wenn ihr an eurer Schule eine Umfrage durchführt, braucht ihr die Erlaubnis eurer Schulleiterin/eures Schulleiters. An öffentlichen Plätzen braucht ihr keine Genehmigung. Als Nächstes sammelt ihr passende Fragen und entwerft einen Fragebogen. Dieser könnte zum Beispiel so aussehen:

Umfrage zum Thema „Schülergerichte"

Statistikfragen:

☐ weiblich   ☐ männlich   Wie alt bist du? _____

Welche Schulart besuchst du?

☐ Hauptschule/Mittelschule   ☐ Realschule   ☐ Gemeinschaftsschule
☐ Gymnasium   ☐ Berufsschule   ☐ andere Schulart

Inhaltliche Fragen:

1. Kennst du die Einrichtung eines Schülergerichts?
☐ JA   ☐ NEIN
(Wenn diese Frage mit NEIN beantwortet werden würde, müsstet ihr kurz erklären, was ein Schülergericht ist und wie es funktioniert.)

2. Soll in unserer Gemeinde ein Schülergericht eingeführt werden?
☐ JA (weiter zu Frage 3)   ☐ NEIN (weiter zu Frage 4)
…

6. Warum bist du gegen die Einrichtung eines Schülergerichts?
☐ Schülerinnen und Schüler wissen nicht, was eine angemessene Strafe ist.
☐ Schülerinnen und Schüler haben kein Jura studiert und sind somit nicht geeignet, Recht zu sprechen.
☐ Sonstiges:

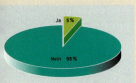

Kennst du die Einrichtung eines Schülergerichts?

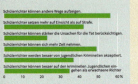

Warum sind Sie für die Einrichtung von Schülerrichtern?

Schritt 2: Durchführung

Dann kann es losgehen. Überprüft, welche Ausrüstung ihr für eure Umfrage braucht und ob diese auch funktioniert: z. B. Aufnahmegerät oder eine entsprechende App im Smartphone, Klemmbretter, Fragebögen etc.

Weist zu Beginn darauf hin, dass die Umfrage absolut anonym ist und benennt das Thema. Wenn jemand nicht auf eure Fragen antworten will, dann solltet ihr das auf jeden Fall vermerken. Denn auch dies ist eine wichtige Information, die ihr für die Auswertung braucht.

Teilt euch am besten auf. So könnt ihr mehr Personen in weniger Zeit befragen. Außerdem kann es für Menschen bedrohlich wirken, wenn eine größere Gruppe auf sie zukommt.

Dann arbeitet ihr die weiteren Fragen eine nach der anderen ab. Vergesst nicht, euch am Ende zu bedanken.

Schritt 3: Auswertung

Macht euch Gedanken, wie ihr die gewonnenen Daten auswerten wollt. Ihr könnt dies von Hand machen und Strichlisten führen oder sie am PC mithilfe von Tabellenkalkulationsprogrammen oder speziellen Umfrageprogrammen wie z. B. „GrafStat" auswerten. Überlegt euch weiter, wie ihr die Ergebnisse grafisch darstellen wollt: z. B. als Tabelle, Schaubild (Torten-, Balkendiagramm etc.), Bilder etc.

Und zum Schluss solltet ihr eine Entscheidung treffen, wie ihr eure Ergebnisse einer größeren Öffentlichkeit präsentieren könnt, z. B. Ausstellung im Schulhaus, Flyer, Artikel in der lokalen Zeitung etc.

Erkundung

Eine Erkundung durchführen heißt, etwas durch Beobachtung und Gespräche in Erfahrung zu bringen, was bisher unbekannt war, und die Ergebnisse anschließend zu präsentieren. Der zu erkundende Ort liegt immer außerhalb der Schule. Erkunden lassen sich viele Einrichtungen, wie z. B. Rathäuser, Parlamente und Betriebe. Bei einer Erkundung wird immer in Arbeitsgruppen gearbeitet, um sich die umfangreichen Aufgaben aufteilen zu können. Dabei ist es hilfreich, schrittweise vorzugehen.

Arbeitstechnik

1. Schritt: Erkundungsvorbereitung
Am Anfang sollte man überlegen, was genau man in der Einrichtung erkunden möchte. Hilfreich ist es, wenn ihr euch dazu über die Einrichtung, z. B. im Internet, informiert und Ziele für eure Erkundung formuliert. Dann werden Gruppen gebildet, Aufgaben verteilt und es wird festgelegt, wer wofür zuständig ist.

2. Schritt: Termin vereinbaren
Jetzt muss ein Termin mit der zu erkundenden Einrichtung vereinbart werden. Nennt dabei euer Anliegen, sagt, wie viele Personen und von welcher Schule ihr seid. Fragt nach einer Ansprechpartnerin oder einem Ansprechpartner für eure Fragen. Wichtig dabei ist, dass ihr höflich seid und eure Wünsche genau formuliert.

3. Schritt: Erkundung der Einrichtung
Im dritten Schritt besucht ihr nun die Einrichtung. Auch hier gilt wieder Höflichkeit und vor allem Pünktlichkeit. Eure Fragen müssen genau und eindeutig formuliert sein. Macht euch Notizen und Fotos, falls dies erlaubt wird, und nehmt Informationsmaterial mit, um dies für die Präsentation der Ergebnisse eurer Erkundung zu verwenden.

4. Schritt: Auswertung und Präsentation der Ergebnisse
Jetzt wertet ihr eure Ergebnisse aus und überlegt, wie ihr sie aufbereitet und vorstellt (z. B. Plakat für alle, Informationsbroschüre für jede Zuhörerin bzw. jeden Zuhörer, digitale Folien, …). Denkt bei der Planung der Präsentation immer an die Grundregeln des Präsentierens (Sprache, Körpersprache, Adressatenbezug, …).

Arbeitstechnik

Expertenbefragung

Eine Expertenbefragung gibt euch die Möglichkeit, viel über den Beruf von jemandem, über die Person selbst oder ihre Position zu einem bestimmten Problem selbst zu erfahren. Es ist wichtig, die Befragung ausreichend vorzubereiten und anschließend planvoll durchzuführen und auszuwerten. Diese Schritte helfen euch dabei:

Schritt 1: Vorbereitung
Entscheidet, wer eingeladen werden soll. Formuliert eine Fragestellung: Was genau wollen wir von der Person, die wir eingeladen haben, erfahren?
Nehmt dann Kontakt zu der/dem ausgewählten Expertin/Experten auf. Sprecht die Rahmenbedingungen mit der Expertin/dem Experten ab: zentrale Fragestellung, zeitlicher Ablauf, Alter, Gruppengröße, Zusammensetzung der Klasse, Vorarbeiten und Vorwissen.
Probiert eine passende Sitzordnung aus. Falls ihr technische Hilfsmittel benötigt, organisiert diese und prüft sie vor dem Einsatz auf Funktionsfähigkeit.
Bestimmt am besten mehrere Schülerinnen und Schüler, die die wichtigsten Ergebnisse der Befragung protokollieren.

Schritt 2: Durchführung
Begrüßt die Expertin/den Experten und stellt ihn/sie kurz vor bzw. bittet sie/ihn, sich selbst kurz vorzustellen. Haltet euch bei den Fragen an die vereinbarten Gesprächsregeln. Behaltet eure zentrale Fragestellung im Auge. Denkt daran, das Wichtigste zu protokollieren. Verabschiedet am Ende die Expertin/den Experten und bedankt euch bei ihr/ihm für die Mühe. Überreicht eventuell eine kleine Aufmerksamkeit.

Schritt 3: Auswertung
Fasst die wichtigsten Ergebnisse zusammen. Haltet diese Zusammenfassung schriftlich/grafisch (z.B. in Form einer Mindmap) fest. Vergleicht eure Ergebnisse mit euren bisherigen Kenntnissen vor der Expertenbefragung: Wissen wir jetzt mehr? Ist das Wissen detaillierter? Überlegt euch, ob das Ziel der Befragung erreicht wurde. Besprecht, was ihr bei einer anderen Expertenbefragung besser/anders machen könnt. Bewertet die Expertenbefragung auch als Arbeitstechnik.

Gesetzestexte lesen und verstehen

Arbeitstechnik

In einem Staat wird das geltende Recht in Gesetzen und Rechtsverordnungen festgehalten. Gesetzestexte werden von Juristinnen und Juristen, das sind Menschen, die Rechtswissenschaften studiert haben, geschrieben. Sie verwenden dabei besondere Formulierungen, die oft schwer zu lesen und zu verstehen sind. Scherzhaft wird ihre besondere Sprache als „Juristendeutsch" bezeichnet. Sie wird verwendet, weil die Gesetze so allgemein formuliert sein sollten, dass sie für möglichst viele Fälle zutreffen. Um „Juristendeutsch" möglichst gut zu verstehen, kannst du die unten stehende Vier-Schritt-Technik beim Lesen von Gesetzestexten anwenden. In dem angeführten Beispiel geht es um die Frage, wie eine Klassersprecherwahl gemäß den rechtlichen Bestimmungen korrekt durchgeführt wird.

Schritt 1: Frage festhalten
Bevor du den Gesetzestext liest, überlege dir, welche rechtliche Frage du beantwortet haben möchtest. So fällt es dir beim späteren Lesen leichter, die entscheidende Stelle in dem Text zu entdecken.

Schritt 2: Genaues Lesen
Lies den Text genau und überlege dir, was in dem Gesetz oder in dem Auszug in Bezug auf deine Fragestellung geregelt wird. Markiere dir wichtige Stellen oder halte sie schriftlich fest. Notiere Wörter, die du nicht verstehst, und schlage deren Bedeutung in einem Lexikon nach.
So „übersetzt" du beim Lesen mögliche Abkürzungen:
§ = Paragraf
Art. = Artikel
(1) oder Abs. 1 = Absatz 1
GG = Grundgesetz
BGB = Bürgerliches Gesetzbuch
StGb = Strafgesetzbuch
JuSchG = Jugendschutzgesetz
SchG = Schulgesetz

Zum Beispiel „Art. 8 (2) SchG"
wird folgendermaßen vorgelesen:
„Artikel 8, Absatz 2, Schulgesetz für Baden-Württemberg"

Schritt 3: Regelung notieren
Halte die Regelung, die in Bezug auf deine Frage getroffen wird, möglichst in wenigen Sätzen und eigenen Worten fest. Achte darauf, dass du Zahlen und wichtige Ausnahmeregelungen berücksichtigst.

Schritt 4: Gesetz auf einen Fall anwenden
Versuche nun, die im Gesetzestext enthaltenen Informationen in einer allgemein verständlichen Sprache auszudrücken. Du kannst überprüfen, ob du alles verstanden hast, indem du den Inhalt einer anderen Person berichtest und das Gesagte auf ein geeignetes Fallbeispiel beziehst.

Arbeitstechnik

Informationen im Internet recherchieren

Eine ganz besondere Rolle bei der Informationssuche kommt dem Internet zu. Aufgrund der großen Fülle an verfügbaren Seiten ist das gezielte Suchen nach sinnvollen Informationen aber oft schwierig. Ebenso fällt es häufig nicht leicht, zu beurteilen, ob es sich bei den Suchergebnissen um gesicherte und wahre Informationen handelt. Im Folgenden erhältst du Hinweise, wie du bei deinen Internetrecherchen am besten vorgehen und Online-Quellen bewerten kannst.

Schritt 1: Was genau soll recherchiert werden?
Zuerst ist es wichtig, dass du dir selbst darüber Klarheit verschaffst, was genau du recherchieren möchtest. Dazu musst du ein Thema, wenn es weit gefasst ist, eingrenzen und dir überlegen, welche Themenaspekte zur Bearbeitung besonders wichtig sind. Dies gelingt am besten, wenn du dir zu dem Thema, z. B. in einem Lexikonartikel oder in einem Schulbuch oder in einem sonstigen Sachbuch, einen Überblick darüber verschaffst, welche Punkte sehr wichtig sein könnten. Zu diesen Punkten kannst du dann passende Fragen notieren, die deiner Internetrecherche klare Zielrichtungen geben.

Schritt 2: Wo und wie recherchiere ich im Internet?
Zumeist werden für Internetrecherchen bekannte Suchmaschinen wie z. B. Google und Bing benutzt. Es gibt aber auch anonyme Suchmaschinen wie z. B. Startpage und DuckDuckGo, die den Vorteil haben, dass sie deine Daten nicht speichern und keine Werbung einblenden. Außerdem gibt es spezielle Suchmaschinen für Kinder und Jugendliche wie z. B. blindekuh, die altersangemessene und leichter verständliche Suchergebnisse anzeigen.
Da Suchmaschinen fast zu jedem Wort Tausende von Ergebnissen liefern, ist es sehr wichtig, dass du Suchbegriffe benutzt, die möglichst direkt zu gewünschten Treffern führen. Hier helfen dir deine Recherchefragen, die zumeist schon passende Begriffe enthalten. Mithilfe der Suchmaschine kannst du auch mehrere Begriffe kombinieren. Im Idealfall kannst du den Umweg über eine Suchmaschine sogar vermeiden, wenn du bei den Recherchevorbereitungen schon auf eine passende Internetadresse gestoßen bist, die du direkt aufrufen kannst.

Schritt 3: Wie wähle ich aus den Suchergebnissen aus und wie bewerte ich die Zuverlässigkeit von Internetseiten?
Eine große Schwierigkeit bei der Recherche mithilfe von Suchmaschinen ergibt sich durch die zumeist sehr große Anzahl von Suchergebnissen. Durch passend ausgewählte Suchbegriffe ist die Wahrscheinlichkeit weitaus höher, gleich in den ersten Ergebnissen Internetadressen anzeigt zu bekommen, die gut geeignet sind. Ansonsten bleibt dir nur die Möglichkeit, dass du einzelne Treffer der Suchmaschine anklickst und dich auf den dortigen Seiten umschaust, ob sie für deine Recherche gewinnbringend sind.
In Präsentationen, z. B. bei einem Referat in der Schule, musst du sämtliche Quellen genau angeben. Darüber hinaus musst du immer überprüfen, ob eine Internetseite seriös ist und nicht zu einseitige Informationen bietet, denn im Internet gibt es auch sehr viel Datenmüll und sogar illegale Inhalte. Dabei können dir die folgenden Fragen helfen:
– Wer betreibt die Seite? Ist sie seriös? Gibt es ein Impressum, d. h. einen Eintrag der für die Seite verantwortlichen Institutionen, Organisationen oder Personen?
– Welche Art von Informationen befindet sich auf der Seite? Sind es sachliche Texte, Originalquellen, Presseberichte oder private Meinungen? Handelt es sich um überprüfbare und nicht einseitige Informationen?

– Wie aktuell sind die Informationen? Werden Quellen und Verfasserinnen/Verfasser angegeben?
– Wirkt die Seite insgesamt seriös? Zeigt sie keine bzw. nur sehr wenig Werbung?

Eine sehr beliebte Rechercheseite ist das Online-Lexikon Wikipedia. Gemessen an den Prüffragen ist es nicht seriös, u.a. weil seine Inhalte von jedermann verändert werden können und keine Verfasserinnen/Verfasser genannt werden. Vor dem Hintergrund der Besonderheit der sogenannten Schwarmintelligenz, aus der sich Wikipedia speist, kannst du die Seite dennoch nutzen. Du musst jedoch alle dort entnommenen Informationen durch weitere seriöse Recherchequellen überprüfen und sie z.B. bei Präsentationen in der Schule ebenfalls angeben. Du solltest niemals nur in Wikipedia recherchieren.

Karikaturen analysieren

Arbeitstechnik

Vor allem in Zeitungen und Zeitschriften spielen Karikaturen eine wichtige Rolle, aber auch im Politikunterricht werden sie oft eingesetzt. Im Gegensatz zu normalen Zeichnungen hat die Karikatur den Zweck, Personen oder Situationen in der Gesellschaft absichtlich übertrieben darzustellen. Sie möchte dadurch auf ein meist gesellschaftliches Problem aufmerksam machen. Damit soll ein kritischer Beitrag zur aktuellen Diskussion um ein Thema geleistet werden.

1. Schritt: Was ist zu sehen?
Ähnlich wie bei Bildern und Zeichnungen (s. Arbeitstechnik „Bilder deuten", S. 50f.), geht es in einem ersten Schritt darum, genau zu beschreiben, was zu sehen ist. Versuche, dabei so neutral wie möglich zu bleiben, und beschränke dich auf das, was du wirklich sehen kannst.

2. Schritt: Was bedeutet das?
Nun geht es darum, zu interpretieren, was dir die Zeichnerin/der Zeichner der Karikatur eigentlich sagen möchte. Dafür muss man die Personen und Symbole, die bereits beschrieben wurden, interpretieren. Was ist das Thema der Karikatur, welche Position nimmt die Karikatur ein?

3. Schritt: Wie ist die Karikatur einzuordnen und zu bewerten?
Zuletzt geht es nun darum, die Karikatur in den politischen oder sozialen Kontext einzuordnen und persönlich zu bewerten. Wie stehst du zu dieser Karikatur? Was ist deine Meinung zu diesem Thema?

Unterrichtsmethode

Amerikanische Debatte

Die Amerikanische Debatte ist eine besondere Form der Diskussion, die nach bestimmten Regeln verläuft. Dabei geht es um das Vertreten und Begründen von Positionen, das Aushalten von und das Hineinversetzen in Gegenpositionen sowie um das Erlernen einer demokratischen und gewaltfreien Form der Auseinandersetzung. Oder anders formuliert: Man lernt, zivilisiert zu streiten und zu diskutieren!

Phase 1: Vorbereitung

In einer ersten Abstimmung wird ein Meinungsbild zur entsprechenden Frage erhoben. Dieses Meinungsbild sollte dokumentiert werden. Einige Schülerinnen und Schüler sollten ihre Position auch begründen.

Dann wird die Klasse in eine Pro-Gruppe und eine Kontra-Gruppe geteilt, die jeweils gleich groß sein sind. Es ist dabei nicht notwendig, dass jede Schülerin/jeder Schüler die Position auch persönlich vertritt. Vielmehr geht es darum, zu lernen, sich in eine Position hineinzuversetzen und diese begründet vorzutragen.

Die Gruppen suchen nun Argumente und Beispiele für ihre Positionen und überlegen zugleich, wie sie mögliche Gegenargumente entkräften können. Bei schwierigen Themen können die Gruppen in dieser Phase noch weiterführendes Material (z. B. Texte aus dem Schulbuch oder dem Internet) zu Hilfe nehmen.

Phase 2: Durchführung

Die Pro- und Kontra-Gruppen setzen sich in zwei Reihen gegenüber. Die erste Schülerin/der erste Schüler der Pro-Seite gibt eine erste Stellungnahme ab (zwischen 30 Sekunden und 1 Minute). Dann erwidert die erste Schülerin/der erste Schüler der Kontra-Seite. Sie/Er geht auf das Argument des Vorredners ein, versucht, es zu entkräften, und bringt ein eigenes Argument. Darauf folgt wieder die Pro-Seite usw., bis alle Schülerinnen und Schüler etwas gesagt haben. Man kann den Durchgang mit geänderten Sitzplätzen wiederholen.

Phase 3: Auswertung/Reflexion

Nach Austausch aller Argumente kommt es noch einmal zu einer Abstimmung über die Ausgangsfrage. Einige, die am Anfang ihre Position begründet haben, sollten nun erneut Stellung zur Ausgangsfrage beziehen und ihre Argumente benennen. Selbst wenn sich die Position nicht verändert hat, müsste die Begründung jetzt genauer sein.

Sollte es zu Abweichungen von der ersten Abstimmung kommen, werden die Ursachen dafür diskutiert, um daran aufzuzeigen, welche Argumente besonders überzeugend waren. Ergänzt gegebenenfalls Argumente, die im Verlauf der Amerikanischen Debatte nicht genannt wurden.

Fishbowl

Unterrichtsmethode

„Fishbowl" heißt übersetzt Aquarium. Bei dieser Methode sitzen diejenigen, die diskutieren, in der Mitte und alle anderen Schülerinnen und Schüler der Klasse sitzen in einem Kreis drum herum und schauen, wie bei der Beobachtung von Fischen in einem Aquarium, der Diskussion zu.

Phase 1: Vorbereitung des Fishbowls
Zunächst sollte sich jede und jeder kurz überlegen, wie sie/er sich zur Diskussionsfrage positioniert. Anschließend kann sich jede/r Argumente für seine/ihre Position auf einen Zettel notieren.

Phase 2: Durchführung des Fishbowls
In der Mitte werden vier Stühle aufgestellt. Ab diesem Zeitpunkt darf nur gesprochen werden, wenn man auf einem der vier Stühle sitzt. Dann dürfen die ersten vier, die die Diskussion eröffnen wollen, in der Mitte Platz nehmen. Alle anderen Schülerinnen und Schüler positionieren sich in einem Kreis um die vier Stühle und verfolgen die Diskussion genau. Wenn einer aus dem Außenkreis sich in die Diskussion einbringen will, tippt er einer/einem der Diskutierenden leicht auf die Schulter. Dies ist das Zeichen dafür, dass sie bzw. er den Stuhl verlassen und in den Außenkreis wechseln muss. Diejenige bzw. derjenige, der getippt hat, kann nun auf dem freien Stuhl Platz nehmen und sich in die Diskussion einbringen. Wenn keine neuen Argumente mehr kommen, wird der Fishbowl beendet.

Phase 3: Auswertung/Reflexion des Fishbowls
Zur Auswertung des Fishbowls könnt ihr an der Tafel eure Eindrücke zu folgenden Fragen sammeln:
- Welche Argumente haben besonders beeindruckt, haben zu einem Überdenken der eigenen Position, einer Änderung des eigenen Urteils geführt?
- Welche wichtigen Argumente wurden in der Diskussion nicht genannt?
- Was war überzeugender: die Argumente oder die Art und Weise, wie sie vorgetragen wurden?

Unterrichtsmethode

Gruppenpuzzle

Ein Gruppenpuzzle ist eine Methode, um sich mit umfangreichen Themen arbeitsteilig in Gruppen auseinanderzusetzen. Dazu werden Stamm- und Expertengruppen gebildet. Ihr seid dabei sowohl Lernende als auch Lehrende. Jeder ist für den Lernerfolg der ganzen Gruppe verantwortlich.

Phase 1: Stammgruppe
Bildet Stammgruppen, am besten mit so vielen Schülerinnen und Schülern, wie Teilthemen vorhanden sind. Sammelt in der Stammgruppe euer Vorwissen zum Oberthema und notiert euch Fragen, die euch in Bezug auf das Gesamtthema einfallen. Jede und jeder in der Gruppe erklärt sich bereit, Expertin/Experte für ein bestimmtes Teilthema zu werden.

Phase 2: Expertengruppe
In der zweiten Phase kommt ihr in den Expertengruppen zusammen und bearbeitet das Material zu einem Teilthema. Tauscht euch in der Expertengruppe aus und stellt sicher, dass jede und jeder alles verstanden hat. Haltet alles Wichtige auf einem Stichwortzettel fest, damit ihr nachher den Mitgliedern eurer Stammgruppe berichten könnt.

Phase 3: Stammgruppe
Jetzt erzählt jede Expertin/jeder Experte den anderen Mitgliedern die wichtigsten Informationen aus den Expertengruppen. Alle anderen dürfen Rückfragen stellen.

Phase 4: Auswertung
Überprüft noch einmal, ob die gesammelten Fragen aus der ersten Stammgruppen-Runde beantwortet sind. Wenn nicht, stellt die Fragen in der ganzen Lerngruppe/Klasse zur Diskussion.

Unterrichtsmethode

Planspiel

Bei einem Planspiel wird eine Problem- oder Konfliktsituation vom Beginn bis zu einer Entscheidung von den Teilnehmerinnen und Teilnehmern simuliert, d. h. eine mögliche reale Situation wird nachgespielt. Dazu werden die Spielerinnen und Spieler in Gruppen eingeteilt. Die Mitspielenden sollen auf der Basis von eigenem Handeln Einblicke in problemhaltige Zusammenhänge gewinnen sowie Argumentieren, Diskutieren und Entscheiden einüben. Ziel ist es, zu einem tragbaren Ergebnis für alle Beteiligten zu kommen.

Ein Planspiel besteht in der Regel aus vier Phasen:

1. Phase: Einführung
Hier wird in die Situation, um die es sich handelt, eingeführt. Die genauen Aufgaben werden vorgestellt. Es werden Planspielgruppen gebildet und es wird festgelegt, wer die Rolle der Moderatorin/des Moderators übernimmt.

2. Phase: Einarbeitung
In dieser Phase nehmen die Teilnehmerinnen und Teilnehmer ihre Rollen ein und erarbeiten schriftlich Argumente für ihre Sache. In den einzelnen Gruppen wird darüber diskutiert, welche Argumente am überzeugendsten sind und wie diese am besten präsentiert werden können.

3. Phase: Planspiel
Diese Phase ist der zentrale Teil des Planspiels. Die verschiedenen Gruppen kommen in einer simulierten Konferenz zusammen. Sie stellen ihre Vorschläge zur Diskussion und setzen sich mit den Positionen der anderen Gruppen auseinander. Es wird argumentiert und versucht, andere von der eigenen Position zu überzeugen. Kompromisse sind dabei denkbar. Am Ende dieser Phase muss es zu einer Entscheidung kommen.

4. Phase: Reflexion
Abschließend wird darüber diskutiert, wie das Spiel verlaufen ist und welche Erfahrungen die Mitspielerinnen und Mitspieler gemacht haben:
Wurden die Rollen realistisch gespielt? Was waren die Schwierigkeiten? Was war anders als erwartet? Ist die Spielsituation mit der Realität vergleichbar? Wie lässt sich das Planspiel verbessern? Was habe ich daraus gelernt?

Redekette

Unterrichtsmethode

Bei einer Redekette ist es wichtig, dass die einzelnen Redebeiträge Bezug aufeinander nehmen. Das bedeutet, dass man den Vorrednerinnen/Vorrednern gut zuhören muss, um auf das schon Gesagte eingehen zu können.
Die Beiträge werden bei der Redekette nach zwei Regeln formuliert:
a) Die Person, die bereits einen Beitrag geleistet hat, entscheidet, wer sich als Nächstes äußern darf.
b) Der neue Diskussionsteilnehmer muss auf die Äußerung der Vorrednerin/des Vorredners reagieren. Das bedeutet, dass er entweder seine Vorrednerin/seinen Vorredner unterstützt und zusätzliche Begründungen oder Beispiele für ein Argument anführt. Er kann auch weitere Argumente einbringen oder widersprechen und versuchen, die Argumente der Vorrednerin/des Vorredners zu widerlegen.

Phase 1: Durchführung
Bildet einen Stuhlkreis. Legt gemeinsam fest, wer mit der Redekette beginnt.
Die erste Rednerin/der erste Redner bestimmt nach ihrem/seinem Statement, wer auf die Äußerung reagieren soll. Das braucht ein wenig Übung. Beendet die Redekette, wenn keine neuen Argumente mehr ausgetauscht werden.

Phase 2: Auswertung
Fasst die wichtigsten Ergebnisse zusammen: Wie ist es gelungen, auf die Vorrednerin/den Vorredner Bezug zu nehmen? Was waren die überzeugendsten Argumente? Welche Argumente haben in der Redekette gefehlt?

Unterrichtsmethode

Rollenspiel

Bei einem Rollenspiel geht es um das Ausprobieren verschiedener Möglichkeiten, wie man handeln oder Probleme lösen kann. Ihr müsst immer das Gefühl haben, dass die Situation echt sein könnte. Ein Rollenspiel ist keine Theatervorführung!

Phase 1: Vorbereitung des Rollenspiels
Zunächst werden die entsprechenden Rollen innerhalb eurer Kleingruppe verteilt. Entweder erhält jede/jeder eine Rollenkarte mit Informationen zur Person/Rolle, die sie/er einnehmen soll, oder euch liegt nur eine Fallbeschreibung vor. Dann solltet ihr euch in die entsprechende Person hineinversetzen. Dazu können euch folgende Fragen dienen: Welche Eigenschaften, welche Gedanken und welche Gefühle hat die Person, die ihr spielen sollt? Wie können die Eigenschaften dargestellt werden? Wie könnt ihr die Gefühle ausdrücken? Anschließend besprecht ihr in der Gruppe, wie das Rollenspiel ablaufen soll.

Phase 2: Durchführung des Rollenspiels
Dann spielt ihr die vorher eingeübte Situation der Klasse vor. Ein Eingreifen oder Zwischenrufe sind nicht erlaubt. Wichtig ist, dass ihr die zugeteilte Rolle während des Rollenspiels nicht verlasst.
Es besteht die Möglichkeit, während des Rollenspiels durch ein vereinbartes Zeichen die Situation einzufrieren. Dann stoppen alle das Spiel und behalten Positionen, Körperhaltungen und Mimik bei. So können sich Mitschülerinnen und -schüler ausreichend Zeit nehmen, die Szene anzuschauen und sich Notizen zu machen.

Phase 3: Auswertung/Reflexion des Rollenspiels
Um die Rolle zu verlassen, können die Rollenspielerinnen und -spieler zunächst die Schilder mit ihren fiktiven Namen – wenn vorhanden – zerknüllen und in den Papierkorb werfen oder entsprechende Requisiten ablegen. Dann berichten sie, wie sie sich in der Situation gefühlt haben und wie es ihnen gelungen ist, sich in ihre Rolle hineinzuversetzen.
Anschließend beschreiben die Mitschülerinnen und -schüler, die das Spiel beobachtet haben, was sie gesehen haben. Sie sollten dabei auf den Verlauf, das Verhalten einzelner Personen und das Zusammenspiel zwischen den Personen eingehen. Dann sollte darüber diskutiert werden, wie es gelungen ist, die Situation darzustellen bzw. zu lösen. Zum Schluss solltet ihr auch immer noch über die Frage sprechen, ob es Unterschiede zwischen dem Spiel und dem wirklichen Leben gibt.

Es kann sinnvoll sein, das Rollenspiel nach einer ersten Auswertungsphase erneut durchzuführen, wenn z. B. alternative Ideen angedeutet wurden, aber auch wenn bestimmte Verhaltensweisen eingeübt werden sollen.

Schreibgespräch

Unterrichtsmethode

Kinder und Jugendliche von heute sind in dem, was man im Unterricht ein „Schreibgespräch" nennt, fast immer sehr erfahren, obwohl sie es meistens gar nicht wissen. Ihre Gespräche in WhatsApp, Instagram, Snapchat und anderen Messengern sind im Grunde nämlich nichts anderes als ein Schreibgespräch.

Ein Schreibgespräch läuft so ab, dass sich Schülerinnen und Schüler zu einem vorgegebenen Thema in ruhiger Umgebung und ohne zu sprechen austauschen. Dazu schreiben oder skizzieren sie Kommentare, Fragen, Antworten und Meinungen auf Plakate, die dafür vorgesehen sind. Ziel eines Schreibgesprächs ist es, sich mit den Gedanken der anderen auseinanderzusetzen und so am Ende seine eigene Meinung zu überprüfen und weiterzuentwickeln.

Phase 1: Vorbereitung
Bereitet große Plakate mit Aussagen, Fragen oder Behauptungen vor. Verteilt diese auf Tische im Klassenzimmer.

Phase 2: Durchführung
Auf den Tischen liegen nun Plakate mit unterschiedlichen Aussagen. Alle Schülerinnen und Schüler bewegen sich leise durch den Raum und hinterlassen zu den Aussagen kurze Bemerkungen, Stellungnahmen oder auch Fragen schriftlich. Man kann auch Symbole, Verbindungslinien oder Pfeile anbringen. Nicht erlaubt sind das Sprechen und das Verändern vorhandener Beiträge anderer Schülerinnen und Schüler.

Phase 3: Auswertung
Nach einer vorgegebenen Zeit endet das Schreibgespräch. In der Regel wird eure Lehrerin/ eurer Lehrer die Uhr im Auge behalten und euch darauf hinweisen.
Anschließend werden die Plakate einzelnen Gruppen zugelost, die die Ergebnisse auswerten. Jede Gruppe trägt dann die Ergebnisse des Schreibgesprächs und ihre Gedanken dazu der Klasse vor.

Unterrichtsmethode

Standbild

Ein Standbild ist wie eine Fotografie einer Personengruppe. Die Teilnehmerinnen und Teilnehmer des Standbilds stellen durch ihre Körperhaltung ihre Gefühle, ihre Gedanken und ihre Beziehung zu den anderen Personen dar. Damit kann man bestimmte Situationen besser verstehen und sich in die beteiligten Personen hineinversetzen.

Phase 1: Vorbereitung

Bildet eine Gruppe, in der sowohl Mädchen als auch Jungen vertreten sind. Die Gruppe sollte nicht mehr als acht Personen umfassen. Überlegt euch zunächst gemeinsam, was ihr darstellen wollt. Dann denkt ihr darüber nach, wie die Beziehung der auftretenden Figuren zueinander gestaltet ist. Formuliert auch eure Einfälle zu Gestik (Körperhaltung und Körpersprache) und Mimik (Gesichtsausdrücke) der einzelnen Personen.

Entsprechend euren Überlegungen positioniert ihr euch anschließend. Ihr könnt auch eine Standbildbauerin/einen Standbildbauer bestimmen, der euch in Position bringt und vergleichbar mit einer Knetmasse formt. Das endgültige Standbild wird „eingefroren". Jede/Jeder prägt sich seine/ihre Position, seine Gestik und seine Mimik ein, um sie den anderen Mitschülerinnen und Mitschülern in der Klasse präsentieren zu können.

Phase 2: Durchführung

Nachdem die einzelnen Mitglieder einer Gruppe ihre Position eingenommen und damit das Standbild gebaut haben, beschreiben die übrigen Mitschülerinnen und Mitschüler zunächst nur, was sie sehen. In einer zweiten Runde erzählen sie, was das Bild für sie ausdrückt. Die Darstellerinnen und Darsteller können zu ihren Empfindungen befragt werden. Erst danach erklärt die darstellende Gruppe selbst ihr Standbild.

Phase 3: Auswertung/Reflexion

Zunächst werden die darstellenden Schülerinnen und Schüler befragt, wie sie sich in ihrer Haltung im Standbild gefühlt haben und ob sie sich mit ihrer Rolle identifizieren konnten. Anschließend sollen die Beobachterinnen und Beobachter berichten, ob sie das Standbild ohne die Erklärung der darstellenden Gruppe ähnlich gedeutet haben und welche Varianten außerdem möglich gewesen wären. Zuletzt sprechen alle gemeinsam darüber, welche Schlussfolgerungen aus dem Standbild in Bezug auf das Thema und für die eigene Lebenspraxis gezogen werden können.

Glossar

Allgemeine Erklärung der Menschenrechte
Die Allgemeine Erklärung der Menschenrechte (AEMR) enthält 30 Artikel mit den grundlegenden Rechten, die jedem Menschen zustehen. Sie wurde am 10. Dezember 1948 von der Generalversammlung der Vereinten Nationen verabschiedet.

Antisemitismus
Von Antisemitismus spricht man, wenn Menschen feindlich gegenüber Jüdinnen und Juden eingestellt sind. Der Begriff Antisemitismus bedeutet wörtlich übersetzt eigentlich „gegen die Semiten". Als Semiten werden die Volksgruppen bezeichnet, die semitische Sprachen (z.B. Hebräisch, Aramäisch, Arabisch) sprechen. Ende des 19. Jahrhunderts wurde der Begriff jedoch zunehmend von judenfeindlichen Strömungen in Deutschland benutzt und wird seither mit „Judenfeindlichkeit" übersetzt.

Asyl
Asyl steht für Schutz und Sicherheit und bezeichnet die Aufnahme von Menschen in ein Land, die in ihrer Heimat politisch verfolgt werden. So können geflüchtete Menschen Asyl beantragen, wenn in ihrem Land Krieg herrscht oder sie beispielsweise wegen ihrer Religion oder sexuellen Orientierung verfolgt werden. In Deutschland ist das Recht auf Asyl im Grundgesetz in Artikel 16a verankert.

Bundeskanzler
Der Bundeskanzler ist der Regierungschef in der Bundesrepublik Deutschland. Er bestimmt die Richtlinien der Politik und schlägt die Bundesministerinnen und Bundesminister zur Ernennung und Entlassung vor. Der Bundeskanzler wird von den Abgeordneten des Deutschen Bundestages gewählt und kann vor Ablauf einer Legislaturperiode nur durch ein konstruktives Misstrauensvotum abgelöst werden. Nach dem Bundespräsidenten und dem Bundestagspräsidenten steht der Bundeskanzler gemäß der Verfassung erst an dritter Stelle, faktisch ist der Bundeskanzler aber die politisch wichtigste und einflussreichste Person in der Bundesrepublik.

Bundespräsident
Der Bundespräsident ist das Staatsoberhaupt der Bundesrepublik Deutschland. Er besitzt überwiegend repräsentative Aufgaben. Für Krisenzeiten hat er jedoch auch wichtige Reservevollmachten, die ihm staatspolitische Aufgaben von großer Tragweite zuweisen.

Bundesrat
Im Bundesrat in Berlin sitzen die Vertreterinnen/Vertreter der Landesregierungen der 16 Bundesländer. Die Vertreterinnen und Vertreter der Bundesländer sind auch immer Mitglied in der jeweiligen Landesregierung der Bundesländer. Sie wirken zusammen mit dem Bundestag in vielen Bereichen an der Gesetzgebung und Verwaltung des Bundes sowie in Angelegenheiten der Europäischen Union mit. So werden alle Bundesgesetze, aber auch zahlreiche Verordnungen der EU über den Bundesrat von den Ländern mitgestaltet.

Bundesregierung
Die Bundesregierung besteht aus dem Bundeskanzler sowie den Bundesministerinnen und Bundesministern. Sie steuert die politischen Geschäfte der Bundesrepublik Deutschland, hat jedoch auch das Initiativrecht für Gesetze. Sie zählt im Sinne der Gewaltenteilung zur Exekutive. Die Arbeit in der Bundesregierung wird durch die drei wichtigen Arbeitsprinzipien, das Kanzler-, das Kollegial- und das Ressortprinzip geregelt.

Bundestag
Im Bundestag, dem Parlament der Bundesrepublik Deutschland, sitzen die Abgeordneten, die von allen wahlberechtigten Bürgerinnen und Bürgern in der Bundesrepublik als ihre Vertreterinnen und Vertreter gewählt wurden. Dort beschließen sie die Gesetze, die unser Zusammenleben regeln.

Bundestagswahl
Bei der Bundestagswahl wählen die Bürgerinnen und Bürger nach dem Personalisierten Verhältniswahlrecht Personen und Parteien, von denen sie sich für vier Jahre lang im Parlament, dem Deutschen Bundestag, vertreten lassen wollen. Im Grundgesetz steht in Artikel 38, dass die Wahlen allgemein, unmittelbar, frei, gleich und geheim sein sollen.

Bundesverfassungsgericht (BVerfG)
Das Bundesverfassungsgericht befindet sich in Karlsruhe. Es ist das höchste deutsche Gericht und überwacht die Einhaltung des Grundgesetzes. Dabei überprüft es vor allem, ob vom Bundestag beschlossene Gesetze gegen das Grundgesetz verstoßen. Fühlen sich Bürgerinnen und Bürger in ihren Grundrechten verletzt, so können sie beim Bundesverfassungsgericht klagen.

Bundesversammlung
Die Bundesversammlung tritt nur alle fünf Jahre zusammen, um einen Bundespräsidenten zu wählen. In der Bundesversammlung sind alle Abgeordneten des Deutschen Bundestages vertreten. Dazu kommen noch einmal genau die gleiche Anzahl an Personen, die von den Landtagen der einzelnen Bundesländer gewählt werden. Dies soll zeigen, dass der Bundespräsident sowohl den Bund als auch die Länder repräsentiert.

Bürgerinitiativen
Bürgerinitiativen sind eher lockere Zusammenschlüsse von einzelnen Bürgerinnen und Bürgern, die sich von politischen Vorhaben oder Zuständen in ihrem Umfeld, wie z. B. einem Bahnhofsneubau, der Abholzung eines Parks, der Aufstellung von Mobilfunkmasten, von fehlenden Wohnungen und hohen Mieten, oder ähnliches negativ betroffen fühlen. Sie schließen sich zusammen, um in vielfältiger Form öffentlich für ihre Meinungen und Ziele zu werben sowie um Druck auf die politischen Entscheidungsträger auszuüben. Bürgerinitiativen sind weit weniger stark organisiert als beispielsweise Parteien und Verbände. In der Regel kann sich jede Bürgerin und jeder Bürger an einer Bürgerinitiative beteiligen und selbst entscheiden wie stark sie bzw. er sich einbringt. Wenn eine Bürgerinitiative ihre Ziele erreicht hat, löst sie sich zumeist wieder auf.

Bruttosozialprodukt
Das Bruttoinlandsprodukt (BIP) gibt den gesamten Wert aller Dienstleistungen und Waren an, die im Zeitraum von einem Jahr innerhalb der Wirtschaft eines Landes (Volkswirtschaft) produziert wurde. In Deutschland wird es in Milliarden Euro angegeben. Das BIP ist eine der wichtigsten Messgrößen, um das Wachstum der Volkswirtschaft zu bestimmen und spiegelt, in seiner Entwicklung über mehrere Jahre hinweg, den Verlauf der Konjunktur wider.

Demokratische Grundordnung
Die Demokratische Grundordnung umfasst diejenigen Bestandteile eines demokratischen Staates, die für die Existenz dieses Staates grundlegend und gesetzlich daher zumeist unveränderbar sind. Im Grundgesetz der Bundesrepublik Deutschland steht an mehreren Stellen der Begriff „Freiheitliche Demokratische Grundordnung". Deren Bestandteile wurden 1952 und 2017 in Urteilen des Bundesverfassungsgerichts konkretisiert. Zur Freiheitlich Demokratischen Grundordnung Deutschlands zählen im engeren Sinne: (1) die Würde des Menschen gemäß Art. 1 GG sowie (2) das Demokratieprinzip und (3) das Rechtsstaatsprinzip, beide gemäß Art. 20 GG. In einem weiteren Sinne umfasst die Freiheitlich Demokratische Grundordnung außerdem: (4) die Teilung der Staatsgewalten; (5) das Recht des Volkes, die Staatsgewalten in Wahlen und Abstimmungen unter Geltung der Wahlgrundsätze zu bestimmen; (6) die Bindung der Staatsgewalten an geltendes Recht; (7) das Mehrparteienprinzip (8) das Recht auf Bildung und Ausübung einer Opposition im Parlament; (9) die Ablösbarkeit und Verantwortlichkeit der Regierung gegenüber dem Parlament; (10) die Unabhängigkeit der Gerichte; (11) die im Grundgesetz beschriebenen Menschenrechte.

Europäischer Gerichtshof
Der Europäische Gerichtshof (EuGH) mit Sitz in Luxemburg setzt sich aus je einer Richterin oder einem Richter der EU-Mitgliedsstaaten zusammen und entscheidet bei Rechtsstreitigkeiten innerhalb der EU zwischen Mitgliedsstaaten oder auch bei Konflikten zwischen Privatpersonen bzw. Wirtschaftsunternehmen innerhalb der EU.

Europäische Kommission
Jedes Mitgliedsland der EU entsendet einen Kommissar in die EU-Kommission mit Sitz in Brüssel. Diese Kommissare sind dann jeweils für einen Politikbereich zuständig. Nur die EU-Kommission hat mit dem Initiativrecht das Recht, Vorschläge für Richtlinien und Verordnungen zu machen. Werden diese verabschiedet, kümmert sich die Kommission um die korrekte Umsetzung in den Mitgliedsstaaten, weshalb sie auch als Exekutive der EU bezeichnet wird.

Europäisches Parlament
Das Europäische Parlament wird alle fünf Jahre von den Bürgerinnen und Bürgern der EU gewählt und hat seinen Sitz sowohl in Straßburg (Plenum) als auch in Brüssel (Ausschüsse). Das Parlament hat zusammen mit dem Ministerrat ein Mitspracherecht bei der Gesetzgebung der EU, es kontrolliert die EU-Kommission und ist zuständig für den Haushalt der EU.

Europäischer Rat
Im Europäischen Rat treffen sich mindestens zweimal im Jahr die Regierungschefs der Mitgliedsländer, um auf sogenannten EU-Gipfeln die allgemeinen Leitlinien und Ziele der EU zu besprechen und festzulegen.

Existenzminimum
Damit ist die Summe aller Mittel gemeint, die man un-

bedingt zum Leben benötigt. Dazu gehören notwendige Ausgaben für Lebensmittel, Kleidung, Körperpflege und Dinge des täglichen Bedarfs sowie Ausgaben für Wohnung, Heizung, medizinische Versorgung etc. Zum Existenzminimum werden aber auch Kosten für Verkehr, Bildung, Freizeit und Kultur hinzugerechnet – Kosten also, um am Leben in der Gesellschaft teilzunehmen (soziokulturelles Existenzminimum).

Fake News
Mit dem Begriff „Fake News" werden im Internet, besonders auf verschiedenen Social Media-Plattformen, aber auch in klassischen Medien, in manipulativer Absicht verbreitete Falschmeldungen bezeichnet.

Fraktionen
Eine Fraktion ist ein Zusammenschluss von Abgeordneten, die ähnliche politische Ansichten teilen. In der Regel gehören die Mitglieder einer Fraktion derselben Partei an. Um als Fraktion anerkannt zu werden, müssen mindestens fünf Prozent aller im Bundestag vertretenen Abgeordneten gemeinsam eine Fraktion bilden wollen. Manchmal wird aber auch eine Fraktionsgemeinschaft gebildet, wenn die Mitglieder von zwei Parteien ähnliche politische Ansichten haben. Die Fraktionen im Deutschen Bundestag haben eine besondere Bedeutung, da ihre Mitglieder bei der Erarbeitung von neuen Gesetzen in vielen Beratungen mitwirken. Sie haben besondere Rechte im Parlament und bekommen finanzielle Unterstützung.

Fünf-Prozent-Hürde
Die Fünf-Prozent-Hürde sieht vor, dass eine Partei eine bestimmte Anzahl an Stimmen, bei den Bundestags- und Landtagswahlen 5 % des Gesamtstimmenanteils, erreichen muss, bevor sie bei der Vergabe von Mandaten berücksichtigt wird. Eine solche Hürde wird auch als Sperrklausel bezeichnet. Diese soll verhindern, dass viele kleine Parteien mit wenigen Abgeordneten in einem Parlament vertreten sind und somit z. B. die Bildung einer Regierung sowie die Herstellung von Mehrheiten in Abstimmungen schwierig werden.

Frieden
Häufig wird Frieden als Gegenteil von Krieg gesehen. Frieden ist aber mehr als nur die Abwesenheit von Krieg. Daher unterscheidet man zwischen einem negativen Frieden, d.h. die Abwesenheit von direkter, physischer Gewalt und Bedrohung, und einem positiven Frieden, d.h. dass soziale Gerechtigkeit, relativer Wohlstand und ein ökologisches Gleichgewicht herrschen. Daher wird der Friede nicht nur durch Kriege bedroht, sondern auch durch Hunger, Armut, Arbeits- und Perspektivlosigkeit, durch das Bevölkerungswachstum, Vertreibung und Flucht oder den internationalen Terrorismus.

Gesetz
Gesetze sind für alle verbindliche Regeln, die vom Staat erlassen werden, damit das friedliche Zusammenleben vieler Menschen funktionieren kann. In der Bundesrepublik Deutschland werden Gesetze vom Deutschen Bundestag und vom Bundesrat verabschiedet. Sie kommen zustande, wenn der Bundespräsident sie unterzeichnet.

Gewaltenteilung
Damit die Macht in einem Staat nicht auf eine Einzelperson oder eine Institution konzentriert ist und von ihr missbraucht werden kann, wie z. B. in einer Diktatur, wird die Macht in einer Demokratie auf verschiedene Institutionen verteilt. Sie sollen sich gegenseitig kontrollieren. Dies bezeichnet man als Gewaltenteilung. Die drei Gewalten sind in Legislative (Gesetzgebung), Exekutive (vollziehende Gewalt) und in die Judikative (richterliche Gewalt) unterteilt. Das Parlament bildet die gesetzgebende, die Regierung die vollziehende und die Gerichte die richterliche Gewalt. Alle Gewalten sind an Gesetz und Recht gebunden. Die Exekutive hat die von der Legislative beschlossenen Gesetze auszuführen. Das Handeln von Exekutive und Legislative sowie die Einhaltung der Gesetze kann von der Judikative überprüft werden.

Grundgesetz
Das Grundgesetz ist die Verfassung der Bundesrepublik Deutschland, d.h., es enthält alle wichtigen „Spielregeln" für das Zusammenleben der Menschen in der Bundesrepublik Deutschland. Im Grundgesetz sind die wesentlichen staatlichen System- und Werteentscheidungen festgelegt. Daher steht es über allen anderen deutschen Rechtsnormen. Für eine Änderung des Grundgesetzes ist die Zustimmung von zwei Dritteln der Mitglieder des Bundestages sowie des Bundesrates erforderlich. Allerdings gibt es auch bestimmte Regelungen, die durch die sogenannte Ewigkeitsklausel geschützt sind und nicht verändert werden dürfen.

Grundrechte
Grundrechte sind garantierte Menschen- und Bürgerrechte, die der Staat einhalten muss. Sie sind für die Bundesrepublik Deutschland in den ersten 19 Ar-

tikeln des Grundgesetzes niederlegt und umfassen zum Beispiel das Recht auf freie Meinungsäußerung, die Glaubens- und Gewissensfreiheit oder das Prinzip der Gleichheit vor dem Gesetz. Ebenfalls gehören dazu Rechtsgarantien zum Schutz der Freiheit der Person, der Ehe und der Familie, der Unversehrtheit der Wohnung und des persönlichen Eigentums sowie der Schutz des Brief- und Postgeheimnisses. Die Grundrechts-Artikel dürfen aufgrund ihrer Bedeutung niemals geändert werden.

Integration
Integration wird meist im Kontext des Zusammenlebens einer Gesellschaft verwendet. Es bedeutet die Herstellung gleicher Rechten und Pflichten für alle, unabhängig ihrer Herkunft. Im Kontext von Einwanderung wird unter dem Stichwort „Integration" damit oft die Frage diskutiert, inwieweit sich einerseits Ausländerinnen und Ausländer der einheimischen Gesellschaft anpassen sollen und andererseits, welche Bemühungen und Leistungen Staat und Gesellschaft zur Aufnahme dieser Menschen erbringt.

Internationaler Strafgerichtshof
Der Internationale Strafgerichtshof ist eine unabhängige Institution mit Sitz in Den Haag (Niederlande). Er wird tätig bei Völkermord, schweren Kriegsverbrechen, Verbrechen gegen die Menschlichkeit und bei Angriffskriegen. Er ist aber nur dann zuständig, wenn Staaten diese Verbrechen auf nationaler Ebene nicht verfolgen können oder wollen.

Interessengruppe
→ siehe Interessenverband

Interessenverband
Ein Interessenverband ist eine Organisation, die gegründet wurde, um bestimmte gesellschaftliche und politische Ziele zu verfolgen. Dazu versucht ein Interessenverband den politischen Willensbildungsprozess, das staatliche Handeln sowie die Gesetzgebung zu beeinflussen. Das Handeln des Interessenverbandes wird häufig als Lobbyarbeit bezeichnet. Im Unterschied zu Parteien nehmen Interessenverbände nicht an Wahlen teil.

Kanzlerprinzip
Das Kanzlerprinzip besagt, dass der Bundeskanzler die Richtlinien der Politik vorgibt (Richtlinienkompetenz) und dafür die Verantwortung trägt. Es gehört neben dem Ressortprinzip und dem Kollegialprinzip zu den drei Grundsätzen, die die Zusammenarbeit der Bundesregierung regeln. Innerhalb der Bundesregierung kann das Kanzlerprinzip zu Konflikten führen, wenn der Kanzler in einer Sache auf seine Richtlinienkompetenz pocht, die entsprechende Bundesministerin bzw. der entsprechende Bundesminister aber eine andere Meinung zum Thema hat.

Kollegialprinzip
Nach diesem Grundsatz, der neben dem Kanzlerprinzip und dem Ressortprinzip die Arbeit der Bundesregierung bestimmt, besteht die Regierung aus gleichberechtigten Mitgliedern, die bei unterschiedlichen Vorstellungen abstimmen und die gefassten Entschlüsse nach außen mit einer Stimme vertreten.

Konstruktives Misstrauensvotum
Als konstruktives Misstrauensvotum bezeichnet man die Möglichkeit des Bundestages, den Bundeskanzler während der Legislaturperiode abzuwählen und gleichzeitig einen neuen Bundeskanzler zu wählen, wenn der amtierende Bundeskanzler die Unterstützung der Mehrheit der Abgeordneten im Bundestag verliert. Das Misstrauensvotum wird als konstruktiv bezeichnet, weil die Abwahl eines Bundeskanzlers nur möglich ist, wenn gleichzeitig ein Ersatzkandidat zum Bundeskanzler gewählt wird.

Legislaturperiode
Als Legislaturperiode bezeichnet man die Dauer, für die ein Parlament gewählt wird und Gesetze verabschieden kann. In dem Wort steckt das lateinische Wort für gesetzgebende Gewalt: Legislative. So werden zum Beispiel die Abgeordneten des Deutschen Bundestags z. B. für vier Jahre gewählt. Danach muss eine neue Wahl stattfinden.

Massenmedien
Der lateinische Begriff „medium" bedeutet „Vermittler". Als Medien werden daher alle Mittel und technischen Verfahren bezeichnet, mit denen Information, Nachrichten, Videos, Bilder usw. vermittelt werden können. Massenmedien sind Medien, die von sehr vielen Menschen genutzt werden, um Inhalte zu empfangen und um Inhalte selbst zu verbreiten. Zu den wichtigsten Massenmedien zählen das Internet, die Presse (Zeitungen, Zeitschriften), das Fernsehen und das Radio. Da Massenmedien von Millionen von Menschen genutzt werden, haben sie großen gesellschaftlichen und politischen Einfluss. Mitunter werden sie deshalb auch als „vierte Gewalt" im Staat bezeichnet, was jedoch ungenau ist, da die Massenmedien rechtlich keine eigene

Staatsgewalt darstellen. Die wichtigsten Funktionen der Massenmedien in unserer Demokratie sind die Information, Bildung und Unterhaltung der Bürgerinnen und Bürger sowie die Kontrolle und Kritik der politischen Machthaberinnen und Machthaber.

Mediendemokratie

Mit dem Begriff Mediendemokratie wird die große Bedeutung der Massenmedien in unserem demokratischen System besonders betont. Einige Wissenschaftlerinnen und Wissenschaftler sprechen auch von Mediendemokratie, um hervorzuheben, dass sich nach ihren Erkenntnissen die Politik immer mehr an Vorgaben der Massenmedien ausrichtet. So formulieren Politikerinnen und Politiker gegenüber den Massenmedien z. B. komplexe Sachverhalte in sehr verkürzten und vereinfachten Aussagen. Eine weitere Auswirkung der Mediendemokratie ist, dass sich politische Akteurinnen und Akteure bei ihren Medienauftritten beispielsweise durch besondere Bühnenauftritte selbst inszenieren. Entwicklungen hin zu einer noch stärker ausgeprägten Mediendemokratie bergen insbesondere die Gefahr, dass Inszenierungen im Vordergrund stehen, politische Inhalte aber zu kurz kommen.

Menschenrechte

Die Rechte, die jedem Menschen gleichermaßen zustehen, werden als Menschenrechte bezeichnet. Man geht davon aus, dass alle Menschen allein aufgrund ihres Menschseins mit gleichen Rechten ausgestattet sind und dass diese Rechte universell, unveräußerlich und unteilbar sind. Fast alle Staaten erkennen die Menschenrechte grundsätzlich an.

Menschenrechtsrat

Der Menschenrechtsrat ist eine Unterorganisation der Vereinten Nationen. Er kann mit absoluter Mehrheit die Entsendung von Beobachtern zur Überwachung der Menschenrechtssituation in einem Mitgliedstaat der Vereinten Nationen beschließen.

Migration

Unter Migration versteht man alle Bewegungen von Menschen, die ihre Heimat verlassen und in andere Länder auswandern. Migrantinnen und Migranten sind somit Personen, die nicht dauerhaft in dem Land leben, in dem sie geboren wurden. Häufig wird der Begriff auch für deren Kinder verwendet.

NGO

Die Abkürzung NGO steht für „Non-governmental organization", auf Deutsch „Nichtregierungsorganisation".
Eine einheitliche wissenschaftliche Definition für NGOs gibt es nicht. In einem weiteren Sinne können mit dem Begriff alle privaten, nicht zu einer staatlichen Einrichtung gehörenden Akteure und Interessengruppen bezeichnet werden, die international organisiert sind, nicht primär gewinnorientiert arbeiten und gemeinwohlorientierte Ziele verfolgen (z.B. auch Kirchen und Wohlfahrtsverbände). Im engeren Sinne gelten die Interessengruppen als Nichtregierungsorganisationen, die die vorgenannten Kriterien erfüllen, demokratisch organisiert sind, absolut nicht profitorientiert arbeiten und durch vielfältige Handlungs- und Protestformen versuchen, auf Staaten und Zusammenschlüsse von Staaten gesellschaftlichen und politischen Druck auszuüben, um Verbesserungen in das Gemeinwohl betreffenden Bereichen wie z. B. Umweltschutz, Tierschutz, Menschenrechte zu erreichen.

Öffentliche Meinung

Der Begriff Öffentliche Meinung bezeichnet die in der Gesellschaft vorherrschenden Urteile zu Sachverhalten, Personen und Organisationen aus der Politik oder aus anderen Bereichen des öffentlichen Lebens. Die Öffentliche Meinung ist dadurch gekennzeichnet, dass sie von großen Teilen der Bevölkerung geteilt wird. Dies muss jedoch nicht die Mehrheit der Bevölkerung sein, die Öffentliche Meinung ist daher nicht gleichzusetzen mit einer Mehrheitsmeinung oder gar mit einem „Volkswillen".

Parteien

Parteien sind Zusammenschlüsse von Personen mit gleichen oder ähnlichen politischen Vorstellungen. Sie werden von der wahlberechtigten Bevölkerung gewählt und sind, wenn sie die erforderliche Stimmenzahl erhalten, in den Bundes-, Landes- und Gemeindeparlamenten mit ihren Abgeordneten vertreten. Die Gründung einer Partei und ihr innerer Aufbau ist an bestimmte Vorschriften gebunden, die vor allem im Parteiengesetz niedergelegt sind.

Personalisierte Verhältniswahl

Die personalisierte Verhältniswahl ist eine Listenwahl, bei der gleichzeitig ein Teil der Abgeordneten direkt von den Wählerinnen und Wählern gewählt wird. Damit verfolgt das System der Personalisierten Verhältniswahl das Ziel, durch die Wahl von Persönlichkeiten eine engere Bindung eines Teils der Abgeordneten an die Wählerinnen und Wähler im Wahlkreis zu schaffen. Nach dem Wahlsystem des Personalisierten Verhältniswahl wird der Deutsche Bundestag gewählt.

Public Relations
Der Begriff Public Relations (kurz „PR"; aus dem Englischen wörtlich übersetzt „Öffentliche Beziehungen") bezeichnet die öffentliche Kommunikation von Institutionen und Organisationen, wie z. B. der Bundesregierung, von Parteien, Nichtregierungsorganisationen und Wirtschaftsunternehmen, gegenüber bzw. in Massenmedien, über die das Mitgeteilte in die breite Öffentlichkeit getragen wird. Public Relations-Arbeit ist Öffentlichkeitsarbeit, die häufig von dafür eigens eingerichteten Stellen übernommen wird. Hauptziel von PR-Arbeit ist es, die eigene Institution oder Organisation und deren Leistungen in der Öffentlichkeit möglichst vorteilhaft darzustellen. Sie ist aber nicht mit Werbung gleich zu setzen.

Rassismus
Rassismus ist eine Form der Feindlichkeit gegenüber anderen Menschen. Rassisten werten ganze Gruppen von Menschen aufgrund von Merkmalen, wie z. B. der Hautfarbe, Abstammung Staatsangehörigkeit oder Religion, ab und befürworten im Extremfall die Ausübung von Gewalt gegen sie bis hin zur massenhaften Ermordung. Das Phänomen des Rassismus reicht weit in die Geschichte zurück. In wissenschaftlich unhaltbaren und auf falschen Behauptungen beruhenden Theorien wurden Menschen in sogenannte „höher- und minderwertige Rassen" unterteilt. Solche „Rassentheorien" wurden in der Vergangenheit verbreitet, um angebliche Rechtfertigungen für Menschheitsverbrechen wie die Sklaverei, die Apartheid und die Massenmorde zur Zeit Nationalsozialismus zu haben. Der Rassismus ist Bestandteil der Ideologie des Rechtsextremismus. Gruppenbezogene menschenfeindliche, darunter rassistische Einstellungen sind darüber hinaus aber auch in einigen nichtextremistischen Teilen der Bevölkerung Deutschlands nach wie vor verbreitet.

Rat der Europäischen Union (Ministerrat)
Der Rat der Europäischen Union oder in Kurzform der Ministerrat trifft sich in Brüssel und Luxemburg. Je nach dem welches Thema auf der Tagesordnung steht, setzt er sich zusammen aus den Fachministern der Mitgliedsstaaten. Beim Thema Umwelt treffen sich also die Umweltminister, beim Thema Wirtschaft sind es die Wirtschaftsminister, die zusammenkommen. Gemeinsam mit dem EU-Parlament sind sie zuständig für die Verabschiedung von Richtlinien und Verordnungen in der EU. Zudem schließt der Ministerrat Verträge mit Nicht-EU-Ländern.

Religiöser Fundamentalismus
Religiöser Fundamentalismus ist eine Geisteshaltung, die starr an bestimmten ideologischen und religiösen Grundsätzen ausgerichtet ist und sich gegenüber Kritik und Neuerungen völlig verschließt. Religiöse Fundamentalistinnen und Fundamentalisten sind in ihren religiösen Anschauungen kompromisslos und übertragen dies häufig auch auf ihr politisches Denken und Handeln. Einige Richtungen des Religiösen Fundamentalismus fordern eine Durchsetzung eigener religiöser und politischer Ziele und befürworten zum Teil sogar Gewalt bzw. üben diese bereits aus.

Ressortprinzip
Neben dem Kanzlerprinzip und dem Kollegialprinzip ist das Ressortprinzip das dritte Prinzip, das die Zusammenarbeit der Bundesregierung bestimmt. Es besagt, dass jeder Bundesminister seinen Bereich innerhalb der durch den Bundeskanzler vorgegebenen Richtlinien eigenständig leitet und die Verantwortung dafür trägt.

Revisionismus
Revisionismus bezeichnet das Bestreben, politische Veränderungen rückgängig zu machen und einen früheren politischen Zustand wiederherzustellen. Im Rechtsextremismus ist damit eine Wiederherstellung des Nationalsozialismus in Teilen oder in seiner Gänze unter Missachtung oder gar Bekämpfung der in Deutschland geltenden freiheitlich demokratischen Grundordnung gemeint.

Sozialabgaben
Darunter versteht man alle Abgaben, mit denen Arbeitnehmerinnen/Arbeitnehmer und Arbeitgeberinnen/Arbeitgeber die verschiedenen Zweige der Sozialversicherung finanzieren. Sie werden vom Bruttolohn abgezogen, allerdings zahlen Arbeitnehmerinnen/Arbeitnehmer und Arbeitgeberinnen/Arbeitgeber grundsätzlich jeweils die Hälfte der Beiträge. Wieviel Kranken-, Renten-, Arbeitslosen- und Pflegeversicherungsbeiträge entrichtet werden müssen, wird auf Bundesebene einheitlich festgelegt. Beiträge zur gesetzlichen Unfallversicherung zahlen die Arbeitgeberinnen/Arbeitgeber allein.

Soziale Gerechtigkeit
Neben dem Prinzip der sozialen Sicherheit soll der Sozialstaat auch dafür sorgen, dass es innerhalb der Gesellschaft nicht zu Verteilungskämpfen und Ausgrenzungen aufgrund sozialer Ungleichheit kommt. Dazu

muss Sozialpolitik darauf gerichtet sein, dass z. B. alle Menschen im Falle von Krankheit oder im Rentenalter in einem Grundmaß abgesichert sind. Über das Maß, wann soziale Gerechtigkeit vorhanden ist, wird politisch gestritten. Eine absolute soziale Gerechtigkeit innerhalb einer Gesellschaft kann nicht realisiert werden, da es keine Einigkeit gibt, wann dieser Zustand erreicht wäre.

Sozialstaat

Unter Sozialstaat versteht man einen Staat, der für seine Bürgerinnen und Bürger soziale Sicherheit und ein hohes Maß an sozialer Gerechtigkeit erreichen will. Er bildet die Grundlage für sozialen Frieden in unserem Land. Wichtigster Pfeiler dieses Systems ist in der Bundesrepublik Deutschland die gesetzliche Sozialversicherung mit ihren Zweigen der Kranken-, Renten-, Arbeitslosen-, Pflege- und Unfallversicherung. Sie hat die Aufgabe, soziale Risiken im Leben eines Menschen abzufedern.

Sozialversicherung

Die gesetzliche Sozialversicherung sichert Arbeitnehmerinnen und Arbeitnehmer gegen wichtige Lebensrisiken ab. Dazu gehören: Krankenversicherung, Pflegeversicherung, Unfallversicherung, Rentenversicherung und Arbeitslosenversicherung. Diese Leistungen werden durch Sozialabgaben und staatliche Zuschüsse finanziert. Gesetzliche Grundlage für die Sozialversicherung sind die Sozialgesetzbücher.

UN-Sicherheitsrat

Der UN-Sicherheitsrat ist ein Organ der Vereinten Nationen, der die die Hauptverantwortung für die Wahrung des Weltfriedens und der internationalen Sicherheit trägt. Der UN-Sicherheitsrat setzt sich aus fünf ständigen und zehn nichtständigen Mitgliedern zusammen. Die fünf ständigen Mitglieder, Russland, die Vereinigten Staaten von Amerika, die Volksrepublik China, Frankreich und das Vereinigte Königreich Großbritannien haben bei der Verabschiedung von Resolutionen ein erweitertes Vetorecht, d. h. Einspruchsrecht, und werden daher auch als Vetomächte bezeichnet. Dies bedeutet, dass keiner dieser Vetomächte gegen eine entsprechende Resolution stimmen darf, damit sie durchkommt.

Vereinte Nationen

Die Vereinten Nationen, häufig auch UNO für United Nations Organization abgekürzt, sind ein Zusammenschluss von 193 Staaten. Die wichtigsten Aufgaben der Vereinten Nationen sind die Sicherung des Weltfriedens, die Einhaltung des Völkerrechts, der Schutz der Menschenrechte und die Förderung der internationalen Zusammenarbeit.

Vermittlungsausschuss

Der Vermittlungsausschuss ist ein gemeinsamer Ausschuss des Deutschen Bundestages und des Bundesrates, der bei Streitigkeiten im Gesetzgebungsverfahren zwischen Bundestag und Bundesrat zu vermitteln versucht. Er besteht aus 16 Mitgliedern des Bundestages und 16 Mitgliedern des Bundesrates.

Vertrag von Lissabon

Der Vertrag von Lissabon aus dem Jahr 2009 beinhaltet mehrere Punkte, die zu einer Reformierung der EU beitrugen. Dazu zählen die Erweiterung der Mitbestimmungsrechte der Bürgerinnen und Bürgern, z. B. durch die Einführung der Europäischen Bürgerinitiative, aber auch durch institutionelle Veränderungen wie die Stärkung der Mitbestimmungsrechte des EU-Parlaments bei der Gesetzgebung.

Vertrag von Maastricht

Der Vertrag von Maastricht aus dem Jahr 1993 beinhaltet den Übergang von der Europäischen Gemeinschaft zur Europäischen Union mit einer engeren Zusammenarbeit der Mitgliedsstaaten basierend auf den drei Säulen „Europäische Gemeinschaft", „Gemeinsame Außen- und Sicherheitspolitik" und „Zusammenarbeit in der Innen- und Justizpolitik". Wichtige Elemente daraus sind z. B. die „Vier Freiheiten des Binnenmarkts" und die Entscheidung, dass die EU mit dem Euro eine gemeinsame Währung haben soll.

Vertrauensfrage

Der Bundeskanzler kann bei einer echten Regierungskrise den Bundestag auffordern, ihm das Vertrauen auszusprechen. Damit möchte er prüfen, ob die Mehrheit der Abgeordneten noch mit seiner Politik grundsätzlich zufrieden ist. Erhält der Bundeskanzler keine Mehrheit, kann er dem Bundespräsidenten vorschlagen, den Bundestag aufzulösen.

Zensur

Zensur ist der Versuch von zuständiger, besonders staatlicher Stelle, durch Kontrolle die Verbreitung von Informationen zu steuern. Die Zensur erfolgt durch Überprüfung von Druckwerken, Filmen, im Internet veröffentlichten Informationen, Briefen o. Ä. im Hinblick auf Unerlaubtes oder Unerwünschtes und ggf. ein Verbot des entsprechenden Mediums.

Zivilcourage
Zivilcourage leitet sich aus dem lat. Wort civis, das bedeutet Bürger, und dem französischen Wort „courage", d.h. Mut, ab. Gemeint ist das mutige Einschreiten von Bürgerinnen und Bürgern in der Öffentlichkeit für zwischenmenschliche und demokratische Werte. Zivilcourage zeigt beispielsweise jemand, der einem Menschen hilft, der von anderen wegen Sexualität, Hautfarbe oder Religion beleidigt oder gar körperlich angegriffen wird.

Zivilgesellschaft
Mit Zivilgesellschaft wird eine Gesellschaft bezeichnet, die durch selbstständige, politisch und sozial engagierte Bürgerinnen und Bürger geprägt ist. Zivilgesellschaftliche Organisationen sind zumeist privat organisiert und versuchen Druck auf politische Entscheidungsträger auszuüben, um ihre Anliegen und Ziele durchzusetzen.

Register

Allgemeine Erklärung der Menschenrechte 164, 292, 320, 327, 332
Antisemitismus 48, 67, 249
Armut 74, 174, 187 ff., 198 ff., 210, 232, 234, 301
Asyl 83, 153, 214 f,. 218 ff., 222 f., 251, 332
Blog 111
Bundeskanzler 67, 72, 83, 86, 90, 101 ff., 127, 129 f., 138, 197, 267, 294
Bundespräsident 80, 101 f., 104, 108 f, 111 ff., 267
Bundesrat 72, 76, 80, 83, 117, 119 ff., 127, 129, 135, 137 f., 179, 267 f.
Bundesregierung 26, 44, 68, 72, 80, 83, 87, 89 f., 101 ff., 117, 120, 123, 127 ff., 137, 139, 148, 166, 180, 190 f., 197, 199, 267 f., 291
Bundestag 17 f, 20 f., 26, 30 ff., 40, 44, 68, 72, 76, 80 ff., 97, 100 ff., 146, 179, 199, 225, 245, 247, 267, 268
Bundestagswahl 33, 36 ff., 83, 86, 108, 116, 124, 126, 139, 274
Bundesverfassungsgericht (BVerfG) 63, 72, 80 ff., 116, 124 ff., 129, 133 ff., 267
Bundesversammlung 39, 112 ff., 116, 138, 267
Bürgerinitiativen 8, 11 ff., 28 f., 40, 68, 278
Bruttosozialprodukt 186

Demokratische Grundordnung 40, 49, 63 f., 67, 74, 79, 81, 84 f.
Direktmandat 39

Erststimme 39
Europäischer Gerichtshof 279
Europäische Kommission 262 f., 275
Europäisches Parlament 263
Europäischer Rat 287
Europäische Union 254 f., 257, 260, 262, 271 f., 275, 279 f.
Existenzminimum 179, 194, 197

Fake News 153 ff., 161
Fraktion 21, 61, 86 f., 95 ff., 103, 106, 117 ff., 124 f., 127, 199, 274
Fünf-Prozent-Hürde 33 f., 36, 39
Frieden 48, 88, 174, 195, 210, 254 f., 260, 294 ff., 299, 301 f., 316 ff.

Gerechtigkeit 21, 49, 52 ff., 77, 82, 88, 126, 178 f., 193 ff., 202 f., 294 ff., 301, 309 f.
Gesetz 13, 19, 67, 76 f, 80, 83, 86, 100, 116 ff., 133 ff., 164, 218, 224, 267, 271, 279, 285, 321

Gesetzgebung 29, 77, 80, 82, 90, 117, 119 f., 127 f., 136, 262, 2679 ff., 287
Gewaltenteilung 47, 79, 81 ff., 128 ff., 137 f., 140
Gewaltenverschränkung 129 f.
Grundgesetz 76 f., 81 ff., 93, 95 f., 102 f, 108 ff., 116, 121, 128, 130 ff., 160, 163 f., 174, 176, 178 f, 214, 218, 220, 236
Grundrechte 63, 76 ff., 80, 82 f., 134, 137, 179, 210
Grundsicherung 180, 190, 197, 199 f.

Integration 11, 15, 116, 138, 199, 236 ff.
Internationaler Strafgerichtshof 318 f.
Interessengruppen 8, 25 ff., 69, 269, 332
Interessenverband 27, 29

Kanzlerprinzip 106 ff.
Kollegialprinzip 106 ff.
Konstruktives Misstrauensvotum 104

Legislaturperiode 40, 86, 100, 108

Massenmedien 144, 146, 150, 152 f., 158, 164 ff., 324
Mediendemokratie 169
Menschenrechte 48, 50, 82, 135, 164, 217 f., 292, 295, 315, 320 ff.
Menschenrechtsrat 315, 323 ff.
Migration 207, 210, 212, 218, 226, 251

NGO 15, 68, 320

Öffentliche Meinung 144, 158, 169

Parteien 8, 11 ff., 31, 34 ff., 39, 41, 47, 50, 63, 66, 68 f., 75, 81 ff., 100, 106, 112, 125 f, 129, 131, 137 f., 148, 159, 166, 200, 252, 274
Partizipationsmöglichkeiten 40, 278 f.
Personalisierte Verhältniswahl 69
Pressefreiheit 63, 144, 159 ff., 170, 173, 316
Public Relations 169

Rassismus 48, 59, 67, 71, 247
Rat der Europäischen Union (Ministerrat) 263 f., 268 271, 287
Ressortprinzip 106 ff.
Revisionismus 48, 67
Richtlinienkompetenz 102 f., 107 f., 138

Sozialabgaben 179

Soziale Gerechtigkeit   49, 82, 179, 193, 195 ff., 203, 284 f., 301
Soziale Netzwerke   148, 151, 166
Sozialstaat   85, 174, 176, 178 ff., 193, 197 f.
Sozialversicherung   177, 179 f., 198
Sperrklausel   34, 252, 279

UN-Charta   311, 316
UN-Sicherheitsrat   313, 319, 323, 333
UNO   16, 192, 284, 295, 300 ff., 327

Vereinte Nationen   312, 314, 323
Vermittlungsausschuss   120, 127, 268 f., 271, 286
Vertrag von Lissabon   255, 261, 268
Vertrag von Maastricht   255, 260, 286
Vertrauensfrage   103 ff., 108, 116

Wahlkreis   31, 33, 92, 96, 124, 135, 143
Wahlzettel   33, 290

Zensur   160, 164
Zivilcourage   55, 58 ff., 67, 69
Zivilgesellschaft   67
Zweitstimme   33, 39

Bildquellen

|ADAC, München: adac.de 26. |ADFC Allgemeiner Deutscher Fahrrad-Club e. V., Berlin-Mitte: 26 unten li. |akg-images GmbH, Berlin: 140. |alamy images, Abingdon/Oxfordshire: OJO Images Ltd Titel; Perez, Jorge 145 unten re.; Uriadnikov, Illia Titel; Zoonar GmbH 292. |Alternative für Deutschland (AfD), Berlin: 23 unten re. |Appenzeller, Holger, Stuttgart: 69 oben li., 81 Mitte. |Baaske Cartoons, Müllheim: Gerhard Mester 98 Mitte, 205 unten li.; Mester, Gerhard 27 Mitte li., 27 oben Mi., 27 obere Reihe re., 27 untere Reihe li., 27 untere Reihe re., 250, 321, 333 unten; Mohr, Burkhard 141, 171 unten; Plaßmann, Thomas 14, 182 unten. |Bergmoser + Höller Verlag AG, Aachen: 129. |Brot für die Welt, Berlin: 331 oben re. |Bulls Pressedienst GmbH, Frankfurt am Main: © Browne/Distr. King Features Syndicate, Inc./Distr. Bulls 295 unten. |Bund für Umwelt und Naturschutz Deutschland e.V. (BUND), Berlin: 26. |Bundesvereinigung der Deutschen Arbeitgeberverbände (BDA), Berlin: 26. |Bundeszentrale für politische Bildung, Bonn: Rechl, Michael 343. |BÜNDNIS 90/DIE GRÜNEN, Berlin: www.gruene.de 22 MS oben. |CDU Deutschlands, Berlin: 21 MS oben; Laurence Chaperon 37 oben. |CSU - Christlich-Soziale Union in Bayern e.V., München: 21 MS 2. von oben. |dbb - dbb beamtenbund und tarifunion, Berlin: 26. |ddp images GmbH, Hamburg: dapd/Rothermel, Winfried 55. |Deutscher Olympischer Sportbund © DOSB, Frankfurt/M.: 26 Mitte li. |DGB Bundesvorstand, Berlin: 26. |DIE LINKE, Berlin: 22 MS unten. |Domke, Franz-Josef, Hannover: 19 oben, 46, 54 oben, 54 unten, 62 unten, 68 unten, 105 unten, 109, 120, 124, 131 unten, 146, 149, 171 oben, 177 unten, 185 2. von oben, 185 3. von oben, 185 oben, 185 unten, 186, 193 unten, 195, 207 Mitte, 212 unten, 218, 224 oben, 224 unten, 226, 258 unten, 267 unten, 273 oben, 273 unten, 277 HS, 309, 311 oben, 312 oben, 317, 323, 337, 338, 338, 338, 338, 338, 340, 340. |dreamstime.com, Brentwood: Hongqi Zhang 206 3. von oben. |Förderverein PRO ASYL e.V. - Arbeitsgemeinschaft für Flüchtlinge, Frankfurt: 331 unten li. |fotolia.com, New York: 291 unten re.; Bjrn Wylezich 253 Mitte li.; Brigitte Bohnhorst 194 3. von oben; daboost 293 oben re.; Dan Race 194 oben; Edenwithin 188 4. von oben; ehrenberg-bilder 176 unten; G. Sanders 188 unten; magele-picture 188 3. von oben; mma23 174 unten re.; Raths, Alexander 189 3. von oben; Schindler, Michael 241 MS 2. von oben; VRD 9 Mitte re. |Fotostudio Henke, Paderborn: 203. |Freie Demokratische Partei e.V., Berlin: 23 MS oben. |Fritsche, Burkhard, Köln: 246. |Getty Images, München: Dan Kitwood 306; Howard Sochurek/The LIFE Picture Collection 334 unten re.; Matthew Horwood 252 Mitte re.; Sean Gallup 57 oben li. |Gläßer, Bastian, Bühlertann: 173 oben re. |Haus der Geschichte der Bundesrepublik Deutschland, Bonn: Hanel, Walter 35; Leger, Peter 41. |Human Rights Watch, Berlin: 305, 331 oben li. |Imago, Berlin: Christian Thiel 110 3. von oben re. (6); Mang, Christian 45 unten Mitte. |iStockphoto.com, Calgary: ayzek 254 M 2; EdStock2 334 oben li.; omgimages 176 2. von oben; Ridofranz 206 2. von oben; Tree4Two 262. |laif, Köln: Gordon Welters 45 oben re. |Landeszentrale für politische Bildung Baden-Württemberg, Stuttgart: 69 Mitte li., 69 Mitte re. |Marburger Bund Bundesverband, Berlin: 26 Mitte re. |MISEREOR e. V., Aachen: 331 Mitte re. |Mitmachen Ehrensache, Sersheim: Doradzillo, Marc 70. |nelcartoons.de, Erfurt: 50 unten, 97 unten. |Nomos Verlagsgesellschaft mbH & Co. KG, Baden-Baden: 343 4. von li. |OKAPIA KG - Michael Grzimek & Co., Frankfurt/M.: 228. |PantherMedia GmbH (panthermedia.net), München: Honstetter, Anna-Katharina 188 oben; Implementar 249 1. von oben; Wolfgang Behm Prof. Dr. Karl Peter Fischer 249 unten. |Picture-Alliance GmbH, Frankfurt/M.: 9 oben re., 57 Mitte, 175 Mitte, 302; AA/Aktas, Metin 163 MS oben; ANA/Pantza, Simela 254 MS Mitte; Anspach, U. 130 oben re.; AP Images 145 unten li., 155; AP Images/Meissner, Martin 64 Mitte; AP Photo 216 unten li.; AP Photo/Jon Chol Jin 74 unten li.; AP/Ceneta, Manuel Balce Ceneta 161 oben re.; AP/F. Reiss 328 Mitte re.; AP/Farran, Albert Gonzalez 306 oben li.; AP/J.Scott Applewhite 165 oben re.; AP/Matthews, Bebeto 293 unten Mitte, 311 unten re.; AP/Pfeil, Roberto 110 3. von oben li. (5); Arco Images/Rudolf 175 oben li.; Baumgarten, Ulrich 253 unten li.; BeckerBredel 13 MS re.; Beytekin, Benjamin 8 u. li.; Bildagentur-online 177 oben re.; Bildagentur-online/Ohde 154 oben; Bilderbox/chromorange 160 oben li.; blickwinkel/McPHOTO/C. Ohde 68 oben; Dabkowski, Wiktor 276 oben; ddp/Michael Kappeler 165 unten re.; dieKLEINERT.de /Schwarwel 200 unten; dieKLEINERT.de/Koufogiorgos, Kostas 220; dpa 73 unten re., 205 oben re.; dpa (Ulrich Perrey) 63 unten re.; dpa Themendienst/Remmers, Kai 175 oben re.; dpa, Getty / Platt 80 oben li.; dpa-Fotoreport/Jung, Michael 73 oben; dpa-infografik 87 unten, 93, 101, 106 unten, 111 oben, 133 unten, 159 unten, 181 oben, 182 oben, 189 unten, 193 oben, 209 oben, 215 oben, 230, 256 Mitte, 280, 290 unten, 299 oben, 313 Mitte, 316 unten, 320, 324; dpa-Zentralbild 45 oben Mitte; dpa/AFP/Honda, Stan 318 2. von oben li.; dpa/Arnold, Andreas 145 oben li.; dpa/Balk, Matthias 167 oben re.; dpa/Breloer, Gero 144 unten li., 202 Mitte li.; dpa/Christians, Malte 57 unten li.; dpa/Dernbach, Christoph 145 Mitte rechts, 165 Mitte re.; dpa/EFE/Sierra, Miguel 163 MS Mitte; dpa/epa pap/Grygiel, Andrzej 253 oben li.; dpa/epa/Bothma 304 oben li.; dpa/F. Gentsch 175 oben li.; dpa/Federico Gambarini 8 u. re.; dpa/Galuschka, Horst 248, 265; dpa/Gambarini, Maurizio 293 Mitte re., 328 unten li.; dpa/Glenn Greenwald/Laura Poitras 172 oben re.; dpa/Grimm, Peer 57 oben re.; dpa/Jensen, Rainer 72 unten re., 165 unten li.; dpa/Jutrczenka, Bernd von 72 unten li.; dpa/Jutrczenka, Bernd von Jutrczenka 145 oben re.; dpa/Kalker, Daniel 264; dpa/Kappeler, Michael 45 unten re.; dpa/Kay Nietfeld 110 oben re. (2); dpa/Kremming, Rolf 204 unten re.; dpa/Marks, Bodo 293 oben li.; dpa/Mettelsiefen, Marcel 295 unten; dpa/Murat, Marijan 12 unten li., 145 Mitte li.; dpa/Pedersen, Britta 328 oben re.; dpa/Reinhardt, Daniel 13 22. von oben re.; dpa/Roantree, Dermot 277 MS oben; dpa/Scholz, Markus 9 unten re.; dpa/Steinberg, Wolfram 205 oben li.; dpa/T. Schamberger 233; dpa/Wagner, Ingo 9 unten li.,

204 unten li.; dpa/Weihrauch, Roland 240; dpa/Weißbrod, Bernd 237 Mitte re.; dpa/ZB/Matthias Hiekel 57 Mitte li.; dpa/ZB/Riedl, Annette 202 unten li.; dpa/Zinken, Paul 328 unten re.; Eckel, Jochen 189 2. von oben; EPA/Gombert, Andrew 334 unten li.; Eventpress Stauffenberg 165 oben li.; Geisler-Fotopress/Kern, Frederic 110 2. von oben re. (4); Geiss, Robert 281 oben re.; H.Hollemann 205 unten re.; imageBROKER/Berger, Herbert 272; imageBROKER/Moxter, Martin 263; Jürgen Feichter/EXPA 318 oben li.; Kalaene, Jens 175 unten li.; Koene, Ton 305 oben re., 306 unten li.; Kugler, Steffen 73 unten li.; Marks, Bodo 327 onben re.; May, Frank/www.gruene.de/Agentur „Ziemlich beste Antworten" 30 oben li.; Nietfeld, Kay 45 unten li.; NurPhoto/Heine, Markus 253 unten re.; NurPhoto/Maricchiolo, Gabriele 216 unten re.; Ossinger 208 oben; Rapp, Lukas 170; REUTERS 156 oben, 163 MS unten; Revierfoto 30 Mitte li., 176 oben; Revierfoto/AfD, Berlin 30 unten li.; Revierfoto/FDP-Landesverband NRW, Düsseldorf 30 Mitte re.; Revierfoto/ © DiG/Trialon 30 unten re.; Rothermel, Winfried 202 oben re.; Schmidt, Christoph 253 oben re.; Süddeutsche Zeitung Photo/Schellnegger, Alessandra 9 Mitte li.; Sven Simon 334 oben re.; Sven Simon/Hilse, Annegret 110 ganz unten Mitte (7); Sven Simon/Kremser, Elmar 110 oben li. (1); SVEN SIMON/Ossowski, Malte 110 Mitte li. (3); TASS/dpa/Druzhinin, Alexei 165 Mitte li.; Westend61/zerocreatives 245; XinHua/Khidir, Mohamed 162 MS unten; ZB 188 2. von oben; ZB/Förster, P. 45 oben li.; ZB/Pedersen, Britta 329; ZB/Thieme, Wolfgang 57 unten re.; ZB/Wüstneck, Bernd 328 oben li.; ZUMAPRESS/Martemucci, Cosimo 328 Mitte li.; ZUMAPRESS/Scheunert, Jan 144 unten re. |Rudolf Steiner Schule Hamburg-Altona e.V., Hamburg: 71 oben. |Sakurai, Heiko, Köln: 103 unten. |Schoenfeld, Karl-Heinz, Potsdam: 94 oben. |Shutterstock.com, New York: Marco Rubino/Carl Frederik Reuterswärd, © VG Bild-Kunst, Bonn 2020 308 Mitte; Michaelpuche 253 Mitte re.; Minerva Studio 194 2. von oben; Purdy, Charlotte 206 unten; SAPhotog 308 unten li. |SPD-Parteivorstand, Berlin: 21 MS unten. |Sperber, Sandra, Berlin: 150 M1. |stock.adobe.com, Dublin: 290 oben re.; aletia2011 242 MS oben; Antonioguillem 219 oben re.; bluedesign 189 oben; Chaay_tee 206 oben; Gärtner, Frank 234; industrieblick 207 oben re.; Ingo Bartussek 225 oben re.; javiindy 238 links; Kitty 241 MS oben; Körber, Stefan 211; luaeva 293 unten li.; magele-picture 293 Mitte; Monkey Business 241 MS unten; Racle Fotodesign 174 unten li.; Raths, Alexander 177 2. von oben; rcfotostock 293 unten li.; Thunderstock 242 MS 2. v. oben. |Straeter, Gerhard, Essen (Heidhausen): 32, 36 M1, 43 M1, 51 M1, 52, 60, 75 Mitte re., 75 Mittel li., 77, 79, 82 oben li., 82 oben re., 82 unten li., 82 unten re., 83 M1, 83 M2, 83 M3, 83 M4, 83 M5, 83 M6, 83 M7, 83 M8, 97 oben li., 97 oben re., 97 unten li., 97 unten re., 102, 115, 124 M1, 138 unten re., 157, 172 2. von obe re., 181 unten, 184 M1, 221 M1, 237 oben, 244 M1, 244 Mitte, 251, 257 M1, 257 M1, 257 M2, 257 M2, 257 M3, 267 M1, 288, 335, 336, 337, 338, 339, 341, 342, 343, 344, 345, 346, 347, 348, 348, 348, 348, 349, 350, 351, 352; SPD, Berlin 19 unten; SPD, CDU/CSU, Die Linke, Bündnis 90/Grüne, FDP, AfD 9; SPD, CDU/CSU, Die Linke, Bündnis 90/Grüne, FDP, AfD, Piratenpartei 17 oben li. |Stuttmann, Klaus, Berlin: 27 mittlerer Reihe re., 98 oben, 132. |SV SAXONIA VERLAG für Recht, Wirtschaft und Kultur, GmbH, Dresden: 343. |terre des hommes Deutschland e.V., Osnabrück: 331 Mitte. |toonpool.com, Berlin, Castrop-Rauxel: Koufogiorgos, Kostas 330. |ullstein bild, Berlin: Boness/IPON 13 oben re.; CARO/Schmigelski, Marcus 143; dpa 205 Mitte; Giribas 50 oben li. |Verband der Automobilindustrie e. V. (VDA), Berlin: 26. |WWF Deutschland, Berlin: 26. |© dtv Verlagsgesellschaft mbH & Co. KG, München: Beck Verlag 343, 343.

Wir arbeiten sehr sorgfältig daran, für alle verwendeten Abbildungen die Rechteinhaberinnen und Rechteinhaber zu ermitteln. Sollte uns dies im Einzelfall nicht vollständig gelungen sein, werden berechtigte Ansprüche selbstverständlich im Rahmen der üblichen Vereinbarungen abgegolten.